JN069438

Figure 1

1969年9月のEMIスタジオ。グラモフォン・カンパニーが1929年に購入してEMIスタジオと改称し、1931年11月に正式オープン。ビートルズの世界的ヒットとなった1960年代末のアルバム《アビイ・ロード》にちなんでアビイ・ロード・スタジオと改称。

Figure 2

1969年1月のアップル・スタジオ。"ゲット・バック" プロジェクトの1969年1月のセッションでアップル・スタジオのコントロール・ブースに入ったプロデューサーのジョージ・マーティン、ヨーコ・オノ、ビートルズ。

Figure 3

1969年3月12日のポールとリンダ。結婚の誓約を交わすためにメリルボーン登記所に到着した瞬間。二人が最初に出会ったのは1967年5月、ロンドンの"バッグ・オ・ネイルズ"クラブ。

Figure 4

1969年6月27日のジョン・レノン、ヨーコ・オノと子供たち。7月1日に自動車事故を起こす数日前、スコットランドのハイランド地方ダーネスにてカメラの前でポーズを取る夫妻とレノンの6歳の息子ジュリアン（左）、オノの5歳の娘キョーコ（京子）。

Figure 5

アビイ・ロード・スタジオのスタジオ２は“ナンバー2”という愛称で親しまれた。高さ8.5メートルの天井、2階のコントロール・ブース、床面積およそ200平方メートルのスタジオ。ビートルズのほとんどの音楽がここでレコーディングされた。

Figure 6

EMI TG12345。ソリッド・ステート（トランジスター）回路を搭載したEMI TG12345 Mk2コンソールは旧型REDDコンソールより60センチメートルも広い2メートル幅。試作品の8トラック・ミキシング・デスクMk1は1968年後半にEMIスタジオに設置された。

Figure 7

EMIのスタジオ2に設置されたスタインウェイの“バーティグランド”タック・ピアノはミュージックホール・ピアニストのグラディス・ミルズに敬意を表して“ミセス・ミルズ”と命名された。ジョージ・マーティンによる画期的な“ぜんまい仕掛け”ピアノ効果が施され、《アビイ・ロード》収録の〈ユー・ネヴァー・ギヴ・ミー・ユア・マネー〉などビートルズの数々のレコーディングに登場。

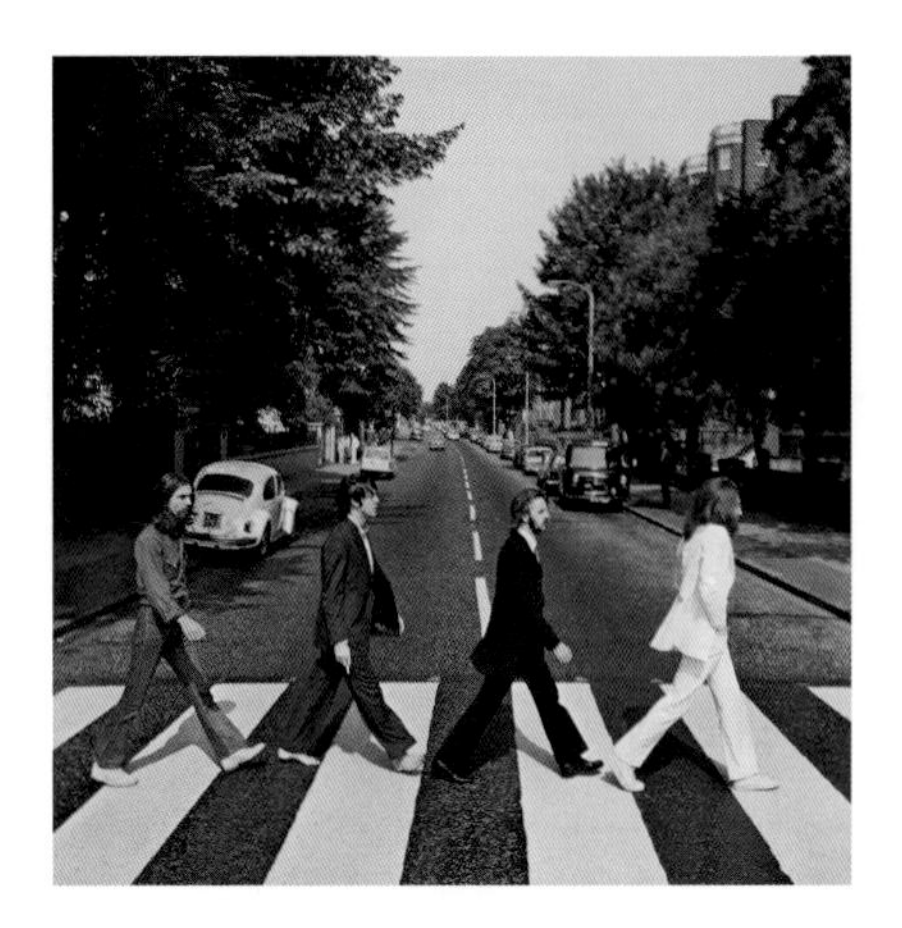

Figure 8

《アビイ・ロード》のジャケット写真。英国で1969年9月26日にリリースされた本作は、ビートルズがスタジオでレコーディングした最後のアルバム。全世界の販売数は4300万枚以上。

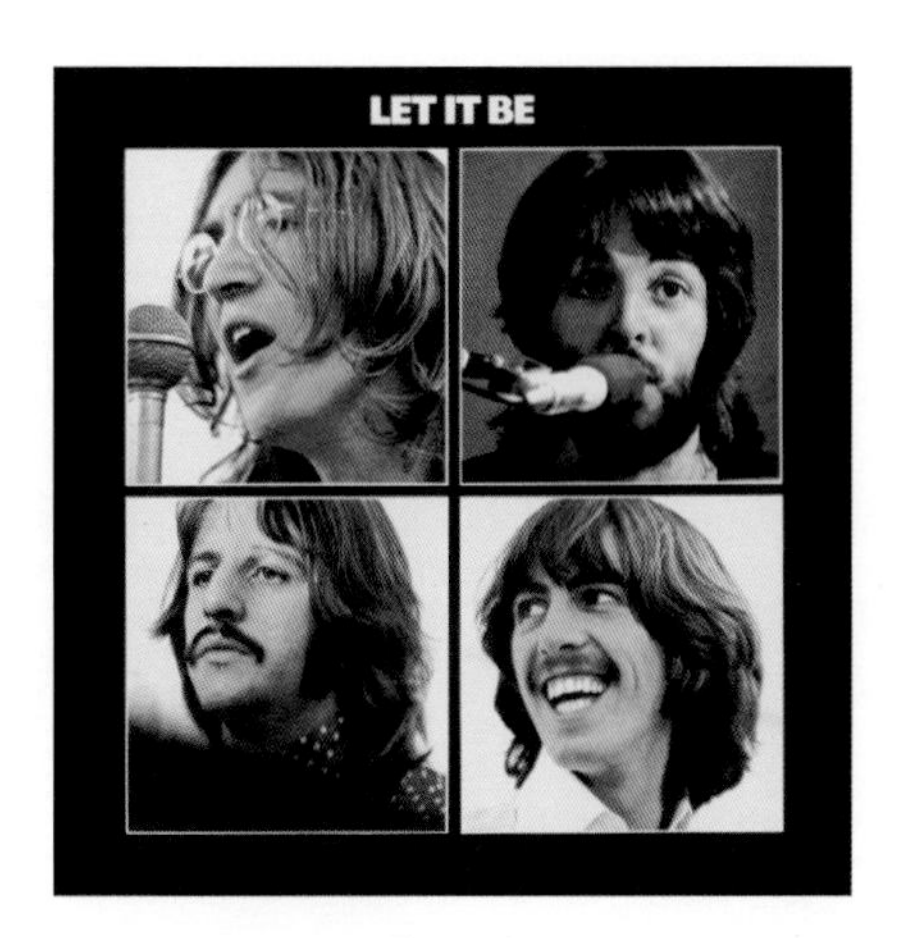

Figure 9

《レット・イット・ビー》は英国で1970年5月8日にリリースされ、マイケル・リンゼイ＝ホッグ監督によるドキュメンタリー映画『ビートルズ　レット・イット・ビー』のサウンドトラック盤の役割を果たした。当初はビートルズによる1969年1月の"ゲット・バック"プロジェクトの一環としてスタートしたが、グリン・ジョンズ、ジョージ・マーティン、フィル・スペクターという複数のプロデューサーによりミキシングされた。スペクターによるポスト・プロダクション作業はオーケストラと合唱隊を無断でオーヴァーダビングしたため論議を呼んだ。

Figure 10

アビイ・ロード・スタジオのロゴ・マーク。アーティストのアラン・ブラウンによるヴィンテージ感を引き立てるデザイン。EMIスタジオをアビイ・ロード・スタジオに改称するマーケティング戦略の一環としてケン・タウンゼントが発注したもの。

Figure 11

2018年8月、アビイ・ロード・スタジオの庭に座るケン・タウンゼント。1950年にEMIに就職したタウンゼントは1974年にEMIスタジオの事業責任者に任命され、その後MBE（大英帝国勲章5等勲爵士）を受勲し、40年間勤め上げた後に退職してスタジオ・グループの会長に就任。

ザ・ビートルズ
最後のレコーディング

ソリッドステート（トランジスター）革命と
アビイ・ロード

ケネス・ウォマック　著
湯田賢司　訳

DU BOOKS

Solid State

The Story of Abbey Road and the End of the Beatles

Kenneth Womack
Foreword by Alan Parsons

Solid state : the story of Abbey Road and the end of the Beatles
by Kenneth Womack

First published 2019 by CORNELL UNIVERSITY PRESS
Japanese translation rights arranged with
CORNELL UNIVERSITY PRESS
through Japan UNI Agency, Inc., Tokyo
Translated by Kenji Yuda
Published in Japan
by
Disk Union Co., Ltd.

ジェフ・エメリックに捧げる。

始まりは時として終わりである
そして終止符を打つことは出発点である。
終わりから出発するのだ。

——T・S・エリオット

目次

アラン・パーソンズによる序文 viii
イントロ 《アビイ・ロード》リリース当時の酷評 1
1 真空管の響きと、トランジスターの響き 13
2 モノラルとステレオの違い 49
3 モーグとの出会い 99
4 途轍もないメドレー 135
5 ぜんまい仕掛けのピアノとミルズ夫人 178
6 名演奏家たちの匠の技 218
7 ジョンとヨーコの豪邸 255
8 《レット・イット・ビー》の完成と1970年 280
9 ビートルズ帝国の崩壊 309
謝辞 334 参考文献 338 注釈 349 索引 357
解説 ビートルズのスタジオの音 高橋健太郎 358

※本文〔 〕は訳者による注釈。

アラン・パーソンズによる序文

私はサウンド・レコーディングのキャリア全体を通じて、「適切な場所に適切なタイミング」で居合わせる幸運に何度も恵まれた。十八歳からアビイ・ロード・スタジオの親会社EMIレコーズの西ロンドンにあるテープ複製部門で働きはじめ、《サージェント・ペパーズ・ロンリー・ハーツ・クラブ・バンド》というアルバムのマスター・テープのコピーを作る仕事を任された。年来のビートルズ・ファンだったが、このアルバムを聴いて計り知れない影響を受け、〈シーズ・リーヴィング・ホーム〉を耳にした時には実際のところ涙が出た。その瞬間から、**アビイ・ロードで仕事をするためなら何でもしてやろう**と決心した。

これは自分で思っていたよりも簡単に実現できた。数ヶ月後、当時スタジオのマネージャーを務めていたアレン・スタッグに手紙を書いたところ、《ザ・ビートルズ（ホワイト・アルバム）》の最終段階に取り組んでいたセカンド・エンジニアのリチャード・ラッシュとの面接を許可され、建物内を案内してもらえた。二十歳の誕生日の直前にアビイ・ロード・スタジオへ正式に転属され、まずテープ・ライブラリで働いたが、建物全体に轟きわたっていた《ホワイト・アルバム》のレコーディングの一部を耳にすることができて嬉しかった。

わずか三ヶ月の「現場をこっそり観察する」トレーニング期間を終えると、スタジオ・ブッキング・マネージャーのヴィーラ・サムウェルに呼び出された。

セカンド・エンジニアが二名クビになり人手が足りなくなったため、ロンドン中心部サヴィル・ロウにあるビートルズのアップル本社地下のスタジオでテープ・オペレーターとして手を貸してもらえないだろうかと打診を受けたのだ。伝説的なエンジニア〝マジック・アレックス〟がこのスタジオに業務用レコーディング・システムを設置するよう命じられて大失敗を犯し、EMIのテクニカル・エンジニアが4トラックのミキシング・コンソール二台を最近設置したばかりだった。

アップル本社に到着し地下のコントロール・ルームに案内されたので顔を赤らめながらおずおず入っていくと、ビートルズの四人全員、ジョージ・マーティン、グリン・ジョンズ、ヨーコ・オノ、リンダ・イーストマンと顔を合わせた。大変な出来事だったのは間違いない。

その後数日間にわたって、ジョージ・ハリスンの所有する3M製の8トラック・テープ・マシンを操作した。マシンはテープを使い切ってリールを交換する時以外は常に、ずっと録音モードになっていた。これはその後《レット・イット・ビー》となるアルバムの楽曲を彼らが何テイクも苦労してやり直す作業を一瞬も逃さず記録しておくためだった。

それからアップル社の屋上に登ってバンドが新曲をライヴ演奏するというア

イディアが持ち上がった。私たちエンジニアはＥＭＩスタジオの移動レコーディング班から支給されたマイクロフォン・ケーブルを地下室から階段を通って配線した。屋上には、サヴィル・ロウの向かい側に立ち並ぶオフィス街に面して仮設ステージを据え付けた。

　バンドにやる気を起こさせるために必要だったものはこれなんだと誰もがすぐに気付いた。地下室では映画用カメラや大勢のスタッフに囲まれて集中力が削がれたうえ、救いようのないレコーディング・セッションの数々やうんざりした表情ばかりのプレイバック・セッションが延々と続いていた。屋上でのセッションは特別な出来事だという手応えがあり、《レット・イット・ビー》にはこのルーフトップでのパフォーマンスから多くのテイクが採用されている。

　私はこのコンサート全体を通じて屋上にいたがステージ右側のカメラの後ろ、ポール・マッカートニーの隣にいたため残念なことに映画『ビートルズ　レット・イット・ビー』にひとコマも映っていないのだ！　しかしアルバムのブックレットの写真には縞のジャケット、オレンジ色のシャツ、当時のトレンドだった黒のネクタイを身に着けた私が写っている。ファブ・フォー〔ビートルズのこと〕の本当に最後のライヴ・パフォーマンスを目撃しているんだという甘く切ない想いだったが、あの日を忘れることは絶対にないだろう。

私にとって次の「適切な場所に適切なタイミング」で居合わせた経験は、ビートルズが最後のレコーディングとして提示した《アビイ・ロード》にセカンド・エンジニアとして参加できたことだ。ビートルズがライヴ・レコーディングと違って**スタジオでの作業にどのように取り組んだかを目撃する**のは目から鱗が落ちる体験だった。また、二人の偉大なレコーディング・エンジニア、ジェフ・エメリックとフィル・マクドナルドと一緒に仕事をして勉強できたのもまたとない貴重な経験だった。これは学術的な興味に限定されると思うが、《アビイ・ロード》と《レット・イット・ビー》は録音された日付とは逆の順番でリリースされた。私はルーフトップ・コンサートが彼らの最後のパフォーマンスになるだろうと予想していたし、《アビイ・ロード》はビートルズが現実的にビートルズとして存在する最後になるだろうなと分かっていた。しかしそれでも、彼らの魔法がどのように創造されたかをじかに体験できたごく少数の関係者になれたことは途轍もない幸運だと感じていた。

ビートルズ解散後、私は《ポール・マッカートニー》と《ウイングス・ワイルド・ライフ》でポールと仕事し、《オール・シングス・マスト・パス》の複数のセッションではセカンド・エンジニアとしてハリスンとフィル・スペクターと仕事をした。エンジニアとして一人前になってからは——私にとって最大の「適切な場所に適切なタイミング」ともいえるピンク・フロイドの《狂気》をレコーディングした後に――ポールの《レッド・ローズ・スピードウェイ》とシングルの〈マイ・ラヴ〉と〈C・ムーン〉でエンジニアを務めた。

読者の手元にあるこの本の話に戻ろう。完璧な調査に基づいた本書は、ビートルズの最終アルバムに携わった人物（嬉しいことに私も含まれている）だけでなく、この時代を超越したLPの制作中にファブ・フォーが使用したレコーディング機材と楽器の技術的側面という舞台裏を深く掘り下げた正確な歴史である。読者は本文中で、《アビイ・ロード》制作に関してこれまで知られていなかった数々の事実と、史上最高のロックバンドの解散につながった出来事について知ることになるだろう。

アラン・パーソンズ
音楽プロデューサー、エンジニア、ミュージシャン、作曲家

イントロダクション

《アビイ・ロード》リリース当時の酷評

ビートルズの《アビイ・ロード（*Abbey Road*）》がリリースされた一九六九年の秋、「NME（*New Musical Express*）」紙、「ローリングストーン（*Rolling Stone*）」誌、「タイム（*Time*）」紙など大方のレヴューはファブ・フォーの最新アルバムを大々的に称賛した。圧倒的な売上枚数と評論家の支持を受けてポップ・ミュージック界を六年近くにわたって支配してきた地球上で最も有名なバンドとしては、誰もが羨むような会心作を放ったといえるだろう。しかし賛否入り混じったレヴューや中傷的なものも見受けられた。権威ある「ニューヨーク・タイムズ（*New York Times*）」紙はビートルズの新作に対して予想外の反論記事を掲載し、より高度で円熟した作品群といわれる**過去の作品と比べて今度のLPの中身はまるで別物**だとこき下ろした。

一九六九年十月五日付のニューヨーク・タイムズに掲載されたレヴュー記事でニック・コーンは《アビイ・ロード》の最後を飾るメドレーに対して〝《ラバー・ソウル（*Rubber Soul*）》以来

彼らが作った最も見事な音楽だ〟としかるべき敬意を払ったが、褒めたのはそこまでだった。それ以降はうってかわってLPの楽曲を〝いまひとつの出来〟、〝みすみす招いた大惨事〟などと手加減なしに批判した。コーンにとって《アビイ・ロード》は何かが間違っているように聞こえたのだ。〝歌詞は弱々しく、気取っていて、インチキ臭い〟と書いているほか、ジョージ・ハリスンの書いた新曲は〝凡庸さを絵に描いたようだ〟、〝甘ったるい退屈さ、ドン引きするような恥ずかしさなど欠点を指摘したらきりがない〟とまで言い放っている。コーンの収録曲に対する酷評はいったい何が原因だったのだろうか[1]。

コーンは二十三歳と比較的若いイギリス人だったが、当時の音楽評論家の間で重要な地位をすでに獲得していた。前年の冬、ザ・フーのピート・タウンゼントがまだ構想中だった自作のロック・オペラ《トミー（*Tommy*）》についてコーンと話し合った際に、コーンは目と耳と口が不自由な三重苦の主人公をピンボールの魔術師と設定してみたらどうかと助け船を出し、この抜け目ないアイディアに基づいて生まれた名曲がアルバムのハイライトを飾り、その後はザ・フーのコンサートの定番曲となった。コーンの《アビイ・ロード》のレヴュー記事が「ニューヨーク・タイムズ」紙面を飾ると、二年以上前に同紙でリチャード・ゴールドスタインが《サージェント・ペパーズ・ロンリー・ハーツ・クラブ・バンド（*Sgt. Pepper's Lonely Hearts Club Band*）》を酷評した時と同様にロック界を騒がせた。コーンと同様、ゴールドスタインも新世代の文化評論家の先駆けだった。神童といってもよいゴールドスタインは若干二十二歳で大学構内のドラッグ濫用に関する本を出版したほか、「ヴィレッジ・ヴォイス（*Village Voice*）」紙のスタッフ・ライターというカウンター・カルチャー界で最も羨望を集める地位を手に入れていた。しかしゴールドスタインと同時期に「ヴィレッジ・ヴォイス」の同僚だったロバート・クリストゴウが「エスクァイア（*Esquire*）」誌で同LPを〝スタジオ・ロックの極致〟だと称賛したのをはじめ――西洋世界がこぞって《サージェント・ペパーズ》を歓迎し、ビートルズはまたもや新しい美学的ヴィジョンを純粋な結晶として提示したと褒めそやすなかで、ゴールドスタインは「不協和音と大げさささを寄せ集めたまがい物だ。甘美な雰囲気で懐古趣味（ノスタルジック）でさえある。しかしアルバムのジャケットのように全体的に落ち着きがなく、流行に敏感で、ゴタゴタしている。《サージェント・ペパーズ》は手を掛けすぎた子供のように我儘放題（わがままほうだい）だ。ホーンセクション、ハープ、ハーモニカ四重奏、さまざまな動物の鳴き声、九十一人編成のオーケストラがやかましい」と酷評していた。[2]

ビートルズはコーンやゴールドスタインといった評論家から冷や水を掛けられてもビクともしなかった。一九六七年十二月、テレビ番組「マジカル・ミステリー・ツアー（*Magical Mystery Tour*）」の放映開始後にはアーティストとしてもっと大きな打撃を受けていたからだ。同番組がボクシング・デー休日〔英、豪、加の祝日で十二月二十六日、日曜の場合は翌日に郵便配達やごみ収集などのサービス従事者に贈り物の箱を贈る休日〕にBBCで初公開されると、容赦のない批判が即座に飛び交った。「デイリー・エクスプレス（*Daily Express*）」紙の記者ジェームス・トーマスは「ビッグな存在になればなるほど墜落の被害は大きい。今回の墜落は大災害だった。このつまらない延々と続く物語を見て、私が長らく胸に抱いていた疑惑は正しかったのだと気付いた。ビートルズは四人の当たり障りのない若者だが、大金を稼ぎすぎたためにどうやら一般大衆を見下すようになったのだ」と書いた。いっぽう、「デイリー・スケッチ（*Daily Sketch*）」紙はビートルズが最近心酔している東洋神秘思想にかこつけて、「このテレビ映画をBBC1で放映することを許可した責任者は罰として、マハリシ・マヘーシュ・ヨーギーの足元に一年間ひれ伏し続けなければならない」とすかさず茶々を入れた。これに負けじと「デイリー・ミラー（*Daily Mirror*）」紙も「マジカル・ミステリー・ツアー」を「クズだ……くだらない……ナンセンスだ！」とけなした。[3]

《サージェント・ペパーズ》でアーティストとして高みに登り詰めた後だったこともあり、こういった批判はビートルズにとってどうにも我慢できないものだった。バンド公認の伝記作家ハンター・デイヴィスは「マジカル・ミステリー・ツアー」について、「記憶にある限り、アーティスト側が作品に関して公式に謝罪しなければならないと感じた初の出来事だった」とコメントしている。はたせるかなマッカートニーもその後、「僕たちはあれがよくできた映画作品だとは思わない。初めての試みだったんだ。僕らが失敗したというなら、その通りだ。初めての挑戦だったがうまくできなかった。次はもっとうまくやれるさ」と問題を認めている。そしてポールは思わず、「あのさ、女王のスピーチが素晴らしいなんて言う人はいないだろ？」と口をすべらせている。

テレビ番組「マジカル・ミステリー・ツアー」はビートルズの前代未聞のキャリアを通じて――

—芸術的な美しさに欠けるだけでなく、単にこれまでと明確に違ったものとして——特異な例であり、アーティストとしておそらく最大の失敗作だったといえるだろう。同番組はビートルズの現存する音楽および映像作品のなかで際立った存在となっている。[4]

《アビイ・ロード》も番外編というか、《ラバー・ソウル》（一九六五年）、《リボルバー（*Revolver*）》（一九六六年）、《サージェント・ペパーズ》（一九六七年）、《ホワイト・アルバム（*White Album*）》として有名な《ザ・ビートルズ（*The Beatles*）》（一九六八年）を含む歴史的名盤の数々とはどことなく違った作品といえる。《アビイ・ロード》の場合、ビートルズの最新作として失望し眉をひそめた評論家はコーンだけではなかった。一九六九年十一月の「ローリングストーン」誌のレヴュー記事でエド・ウォードは《アビイ・ロード》を「ビートルズ帝国にありがちで退屈なバブルガム・ポップという薄っぺらい領域」に踏みこんでいる、とこてんぱんに叩いている。ウォードの批判記事は、同月の「ローリングストーン」誌で同僚のジョン・メンデルスゾーンが絶賛したのと好対照を見せている。コーンは同LPのメドレーを唯一の美点だと褒め称えたのに対し、ウォードは連作歌曲（ソング・サイクル）の各曲を、「プロデュース過剰で聴くに堪えない」と否定した。「ガーディアン（*Guardian*）」紙ではジェフリー・キャノンもこの例にならい、ビートルズの**「昔のロックンロールはエネルギーと目的を持っていたが、この《アビイ・ロード》は別物だ」**と主張し、新作LPは「取るに足らないものだ。本人たちはきっとほっと胸を撫で下ろしているだろうが、ビートルズは私たちの心に触れたいという強い欲求を失ったのだ。《アビイ・ロード》を聴けば楽しいかもしれないが、感動することはない」と結論づけた。「ライフ（*Life*）」誌上でアルバート・ゴールドマンはキャノンと同じ不満をぶつけ、メドレーが〝ビートルズの最近の状態を象徴しており、二十四時間体制で量産される陳腐な劇伴のように聞こえる〟と指摘した。[5]

作り手の当時の名声にもかかわらず酷評を受けた作品は《アビイ・ロード》以前にも存在していた。文化史を紐解けばそのような例は枚挙にいとまがなく、生前の偉大な芸術家が過去の作品を神格化した評論家当人から厳しい非難を浴びている。この点において、ファブ・フォーはジェイムズ・ジョイスや後のトニ・モリスンと何ら変わりがない。「エスクァイア」誌でロバート・クリストゴウが述べたように、ビートルズはその時代だけでなく全歴史を通じて最も革命的な芸術家としてすでに大々的に認められていたのだ。クリストゴウによるとビートルズは《サージェント・ペパーズ》の出現によって、「エルヴィス・プレスリーやボブ・ディランでさえなく——アルフレッド・ロード・テニスン、イーディス・シットウェル、チャーリー・チャップリン、ドナルド・バーセルミ、ハロルド・ピンター、T・S・エリオットと比べても遜色ない存在」になったという。これまで数世紀にわたって尊敬を集めてきた諸芸術家と同じように、ビートルズの最新作は文化的な一大イベントとして扱われた。これに先立って主だった評論家は正真正銘の荘厳さを体験しようと準備態勢を整え、待望の作品に格好良さや内容がなかった場合は著名なメディアの舞台で総攻撃しようと手ぐすねを引く。これを最も顕著に表す例として、ベートーヴェンの交響曲第九番ニ短調の場合を考えてみよう。一八二四年五月にウィーンで初演された第九番がサー・ジョージ・スマートの指揮とロンドン・フィルハーモニック協会の演奏によってロンドン初演を迎えたのはようやく一八二五年三月になってからだった。イギリスの大手音楽誌「ハルモニコン（*Harmonicon*）」は特集論説記事で「ベートーヴェンの交響曲第九番は正確なところ一時間五分と長すぎ、正に不愉快極まりなく、楽団員の肺臓と筋肉ならびに観客の忍耐力を厳しい試練にさらすことになる」と歯に衣を着せずに宣告した。[6]

二十世紀に入ってマスコミと大衆向けの文化的イベントが盛んになると、一般大衆向けのジャーナリズムが国際的な人気を獲得した。コーンが「ニューヨーク・タイムズ」紙上で《アビイ・ロード》を解剖する遥か昔から、大きな影響力を持つ出版物は当時の傑出した作家や芸術家をやり玉に挙げてきた。例えば、ジェイムズ・ジョイスの『ユリシーズ（*Ulysses*）』がパリに拠点を持つ書店シェイクスピア・アンド・カンパニーから一九二二年に出版された時はどのような反響があっただろうか。アイルランド出身作家ジョイスのそれまでで最も実験的な作品がサーモンピンクの特製紙に印刷された初版の発行に際して、週刊紙「スポーティング・タイムズ（*Sporting Times*）」は、「ジェイムズ・ジョイスは才能のある作家だが、『ユリシーズ』では人間が生きていくうえでの基本的な良識すべてを排除し、野卑で不真面目な男子生徒がゲラゲラ笑い転げるような物事ばかり長々と描写している。単なる汚らしさを美化するという愚かさに加えて、この本には頭のボケたジョージ・メレディスのような文体で書かれているという難点がある。章全体にわたって、作家が一体何を言わんとしているかを知るための句読点や道しるべがまったくない部分もある。本全体の三分の二は支離滅裂で、分かりやすく書かれている文章は無味乾燥で、当意即妙なユーモアのつもりが下品な結果ばかりに終わっている」と手厳しい。数年後には、L・P・ハートリーがF・スコット・フィッツジェラルド――当時の突出した短編小説作家――を『華麗なるギャツビー（*The Great Gatsby*）』の出版時（一九二五年）に叩きのめしたのが語り草になっている。ハートリーは「サタデイ・レビュー（*Saturday Review*）」誌に、「スコット・フィッツジェラルド氏を痛めつけて正気に戻す必要がある。れっきとした才能がありながら自らを有象無象のように見せかけようとする恥知らずだ。『華麗なるギャツビー』は恋愛小説、メロドラマ、ニューヨーク上流階級の平明な記録と考えても馬鹿げた物語だ」と書いた。[7]

『ユリシーズ』と『華麗なるギャツビー』への批判は、《アビイ・ロード》に対する批評家の反応に関してふたつの教訓を示している。まず、創造的で熱心な支持者に対して大きな視野から眺めた批評的な観点を提示していること、そして技術的または様式的な移行期に芸術家が直面しがちな悪評を示していることだ。ジョイスとフィッツジェラルドにとって、『ユリシーズ』と『華麗なるギャツビー』は作家としての主要な転機となった作品だった。ジョイスの場合、まったくありふれた物語とも受け取られかねない『ダブリン市民（*Dubliners*）』（一九一四年）や『若い芸術家の肖像（*A Portrait of the Artist as a Young Man*）』（一九一六年）といった初期作品と比べて『ユリシーズ』は真っ向から実験に取り組んだ作品だった。フィッツジェラルドの場合、『楽園のこちら側（*This Side of Paradise*）』（一九二〇年）と『美しく呪われた人たち（*The*

Beautiful and Damned)』（一九二二年）に続く小説となる『華麗なるギャツビー』の評判は、著者が単に南北戦争後の金ピカ時代のけばけばしさを提示したためにやり玉に挙げられたわけではない。フィッツジェラルドは第三作となるギャツビーによって、自分がポピュラーな短編集を書く有名人ではなく本格的な小説家だということを文学界に示そうとした。どちらの場合も、芸術家側がそれまでのジョイスとフィッツジェラルドに慣れ親しんでいた読者の期待を裏切ろうとした。最新作となる小説がこれまでと違う性質や実験性を前面に打ち出していたため、評論家の反応に大きな影響を与えたのだ。

《アビイ・ロード》に対する評論家の反応は似たような、しかしもう少し複雑な印象をビートルズに与えた。このLPのレヴュー記事全体の共通項は良かれ悪しかれ、これまでと違って聞こえたということだ。コーン、ウォード、キャノンのような書き手はこのアルバムがプロデュース過剰だという問題点を嗅ぎつけた。同意見の人はほかにもいた。「タイムズ（*Times*）」紙の一九六九年十二月のレヴューで絶賛したウィリアム・マンは同アルバムが「音楽的な独創性に満ちている」と褒めるいっぽう、一部のリスナーは手の込んだプロデュースによる〝仕掛け（ギミック）〟が多すぎると文句を言うだろうと苦言を呈している。わずか数年前にビートルズが《サージェント・ペパーズ》で到達した天に届くような技術的高みを考えると、これは注目に値する発言だ。この画期的なLPはまるで一九六七年の〝サマー・オブ・ラブ〟のサウンドトラック盤のように登場し、ファブ・フォーの時代を超えた楽曲と（これを上回らないにしても）同様に高尚なコンセプトのプロデュース手腕によって、音楽と芸術の世界を驚嘆させた。《サージェント・ペパーズ》はテクニカラー映画のような派手で革命的な音響世界を提示したのに比べて、《アビイ・ロード》の音世界はどこをとっても地味なものだった。では《アビイ・ロード》の批判者はなぜ、ビートルズの最新作をプロデュース面だけを目の敵にして非難し続けたのだろうか。[8]

単純明快にいうと、《アビイ・ロード》がビートルズの以前のスタジオ作品とまったくかけ離れて聞こえたのは**EMIスタジオが一九六八年晩秋から数ヶ月かけて導入した新技術**が原因で、具体的には長年主力だった真空管機材の代わりに、バンドメンバーと制作チームがソリッドステート（トランジスター）技術を利用できる新しい8トラックのミキシング・コンソールを使いだしたからだ。世界中を席捲したビートルズのサウンド——EMIの旧式スタジオ機材からプロデューサーのジョージ・マーティンが苦労して引き出した〝最大ボリューム〟のサウンド——に、ソリッドステート電子機器ならではの素粒子レベルの特性が明確な変化をもたらした。一般的なファンと経験豊富なオーディオ愛好家はどちらも——EMIスタジオ機材の改良について実際的な知識をほとんど持っていなかったはずだが——音の違いを明らかに聴き分けていた。聴き手側からすれば、**ファブ・フォーのサウンドが——何らかの理由で——決定的に変化してしまったのだ**。[9]

しかし音楽に限らずすべての芸術作品と同様、《アビイ・ロード》の本質を捉えるためには部分の総和としてだけでなく、具体的な歴史社会的背景からもたらされた影響についても考慮する必要がある。このLPはグループ最初のレコーディング以来続いてきた創造的な活動の最も新しい到達点にすぎない。ビートルズは原始的な状態から巨匠と呼ばれる存在にまで——作詞作曲と音楽的な才能において驚異的な飛躍を繰り返して——進化した。本書では《アビイ・ロード》を文化的イベントと位置づける重要な鍵として、LP制作時にソリッドステート（トランジスター）技術の果たした役割を解説し、レコーディングおよび楽器の技術面が強い影響力を持っていたことを示したい。このアルバムが不朽の名作と呼ばれるには理由があり、当然ながら技術はほんのわずかな一面にすぎない。《アビイ・ロード》はバンドメンバーのパフォーマンスと音楽的才能の大きな進歩が革新的な技術と出会ったことやいろいろな要因が重なり合い、予想さえしなかったような驚異的ハーモニーを作り出した稀有な瞬間に生み出されたといえるだろう。

リヴァプール出身の四人の若者が一九六九年初春にEMIスタジオに結集した時、共同作業をこなせる可能性は皆無に等しかった。一九六九年一月の〝ゲット・バック（*Get Back*）〟セッション中にメンバー間の不和が頂点に達し、グループは解散寸前まで追い詰められていた。月半ばにジョージ・ハリスンは——「じゃ、またクラブで会おうぜ」という有名な棄てゼリフを残して——ビートルズを短期間脱退し、入念に準備された緊張緩和交渉（デタント）によって渋々復帰した。月末にはサヴィル・ロウの自社ビル屋上に登って最後のライヴ・パフォーマンスを行った——強風吹きすさぶなか目撃することができた幸運な全観客の心に終生にわたって残る有終の美として刻みこまれている。そしてこのルーフトップ・コンサートがビートルズの終焉を飾ったとしても内部関係者はもちろん、バンドメンバー全員も驚かなかっただろう。

《アビイ・ロード》がこんな状況下でどんな形にせよ完成に漕ぎ着けたのは並大抵のことではない。破滅的な《ゲット・バック》セッションの直後、バンドの内幕から数ヶ月締め出されていたマーティンにとっては特に、関係修復は不可能に思えた。一九六九年一月のレコーディング・セッションはメンバーどうしの喧嘩が絶えず、音楽的に冴えない場合もあったため、マーティンはこんな調子で彼らとの協力関係が終わるのは惜しいと思っていた。しかし翌月、バンドメンバーは――解散が歴史的事実となる前に最後の挑戦をする決意とともに――ＥＭＩスタジオに戻ってきて、何とか折り合いをつけることができた。そして彼ら自身が強く要求していた最新のスタジオ技術と、自身の進化し続ける技術や芸術的才能に助けられ、最後の制作作業に取り掛かった。このように思いもよらない条件が重なるなか、後世に残る音楽的墓碑銘を刻むという奇跡を成し遂げたのだ。

1 真空管の響きと、トランジスターの響き

一九六九年二月、ビートルズは岐路に立っていた。しかし売上と評価において世界で最も成功したアーティストとしては相変わらず、良いニュースに事欠かなかった。九枚目のLP《ホワイト・アルバム》はチャート首位を占めており、一九六〇年代で最も売れたアルバムへの道を邁進していた。最新シングルの〈ヘイ・ジュード(*Hey Jude*)〉(B面は〈レボリューション(*Revolution*)〉)は世界的ヒットとなり、EMIグループに一九七六年まで巨額の利益をもたらすことになる契約は二年目を迎えていた(EMIは"*Electric and Musical Industries*"の頭文字を取ったもの)。しかしグループの経営管理(マネージメント)は無秩序状態だった。バンドを世界的なスターダムに導いたブライアン・エプスタインの死後一年半、アルバム《サージェント・ペパーズ》が普遍的評価をもたらした直後にもかかわらず、彼らは目標を見失ったかのようだった。この間に権威あるプロデューサーのジョージ・マーティンと反目し、《ホワイト・アルバム》関連のセッションではマーティンを

スタジオから排除しはじめていた。

そしてバンドが築き上げた企業帝国自体の問題があった。一九六八年五月にニューヨーク・シティのアメリカーナ・ホテルで開かれた記者会見でアップル・コアの設立および関連する音楽と映画事業が発表されたものの、道のりは険しいものだった。一九六九年一月、ジョン・レノンは同社がこのままの調子で金を失い続けたらビートルズは真夏に破産するだろうと発言した。さらに悪いことに、レノンとガールフレンドのヨーコ・オノはヘロインへの依存を強めていったのだが、レノン自身の後年の説明によると、これはノーマン・ピルチャー巡査部長率いる悪名高い麻薬捜査班によってモンタギュー・スクエアの自宅アパートの家宅捜索を受けた直後に始まった習慣だという。レノンはヨーコが一九六八年十一月半ばに流産したのは家宅捜索を受けたせいだと述べ、(流産後)「僕たちは本当に苦しんだ」と回想している。実際のところレノンがヘロインを試したのはもっと前のことで、ロンドンのロバート・フレイザー・ギャラリーで一九六八年夏に開かれたオノの展覧会の会期中だった可能性が高い。レノンは常々、「注射したことはない。鼻から吸っただけだよ」と語っていた。しかしジャーナリストで親友のレイ・コノリーによると、「(レノンが)物事を中途半端で済ませることは滅多になかった。ヘロインはやがて彼にとって厄介な問題になった」という。そうこうするうちにバンドメンバーがレノンの依存症に危機感を募らせた。〝ゲット・バック〟セッションが開始されると、オノは二人が運動の代わりにヘロイン注射をしているとおおっぴらにジョークを飛ばした。マッカートニーは、「二人はヘロインをやっていた。これは僕たちにとってかなりショッキングな出来事で、僕たちみんな自分ではかなりぶっ飛んでると考えてたけど、あんなに世界からはみ出すのはありえないと思っていた」と打ち明けている。[1]

一九六九年一月のグループの運勢は最悪の状態へと下降しているようで、《サージェント・ペパーズ》から連想される豪華絢爛なプロダクションを覆すかのように、音質にこだわらず音楽的ルーツに回帰しようと試みていた。プロデューサーのグリン・ジョンズが指揮を執り、マーティンは脇役に追いやられながら、ここ最近の〝ゲット・バック〟セッションで悪戦苦闘し、一月三十日のルーフトップ・コンサートでやっとメンバー間にわだかまる悪魔を追い払い、〈レット・イット・ビー（*Let It Be*）〉と〈ザ・ロング・アンド・ワインディング・ロード（*The Long and Winding Road*）〉を含む一連の古典的名作を生み出した。長年にわたって壊滅寸前の状態から大勝利を勝ち取ることができたのはビートルズにとってせめてもの救いだったのかもしれない。

一九六四年四月まで遡ると、ビートルマニア絶頂期のリチャード・レスター監督による長編映画の主題歌として、ジョン・レノンは間一髪のタイミングで〈ア・ハード・デイズ・ナイト（*A Hard Day's Night*）〉を書き上げた。そして一九六五年十一月の《ラバー・ソウル》制作時、マーティンとビートルズは（クリスマスに間に合うよう）十二月に華々しくリリースする予定だったがゴールに到達するまで絶望的な遅れに悩まされた。一九六八年十月に至っても同じことの繰り返しで、関係悪化をたどっていたマーティンとエンジニアのケン・スコットがレノンとマッカートニーとともに二十四時間という猛スピードで過酷なミキシング・セッションを終えたおかげでようやく、取っ散らかった《ホワイト・アルバム》を仕上げて曲順を決定できたのだ。

しかしアップル・コアの経営が制御不能になり、マネージャーの人選を巡る口論——レノン、ジョージ・ハリスン、リンゴ・スターが肩入れする横柄なアメリカ人実業家アラン・クラインを選ぶか、それともマッカートニーの弁護士で将来は義父となるリー・イーストマンと、義兄となるジョン・イーストマンのコンビを選ぶか——が次第に泥沼化するなか、ビートルズは創造的な仕事をチームとして進められなくなっていた。しかし歴史の示す通り、彼らは《アビイ・ロード》で最後の大成功を収めるまで一時的とはいえ意見の相違に目をつぶったのだった。

では**これほどの困難にどうやって打ち勝つことができたのだろうか**。ビートルズが能力の絶頂にいたのはもちろんだが、悪戦苦闘していたのも事実だ。お互いの顔も見たくなかったメンバーは運命的な最後の夏のセッションからどうやって新しいサウンドをもぎ取ってきたのだろうか。

バンドがレコーディング・アーティストとして最後に成し遂げた偉業は、EMIスタジオのミキシング・コンソールの裏で生み出されたのだ。ビートルズは一九六二年六月六日にマーティンとの初レコーディング・セッションのために足を踏み入れて以来、例外的な場合を除き、アビイ・ロード3番地にあるスタジオを好んで利用してきた。ロンドン北西部のエドワード朝様式の邸宅が立ち並ぶセントジョンズウッド地区にたたずむこのスタジオは一八三〇年に豪華な住宅として建てられ、脇の小道の先には十二世紀に創建されヘンリー八世による一五三七年の修道院解散令によって国王の手に渡った修道院（アビイ）、キルバーン小修道院があった。この建物はアビイ・ロッジと呼ばれ、母屋の面積はおよそ六百五十万坪で五つの大広間、九つの寝室、ワインセラー、広大な裏庭、使用人部屋が含まれていた。アビイ・ロッジが住居用として使われていた最後の時代にはアパートに分割されていた。最後の入居者の一人モーンディー・グレゴリーは演劇プロデューサーの経験を持つ悪名高い政界のフィクサーだったが、ルームメイトだったイギリスの有名な女優エディス・ロスを説得して遺言状を書き直させ、一九二〇年当時の一万八千ポンドの遺産〔現在の日本円に換算しておよそ五千五百万円（日本銀行調査統計局による企業物価指数で算出）〕の唯一の相続人に自分を指定して殺害したと噂された。

そして、一九二九年にグラモフォン・カンパニーが一万六千五百ポンドで購入し、コロムビア・グラモフォンとグラモフォン・カンパニーが合併してEMIグループとなってから数ヶ月後にEMIスタジオと改名し、一九三一年十一月に正式オープンとなった。一九三〇年代初期にはイギリスの作曲家エドワード・エルガーがEMIスタジオで五曲の行進曲連作〈威風堂々（*Pomp and Circumstance*）〉のレコーディング・セッションを指揮し、彼の名を不滅のものとした（連作の冒頭を飾る第一番〈希望と栄光の国（*The Land of Hope and Glory*）〉はイギリスのスポーツイベントで国歌のように奏でられ、有名な主旋律がアメリカの卒業式に欠かせない曲となった）。EMIスタジオは設立当初、ユーディ・メニューインやパブロ・カザルスといったクラシック演奏家のレコーディング場所として高評価を得た。EMIの形式ばった社風と英国流の格式を重んじ、スタジオ職員は白衣を着用した。一九四〇年にはウィンストン・チャーチルがEMIを訪問して戦意高揚のスピーチをレコーディングする。白衣を着たエンジニアが大勢ひしめいているのを見て、病院に連れてこられたかと思ったという同首相の発言は有名だ。[2]

ビートルズの全盛期にEMIスタジオの敷地内にあった三つのスタジオは、管理部門が使っていた元の地所の裏に建設されたものだ。最も広いスタジオ1はフルオーケストラと合唱隊を収容可能で現在でもオーケストラ用レコーディングの主力となっており、スタジオ2とスタジオ3の順に狭くなっている。アビイ・ロードで制作にあたった七年間、ビートルズは2トラックから4トラックへの変化を含めて数々のスタジオ技術の進化を目にした。一九六八年には、急速に業界標準となりつつあった8トラックへの移行を熱心に望んでいた。しかし旧名称 EMI TG12345 MkI と呼ばれる8トラックのミキシング・コンソールがEMIスタジオにようやく設置されたのは《ホワイト・アルバム》を完成させた数日後だった。これをもって引退した REDD.51 レコーディング・コンソールは一九六四年一月からEMIスタジオの主力技術としてビートルズの驚異的な時代を支え、数々のヒットシングルと歴史的なLPを立て続けに生み出してポピュラー音楽を一変させた。この伝説的なコンソールはドイツの音響技術者ペーター・ブルコヴィッツの設計に基づいており、EMIの工学技師レン・ペイジが一九五五年に創設した *Record Engineering*（レコード技術） *Development Department*（開発部門） の頭文字をとってREDDと呼ばれた。ファブ・フォーは REDD.51 の前に使われていた REDD.37 ミキシング・コンソールを使って初期のヒット曲、〈プリーズ・

プリーズ・ミー〈*Please Please Me*〉〉、〈ツイスト・アンド・シャウト〈*Twist and Shout*〉〉、〈シー・ラヴズ・ユー〈*She Loves You*〉〉、〈抱きしめたい〈*I Want to Hold Your Hand*〉〉を完成させた。4トラックのREDD.51レコーディング・コンソールはビートルズ・サウンドの進化に決定的な役割を果たしたため、〝**ビートルズのコンソール**〟と呼ばれるようになった。REDD.51には〝ポップ〟と〝クラシック〟という二種類のEQ(イコライゼーション)設定が搭載されていたことがよく知られており、これはふたつの非常にかけ離れた集団がレコードを作るという前時代の考え方を反映したものだ。ビートルズは交響楽的、前衛的なサウンドと環境音を音楽的パレットに取りこんでこのような分断を取り払ったのだ。REDD.51ミキシング・コンソールのテクノロジーは真空管回路が特徴で、電源部に真空管を用いることによって特に低音域でのダイナミックな周波数レンジを達成している。

REDD.51が全盛期を終えようとしている――そして**トランジスター技術が世界規模の市場を支配するようになった**――ことに気付いたEMIスタジオの白衣の技術者集団は、TG12345の完成に漕ぎつける以前からスタジオのマルチトラック・レコーディング能力向上に取り組んでいた。最先端の電子機器による飛躍的な技術進歩に加えて、EMIの新型ミキシング・デスクはこの巨大レコード会社のアーティスト、プロデューサー、エンジニアがサウンドに求める水準の向上に応える機能を備えていた。一九六七年、EMIスタジオの技術スタッフは社内の中央研究所の設計技師との打ち合わせを開始し、スタジオ顧客の現在の期待だけでなく今後訪れる可能性のある未来の技術的変化も見据えた、より総合的な機能を持つミキシング・コンソールの設計に取り掛かった。

ＥＭＩエンジニアが新設計の目標に掲げたのは、真空管技術から脱却してトランジスター技術を採用することだ。TG12345の試作品コンソールがＥＭＩスタジオに一九六八年六月に到着した。モデル名の接頭辞ＴＧはＥＭＩの母体となった旧会社、一八九八年創業の〝ザ・グラモフォン・カンパニー〟を指している。接頭辞ＴＧは意図的だったが、このコンソールの連番〝１２３４５〟は純粋に偶然の産物だった。アビイ・ロード・スタジオの技術スタッフはＥＭＩスタジオ内部でTG12345の大掛かりな製品テストを行った。エンジニアのアラン・パーソンズが後に述懐したように、スタジオ関係者はすぐに試作コンソールを〝ＴＧ〟あるいはトランジスター回路にちなんで〝トランジスター・デスク〟と呼びはじめた。REDD.51と比較して新型ミキシング・コンソールは巨大で、二十四個のマイクロフォン・インプットと八個のアウトプットを備えていた。エンジニアはその後数ヶ月にわたって新型デスクの操作方法を習得した。アンプ・ルームの担当エンジニアだったブライアン・ギブソンは当時を振り返って次のように語っている。「私たちがＴＧを最初に目にしたのは一九六八年だった。その前のMark Iはどちらかというと試作品で、アビイ・ロードの〝実験室〟と呼ばれていた部屋［ルーム65］で使っていた。そこはスタジオの脇にあった小部屋ですべてのスタジオと連絡線でつながっていた……。そして誰もがそのクリーンなサウンドを聞いて仰天したのを憶えている。トランジスター機材の特徴なんだろうな、トップエンドのきらめくような響きは真空管設計の機材ではちょっと作り出すのが難しいサウンドだったんだ。しかし誰もが巨大すぎて扱いづらいと考えていた——これに対してREDDは座ったままですべてのコントロール類に手が届いた。その後コンソールがこんなに巨大化するなんて誰も考えていなかったんだ！」[3]

TGコンソールはテスト期間を完了して《ホワイト・アルバム》リリース日の翌日、一九六八年十一月二十三日の週末にようやくスタジオ2に設置された。EMIスタッフがまず気付いたのは新型ミキシング・デスクのサイズで、旧型REDDコンソールより60センチメートルも幅広い2メートルだった。しかしTGコンソールの大きなサイズに惑わされてはいけない。重厚な真空管機材を搭載した旧型機REDDコンソールが三百四十キログラムだったのに対して、トランジスターを搭載した新型機は百十五キログラム軽い二百二十五キログラムになった。幅の広い新型コンソールを設置するためにはスタジオ2の改装が必要だった。REDDコンソールはコントロール・ルームの中央に置かれ、制作スタッフがスタジオの床で何が起こっているかを見下ろせるようになっていたが、幅広いTGコンソールからはスタジオ内を見渡せなくなった。この問題を解決するため、スタジオのスタッフは新型コンソールをコントロール・ルームのウィンドーに対して直角方向に回転させた。ミキシング・デスクに座ると新たに設置された窓から見えたのはマシン・ルームのルーム2Aで、スタジオ2用の3M製8トラック・レコーダーが設置されていた。新型コンソールを使いはじめた制作スタッフは一見したところ複雑そうな操作に驚いたが、自由に使えるようになった豊富な新技術に目を奪われた。REDD.51デスクには十四個のフェーダーがあったが、新型コンソールには二十四個のフェーダーが搭載されていた。ＴＧコンソールの最も重要な特徴は柔軟性の拡大といえるだろう。二十四個のフェーダーによってより柔軟にさまざまな状況に対応可能になっただけでなく、二十四個それぞれに個別のＥＱセッティングが可能で、オペレーターは周波数スペクトルを以前よりも自由に操作できるようになった。またＴＧコンソールにはＲＥＤＤデスクよりも音像の定位を自在にコントロールできるパンニング機能が搭載されていた。[4]

ＥＭＩに新たに導入された３Ｍ製８トラック・レコーダー――別の勢力が割りこんでくるまで、その夏はＥＭＩの技師チームがこっそりと悠長なペースで調整していた――を使ったスタジオ２でのＴＧコンソールのデビュー・セッションはコロムビアに所属するノリー・パラマーがプロデュースしたビートバンド、一九五八年のヒット曲〈ムーヴ・イット（*Move It*）〉でイギリスのポピュラー音楽をスキッフルからロックンロールに塗り替える先駆けとなったクリフ・リチャード&ザ・シャドウズ（当初のバンド名はドリフターズ）だった。ＴＧコンソールのお披露目となった一九六八年十一月のセッションで、パラマーはリチャードの西ドイツ向け新作アルバム《*Hier Ist Cliff*》用に、〈キャッチ・ミー・プリーズ（*Don't Forget to Catch Me*）〉のドイツ語ヴァージョン〈*Zärtliche Sekunden*〉をレコーディングした。実のところ、パラマーやマーティンのようなプロデューサーはほとんどコンソールに手を触れなかったため、新機材のトレーニングをあまり受けなくてもよかった。パーソンズによるとプロデューサーがコンソールに手を触れるのは「行儀が悪いと考えられて」おり、プロデューサーはスタジオの技術スタッフにすべてを任せていたという。ベテランのメンテナンス・エンジニア、ケン・タウンゼントによると当時のバランス・エンジニアは日頃、マイクロフォン調達の技術面からミキシング・デスクのもっと複雑な作業についてもEMIスタジオのメンテナンス・エンジニアに頼り切っていたという。メンテナンス・エンジニアはこのようにして、マーティンや同業者がシステムや施設をすぐに使える段取りを考案したのだ。タウンゼントによると、セッション開始時にプロデューサーと担当バランス・エンジニアはすぐに作業に取り掛かり、貴重なスタジオ時間を有効に使って新しい音楽をレコーディングできるようになったという。当然ながらエンジニア間に摩擦が生まれ、技術的な作業を苦労して段取りしておくメンテナンス・エンジニアは、後からコントロール・ルームに入って仕事を引き継ぐバランス・エンジニアを〝思い上がったボタン押し係〟と呼ぶようになった。[5]

ＴＧコンソールは設置後、ＥＭＩ内で引っ張りだこになった。社報の「*EMINews*」はいかにも社内出版物らしく大げさに持ち上げ、〝世界最高の総合力を持つサウンド・ミキシング・コンソールである。レコーディング・エンジニアのために四百七十九個ものノブとコントロール類、三十七個のメーターを備えている〟と宇宙時代にふさわしい高性能を強調している。ＥＭＩエンジニアが成し遂げた技術的飛躍は明らかで、REDD.51と比べて三倍の数のマイクロフォンを入力できるのはもちろん、このコンソールには各チャンネルにリミッターとコンプレッサーが内蔵されていた。レコーディング・スタジオの可能性を大きく拡大したのだ。[6]

ビートルズがＥＭＩの最新式ミキシング・デスクを目にした時にはもうかなり時間が経っていた。彼らは仕事仲間を含めて現場への根強い不信感を抱いており、巨大なレコード会社の管理部門が自分たちの主要なレコーディング環境を最新式だと思わせるために目隠しをしていると感じていた。そして自分たちのほうが会社側よりも事情をよく知っており、ＥＭＩ以外のスタジオでならもっと驚異的な音像を手に入れられると考えていた。《リボルバー》のレコーディングの準備をしていた一九六六年二月の時点に遡っても、ビートルズはアメリカ録音、具体的には長年夢見ていたレコーディング環境だったメンフィスのスタックス・スタジオに目をつけていた。三月にはエプスタインをメンフィスに送りこんで、ＥＭＩスタジオの既存テクノロジーよりも優れた機材を保有するレコーディング・スタジオを探し出そうとしてさえいる。マーティンも少なくとも一九五〇年代後半から――フランク・シナトラのＬＰ《カム・フライ・ウィズ・ミー（*Come Fly with Me*）》のレコーディング中にキャピトル・スタジオでのセッションを担当して以降は特に――ＥＭＩのテクノロジーに疑問を感じていた。プロデューサーを務めたマーティンはキャピトル制作チームのステレオ・サウンドに対するアプローチにいたく感激し、当時のＥＭＩのやり方を何光年も先取りした「素晴らしいテクニック」だと述べた。[7]

ビートルズのメンバーたちは、ウィルソン・ピケット、オーティス・レディング、ブッカー・Ｔ＆ザ・ＭＧ'ｓなどに代表される〝スタックス・サウンド〟を何としても手に入れたかったのだ。

スタックス・スタジオは映画館の建物を改装してあったため床が急斜面になっており、ほかにはないユニークなサウンドがビートルズにとって魅力的だった。マッカートニーは当時、「向こうではサウンドに何かが付け加わるんだけど、僕らがやっても同じ感じにはどうしてもならないんだ。アメリカで作られたレコード［の後に］僕らのレコードをかけると、アメリカのレコードはどれもちょっとだけ音が大きくて僕には説明できないけど何かもっと生々しく聞こえることが分かるだろう」と述べている。バンドメンバーは最近耳にした多数の成功例について考えていたに違いない――そのなかでも特に目立ったのはローリング・ストーンズの世界的ヒット曲〈サティスファクション：*(I Can't Get No) Satisfaction*〉で、シカゴのチェス・スタジオとハリウッドのRCAスタジオでレコーディングされたものだ。しかし新曲――仮題〈*The Void*〉は後に〈トゥモロー・ネバー・ノウズ（*Tomorrow Never Knows*）〉へと変容する――を次々と生み出して勢い乗ったビートルズは結局アメリカのレコーディングのメッカという夢物語を諦めて、慣れ親しんだ手っ取り早い方法を選び、一九六六年四月六日にマーティンとメンバー、そしてバランス・エンジニアに昇進したばかりの弱冠二十歳の神童ジェフ・エメリックがEMIスタジオに集結した[8]。

EMIがTGコンソールを導入するまで、ビートルズの新しい制作的視野を広げる探求は収まらなかった。手元で操作できるトラック数を増やすためにはどうしたら良いだろうかと常に試行錯誤していた。EMIスタジオで当時流行していた4トラック方式のレコーディングから脱却さえできれば、革命的な芸術的ヴィジョンの広大さをより忠実に捉えることができると考えていたのだ。レノンとマッカートニーのアーティスティックなイマジネーションの進化を助けるために、マーティンは日を追うごとに複雑な対処法を考え出す必要性に迫られた。例えば一九六七年二月、《サージェント・ペパーズ》の劇的なクライマックスを飾る〈ア・デイ・イン・ザ・ライフ（*A Day in the Life*）〉に登場する交響楽的（シンフォニック）なトラックのレコーディング準備に取り掛かった際、マーティンはもっと広がりのある音像を強く求めたバンドメンバーを一時的に押しとどめた。当時、マーティンはEMIのアビイ・ロード・スタジオ複合施設を支配下に収めており、三つのスタジオ間を行き来してビートルズの途方もない要求を何でも実現していた。この絶大な影響力はEMI傘下パーロフォン・レーベルの元責任者だった経歴はもちろん、ビートルズの創造的宇宙における指導的役割に裏づけられており、彼もこのことを自覚していた。すでに一九六五年秋には大手レコード会社EMIの保守的でけち臭い態度にうんざりし、退社してフリーランサーの立場を勝ち取っていた。しかしEMIから給料をもらっていないとはいえ、マーティンの意見はアビイ・ロードでたいていの場合、大きな影響力を持った。一九六七年の冬にバーズのリズム・ギタリストとしてEMIスタジオを訪れたデヴィッド・クロスビーはプロデューサーのマーティンとビートルズが仕事する現場での人間関係を見て、「責任者はアイツだったんだ」という動かしがたい結論を後に引き出している。[9]

一九六七年二月十日の朝、夕方のセッションに備えてEMIスタジオの袖でハーフオーケストラのメンバーが待機するなか、マーティンはケン・タウンゼントに大きな難題を持ち掛けた。タウンゼントはＥＭＩスタジオ勤務十七年のベテランで、ビートルズの気まぐれには慣れっこだった。例えば、一九六六年の春にヴォーカルを二重録音（ダブルトラッキング）する根気の要る作業にレノンが不満を述べたのを聞いてタウンゼントはＡＤＴ（*Artificial Double-Tracking*）を発明し、貴重なスタジオ時間を節約するだけでなく、グループが声と楽器によって生み出すサウンドを自在に操作する革新的な方法をマーティンに提供した。しかし〈ア・デイ・イン・ザ・ライフ〉の場合、リズム・トラックとオーヴァーダビングを録り終わった時点で、レコーディング可能な余地があまり残されていなかった。

　レノンとマッカートニーが頭に描いていた交響楽的なオーヴァーダビングを実現するために、マーティンはＥＭＩスタジオの標準的な4トラックのレコーディング能力を二倍にする必要に迫られた。タウンゼントは後に、「あの朝ジョージ・マーティンに話しかけられたんだ。〝ケン、難しい注文があるんだ。二台の4トラック・テープ・レコーダーを今晩同時に動かしたいんだ。前例がないってことは知ってるけど、君にやってもらえるかな？〟ってね。そこで私は仕事に取り掛かり、一台のテープ・レコーダーの1つのトラックから五十サイクルの信号を送って、この信号の電圧を増幅してもう一台のキャプスタン・モーターを駆動することによって二台を同期して動かす方法を考え出したんだ。このようなアイディアは最初に一か八かやってみて成功するか、まったく使い物にならないかどちらかしかない」と述懐している。これでとりあえずビートルズの願望は満たされ、妥協を許さない力強さと完成度を持つレコーディングがタウンゼントの土壇場の努力によって生み出された。マーティンは〈ア・デイ・イン・ザ・ライフ〉で、タウンゼントが作り出した4トラックすべてを使ってハーフオーケストラを四回にわたって録音して最終的にひとつにミックスダウンし、正真正銘の音の壁を構築した。タウンゼントが開発した急場しのぎの対策のおかげで、マーティンは百六十名のミュージシャンと同等の驚異的な音像をバンドメンバーに届けることができたのだ。[10]

しかし《ホワイト・アルバム》関連のレコーディング・セッションが進行するにつれて、ビートルズは急場しのぎの対策では満足しきれなくなった。彼らは結局のところ世界最大の呼び物として何億ポンドもの売り上げをEMIグループにもたらしており、最先端の制作能力を与えられるのが当然だと考えたのは無理もない。ソーホー地区にあるトライデント・スタジオでレコーディングするのを好んだのもアンペックス製8トラック・テープ・レコーダーによるレコーディングが可能だったからだ。EMIスタジオ以外で最も多くレコーディングしたトライデントでは、歴史に残る〈ヘイ・ジュード〉をはじめとする十五曲のセッションが一九六〇年代後半に行われた。トライデントの所有者ノーマンとバリー・シェフィールド兄弟が、8トラックのレコーディング・コンソールをロンドンで最初に導入したのは彼らのスタジオだと自慢したのも当然で、ビートルズがこのスタジオに目を付けたのもこの機能があったからだ。しかしバンドメンバーが知らないうちに、EMIスタジオのスタッフはこっそりと独自の8トラック機材を作り出そうとしていた。実のところ、ＥＭＩスタジオが３Ｍ製の８トラック・テープ・レコーダーを手に入れたのは一九六八年五月、《ホワイト・アルバム》セッションの開始時だったが、スタジオ技術者はレコーディング・アーティストが新技術に手を触れることを許さなかったのだ。

一九六八年の夏中、ＥＭＩスタジオのメンテナンス・エンジニアがレコーダーをじっくりと調整していた。「アビイ・ロードが新しい機材を手に入れた時はいつでもテープ・マシンの専門家フランシス・トンプソンの元に送られ、一年くらいあれこれと操作する。彼がさんざんいじくり回してからでないとスタジオに出してくれないんだ！　というのが内輪のジョークだったね。しかしスチューダーの４トラック・レコーダーのようにシンク・ヘッド（sync head）〔録音ヘッドを一時的に再生ヘッドとして使う機能〕から直接音を出せるのとは違って、３Ｍのオーヴァーダビング機能は彼のお気に召さなかったし、キャプスタン・モーターを回すスピードを周波数制御する機能がついていなかった。そこでフランシスは大幅に手を加える必要があった」とタウンゼントは回想している。スタジオのスタッフが８トラック・コンソールを秘密裡に改造している間も、ビートルズはタウンゼントのようなスタッフをしつこく急き立ててスタジオの改善を要求した。タウンゼントによると、「ジョージ・ハリスンが、何でまだ使わしてくれないんだ――〝ケン、８トラックはいつ手に入るんだい？〟――と言っていたのを憶えている。レコーダーに合わせてＥＭＩが開発していた新しいコンソールの木製の模型が置いてあった。彼は、〝木製じゃなくって本物はいつ手に入るんだい？〟と言った」という[11]。

一九六八年九月にはついにファブ・フォーの堪忍袋の緒が切れた。スタジオ関係者の間で〝大テープ・レコーダー強盗〟と呼ばれる事態が発生し、この膠着状態にけりを付けたのだ。九月三日、彼らはトンプソンの事務所に8トラック・マシンがあることを聞きつけ、一台を〝解放〟して自分たちですぐに使うことに決定した。「リヴァプール出身の四人の革新的な若者がより良いレコーディングをしたがっていて、マシンの存在を嗅ぎ付けたら物事は一筋縄で収まるはずがない」とテクニカル・エンジニアのデイヴ・ハリーズは当時を振り返った。スコットとハリーズが共謀者として手を貸し、バンドメンバーは3Mのテープ・レコーダー一台をトンプソンの事務所から移し、EMIスタジオ内でグループのお気に入りだったスタジオ2に設置し、〈ホワイル・マイ・ギター・ジェントリー・ウィープス（*While My Guitar Gently Weeps*）〉の制作作業を再開した。3Mテープ・レコーダーを乗っ取ったビートルズは、EMIの隠蔽体質に勝ったと感じたに違いない。巨大なレコード複合企業の抱える——掛け値なしに地球上で——最大のアーティストが自分の手で密かに音楽を作るために、喉から手が出るほど欲しかった技術を奪い取って手中に収めることができたからだ[12]。

しかし一九六九年二月にビートルズが〝ゲット・バック〟プロジェクトの艱難辛苦を乗り越えて再結集した時に、EMIスタジオの管理部門はバンドメンバーの最先端技術への期待に応える万全の準備を整えていた。確かに、TGコンソールの8トラック・ミキシング・デスクはスタジオ2に設置されており業務用に使用できる状態になってからすでに数ヶ月経っていた。ところが新作LPをレコーディングする時がやって来たにもかかわらず、ビートルズのレコーディング作業の代名詞となったセントジョンズウッドのスタジオに彼らの姿はなかった。二月の終わりまで数週間、スタジオ2はクリフ・リチャードとプロデューサーのノリー・パラマーによってすでに押さえられており使用不可能だったからだ。一九六九年初頭、リチャードは最新LP《しあわせの朝（*Sincerely*）》の制作を進め、ホリーズは《ホリーズ・シング・ディラン（*Hollies Sing Dylan*）》に取り掛かろうとしており、EMIスタジオは特に忙しい時期を迎えていた。このためビートルズによる《アビイ・ロード》の制作は（EMIスタジオから後に改称される）アビイ・ロード・スタジオではなく、約五キロ離れたトライデントで、使い慣れたアンペックス製8トラック・テープ・レコーダーを使って開始された。

ビートルズが（全体的に見て）使い慣れたEMIスタジオ以外で作業する決定を下したのはほかにも問題があったからだ。まず、アップル・スタジオはすでに利用不可能だった。ビートルズの当初の計画は、サヴィル・ロウ3番地の自社ビル地下のスタジオを世界水準の最先端レコーディング施設にする予定だった。一月中旬にマーティンが現地を偵察したところ、グループが自身のレコーディング・スタジオを所有する夢は――とりあえず今のところは――実現できないことをすぐに悟った。バンドの膨らみ続ける期待に沿うため、マーティンはEMIから移動用機材を地下スタジオに搬入するよう手配した。こうした騒動を引き起こした張本人は常軌を逸した自称発明家のアレクシス・〝マジック・アレックス〟・マーダスで、彼がバンドの社屋に72トラックのレコーディング・スタジオを構築すると約束したのだった。マジック・アレックスが作り出した代物を最初に目にした〔グリン・〕ジョンズは唖然とした。ジョンズによるとミキシング・デスクは、「一九三〇年代に流行ったバック・ロジャースが主人公のＳＦ映画のセットみたいだった」という。ハリスンはその後、「アレックスのレコーディング・スタジオは史上最大の失敗だった。彼は化学者みたいな白衣を着て歩き回っていたけど、自分が何をしているのかまったく分かっていなかった。16トラックシステムだったんだけど、彼は壁全体にちっぽけなスピーカーを十六個取り付けた。ステレオ・サウンドには二台のスピーカーがあればそれだけでいいんだ。ひどいものだった。何もかも台無しの状態で、全部引っこ抜かなけりゃならなかったんだ」と歯に衣を着せずに非難している。緊急対応の必要性を感じたマーティンは新人のＥＭＩテープ・オペレーター、アラン・パーソンズをアビイ・ロードに向かわせて適切な音響機材を調達した。二十四歳のパーソンズにとってビートルズとスタジオで仕事ができるのは夢が実現する瞬間だった。「とても信じられなかった。でも本当だったんだ。アビイ・ロードで働いていると思ったら、その翌日にはビートルズと彼らのスタジオで仕事をすることになった」とパーソンズは後に回想している。マーティンとジョンズは二日間の突貫工事でアップルの地下室スタジオを立派なレコーディング・スタジオに変えるために、ＥＭＩから移動用4トラック・ミキシング・コンソール二台を運びこみ、地下室の素人くさい防音工事を全面的にやり直した。しかしレコーディング後、借りてきたＥＭＩ機材をセントジョンズウッドに返却してあったため、アップル・スタジオは実質的に使用不可能だった。スタジオ2がしばらく使えないなら、ビートルズにとってトライデント以外に選択肢はほとんど残されていなかった。[13]

まず二月二日に取り掛かったのは比較的新しい曲、〈アイ・ウォント・ユー（*I Want You*）〉だった。アップル・スタジオで〝ゲット・バック〟セッションの一環として一月二十九日、ビリー・プレストンをキーボード奏者に迎えて披露したばかりの曲だ。振り返ってみるとビートルズのスタジオ・アルバムはレノン作品のレコーディングから開始されることが多く、最新のレコードも例外ではなかった。例えば《ラバー・ソウル》は一九六五年十月の〈浮気娘（*Run for Your Life*）〉のレコーディングから始まり、《ホワイト・アルバム》の始動は一九六五年五月の〈レボリューション1（*Revolution 1*）〉関連のレコーディング・セッションからだった。一九六九年一月、〈アイ・ウォント・ユー〉の楽器パートはレノンがエピフォンのホロウ・ボディの〝カジノ〟エレクトリック・ギター、マッカートニーがヘフナーのホロウ・ボディのベース、ハリスンがフェンダーのオール・ローズウッドの〝テレキャスター〟、スターがラドウィグのナチュラル・メイプル仕上げの〝ハリウッド〟ドラム・キットだった。プレストンがハモンド・オルガンで参加した〈アイ・ウォント・ユー〉は、激情を秘めたインストゥルメンタルのブルース・ジャムとしてこの世に生を享けた。

この曲はその後三回にわたってアップル・スタジオで演奏され、レノンは恋に落ちる時の絶望感について歌詞を即興で作りはじめたが、これはちょうど作曲者のレノンとパフォーマンス・アーティストのヨーコ・オノとの関係が急速に発展した頃だった。「ローリングストーン」誌のヤン・

ウェナーに対してレノンは一九七〇年に、「溺れている最中に、〝誰か先を見通せる人が、溺れそうになっている僕に気付いて助けてくれるととても助かるんだけどな〟とは言わないものだ。叫び声を上げるので精一杯だ」と語っている。ビートルズは一月二十九日アップル・スタジオでの行き当たりばったりのジャム・セッションで——遥か昔まで——時代を遡り、一九五〇年代のバディ・ホリーのB面曲〈ノット・フェイド・アウェイ（*Not Fade Away*）〉と〈メイルマン・ブリング・ミー・ノー・モア・ブルース（*Mailman, Bring Me No More Blues*）〉まで飛び出した。このほかに一九六二年六月六日にメンバーがEMIスタジオに初めて足を踏み入れて正真正銘のレコード契約を手にした運命的なアビイ・ロード・デビューをセンチメンタルに振り返って、コンスエロ・ベラスケス作詞作曲によるボレロ〔スペインから新大陸に舞曲として伝わりキューバから南米に歌・舞曲として広まった〕調の〈ベサメ・ムーチョ（*Bésame Mucho*）〉にも挑戦した（一九六二年六月同日に当地ロンドンにおいて、このメキシコのスタンダード曲のコースターズによる一九六〇年のカヴァーを下敷きにした荒削りなヴァージョンで口火を切り、自作の楽曲〈ラヴ・ミー・ドゥ（*Love Me Do*）〉でスタジオ関係者の度肝を抜いたのだ[14]）。

ビートルズはその後、一九六九年二月二十二日土曜日のトライデント・スタジオでのセッションまで〈アイ・ウォント・ユー〉を再び演奏することはなかった。〝ゲット・バック〟プロジェクトの作業終了後の数週間、ジョンズとプレストンがほかの場所で仕事していたからだ。ジョンズはハリウッドでスティーヴ・ミラー・バンドの新作アルバム《すばらしき新世界（*Brave New*

World)》の制作を開始していた。いっぽう、プレストンはアメリカに帰国して生まれ故郷のテキサス州を短いツアーで回っていた。この時、スターはテリー・サザーンが一九五九年に書いたエキセントリックな小説を原作としたジョセフ・マクグラス監督による映画『マジック・クリスチャン(*The Magic Christian*)』の撮影用セットでピーター・セラーズと共演していた。しかしビートルズで最も窮地に立たされていたメンバー――レコーディングを遅らせた最大の原因――は扁桃炎に罹ったハリスンで、ロンドンの病院に八日間入院して腫れた扁桃腺の摘出手術を受けている。ビートルズのリード・ギタリストは、〝ゲット・バック〟プロジェクトに取り掛かったトゥイッケナム・スタジオのサウンドステージでレノンと口論した挙句一月九日にバンドを一時脱退し、三日後に復帰してからまだひと月も経っていなかった。

両者の対立の終わりを告げるために、復帰したハリスンは機嫌良く〈ユー・アー・マイ・サンシャイン(*You Are My Sunshine*)〉をレノンとデュエットした。一九六九年一月十二日にグループに復帰したハリスンは、プレストンをアップル・スタジオに連れてきた。レノン、マッカートニー、ハリスンがこのキーボードの第一人者に初めて出会ったのは、プレストンがリトル・リチャードのバック・バンドのメンバーだった一九六二年ハンブルクだった。ハリスンとエリック・クラプトンは一月十九日にたまたま、レイ・チャールズのバンドメンバーとして出演していたプレストンを観ていた。《ホワイト・アルバム》セッション中に〈ホワイル・マイ・ギター・ジェントリー・ウィープス〉でクラプトンがゲストとして演奏した際、バンドに与えたポジティブな効果を思い出したハリスンは、タイミング良くプレストンを登場させれば最近の罵詈雑言の応酬を止められるのではと考えたのだ。「僕がビリー・プレストンを引き入れたんだ。そうすればほかの奴らがもうちょっと自制しなきゃならないからね。主にジョンとポールで、なぜかっていうと彼らとしてはいつもより行儀良くせざるをえないだろ。ゲストを連れてくると態度が良くなるってのは面白いもので、自分たちがこんなに意地悪だってことをほかの人たちに知られたくないんだよ」とハリスンは後に回想している。[15]

ハリスンの戦略は誰の予想をも上回る成果をもたらした。プレストンに引っ張られる形で、ビートルズはルーフトップ・コンサートを含む〝ゲット・バック〟プロジェクトを九日間で完成させることに成功した。グループ内のお祭り気分に煽(あお)られたレノンは、プレストンを正式メンバーにするというアイディアを口にした。しかしマッカートニーは五人のビートルズという案が馬鹿げていると考え、「四人だってこんなに大変なんだぜ！」と叫んだことは有名だ。プレストンがビートルズへの正式加入をオファーされたかどうかは不明だが、バンドメンバーが待望していたのは確かで――一九六九年二月のスタジオ内で歓迎を受ける存在だった。この時点で、バンドの次のシングルは〝ゲット・バック〟セッションで収録した〈ゲット・バック（*Get Back*）〉とB面の〈ドント・レット・ミー・ダウン（*Don't Let Me Down*）〉、そしてこのシングル盤のクレジットは〝ビートルズとビリー・プレストン〟となり、ビートルズの制作物にほかのアーティストの名前が並ぶバンド歴史上唯一の作品となることがすでに決定していた。[16]

二月二十二日のトライデントでバンドが〈アイ・ウォント・ユー〉に使用した楽器編成は当然ながら一月二十九日のセッションと変わらなかったが、使用した楽器はマッカートニーがヘフナーではなくリッケンバッカーの〝4001S〟ベース、ハリスンがフェンダーではなくギブソンの〝レス・ポール〟エレクトリック・ギターだった。この晩の午後八時から翌朝の午前五時まで、ビートルズはレノンの指示の下でこの曲を35テイク演奏し、一回は実験としてマッカートニーがリード・ヴォーカルを執った。バンドメンバーはトライデントの8トラック性能を極限まで使いこなし、エレクトリック・ギターのパートをトラック1、7、8に、そしてほかの5つのトラックにオルガン、ベース、リード・ヴォーカル、ドラムス、バス・ドラムを振り分けた。セッションが終わる頃、〈アイ・ウォント・ユー〉は無秩序でごちゃ混ぜのサブセクションに分かれており、このなかでいくつかの特徴あるメロディーラインがレノンのオノに対する鬱勃とした思いをぶちまけている。この曲の歌詞は基本的にタイトルから取ってきた十五個の単語のみであり、恋人の〝ヘヴィーさ〟が主人公の絶望を果てしなく駆り立てるさまを歌っているが、一九六〇年代のスラングで〝ヘヴィーさ〟とは激しさと深刻さを意味する表現だった。年が改まらないうちに、BBCのテレビ番組「*24 Hours*」の解説者は、この曲のあまりにも単純な歌詞がポピュラー音楽のくだらなさを示していると物笑いの種にした。レノンは予想通り激怒した。音楽評論家のスティーヴ・ターナーは後に〈アイ・ウォント・ユー〉のような楽曲について、〝片言しか使わない愚かなポップ・ソングへの逆戻りではなく、言葉を無駄なく使っただけだ〟と弁護している。事実、この曲は後にレノンが――ちょうどオノが一九六四年にたった一単語〝water〟だけで書いた詩のように――たった一語だけで作曲する前兆となっている。[17]

ビートルズの〈アイ・ウォント・ユー〉のスタジオにおけるパフォーマンスでハリスンは〝ルーシー〟と愛称をつけたレス・ポール（クラプトンからの贈り物）を使って白熱のギターワークを繰り広げ、マッカートニーはリッケンバッカー・ベースの指板を縦横に駆け巡った。特にハリスンはこの曲をスタジオで演奏するのに夢中になった。「とてもヘヴィーなんだ。ジョンがリード・ギターを弾いてて、基本的に古いブルース・リフを彼が弾くんだけど、ジョンが書くタイプのとてもオリジナリティーに溢れた曲なんだ」とハリスンは当時語っている。ビートルズとプレストンにとって二月二十二日のセッションは非常に生産的なもので、トゥイッケナムと後にアップル・スタジオでの〝ゲット・バック〟プロジェクトの停滞期と比較するまでもなかった。バンドメンバーはマーティンなしでも明らかに情熱を取り戻していた。グループを世界的スターダムに導いたプロデューサーはもはや、デヴィッド・クロスビーの言葉を借りれば〝責任者〟ではなかった。一九六九年二月二十二日にマーティンは顔さえ出していなかったのだ。グリン・ジョンズにとっては、ビートルズが四十三歳になるプロデューサー、マーティンを呼ばなかったことは驚きだった。ジョンズにとってマーティンは一月末にＥＭＩから借りてきた機材をアップル・スタジオに設置して非常に生産的なセッションを監督してくれたかけがえのない恩人だった。ジョンズは後にアップル・スタジオでのセッションについて、「ジョージ・マーティンが来てくれたおかげで命拾いした」と回想している。[18]

そして翌日の夜にグループが〈アイ・ウォント・ユー〉の作業を再開した時もマーティンはトライデントにいなかった。二月二十三日の日曜日、レコードのプロデューサーとして外側から傍観するジョンズを後目に、バンドメンバーは前日のプレイバックを聴いていた。この時にレノンは三つの別個のセッションをつなぎ合わせて〝マスター・テイク〟に編集するアイディアを思いついた。こうすることによって、レノンは〈アイ・ウォント・ユー〉を一連の楽章として捉えはじめたのだ。一九六六年十二月に〈ストロベリー・フィールズ・フォーエヴァー（*Strawberry Fields Forever*）〉でマーティンが採用した革命的な手法と同様に――異なるテープ・スピードを同期するという厄介な問題はなかったものの――、ジョンズとエンジニアのバリー・シェフィールドはレノンの楽曲に対するアイディアの実現に取り掛かった。二月二十二日のテイクから、レノンは自身の苦悩に満ちたヴォーカルが聴きどころのテイク9を第一楽章に選んだ。（二分二十一秒から始まる）第二楽章としてはテイク20が〈アイ・ウォント・ユー〉のブリッジとなるように選ばれ、（三分四十三秒から始まる）第三楽章にはテイク32が締め括りとして選ばれた。ジョンズとシェフィールドによる苦心の手作業がレノンを満足させる結果となり、〈アイ・ウォント・ユー〉は八分を超える大作として結実した。ビートルズがまだタイトルも決定していないアルバムの最初の曲をトライデントの8トラック・ミキシング・デスクをフルに使いこなして完成させたことはどう見ても明らかだった。二月二十四日、シェフィールドは〈アイ・ウォント・

ユー〉の編集済みマスター・テイクの予備コピーを作るためにトライデントに戻った。その後テープ・コピーをアビイ・ロードに届け、これがスタジオの貴重品保管室に保存された[19]。

いっぽうEMIスタジオでは少なくともファブ・フォーに関する限り、TGコンソールに誰も手を触れていなかった。十月以来ビートルズが録音していなかったため、《ホワイト・アルバム》セッション中の五ヶ月間にわたって締め出されていた多数のアーティストがスタジオに詰めかけていたからだ。一九七〇年には、アビイ・ロードの三つのスタジオ全部でTGコンソールが利用可能になった。大方の意見によるとTGコンソールは導入まもない時期からあらゆる期待を上回る性能を発揮し、EMIスタジオを英国で最も高度なレコーディング・テクノロジーの先駆者として位置づけた。EMIスタジオの利用客はすかさず、このミキシング・デスクの出音の明らかな違いに気が付いた。トランジスター回路を搭載したミキシング・デスクの先進的な8トラック機能は、これまでスタジオの主力だった真空管式のREDDミキシング・コンソールとは大違いだった。

TGコンソールで制作したレコーディングは、ミキシング・デスクの8トラック分離によって音響的に明らかに優れたものになっている。例えばマンチェスター出身のバンド、ホリーズの《ホリーズ・シング・ディラン》(一九六九年)は、主要メンバーだったグラハム・ナッシュの脱退後にグループの立て直しを図ったアルバムだった。ロン・リチャーズがプロデュースし、ほとんど全曲をTGコンソールで録音した同アルバムは、それまでアビイ・ロードで録音したホリーズ初期のアルバムと比べて楽器部分のトラックの分離が格段に向上している。ホリーズがカヴァーした〈マイ・バック・ペイジズ（*My Back Pages*）〉ではドラムス、リード・ヴォーカル、オーケストラ、オルガン、ベース、アコースティック・ギターの音像がくっきりと捉えられている。このわずか数ヶ月後にピンク・フロイド自身とノーマン・スミスがプロデュースした《ウマグマ（*Ummagumma*）》（一九六九年）中のスタジオ録音された数曲は、デビューLP《夜明けの口笛吹き（*The Piper at the Gates of Dawn*）》（一九六七年）とまったく対照的な作品となっている。実際、初期のアルバムが音をみっしり詰めこんだような閉塞感があるのに対して、《ウマグマ》に録音されたトラックは幻想的なサウンドスケープ（音風景）と鮮烈な自然界の音〔ヒバリなどの鳥、水の流れ、ハエかアブの羽音なども入っている〕を取り合わせた〈グランチェスターの牧場（*Grantchester Meadows*）〉、デヴィッド・ギルモアがリード・ヴォーカル、エレクトリックとアコースティック・ギター、ベース、ピアノ、オルガン、ドラムスのマルチ・トラッキング録音による才能を発揮した〈ナロウ・ウェイ三部作（*The Narrow Way*）〉のように開放的な音響となっている。

多くのリスナーにとって、TGコンソールはマルチ・トラッキング性能による分離を遥かに超える音響的な個性を持っていた。EMIスタジオの利用者はTGコンソールで制作した新作が独特の〝暖かみ〟と〝鮮明さ〟を持っているとすぐに気付いた。しかし一部の利用者はこのミキシング・デスクの音にあからさまな苛立ちを見せ、エンジニアは時々不快になるほど出音の〝高音がきつすぎる〟と不満を述べた。エメリックはTGコンソールを試しに初めて使ってみて失望したという。真空管からトランジスターへのレコーディング機材の切り替えは、ＥＭＩに入社した当初ＲＥＤＤコンソールしか使った経験のないエメリックのようなスタジオ・スタッフにとって抵抗があった「僕自身は古い真空管コンソールと4トラック・レコーダーから出てくるもっとパンチのある音のほうが好きだった」とエメリックは当時を振り返り、彼の耳には「すべてがおとなしく聞こえた。これまでやってきたことから一歩後退したように感じた」という。少なくとも第一印象はそうだった。[20]

ビートルズにとってはトライデントでの二月二十二日のセッションが慌ただしく過ぎ去り、次のセッション計画がまだ何も決まっていなかった。しかしバンドメンバーが暇だったわけではない。マッカートニーはアップルのアーティスト、メリー・ホプキンの最新シングル〈グッドバイ（*Goodbye*）〉を作曲およびプロデュースし、大ヒットした〈悲しき天使（*Those Were the Days*）〉に続く作品を生み出そうとしていた。ホプキンの二枚目となるシングルは短期間で制作されたものの、イギリスのポップ・チャートで二位となるヒットとなった。そして一九六九年三月十二日、マッカートニーと婚約者のリンダ・イーストマンはメリルボーン登記所で結婚の誓約を交わした。マッカートニーは何年も経ってから、この特別な日にバンドメンバーを呼び出さなかったことについて、「結婚式にバンドメンバーを招待したか、しなかったのか本当に憶えていないんだ。なぜ呼ばなかったかって？　僕は最低のロクデナシってことになるんだろうな――まあどうだか知らないけどさ。グループが分裂していたからかもしれない。メンバーどうしがお互いに腹を立てていた。堅く結ばれた仲間とはもういえない状態だった。理由はそれだろうな。一度グループがそんなふうにバラバラになってしまったら、もう元には戻らないんだ」と語っている。レノンとオノも八日後にやはり自分たちだけでの結婚式を〝ジブラルタルの岩〟の前で執り行った。レノンは後に、「それで僕たちはパリから［ビートルズのアシスタント］ピーター・ブラウンに電話して、〝僕たちは結婚したいんだ。どこに行けばいい？〟ってきいた。彼は後から電話してきて、〝唯一の場所はジブラルタルだ〟と言ったんだ。そんなわけで、じゃあ行こう！となって行ってみたら素晴らしかった。〝ヘラクレスの柱〟や〝世界の果て〟と象徴的に呼ばれていた時期もある。〝ヘラクレスの柱〟以外の名前もあったみたいだけども――昔の人たちはここから外の世界は謎だと考えていたから、〝世界の玄関口〟みたいなものだ。こういった象徴的な意味、そして僕たちの関係の揺るぎない土台を岩が［具体的に］表していることが気に入った」と語っている。また、新郎新婦にとってジブラルタルは「陽光に囲まれた束の間の夢のようだった。白いスーツが見付からなかったので――僕はオフホワイトのコーデュロイのズボンと白のジャケットを身に着けた。ヨーコは全身純白だった」という。[21]

レノンとオノはアムステルダム・ヒルトン・ホテル９０２号室で、ハネムーンの一週間を平和のための〝ベッドイン〟イベントとして過ごした。ジョンとヨーコは著名人としての立場を利用して、ベトナム戦争に対する非暴力抗議行動の舞台としてベッドインを選んだ。ホテルのベッドルームの窓に〝*Hair Peace*〟〔「平和が来るまで髪を伸ばし続ける」〕〝*Bed Peace*〟〔「戦争に行かずベッドにいる」〕という手書きのスローガンを高々と掲げて全世界にアピールし、ホテルの部屋から毎日十二時間にわたる記者会見を開くなどして、詰めかけたメディアから長時間にわたって取り上げられた。当時集まったジャーナリストたちに対してレノンは、「僕たちは一週間ベッドに入り続けて、世界中のすべての苦しみと暴力に対する抗議を表明するんだ。もっと有効に七日間を過ごす方法を君は考え付くかな？僕たちがこれまでに考えた一番優れたアイディアだと思う」と述べた。

アムステルダム滞在中に録音された現存する音源のなかで、パジャマを着たビートルズのメンバーをインタビューしに来たイスラエルの詩人アキバ・ノフのために、レノンはアカペラ・ヴァージョンのヘブライ語民謡〈ハバ・ナギラ（*Hava Nagila*）〉を歌っており、その直後にギアを突然入れ替え、〈アイ・ウォント・ユー〉を唐突に初公開したが途中で遮り、イスラエルにいるノフのリスナーに向けて「こんにちは、イスラエルの皆さん。今のは実は、ビートルズの新作アルバムからの曲でした。まだリリースはされていませんが」と〝ゲット・バック〟プロジェクトあるいは題名が未決定で初期段階にある次作アルバムについて謎めいたコメントを残している。この同時期、レノンは世界の舞台にオノとともに飛びこんだ最近の冒険のことを綴った〈*They're Gonna Crucify Me*〉という仮題の新曲を作りはじめていた[22]。

レノンと同様、ハリスンも新しい作品に取り掛かっていた。二十六歳の誕生日にあたる二月二十五日、ＥＭＩスタジオに決然と足を踏み入れ、〈オール・シングス・マスト・パス（*All Things Must Pass*）〉、〈オールド・ブラウン・シュー（*Old Brown Shoe*）〉、〈サムシング

〈Something〉〉の三曲のデモをエンジニアのケン・スコットをブースに迎えて録音した。ハリスンは名曲〈サムシング〉を一九六八年九月の《ホワイト・アルバム》セッション時にプロデューサーのクリス・トーマスに初披露していた。しかし実際に録音する作業に取り掛かったのはつい最近だった。「〈サムシング〉は僕らが《ホワイト・アルバム》を作っている間にピアノで書いたんだ。ポールが何かをオーヴァーダビングしている時に僕は時間が空いたので誰もいないスタジオに入って曲を作りはじめた。ただそれだけのことさ。中間部は整理がつくまで時間がかかったけどね」とハリスンは語っている。この時に未完成の曲をトーマスに聴かせたのだ。トーマスの回想によると、「ジョージと僕がハープシコードをいじっている時に彼が聴かせてくれた新曲が、後で〈サムシング〉になったんだ。〝素晴らしいじゃないか！　代わりにこの曲に取り掛かったらいいよ〟と僕が言うと彼は〝気に入ったかな、本当にいいと思う？〟と答えた。僕が〝うん〟と言うと彼は〝じゃあジャッキー・ロマックスにこの曲をあげようかな、そうすれば彼のシングルを出せるから！〟と答えたんだ」という。[23]

ロマックスはこの曲を自身のデビュー・アルバムに採用しなかったが、ハリスンは引き続き曲を手直しし、一九六九年一月の〝ゲット・バック〟セッション中にほかのビートルズ・メンバーに聴かせた。しかしレノンとマッカートニーはこの新しいラヴ・ソングに乗り気にならず、マーティンも後にこの曲がその時点で「魅力とオリジナリティーに乏しい」と意欲を示さなかったためハリスンはがっかりした。アップル・スタジオでの一月二十八日のセッション音源を聴くと、バンドメンバーとともに歌詞の仕上げに取り掛かったハリスンがたまたまAメジャー・コードを弾いたところ、明らかにダイナミックな変化が起きている。この曲の出だしの一行――アップル・レコードのレコーディング・アーティスト、ジェイムス・テイラーの〈彼女の言葉の優しい響き（*Something in the Way She Moves*）〉からタイトルをそっくり借りてきたもの――を朗読した後、ハリスンは「ザクロみたいに僕を魅きつける」と適当なフレーズを当てはめて歌い、レノンはふざけて「カリフラワーみたいに」と提案した。ビートルズは〈サムシング〉を二回通して演奏した後に再び棚上げにし、少なくともこの時点でこの曲の将来は不確定となった。シンガーソングライターのテイラーはハリスンによる歌詞の剽窃を軽く受け流し、後に「ジョージが意図的にやったとはぜんぜん思わなかった。彼がわざと何かをパクったことはないと思う。［それに］すべての音楽はほかの音楽からの借りものなんだ」と述べている。テイラーは後に何年も経ってから〈彼女の言葉の優しい響き〉のエンディングの歌詞――〝*I feel fine*〟――がビートルズの一九六四年のナンバー・ワン・ヒット曲のタイトルから盗んだもので、「事業自得ってわけだよ」と冗談めかして語っている。[24]

　二月二十五日のデモ・セッションを終えてから、ハリスンの人生は大混乱に陥っていた。マッカートニーの結婚式の夜〔一九六九年三月十二日〕にノーマン・ピルチャー巡査部長が再び登場し、イーシャーにあるハリスンの自宅で大麻樹脂の塊を発見したと主張したのだ。この月末までに、ハリスンと妻のパティ・ボイドは執行猶予となり、パスポートには黒いマークが付けられた。スターはビートルズのドラマーとしてではなく、『マジック・クリスチャン』でセラーズの共演俳優としてまだ奮闘していた。この時、ビートルズの将来について記者陣に問い詰められたスターは、「誰もが僕たちを固定化したイメージに無理やり押しこめようとするんだ。みんなは僕たちがまだマッシュルーム・カットの男の子（モップ・トップス）だと思ってるんだろうけど、違うんだよ。僕は人前で二度と演奏したくない。もうビートルズの一員でなくても構わない。そんな時代は戻ってこないんだ。過去に囚われ続けるのは良くないことだ」という不吉なコメントで応酬した。[25]

バンドメンバーがそれぞれ異なった世界で自らの興味を追求する間、ビートルズのビジネスは四月に入っても衰えることなく前進し続け、ファブ・フォーの新曲をいつでも欲しがるＥＭＩは〈ゲット・バック〉（Ｂ面は〈ドント・レット・ミー・ダウン〉）をシングル盤としてリリースするご褒美にありついた。英国で四月十一日にリリースされた〈ゲット・バック〉は世界中の音楽チャートの首位にたちまち駆け上り、ＥＭＩの宣伝文はこのシングルが〝天然獲れたてのビートルズ〟だと謳った。シングル盤が英国チャートのトップに輝くいっぽうで、ジョンズは郊外のバーンズにあるオリンピック・サウンド・スタジオで〝ゲット・バック〟セッションのレコーディングを徹底的に洗い出し、ビートルズの新しいＬＰにふさわしいパフォーマンスを抽出するという困難な作業に取り組んでいた。時々顔を出したマーティンは、一月のレコーディングの全体的なお粗末さはもちろん、バンドの音楽面についても不満を述べた。ジョンズとマーティンは共同で、《*Get Back, Don't Let Me Down, and 12 Other Songs*》というタイトルになる予定のＬＰのラフ・

ミックスを制作した。しかしマーティンの耳にこのミックスがどう聴こえたかについては次のように語っている。「ミス、カウントの声、演奏の中断といった欠点もすべてありのままにさらけ出していた。そんなアルバムだったんだ。これは失敗作になる。もうこれ以上耳に入ってくる音はなかったし、我々の時代はこれで終わったんだと感じた。〝さあ、これでビートルズはお終いだ。なんてもったいないことだ〟ってね[26]」

四月十四日の月曜日、一九六八年七月に内輪もめに耐えきれなくなりバンドの制作チームから憤然と去っていったエメリックとともに、ビートルズからEMIスタジオに呼び出されたマーティンが驚いたのも無理はない。ビートルズによるTGコンソールの処女航海がとうとう開始されるかに思えた。しかしマーティンとエメリックがスタジオ3に足を踏み入れた時、そこにいたビートルズは二人だけだった。

2 モノラルとステレオの違い

一九六〇年四月二十三日、レノンとマッカートニーは——ナーク・トゥインズという名前をでっち上げ——カヴァシャムのパブ〝フォックス・アンド・ハウンズ〟で演奏した。バー・ストゥールに座った二人は〈世界は日の出を待っている(*The World Is Waiting for the Sunrise*)〉や〈ハウ・ハイ・ザ・ムーン(*How High the Moon*)〉といったジャズ・スタンダードをレス・ポールとメリー・フォードのスタイルで演奏してから、ジーン・ヴィンセントの〈ビー・バップ・ア・ルーラ(*Be-Bop-a-Lula*)〉のような——自分たちが本当に演奏したい曲に取り掛かった。マッカートニーは後に、「ジョンと僕がヒッチハイクした先での楽しい出来事だった。週末にナーク・トゥインズとしてパブに出演したんだ。僕たちはポスターだって作ったんだよ」と回想している。約九年が経過し、彼らの友情は十代の頃と比べて見る影もないほど色褪せたが、相変わらず曲を作り出すことはできた。[1]

一九六九年四月十四日、レノンとマッカートニーは再び手を組んでEMIスタジオに集まり〈*They're Gonna Crucify Me*〉のレコーディングに着手したが、この曲はすぐに〈ジョンとヨーコのバラード（*The Ballad of John and Yoko*）〉と改題される。午後にスタジオ3でセッションが開始されると、マーティンとエメリックは見たこともない光景に唖然とした。ハリスンはアメリカを移動中で、スターはまだ『マジック・クリスチャン』のセットで撮影中だったため、参加したのはレノンとマッカートニーだけだった。実はこのセッションは慌ただしく開始されたのだ。マーティンとエメリックを呼び寄せる鍵となったのは、その前の週にかけた二通の電話だった。バンドの制作チームから九ヶ月離れていたエメリックに復帰するよう説得したのはアップルのピーター・ブラウンで、レノンが自分の新曲を一刻も早くレコーディングしたがっており、このトラックを仕上げるエンジニアとしてエメリックを指名したと伝えた。エメリックは当初、レノンの最近の奇妙な行動がぶり返すことを心配していた。ブラウンはエメリックを安心させるために、「彼は大丈夫だ。今はとても落ち着いているし、新曲にやる気まんまんだ。どうしても君にエンジニアを引き受けてもらいたいと彼に頼まれたんだ」と述べた。エメリックはまもなく、ビートルズがさらに大きな目標を視野に入れていたことに気付いた。[2]

マーティンを納得させる仕事は一筋縄ではなかったが、彼の疑念は目前のプロジェクトに対するビートルズの結束はさておき——エメリックと同様——レノンの心理状態に関してだった。その前の週にマッカートニーがマーティンに電話を掛け、ビートルズがもう一枚レコードを作ろうとしていると告げた。マッカートニーが「プロデュースする気はある？」と訊ねると、「私たちが前にやっていたようにプロデュースさせてくれるならね」とマーティンは答えた。「僕たちも本当にそうしたいんだ」とマッカートニーが言うと、「ジョンも含めてかい？」とマーティンは質問した。これに対してマッカートニーは、「そうだ。本気だよ」と答えた。プロデューサーが聞きたかったのはこの一言だった。マーティンはこのところの鬱陶しい月日から抜け出し、《リボルバー》と《サージェント・ペパーズ》で到達した創造性の高みに戻ることを心から待ち望んでいた。《ホワイト・アルバム》と〝ゲット・バック〟プロジェクトで暗黒の日々を過ごしたビートルズの運命をわずかでも変える可能性があるなら、このチャンスに賭けるつもりだったのだ。[3]

これまでの経緯からすると信じられないことだが、マーティンとエメリックは一九六九年四月にビートルズと再び手を組むことになった。四月十四日、レノンとマッカートニーはスタジオ入り前にキャヴェンディッシュ・アヴェニュー沿いのポールの自宅で〈ジョンとヨーコのバラード〉を書き上げていた。あとは二人の最新作をテープに吹きこむだけだった。当初、ビートルズが四人揃ってその週のうちにEMIスタジオに集合する予定だったが、マッカートニーの回想によると、レノンとマッカートニーは〝盛りがついた獣のよう〟に働いていたので、ほかのバンドメンバーがアビイ・ロードに帰ってくるまで悠長に待っていられなかったのだ。ビートルズのメンバーのなかでもとりわけマッカートニーは以前にも〝盛りがついた獣のよう〟に働いたことがあった。ビートルズのアーティスト活動の原泉だったのは、レノンとマッカートニーの作者としての芸術的衝動だった。二人の創造性の気まぐれはいつだって、芸術的なアイディアの萌芽を最初に発見してからできる限り早く、彼らのヴィジョンを完成させたいという熱烈な欲求となって現れ、これは共作セッションであっても、この当時の標準となっていた個人による作業であっても違いはなかった。

この創造に対する激情についてポールは後に、彼とジョンがこのような強い創造衝動に憑りつかれると、すぐにでもスタジオに入って最新の曲を神経細胞から吐き出しておかないとほかのことが何にも手につかなかったと説明している。マッカートニーの性急さは一九六七年三月にマーティンとの間でトラブルを引き起こしているが、これは〈シーズ・リーヴィング・ホーム（*She's Leaving Home*）〉の歌詞を完成させたばかりで興奮したポールが、オーケストラのアレンジメントを大急ぎで欲しがったからだ。この時マーティンはアビイ・ロードでのシラ・ブラックのレコーディングにかかりきりだったため、マッカートニーは彼の担当アレンジャー――弦楽四重奏のアイディアを思いついて〈イエスタデイ（*Yesterday*）〉を不朽の名曲にした人物――の手が空くまで待っていられなかった。マッカートニーは代わりにマイク・リーンダーに編曲を依頼し、マーティンは長年の友人で共同制作者だったマッカートニーの性急さに傷つけられた。〈ジョンとヨーコのバラード〉は、レノンとマッカートニーの古くからの創作本能が健在だったこと、そして二人のアイディアを人間として可能な限り早くテープに刻み付ける熱意が相変わらず熾烈だったことを示した。マッカートニーは後に、「ジョンは〝盛りがついた獣のよう〟だった。彼はこの曲をレコーディングしたくてどうしようもなかったので駆けつけて録音したんだ」と語っている。[4]

四月十四日月曜日の午後のセッションが始まるとレノンとマッカートニーはすぐに作業に取り掛かった。エメリックはTGコンソールとトランジスター回路に対して否定的だったかもしれないが、ビートルズの二人はEMIスタジオの正真正銘の最先端テクノロジーでついに仕事ができることになって大喜びだった。これまでトライデントで何度もセッションを重ねたおかげで、彼らは8トラック持ち前の幅広い可能性を制作時に使いこなす準備が整っていた。マーティン、エメリック、オノがスタジオ3のコントロール・ルームから見守るなか、レノンとマッカートニーは8トラックの新しい広々としたスペースに次々と楽器を並べていった。バッキング・トラックを作るために、二人はこの日11テイク録音した。バッキング・トラックではレノンがギブソン〝ジャンボ〟(J‐160E)をトラック1で弾き、マッカートニーがスターのラドウィグ〝ハリウッド〟ドラム・キットをトラック3で演奏し、レノンのリード・ヴォーカルがトラック4だった。セッションの休憩中、レノンが「リンゴ、もう少し速く!」と言うと、スターのドラム・キットに座ったマッカートニーが機嫌良く、「分かったよ、ジョージ!」と答えている。[5]

録音したなかでテイク10が最高の出来だったと選択した二人のビートルズは、〈ジョンとヨーコのバラード〉のオーヴァーダビング作業に取り掛かった。利用可能なトラック1はリッケンバッカーを弾くマッカートニーのベース・ライン用となり、トラック5はレノンのリード・ギターに割り当てられることになった。この曲のエレクトリック・ギターによるエンディングとして、レノンは一九六三年七月にBBCのラジオ番組「*Pop Go the Beatles*」のためにビートルズがレコーディングしたジョニー・バーネット・ロックン・ロール・トリオによる〈ロンサム・ティアーズ・イン・マイ・アイズ（*Lonesome Tears in My Eyes*）〉のカヴァー・ヴァージョンで自身が前奏用に考えたフレーズを引用している。次のオーヴァーダビング作業では、レノンがトラック6にギターをダビングして絶妙な掛け合い効果を生み出し、マッカートニーのバッキング・ヴォーカルがトラック7、トラック8はマッカートニーのマラカスとレノンがギブソン〝ジャンボ〟の裏を叩いたパーカッションだった。そしてあっという間――七時間以内――にこの曲は完成した。ほかのビートルズのメンバーはレコードから外されたことに対してほとんど気にせず、スターは後にマッカートニーのドラム演奏を褒めている。ハリスンはさも当然というように、「僕とは関係ない曲だからレコードに入っていなくても気にならなかった。もしあの曲が〈*The Ballad of John, George, and Yoko*〉だったら僕も入っていたはずさ」と述べた。[6]

〈ジョンとヨーコのバラード〉のセッション中、エメリックの存在がすぐに役立った。どんな場面にも対応できるマイク・セッティングの名人、エメリックはスネア・ドラムの上と下にマイクを配置した。こうすることによって、最終的にレコードから聞こえる特徴的な弾けるようなサウンドをマッカートニーのドラムサウンドに与えたのだ。ほっと胸をなでおろしたエメリックは後に、「素晴らしいセッションで、すべてが順調で何の問題も起こらない魔法のような時間だった。〔〝ゲット・バック〟〕セッションでの口論や悪感情といった恐ろしい話を耳にしていたけども、二人のビートルズはとってもリラックスしていた。この日は一日中、二人が昔の学生時代の仲良しに戻り、このところ数ヶ月の険悪さはさて置き、ともに音楽を作ることを純粋に喜んでいた」と回想している。[7]

レコーディング・セッションが完了し、マーティンとエメリックはビートルズの新作シングルをリリースするためのミキシング作業に全力を集中した。〈ジョンとヨーコのバラード〉は、ステレオ主体にミキシングが行われ、対応するモノラルミックスが存在しない初のビートルズのシングルとなった。〈ジョンとヨーコのバラード〉以前、英国でのビートルズのシングル盤は一九六二年十月の〈ラヴ・ミー・ドゥ〉から、〈ジョンとヨーコのバラード〉をレコーディングする前の金曜日に英国のレコード店に並んでいた〈ゲット・バック〉まですべて、モノフォニック・ミックス〔モノラル。1チャンネルで再生される〕でリリースされていた。しかし米国では、EMIの米国子会社キャピトル・レコードがビートルズのシングル盤を〝疑似ステレオ〟（〝デュオフォニック〟とも呼ばれる）で製造していた。キャピトル側で何年も続いていた慣行にしたがって、マーティンのモノ・ミックスはデュオフォニック方式でアメリカ市場向けの疑似ステレオに変換されていた。キャピトルの職員がマーティンのモノ・ミックスの信号を左右のチャンネルに分離してデュオフォニック・ミックスを作っていたのだ。疑似ステレオ・サウンドを生成するためには、高域をフィルターに掛けて片方に振り、低域をフィルターに掛けてもういっぽうのチャンネルに振る。この処理の結果、デュオフォニック・ミックスはトゥルー・ステレオのように楽器が分離しているように聞こえるという聴覚的な錯覚を利用していた。

ステレオ技術は一九六〇年代初期から注目を集めており、ステレオフォニック・サウンドがより豊かで満足感ある音響体験を与えるとして音楽愛好家に対して広く宣伝されていた。一九六八年、モノフォニック・サウンドは岐路に立たされた。一月の「ビルボード」誌の記事は大手レコード製造会社が示し合わせてモノフォニックの生産量を減らしていることを根拠に、モノフォニック方式の死を宣告した。マーティン、エメリック、ビートルズは、家庭用のコンポーネント・ステレオ再生装置を持たない大多数のレコード購入者のためにモノフォニック・ミックスを制作することにエネルギーを注ぎこんできた。実際のところ一九六〇年代後期までステレオフォニック・サウンドは、ハイエンド・ユーザーとオーディオ愛好家に限定されると考えられていた。エメリックは後に、「私たちが集中したのはモノ・ミックスで、これが私たちにとって本当のミックスだったんだ。当時ステレオのレコード・プレーヤーを持っていた人はごくわずかだったからね」と語っている。またビートルズ自身も、彼らがこれまでスタジオ内で何年にもわたって制作してきたモノ・ミックスのほうを好んでいた。ハリスンも、「ステレオが発明された時に、〝なぜなんだろう？どうしてスピーカーが二台必要なんだ〟と思ったのを憶えている。なぜかっていうと、僕たちからすればサウンドを台無しにしてしまうからなんだ。ほら、僕たちの場合は一台のスピーカーからあらゆるサウンドが出てきた。でもこれからは二台のスピーカーから音が出てくるってわけだ。なんだかこう、むき出しの裸のようなサウンドに聴こえた」と後年にコメントしている。[8]

バンドのプロデューサーになってから七年目を迎えていたマーティンは、ビートルズのモノ・ミックスを生み出す作業を監督することに全精力を注ぎこむのが常となっており、アルバムのモノ・ミックスのために四、五日かけ、付け足しのように考えていたステレオ・ヴァージョンの制作には数時間しかかけない場合が多かった。しかし一九六九年には、市場に合わせてステレオフォニック・サウンドに積極的に取り組むようになっていた。また、進化するマルチトラック・レコーディングの時代にステレオがもたらす音響的可能性の重要さについて理解していた。8トラック・レコーディングの利点を生かして、これまでよりも格段に幅広い音像を操作する能力が手に入ったからだ。マーティンは紛(まぎ)れもなく〔クラシックの〕〝12インチ〟LP純粋主義者だったが、音響的に精度の低いモノよりもステレオ方式のほうを久しく好んでいた。マーティンは後に、「私はミキシング・デスクの前に座って、最高のステレオ音像を得られる三角形の頂点にいるのが好きだ。こうして劇場や映画館に座っているような実感を味わいながら、目を閉じて耳を傾けるんだ。この状態で何かを左右にパンニングするとただ直線的に進むのではなく、弧を描いて自分の上を通過する素晴らしい感覚が得られる。まるで劇場内の客席と舞台間の頭上にあるプロセニアム・アーチを渡るみたいにね。そして心の中で、音がステレオの絵の中で何をしているかがとても鮮明に見えるんだ」と語っている。[9]

マーティンとエメリックはTGコンソールを駆使して、〈ジョンとヨーコのバラード〉に色とりどりのステレオのパレットを作ることに成功した。彼らがビートルズの最新シングルのために作り上げたステレオの絵は、あらゆる点で8トラック・テクノロジーの特色を生かしたものだった。ステレオフォニック・サウンドによってもたらされる映画のような広い視野を実現するために、マーティンはTGコンソールが可能にした分離性能を活用した。完成したミックスを聴くと、ビートルズの陽気な新曲が生き生きと炸裂しているのが分かる。レコーディングされたヴィヴィッドなサウンドは整然と8つのトラックに並べられており、レノンとマッカートニーがスタジオ内で数時間コツコツと仕上げた作業というよりは、大勢のミュージシャンの力をその場で結集したように聴こえる。マーティンとエメリックはステレオフォニックの絵を構成するメリットをフルに活かすために、マッカートニーの歯切れ良いバッキング・ヴォーカルをレノンのリード・ヴォーカルのちょうど反対側の音響スペクトルに位置づけて広がりを出した。さらに印象的だったのは、マーティンとエメリックがレノンのリード・ギターによるフィル・インを巧妙に左右にパンニングして、このリフに元はなかったコール・アンド・レスポンスのような効果を持たせたことだ。

マーティンから見ると〈ジョンとヨーコのバラード〉をプロデュースした経験は、ビートルズの経歴の絶頂期と比較すると初歩的なものだったとはいえ、成功だった。また、《ホワイト・アルバム》セッションの最中には招かれざる邪魔者のように思われたオノとおおむね気分良く交流できたことを特に喜んでいた。マーティンは後に振り返って、「ジョンとヨーコはどんどん良い方向に進んでいった。二人がいわゆる分別ある時期にさしかかった時には一緒に楽しく仕事がで

2

きた。ジョンがカセット・テープに色々なものを録音して私に持ってきて、〝これから何か作ってもらえるかな〟って言うんだ。彼は技術面があまり長けていなかったから、そこを手伝ってあげた。〈ジョンとヨーコのバラード〉でジョンとヨーコと仕事するのは楽しかった。そこにいたのはこの二人とポールだけだった」と述べている。このため、「ビートルズが録音したトラックとはいえないけども、確かにビートルズによるトラックだった。彼らからしてみれば、同じ材質から切り出したくさびの尖ったほうの先端のようなものだった」という。

しかしマーティンはバンドの長期的な展望について幻想を抱いておらず、「ともかくジョンはすでに精神的にグループから離れていたし、これがすべての始まりだったんじゃないかと思う」と捉えていた。彼が前年夏からバンドと過ごしてきた――《ホワイト・アルバム》セッションに端を発する関係者間の諍いから自らの注意をそらすために新聞紙とチョコレートをスタジオに大量に搬入した――経験から、ビートルズが四月いっぱい持ち堪えられないかもしれず、ニュー・アルバム相当の新曲をレコーディングするなんてありえないと思っていたのも無理はない[10]。

マーティンがこの時点でビートルズに現役のロックンロール・バンドとして未来があるかどうかを疑問に思ったとしても不思議はないが、彼はTGコンソールがレコーディングにもたらす素晴らしい芸術的可能性に支えられていた。一九五〇年九月にEMIスタジオで働き出して以来、誰も予想しなかったような新しい方法でスタジオが利用されるようになることを心から信じていたのだ。コメディーや朗読のレコード・プロデューサーだった時代にさえ、リスナーの予想もしなかった生き生きとした世界を一から作り出すためにアーティストが工夫を凝らす効果音研究所のような役割をスタジオが果たすと密かに考えていた。マーティンは後に、「私たちはテープ・ループを使ったり、スピードを遅くしたり、ピアノの蓋を叩いたりして音を作った。映画監督が舞台劇のようなフィルムを作らなくてもいいんだから、私たちプロデューサーだって今までと違うレコーディングを作り出せると考えた」と回想している。要するに**スタジオは、「本物の魔法の工房」になる可能性を秘めていた**。マーティンの頭の中で、ＴＧコンソールはこの夢を実現するためにこれまで欠けていた重要な鍵だったのだ。[11]

　しかしエメリックは新型ミキシング・デスクをまだ完全に信用していなかった。マーティンと同様、ＴＧコンソールによって得られる分離と高音質について大いに満足していたものの、実際の出音（でおと）については反対意見だった。エメリックは後に、「新型ミキシング・コンソールは古いものと比べて機能が盛りだくさんで、何年も頭の中で考えていた多数のアイディアを実行する機会を与えてくれたけど、何といっても真空管の代わりにトランジスター回路を使っていたから、どうしても同じ音にはならなかった」と述べている。エメリックの耳にはトランジスター機材がより滑らかで柔らかい音を作り出すように聴こえたため、これがＴＧコンソールに対する大きな不満となっていた。エメリックはＴＧコンソールについて、「ＲＥＤＤ真空管コンソールから得られたのと同じバス・ドラムやスネア・ドラムやギターのサウンドをどんな方法を使っても再現できなかった。私はこの時までビートルズのセッションでＲＥＤＤ真空管コンソール（とテープ・

2

マシン）しか使ったことがなかったので、このようなサウンドを実現するために真空管が大きな役割を果たしていたんだと思う。トランジスターがすべてのサウンドを切りそろえてしまったため、ロー・エンドの歪成分がまったく出てこなくなったことに気付いたんだ」と振り返っている。エメリックは例として、一九六六年四月に自身が真空管機材を使ってエンジニアを務めた〈ペイパーバック・ライター（*Paperback Writer*）〉を挙げている。レコーディングに耳を傾けると、「ベース・ギターとバス・ドラムのキックの音が本当にはっきりと聴こえる。このサウンドをトランジスター回路のデスクから得ることは絶対にできない。さまざまな説――不自然な倍音とか歪とか何やかや――があるけども、これらのサウンドを今作り出すことは不可能になったんだ」と説明している。[12]

四月十六日月曜日にはハリスンが米国から帰国して緊張をはらんだ制作チームに復帰した。彼自身も〝盛りがついた獣のよう〟に仕事に取り掛かり、二ヶ月前にラフなデモを作った〈オールド・ブラウン・シュー〉と〈サムシング〉の二曲をバンドメンバーを率いて数テイク録音した。彼は前月、ジョー・コッカーに〈サムシング〉をレコーディングするよう提供していたが、この曲の運命についてどうするか決めかねていた。レノンとマッカートニー作の〈ウィズ・ア・リトル・ヘルプ・フロム・マイ・フレンズ（*With a Little Help from My Friends*）〉をカヴァーして英国チャート一位を最近獲得したヨークシャー出身の嗄れ声のシンガー、コッカーはハリスン作品で腕試しするチャンスに飛びつき、二枚目のスタジオ・アルバムでリリースする予定になっていた。四月十六日のセッション中、ビートルズはリハーサル中にテープを回しっ放しにしながら〈オールド・ブラウン・シュー〉を数ヴァージョン録音しているが、このテクニックは一九六五年二月に《ヘルプ！（*Help!*）》の〈涙の乗車券（ティケット・トゥ・ライド）：*Ticket to Ride*〉で使って以来、マーティンとバンドメンバーが頻繁に使っているものだった。曲のリハーサル中にテープを回しておくことによって、マーティンとグループは斬新な試みや気まぐれな芸術的インスピレーションの瞬間をそのままスタジオ内で捉えたのだ。ビートルズと制作チームはこうやって〈オールド・ブラウン・シュー〉をわずか4テイクでレコーディングし、マッカートニーの陽気なピアノ・パート付きで完成させた。

ハリスンのこの曲は作曲段階では、じわじわと燃え上がるようなブルース・フィーリングを湛えた作品だったが、けたたましく全速力で突っ走るペースに仕上がった。彼にとって〈オールド・ブラウン・シュー〉は、人間が肉体的な自己という瞞しの現実から解放された時に初めて進歩できるという長年抱いていた精神的な世界観を歌詞にしたものだった。後に自著で、「僕たちはみんな卑劣で無価値だけど力を振り絞って、より良い人間になるために努力する必要がある」と述べている。このように意識を高めることによって、人類は善悪や精神対物体といった二元論から脱却できるとハリスンは考えていた。音楽評論家のスティーヴ・ターナーの解説によると、「〈オールド・ブラウン・シュー〉はマッカートニーの〈ハロー・グッドバイ（*Hello, Goodbye*）〉と類似性を持っており、〝反対語を並べた言葉遊び〟のような歌詞となっている」という。曲のタイトルに関しては、「この古い茶色の靴を脱ぎ捨てる」のは、もっと神聖な意識を手にするために以前の自己を打ち捨てることを意味するという[13]。

マッカートニーはスタジオ3のチャーレン〝ジャングル〟ピアノ〔英チャーレン製のアップライトピアノ。左端のペダルがハープシコードのような音を出す。ジャングルは金属がジャラジャラいう音のこと〕を弾く際に三つ目のフット・ペダルを押してこの楽器のユニークなサウンドを使用した。ビートルズは〝ダック・ピアノ〟とも呼ばれるこの鍵盤楽器を、一九六六年四月に《リボルバー》の〈トゥモロー・ネバー・ノウズ〉で初めて使用している。〝ジャングル〟ピアノのハンマーと弦の間にはフェルトの帯が吊るしてあり、この帯の先端に付けられた真鍮の金具が動いた時にユニークな音を出す仕組みになっていた。マッカートニーはこうやって独特の金属的な音を〈オールド・ブラウン・シュー〉で作り出した。〈オールド・ブラウン・シュー〉のベーシック・トラックには、ハリスンのリード・ギターとヴォーカル、スターのドラム、レノンのリズム・ギターがフィーチャーされている。ハリスンはこの曲の特徴となる疾走するようなロー・エンドをマッカートニーから借りたフェンダーのベースでオーヴァーダビングし、その上に彼のテレキャスターの音を重ねている。ハリスンは後に、「あれは僕が[ベースで]必死に頑張っていて、ギターでやることをそのまま弾いているんだ」と述べている。そしてハリスンとバンドメンバーはこの日、〈サムシング〉にもう一回挑戦している。夜にこの曲がスタジオ3で繰り広げられるのを聴きながら、マーティンは〈サムシング〉をまったく新しい角度から見直しはじめた。マーティンは、「私は息をのんだ。ジョージにこんなことが可能だと思いもしなかったからだろうね。本当に素晴らしい作品でとてもシンプルだった」と述べている。バンドはテープを回したままでリハーサルを続け、〈サムシング〉のベーシック・トラックをレコーディングしたが、メンバーはハリスンがエレクトリック・ギター、マッカートニーのベース、スターのドラムス、プロデューサーのマーティンによるピアノだった。どんな立場であれバンドと一緒に働くという考えを何日か前にはほとんど諦めかけていたマーティンにとって、ビートルズのトラックで再び演奏するのは思いもしなかった貴重な体験だったに違いない。マーティンはこれと同時に、ビートルマニア最盛期にジョージに付けられた〝クワイエット（静かな）・ビートル〟（the Quiet Beatle）に対する評価を遅ればせながら改めはじめた。レノンとマッカートニーと同様、プロデューサーのマーティンはバンドの作詞作曲チームのなかでハリスンを未熟者だと早合点していたからだ。マーティンは何年も経ってからジョージの作品について、「その時点まではとてもお粗末だった。彼の書いた何曲かはとてもつまらなかった。私たちが彼をけなしたという印象を持つ人がいるようだ。そんなことは絶対しなかったと思うが、ひょっとしたら彼を熱心に励まさなかったかもしれない。彼が何か書くと私たちは、〝ジョージ、次はどんなのができたんだい？〟とは言わなかった。〝何だ、ほかにも何かあるのか？〟と言ったものだ。はっきり言ってこういう態度が彼としてはちょっと辛かったんだと今では思う。いつも少し見下した感じだった。でもこれは無理もないことで、ほか［レノンとマッカートニー］の才能がずば抜けていたからね」と振り返っている。[14]

四月十八日金曜日にマーティンとエメリックは別の場所で忙しかったため、マーティンの弟子で《ホワイト・アルバム》セッション経験者でもあるクリス・トーマスをプロデューサーの椅子に据え、エンジニア・チームはジェフ・ジャレットとジョン・カーランダーだった。弱冠二十二歳のトーマスは、マーティンが一九六五年にEMIを去ってから設立した会社AIR（*Associated Independent Recordings*）に入社してから二年目だった。いっぽう、ジャレットは一九六六年からスタジオ職員を勤めていたが、十八歳のカーランダーはセントジョンズウッド出身で――EMIスタジオからわずか一ブロックしか離れていないホール・ロードにある実家に両親と住んでおり――比較的、経験が浅かった。しかしカーランダーは前年、人生初めてのビートルズ・セッションへの参加を依頼されて厳しい試練をくぐり抜けていた。世界で最も有名なポップ・グループと仕事をすることになった若いテープ・オペレーターは当然ながら緊張していたが、〈ヘイ・ジュード〉のプレイバック・セッションを任された。ビートルズの最新レコーディングのさまざまなヴァージョンを集めるようマーティンから指示を受け、バンドメンバーとプロデューサーが〈ヘイ・ジュード〉を何度も繰り返し聴き、有名なコーラス部分が果てしなくリピートされるのを夜が更けるまで時間も忘れて聴き入るようすを畏敬の念をもって見守った。[15]

〈オールド・ブラウン・シュー〉セッションから数日も経たないうちに、メンテナンス・エンジニアのデイヴ・ハリーズはカーランダーに対して、ビートルズのニュー・アルバムのために働いて欲しいというマーティンとエメリックの要望を伝えた。この若いテープ・オペレーターはグループと再び仕事をするチャンスに飛びつき、今度はプレイバック・セッションの準備以上のことがしたいと意欲を燃やした。四月十八日にスタジオ3のコントロール・ブースに座り、ハリスンがリード・ギター・パートをオーヴァーダビングして〈オールド・ブラウン・シュー〉の作業を完了するのを見守ったが、この曲は〈ジョンとヨーコのバラード〉のB面として五月三十日にリリースされる予定だった。真夜中過ぎ、バンドメンバーは二月以来手を付けていなかった〈アイ・ウォント・ユー〉の作業を再開した。この晩はセッションに先立って、クリス・トーマスがトライデントで録ったマスターのテープ・リダクション〔複数のトラックをひとつにまとめて録音可能なトラックを作ること〕によってさらにオーヴァーダビング可能な余地を増やす作業を監督した。スタジオ2で作業していたレノンとハリスンはこの曲の不吉なワグナーのようなコーダ部分を作るために、歪きったパワフルなギターで何層にもくるむようにギター・パートを重ね合わせた。ジャレットは後に、「ジョンとジョージはスタジオ2の左側の隅っこに移動してギター・パートをオーヴァーダビングした。彼らは轟音が欲しかったから何度も何度も音を重ねたんだ」と述べている。〈アイ・ウォント・ユー〉セッションにおいても一触即発の瞬間があった。ジャレットはギタリストたちの作業を一旦中断し、ハリスンにボリューム・ノブを少しだけ絞るように要求した。ジャレットによると、「僕は少し具合が悪くなったのでジョージに少し音を小さくしてくれないかと頼んだんだ。彼は僕を見つめて冷ややかに、〝ビートルズのメンバーにそんな口の効き方をするもんじゃないぜ〟と言った」という。[16]

この同じセッション中、ハリスンは一九六六年四月以来ビートルズが絶大な効果を挙げている

2

テクニックを使って、〈オールド・ブラウン・シュー〉のギター・サウンドに広がりを持たせた。この音響的な技術革新が生まれたのは、〈*Mark 1*〉という仮題で後に〈トゥモロー・ネバー・ノウズ〉になる曲でレノンが特定のサウンドを作りたいと要求したことがきっかけだった。レノンは彼のヴォーカルを、「ダライ・ラマが山頂から朗唱している」ような雰囲気にしたかったのだ。この日生まれて初めてビートルズのセッションでエンジニアを務めたエメリックは、レノンの突拍子もない要求に応える課題を与えられて少なからずパニックに陥った。エメリックは後に、「この間ずっと、もしダライ・ラマがスタジオから五キロほど離れたハイゲート・ヒルに立っていたらどんな声になるだろうと考えていた。まず手近にどんな機材があるか頭の中でリストアップしてみた。ミキシング・コンソールで普段使われているようなトリックだけでは間に合わないことが明らかだった。スタジオにはエコー・チェンバーとたくさんのアンプがあったけども、どう使ったら役に立つか分からなかった。でもきっと、これまで誰もヴォーカルを鳴らしたことのないアンプがあるんじゃないかと思い当たった」と述懐している。この時にアイディアがひらめいた。エメリックはスタジオのハモンド・オルガンがレスリー・スピーカー・システムに接続されており、大型の木製キャビネットの中にはアンプと高音、低音用の二台の回転スピーカーが収められていることを知っていた。当初ビブラトーンと呼ばれたこのサウンドの開発者ドナルド・J・レスリーの名前にちなんでその後レスリー・スピーカーと呼ばれるようになったが、バッフル板を回転させることによってビブラート効果を生み出し、ハモンド・オルガン特有の教会のような柔らかい音色を作り出す設計となっていた。急遽タウンゼントが呼び出され、レスリー・スピーカー・システムの線をつなぎ直し、エメリックのアイディアを実現させた。その後マーティンとエメリックがコントロール・ブースから見守るなか、レノンはリード・ヴォーカルを歌って親指を上に突き立てて満足し、レスリー・スピーカーの新技術が——少なくともビートルズに関しては——誕生した。[17]

しかし実際にこのスピーカー・キャビネットの可能性に気付いたのはエメリック一人ではなかった。一九六五年九月にアメリカのエンジニア、ステュ・ブラックが同じような効果を得るためにレスリー・スピーカーを使ったが、これはジュニア・ウェルズ・シカゴ・ブルース・バンドとのセッション中に伝説的なギタリストのバディ・ガイのアンプに付いているスピーカーが破れたためだった。〈オールド・ブラウン・シュー〉のセッション中、ハリスンはレスリー・スピーカー効果を自身のリード・ヴォーカルではなくエレクトリック・ギターに応用した。一九六六年四月の〈トゥモロー・ネバー・ノウズ〉での経験以来、ビートルズと制作チームはスタジオ機能を拡大する最新技術を試したくてうずうずしていた。その後彼らは何年にもわたって、〈アクロス・ザ・ユニバース（*Across the Universe*）〉でのハリスンによる幽玄なタンブーラ、〈ドント・パス・ミー・バイ（*Don't Pass Me By*）〉でのマッカートニー〔によるドラム〕を圧するようなスターのピアノなど数々のトラックで何度もレスリー・スピーカーを使用した。レスリー・スピーカー効果はこのように、ビートルズのインストゥルメント・トラックに豊かな音響的質感とニュアンスを付け加えた。〈オールド・ブラウン・シュー〉に先立つ一九六八年十月、ハリスンはイギリスの有名なロック・トリオ、クリームとのレコーディング・セッション中にレスリー・スピーカー効果を試みている。クリームのギタリスト兼ヴォーカリストのエリック・クラプトンと〈バッジ(*Badge*)〉を共作したハリスンはレコーディングで、リズム・ギター・パートにレスリー・スピーカーを使って清々しい効果を上げている。ハリスンは〈オールド・ブラウン・シュー〉でも同様の結果を生み出しており、レスリーの回転スピーカーがギター・パートにエッジの効いた硬質なサウンドを与え、〝クワイエット・ビートル〟の作り出した激しいギター・ソロで大きな効果を発揮している。

翌週の四月二十日、日曜日にビートルズは以前のハイペースを取り戻し、この勢いを受けて〝ゲット・バック〟セッションから何度か手掛けていたマッカートニー作品〈オー！ダーリン（*Oh! Darling*)〉の制作に入った。マッカートニーはこの曲を一月六日に初披露し、その後何度も演奏し直していたが、ファッツ・ドミノが一九五六年の古典的名曲〈ブルーベリー・ヒル（*Blueberry Hill*)〉で使っていた三連符パターンでピアノを連打するスタイルの作品だった。ビートルズは一月二十七日にフェンダー〝ローズ〟エレクトリック・ピアノを弾くビリー・プレストンをゲストに迎え、〈*I'll Never Do You No Harm*〉という仮題でこの曲のフルバンド・ヴァージョンの演奏をついに試みた。マッカートニー作品はプラターズの〈ザ・グレート・プリテンダー（*The Great Pretender*)〉からドゥーワップ・サウンドを借りて、なりふり構わずバンドの十代の頃に逆行するような五〇年代後半のロックンロールの感触と、喉から絞り出すリード・ヴォーカルをフィーチャーしていた。四月二十日のセッションで〈オー!ダーリン〉の担当楽器はマッカートニーのベース、レノンのドゥーワップ・ピアノ、ハリスンのエレクトリック・ギター、スターのドラムだった。曲のタイトルはこの時点でオープニングの歌詞から取ったものとなっており、リトル・リチャードの一九五八年のヒット曲〈ウー!マイ・ソウル(*Ooh! My Soul*)〉に敬意を捧げるような感嘆符が使われている。スタジオ3でマッカートニーがセッションを仕切ったこの日は26テイクにも上り、この時に収録したガイド・ヴォーカルは歌詞を初めて歌ったもので、後にもっと正式なヴォーカル・パフォーマンスで置き換える予定だった。ビートルズが〈オー!ダーリン〉のテイクを重ねてリハーサルし完成度を高めるようすをプロデューサー席に残ったトーマスはジャレットとカーランダーとともに見守り、この中でテイク26を最終的に選択した。テイク7の最中にレノンがバンドメンバーを先導してジャム・セッションを始め、この時に演奏した曲目には当時の英国チャートを賑わしていたジョー・サウスの才気溢れる作品〈孤独の影(*Games People Play*)〉を自由奔放に歌ったものも含まれていた。しかし〝ゲット・バック〟セッション時のようにジャムが延々と白熱することはなく、ビートルズは〈オー!ダーリン〉の作業をすぐに再開した。ハリスンはレスリー・スピーカーで増幅したリード・ギターを弾いてこの曲のレコーディングに強弱のニュアンスをさらに付け加え、ヴァースには強烈な突き刺すコード・カッティングと、ミドル・エイト〔ブリッジ、Cメロとも呼ばれる〕の印象的なアルペジオを作り出した。いっぽうレノンのピアノはハリスンのギターのパターンに対して、マッカートニーがこの曲を作るアイディアの元となったスタイルの三連符で応答した[18]。

ビートルズは突如として新作LPの制作に大きな進展を見せ、年始の多数のセッションを汚した個人間の問題を投げ捨てたように見えた。その晩の〈オー！ダーリン〉の作業をひとまず完了すると、〈アイ・ウォント・ユー〉に改めて取り掛かり、既存のレコーディングにコンガの装飾音を重ねた。長年ビートルズのローディーを務め、付き人でもあったマル・エヴァンスはリンゴがプレイするこの細長くピッチの高い打楽器を搬入した。リンゴはちょうどクリエイティブな意欲が再び盛り上がっていた時期で、前年に購入したドラム・キットに新しいドラム・ヘッドを調達したばかりだった。リンゴとバンドメンバーは、〈サンシャイン・スーパーマン（*Sunshine Superman*）〉、〈メロー・イエロー（*Mellow Yellow*）〉、〈ハーディー・ガーディーマン（*Hurdy Gurdy Man*）〉と近頃ヒット曲を立て続けに飛ばしていたシンガーソングライターのドノヴァン・リーチの意見を取り入れ、分厚い塗装被膜に覆われていない楽器を好むようになっていた。一九六八年初春にインドのリシュケシュにともに滞在した際にドノヴァンはビートルズに対して、楽器の塗装をやすりで剥がしたほうが良い音がすると勧めたのだ。この考えを支持していたのはドノヴァンだけではなかった。一九六〇年代後半にはエリック・クラプトンやジェフ・ベックのようなギターの神様までもが、こぞって塗装をやすりで落としていた。クラプトンが弾きやすくするためにギターのネックの塗装を剥がしたのは有名だし、ベックの場合は単に見映えを良くするためだった。ドノヴァンは何か重要なことを知っているに違いないと踏んだレノンとハリスンは二人が所有するエピフォン〝カジノ〟エレクトリック・ギターの塗装をやすりで落とし、マッカートニーもリッケンバッカー・ベースでこの例にならった。ハリスンは後に、「色々な種類のギターで有効だと思うよ。塗装と光沢のある被膜を剥がして裸の木にすると、呼吸しはじめるっていうのかな」と語っている。[19]

このアイディアが頭にあったスターは、彼のトレードマークになっていたブラック・オイスター・パール仕上げのラドウィグの〝スーパー・クラシック〟キットではなく、同社のナチュラル・メイプル仕上げの新しいドラム・キットを使うことにした。「エド・サリヴァン・ショー（*The Ed Sullivan Show*）」でブラック・オイスター・パール仕上げのキットを叩くリンゴの姿が伝説化していたため、新しいキットはスターとビートルズにとってまるで政権交代のような意味合いを持っていた。ビートルズが一九六三年四月に英国アルバム・チャートで初のナンバー・ワンを獲得すると、喜び勇んだドラマーはロンドンのドラム・シティに駆けこみ、ぼろぼろのプレミアのドラムスの代わりに人生初のラドウィグのキットを購入した。ラドウィグのブランドは彼の中では至上の最高級品で、プロフェッショナル・ドラマーとして〝成功を手にした〟確かな証拠を意味していた。マネージャーのブライアン・エプスタインを従えたスターは新しいキットとしてブラック・オイスター・パール仕上げを選び、エプスタインが店のオーナーだったイヴォール・アービターにリンゴのバス・ドラムのためにロゴを作ってくれと注文した。アービターは躊躇なく、大文字Bを強調してTの縦棒が下に突き出たすぐに世界的に有名になるロゴをその場で考案した。突然、ビートルズのブランド・ロゴが誕生したのだ。

ドラム・シティの経営者だったジェリー・エヴァンスは後に、「今日私たちが知っているTが下に突き出ているビートルズのロゴは、バス・ドラムのヘッドの表に文字を入れる担当だったソングライターのエディー・ストークスが作成したものだ。彼は近くで働いていたからランチタイムに出勤していた。イヴォール・アービターがメモ帳にビートルズのロゴを描き、このスケッチをエディーがドラム・ヘッドに描いたんだ……ロゴを入れる追加料金として五ポンド〔現在の日本円に換算しておよそ二万三千円（日本銀行調査統計局による消費者物価指数で算出、以下同）〕請求したと思うと回想している。[20]

スターはドラム・シティにメイプル仕上げの新しいキットを注文することによって、ビートルズ在籍期間中わずかしか変えなかったサウンドに新しい要素を付け加えたが、これは六年間で初めての大きな変化だった。ラドウィグ宣伝部によって〝ハリウッド・アウトフィット〟と名付けられ、〝クリエイティブなドラマー〟向けに販売された新しいキットは、〝最新の「ツイン」タムタム設計〟を謳っていた。スターは自身のラドウィグ〝ハリウッド〟キットを一九六八年後半に入手し、〈ヘイ・ジュード〉、〈レボリューション〉、《ホワイト・アルバム》の多数のトラックで聴くことができる。一九六九年一月のルーフトップ・コンサートの映像ではスターがラドウィグ〝ハリウッド〟を演奏しており、メイプル仕上げのキットがしっかりとフィルムに捉えられている。スターは新しいドラム・セットをほとんどそのまま使用したが、彼のサウンドを形造る主要要素だと信じていたブラック・オイスター・パール仕上げの頼り甲斐のあるスネア・ドラムは古いキットからそのまま使った。マル・エヴァンスが常套手段としてスターのドラム・ヘッド、特にスネア・ドラムの上にティー・タオル（食器用布巾）とエメリック愛用の紙巻き煙草銘柄エベレストのパッケージを置いてミュートした[21]。

新しいキットは今までと明らかに違うサウンドを生み出した。このキットにはラドウィグ〝スーパー・クラシック〟ドラムのシングル・ラックの代わりに二個のタムタムが搭載されており、スターが最近購入した仔牛皮のドラム・ヘッドによって強化されていた。自然な弾力性を持った仔牛皮のドラム・ヘッドは、一九五〇年代後半から流行っていた合成樹脂マイラー製のドラム・ヘッドと比べて、より豊かで温かみのあるサウンドが特徴だった。また仔牛皮によってレスポンスがより鋭くなったため、スターのドラムスに今までよりも自然で総合的にバランスの取れたサウンドをもたらした。リンゴがワクワクしたのも無理はない。スターは当時を振り返って、ビートルズの最新曲のレコーディングが「タムタムだらけになった。仔牛皮を張った新しい木製のキットを手に入れたら、タムタムの音の深みが凄かったんだ。僕はタムに夢中になった。ドラム・スタイルの変化について話すと、僕がキットを違うものに変えたら、キットが僕を変化させたんだ」と述べている。スターにとって、より**有機的で自然なサウンドを演奏するために仔牛皮が特に大きな役割を果たした**という。何年か後に、特にアナログ・レコードで明らかに違う結果をもたらしたと証言している。「僕はドラムに新しいヘッドを張ったから、もちろん使うことが多かった——最高だった。このタムタムの素晴らしさをはっきり示してくれるところが本物のレコードの魔法なんだ。今ではサウンドをあの手この手で操作してしまうから、この魔法は失われてしまったと思う」とスターは述べた。[22]

〈オールド・ブラウン・シュー〉や〈オー！ダーリン〉といった曲で使われているのは、スターが《ホワイト・アルバム》セッションの暗黒時代に作曲を開始した〈オクトパス・ガーデン（*Octopus's Garden*）〉で明瞭に聴き取れる新しいドラム・キットのサウンドだ。一九六八年八月二十二日の木曜日、マッカートニーが新しいアップテンポの激しいロック・ナンバー〈バック・イン・ザ・U.S.S.R.（*Back in the USSR*）〉を披露した時に、スターは突然ビートルズを脱退した。実際、彼はこのセッションに出席していなかった。マーティンとAIRを共同設立したロン・リチャーズは事件の発端について、「リンゴはいつも受付エリアでただ座っていたり、新聞を読んだりして待っていた。彼はほかのメンバーが現れるのを何時間も座って待っていたんだ。ある晩、彼はもう我慢できなくなって愛想を尽かし、去っていった」と回想している。ビートルズから誰かが去っていったのはこれが初めてではない。《リボルバー》レコーディングの最後の〈シー・セッド・シー・セッド（*She Said She Said*）〉セッションの最中、マッカートニーが激怒してスタジオから出て行ったことがあった。[23]

バンドをロンドンに置き去りにし、スターは臨時休暇を決めこんで家族を連れてサルディニアに向かい、ピーター・セラーズが所有するヨットで思い出に残るゆったりした日を過ごし、ファブ・フォーでの悩み多き人生を忘れようとした。この間に、ヨットの船長がタコについて感動的に語ったという。「タコが巣穴でボーッと時を過ごし、海の底を動き回ってピカピカした石やブリキの缶や壜を見つけて穴の前に庭のように置くと彼は言うんだ」とスターは後に語っている。スターにとって、大海原の波の底に逃避するアイディアはとても魅力的だった。「何て素晴らしいんだ！と思った。あの当時は僕も海の底でじっとしてみたかった。しばらくの間脱出したかったんだ」という。それから絶好のタイミングで、〝君は世界一のロックンロール・ドラマーだ。戻って来いよ、僕たちみんな君を愛してるぜ〟というバンドメンバーからの電報が舞いこみ、スターは九月の声を聞く頃にはビートルズに復帰していた。スターはこれでじゅうぶん納得することができた。「そんなわけで僕は復帰した。僕たち全員にとって、こういうちょっとした動揺が必要だったんだ」とスターは当時を振り返っている。ハリスンは復帰を祝って、リンゴのドラム・キットの周りに花を飾った。このエピソードがバンド全員にとってトラウマとなったのは事実だが、地中海への小旅行はソングライタースターのキャリアのなかでおそらく最もチャーミングな作品をスターにもたらした。[24]

スターはこの曲を一月六日の〝ゲット・バック〟セッションで初披露していた。一九七〇年のドキュメンタリー映画『ビートルズ　レット・イット・ビー（*Let It Be*）』では、ハリスンとマーティンがスターと一緒にコード進行を推敲するシーンがあり、レノンが珍しくドラム・セットに座って参加している。ビートルズが正常な軌道に戻りニュー・アルバムの計画を立てはじめるまで、この曲は三ヶ月にわたって休眠状態にあった。クリス・トーマスをコントロール・ブースに

2

迎え、ビートルズは四月二十六日土曜日に〈オクトパス・ガーデン〉のレコーディングに着手し、《ホワイト・アルバム》の〈ドント・パス・ミー・バイ〉と〈グッド・ナイト（*Good Night*）〉以来初めてとなるスターによるヴォーカル・パフォーマンスを32テイク録音した。〝ゲット・バック〟セッションで披露してから三ヶ月後、スターのこの作品は準備完了となった。[25]

実はマーティンがこの週末のセッションを率いる予定だったがＡＩＲでの作業が急を要するため呼び出され、弟子のトーマスが指揮を執ることになった。当時、マーティンはシラ・ブラックの《シラ・ブラックの世界（*Surround Yourself with Cilla*）》というタイトルになる五月後半リリース予定の新作ＬＰの仕上げに急ピッチで取り掛かっていた。トーマスは後に、「忙しくて顔を出せないとジョージ・マーティンから言われた。その時の一言一句を思い出せるわけじゃないけど、だいたいこんなふうに言ったんだ。〝ビートルズのメンバー一人いれば、良し。二人いれば、凄い。三人のビートルズ、信じられないくらい素晴らしい〟。でも四人が揃った瞬間から、説明不可能なカリスマ性、今まで誰も説明できなかった特別な魔法のような超自然的なものが降りてくるんだ。メンバーたちは君にとても気さくに接してくれるから安心していいけど、そこに説明できない存在がいることを君は意識するだろう〟ってね。実際に、彼が言った通りのことが起きた。あんな経験は初めてだった。四人の間で特別な化学変化が起きるんだけど、こんなことを感じたのは後にも先にも彼らだけだった」と回想している。飛びきり上機嫌のビートルズ全員が顔を揃えたこの晩、マーティンの予感は的中したうえ、それ以上のことも起きた。〈オクトパス・ガーデン〉

ではハリスンがレスリー・スピーカーで増幅したフェンダー〝ストラト〟でリード・ギターの軽快なイントロを弾き、スターの作品に芽生えたカントリー・アンド・ウエスタン風味を付け加えた。ベーシック・トラックの締めくくりとしてリンゴがラドウィグ〝ハリウッド〟を叩きながらガイド・ヴォーカル、レノンはリズム・ギター、マッカートニーはベースを吹きこんだ。スネアでリズムを刻んでヴァースにタムタムでアクセントを付け、スターはラドウィグ〝ハリウッド〟を最大限に活用した。グループ内輪のジョークと底抜けの陽気さに包まれ、ビートルズはセッションで揺るぎないチームワークを見せた。音楽的にまとまらない瞬間が少しだけあったが、彼らはうまく受け流した。テイク8でつまずいた後にスターが明るく、「うーん、今のは最高だった!」と宣言し、バンドメンバーは大爆笑した。その後、スターは新しいリード・ヴォーカルのトラックをオーヴァーダビングする際に歌詞を完成させて録音し、ガイド・ヴォーカルと差し替えた。[26]

バンドがロンドンのスタジオで作業している間、ビートルズに関する新作ドキュメンタリー映画——おそらくマイケル・リンゼイ゠ホッグが一月に撮影した〝ゲット・バック〟セッション——に関する噂が頂点に到達しようとしていた。マッカートニーはリンゼイ゠ホッグに対して、トゥイッケナム・スタジオとアップル社屋で収録した一月のセッションから音声と映像を取り出し、ビートルズが音楽的なルーツとなった生々しいサウンドに〝回帰する(Get back)〟ようすを象徴的に収めたドキュメンタリー映画を製作する可能性があると指示したのだ。一九六九年四月二十五日〜二十九日号の「*TV Guide*」誌〔日本の「週刊TVガイド」とは無関係〕は、一月三十日のルーフトップ・コンサートに関して〝ロンドンの屋根の上に立った四人の奴ら〟という特集記事を掲載した。世界中のビートルズ・ファンは、グループがライヴ・パフォーマンスに復帰するのではないかというニュースを待ち望んでいた。この時点でバンドが（一九六六年八月二十九日にサン・フランシスコのキャンドルスティック・パークでの）コンサートに出演してからほぼ三年経っており、ファンはビートルズがツアーを再開する可能性を示す兆候を喉から手が出るほど欲しがっていたのだ。週刊発行部数一千五百万部を超える「*TV Guide*」誌は、米国で巨大な読者数を誇っていた。この記事によると新作映画は、〝ビートルズが作品に取り掛かったらどんなことが起きるかを——何ヶ月か先に封切られるドキュメンタリー映画によって——世界中にまざまざと見せつける〟ことになるだろうと予測している。数ヶ月前にも英国で同様の騒ぎが起こっており、バンドが三回のコンサートをロンドンのラウンドハウスで行うという噂がメディアで取り沙汰された。グループが一九六八年秋にテレビに大々的に出演したことも、メディアの触手を明らかに刺激していた。同じ秋の九月、彼らは〈ヘイ・ジュード〉と〈レボリューション〉（ほとんど当て振り〔演奏したフリをすること。手パク〕）をマイケル・リンゼイ＝ホッグが監督してトゥイッケナム・スタジオで撮影した。このプロモーション・フィルムはデービッド・フロストが司会を務める人気トークショー番組「フロスト・オン・サンデー（*Frost on Sunday*）」、アメリカのバラエティー番組「スマザーズ・ブラザース・コメディー・アワー（*The Smothers Brothers Comedy Hour*）」で大量の視聴者に向けて放映された。一九六九年初春といえば《ホワイト・アルバム》のリリースから半年あまり、ビートルマニア最高潮の時期にニュー・シングルとアルバムの頻繁なリリースに慣れていたファンの不満が計り知れないほど増大していた時期だ。[27]

いっぽう、四月三十日水曜日のスタジオ3に目を移すと、グループの軽いノリと前進する勢いは続いていた。〈ジョンとヨーコのバラード〉（B面は〈オールド・ブラウン・シュー〉）は五月末にシングル盤としてリリースする準備が整っていたし、〈アイ・ウォント・ユー〉、〈オクトパス・ガーデン〉、〈オー！ダーリン〉、〈サムシング〉を含むニュー・アルバムに収録予定のほかの曲は完成までのさまざまな制作段階に入っていた。次の三日間、ビートルズはスタジオ3で作業し、五月五日月曜日には制作チームをオリンピック・サウンドに移す手筈になっていたが、これは当時の英国で最も高く評価されていた独立系のスタジオで、エンジニアのキース・グラントと彼の父で革新的な建築家ロバートソン・グラントによる新設計に改修する大規模な工事を終えたばかりだった。ＥＭＩスタジオの空き時間の価値が高騰しており彼らに選択肢はほとんど残されていなかった。いくら世界最大のロック・グループだからといって、ビートルズはわざわざＥＭＩでスタジオ時間を追加する気になれなかったのだ。おまけに、オリンピック・サウンドにはグリン・ジョンズがこのところ常駐しており、スティーヴ・ミラー・バンドのレコーディングに加えて、ビートルズの〝ゲット・バック〟レコーディングをレノンとマッカートニーが提示した不明確な設計図に基づいて編集するために格闘していた。ジョンズは大変な仕事を抱えていた。ビートルズを喜ばすのは――特に〝ゲット・バック〟レコーディングに関しては――至難の業（わざ）だろう。

ジョンズは後に、「ジョンとポールがアビイ・ロードで会おうと電話してきた。私がコントロール・ルームに足を踏み入れるとマルチトラック・テープが高く積み上げられていた。ジョンとポールは、私が一月に提出したアルバムのコンセプトを彼らが再検討し、これまでサヴィル・ロウで録ったすべてのレコーディングを私がミックスしてつなぎ合わせることを決定したと言うんだ。私はこのアイディアに興奮して、彼らといつから作業開始できるのかと質問した。彼らは、これは私のアイディアだったので私の好きなように作業してくれれば嬉しいと答えた。彼らが私を信頼してアルバムをまとめる作業をすべて任せてくれたのかと思って大喜びしたが、本当の理由は彼らがプロジェクトに対する興味を失っていたからに違いないとすぐに気付いた」と語っている。[28]

マーティンにとっては、バンドがしっかりと立ち直っているようすが嬉しくてたまらなかったに違いない。ビートルズは《ホワイト・アルバム》や〝ゲット・バック〟セッション以前のように、プロデューサーとともにLPのレコーディングに対して全力投球しているように思えた。さらに好都合なことに、ビートルズがまだ題名のないアルバム用のベーシック・トラックのレコーディングを続けるなか、プロジェクトの進行に合わせてオーヴァーダビングを追加することがTGコンソールによって可能になったのだ。彼らの望んでいた通り、8トラック・レコーディング技術がスタジオ内におけるイマジネーションの制約を取り払い、もっと幅広いきめ細かなサウンドのパレットを作って作業できるようになった。

スタジオ3での四月三十日のセッション中にトーマスが再びプロデューサーを務めたが、マーティンの復帰まで数日となっていた。この日はグループが〝ゲット・バック〟セッション後に録ったレコーディングをコントロール・ルーム内で長時間にわたってプレイバックする作業から始まり、その後から一月三十一日にビートルズがアップル・スタジオで録音したまま手つかずだった〈レット・イット・ビー（*Let It Be*）〉にハリスンがレスリー・スピーカーで増幅したリード・ギター・ソロをオーヴァーダビングした。しかしこの日の本当の驚きは、バンドメンバーが一九六七年六月にレコーディングしてから寝かせておいたノヴェルティ・ナンバー〈ユー・ノウ・マイ・ネーム：*You Know My Name (Look Up the Number)*〉の作業を再開したことだ。レノンは先頃、NME紙のアラン・スミスとのインタビュー中に突然このトラックのことを思い出した。「《サージェント・ペパーズ》の頃に僕が書いたのがもう一曲あって録音したけど未編集で、〈*You Know My Name and Cut*［ママ］*the Number*〉っていうんだ。歌詞もそれだけ。延々とこれを繰り返して、狂ったようなバッキングをみんなで付けた。でも僕は完成させなかった。仕上げなきゃならない」とレノンは語った。この二年前にキャヴェンディッシュ・アヴェニュー7番地のマッカートニーの家を訪問していた時に、ロンドン大都市圏の一九六七年版電話帳の表紙に大書してある〝名前を知っていますか？　番号を引いてみてください（*You know their name? Look up their number*）〟という文がレノンの目に留まった。レノンとマッカートニーがすぐ近くのEMIスタジオに徒歩で向かう間に会話したレノンの最初のアイディアは、フォー・トップスのスタイルのドゥーワップ・ナンバーになるはずだった。しかしレコーディング作業に取り掛かる頃には、マッカートニーの勧めで「ザ・グーン・ショー（*The Goon Show*）」〔BBCで一九五一年から一九六〇年まで放送されていたコメディー・ラジオ番組。スパイク・ミリガンやピーター・セラーズなどが主演〕の伝統というよりはもっと時代が下ったボンゾ・ドッグ・ドゥーダー・バンドのスタイルにならった奇想天外なコメディー曲へと変貌した。一九六七年五月の初回のセッションはインストゥルメンタル曲で、ローリング・ストーンズのギタリストだったブライアン・ジョーンズが哀愁を帯びたアルト・サキソフォンを吹きまくっている。元になったトラックは六分以上にも及び、五つの異なった音楽セクションに分かれていた[29]。

ジョンとポールは何事にも動じないマル・エヴァンスの助けを借りて一九六九年四月三十日、爆笑必至のヴォーカル・パートの数々をオーヴァーダビングし、この上なくゴージャスなノヴェルティ・ソングに作り変えた。〝盛りがついた獣のよう〟に仕事熱に憑りつかれてチャンスを逃すまいと、レノンはマッカートニーをスタジオに引っ張りこみ、彼らが二年前に途中で投げ出したところから作業開始しようと急かした。スタジオが所有するヴィンテージ・マイクロフォン一本に向かって二人は歌い、抱腹絶倒の掛け合いを吹きこんだ。この日セカンド・エンジニアを務めたニック・ウェブは、「こんな古い4トラック・テープを使った風変わりな曲に可笑しな場面を吹きこむなんて、彼らは一体何をしてるんだろう?」と不思議がった。トーマスがブースから眺めるなか、レノンとマッカートニーはうず高く積んだ砂利をスコップで掻き回すようエヴァンスに指示し、二人は咳きこみながら可笑しなテイクを次々と繰り出した。この時にレコーディングされた最新の〈ユー・ノウ・マイ・ネーム〉では、わざと大げさで熱狂的な紹介を受けて

〝スラグ運搬人（スラガーズ）〟というセクションに移り、紫煙の立ちこめたカクテル・ラウンジでマッカートニーがスムーズ・ジャズのスタイルでピアノを弾き、ナイトクラブ・シンガーの〝デニス・オベル〟が囁くような低音で歌うという設定だったが、これはビートルズのアシスタントだったデニス・オデルをもじった名前だった。〝スラガーズ〟セクションがフェイド・アウトし、オベルはレノンにステージを明け渡し、レノンはおばあさんのような作り声でカウントダウンしながらタイトルをまるで呪文のように歌い、バックにはペニー・ホイッスルとパーカッションが鳴る。この曲の最後からふたつ目のセクションは、マッカートニーのピアノとジョーンズのアルト・サックスをフィーチャーし、ビートルズお得意の偽エンディングになだれこんでから、レノンのアカペラによるチンプンカンプンな喋りになる。一九六九年四月のセッションから録られたこのトラックはレノンとマッカートニーの迸る（ほとばし）ウィットを余すところなく捉えており、剽軽（ひょうきん）さから完全な不条理の世界に一変する。曲の制作に取り組む二人の純粋な喜びが随所に溢れ、古くからの友と一緒にいることの楽しさが伝わってくる。

ビートルズはここでエンジンが掛かりはじめたように見えた。〈オー！ダーリン〉のプレイバックを前日午後に聴いたマッカートニーは、五月一日木曜日のグループのセッションでこの曲に凄まじい意欲で取り組んだ。後に述懐しているように、マッカートニーは〈オー！ダーリン〉を可能な限り最も騒がしいリード・ヴォーカルで華々しく飾ろうと決心していたが、この時点ではまだヴォーカルの出来にまったく満足していなかった。マッカートニーがヴォーカル録りを試みた際にその場にいたクリス・トーマスもこの点に関しては同意見だった。マッカートニーによる〈オー!ダーリン〉の歌を初めて聴いたトーマスは、パッとしないパフォーマンスに驚いた。「別人のように聴こえたから、僕は気に入らなかった。でも彼は地球上で最も偉大なロックンロール・シンガーだったんだ。僕は彼に、〝あなたは〈アイム・ダウン(*I'm Down*)〉を歌ったじゃないですか〟と言うと、彼は〝もうあんなふうに歌えないいんだ。分かるだろ、僕は年を取ったんだ〟と答えた」とトーマスは後に述べている。トーマスとしてはポールの言い訳を聞いて〝意気地なし〟と思ったが、マッカートニーはヴォーカルを——すぐに——考えていた通りに完成させると決心していた。

翌日の晩、ハリスンがバンドメンバーを率いて〈サムシング〉を録り直した。新しいベーシック・トラックはハリスンのレスリー・スピーカーで増幅したギター、レノンの〝カジノ〟、マッカートニーのベース、スターのラドウィグ〝ハリウッド〟、そしてゲストとしてビリー・プレストンのピアノをフィーチャーしていた。このセッションは七時四十八分から翌日土曜日の朝四時まで続き、テイク36がベストに選ばれ、プレストンのピアノを中心として長時間にわたって全力を振り絞ったインストゥルメンタル・トラックも録音された。この時点で、ほかのビートルズ・メンバー全員がハリスンによる〈サムシング〉の素晴らしさにすっかり惚れこんでいたが、彼らは数ヶ月前まではこの曲を取るに足らないと公言していたのだ。ここでマッカートニーは、この曲がビートルズの現在の新作のなかで群を抜いていることをまざまざと見せつけられた。そしてこれに加えて、マッカートニーの支配欲がハリスンを――おそらく長期間にわたって――縛りつけていたかもしれないと思い当たった。「ジョージの〈サムシング〉には不意打ちをくらった。これは［ハリスンの妻］パティについての曲なんだけど、とても美しいメロディーを持っていて構成がしっかりしているんだ。凄い曲だと思った。ジョージは僕のプレイしたベースの音数がちょっと多すぎると思ったみたいだ。これも僕からすれば一所懸命ベストを尽したんだけど、今度は彼のほうが僕の音数が多すぎると言う番だったのかもね」とマッカートニーは語っている。しかしそれでもマッカートニーは、〈サムシング〉を純粋に楽しんでいた。[30]

ハリスンにとっては、何年も待たされたもののグループから認められたことが嬉しかった。スターは、バンドの創造性を担う中心的なチームのなかでハリスンの価値が上がっていることに大きな注目を寄せた。「ジョージはソングライターとして大きく花開いた。〈サムシング〉と〈ホワイル・マイ・ギター・ジェントリー・ウィープス〉を書いたんだから、冗談言っちゃいけない。これまで書かれた最高のラヴ・ソングといって構わない作品で、ジョンやポールやあの時代のソングライターの誰と並べても引けを取らない。本当に美しい曲だ」とスターは後から述べている。エメリックも、ハリスン作品に対するバンドの態度の変化に気付いていた。「〈サムシング〉には多大な時間と努力がつぎこまれたが、これはハリスンの曲にとってとても珍しいことで、この曲の素晴らしさを誰もが意識していたようだ。わざわざ口に出すことはなかったけどね。これがビートルズの性格だった。賞賛の言葉が発されることは極めてまれで、彼らが何を考えているかはいつだって顔の表情を読み取ったほうが分かりやすかった」とエメリックは述懐している。[31]

日曜の晩にレノンとマッカートニーは、『マジック・クリスチャン』で共同主演を務めたスターとピーター・セラーズのために撮影終了パーティーに出席した。ロンドンの高級ナイトクラブ、レ・アンバサダーで開かれた祝賀会には俳優のリチャード・ハリス、ショーン・コネリー、ロジャー・ムーア、クリストファー・リーなどが出席した。お祝いムードに包まれたレノンとマッカートニーは五月五日月曜日にオリンピック・サウンドでバンドメンバーと合流し、ついに帰還したマーティンとグリン・ジョンズの元で四日間の任務に取り掛かった。しかし、その後すぐに発生する出来事が示すように、ビートルズの友好的な時期は長く続かなかった。

五月五日のセッションは夜七時半から翌朝の四時まで行われ、ハリスンとマッカートニーが〈サムシング〉のギター・パートに磨きをかけた。ハリスンがレスリー・スピーカーを通したギター・トラックを録り直し、マッカートニーは〝クワイエット・ビートル〟のラヴ・ソングをドラマティックに盛り上げるさまざまなフレーズを盛りこんだまったく新しいベース・パートを披露した。この日のハイライトは、〈サムシング〉の中心に燦然（さんぜん）と輝くハリスンの見事なギター・ソロとして結実した。いっぽうのマーティンとジョンズは、ビートルズに提出するアセテート盤〔テスト盤〕用に〝ゲット・バック〟セッションから新しいミックスを作り出す作業に精力を集中した。レノンとマッカートニーがLPに対して抱いていた漠然とした期待に沿うために相変わらず苦戦していたジョンズは、自身の作ったミックスをマーティンに聴かせ、マーティンは後輩に手を貸しながら、バンドが二月に賢明にも却下したヴァージョンに代わるさらに新しいヴァージョンの制作に取り組んだ。マーティンはオリンピックでジョンズと働きながら、ドキュメンタリー映画の手法を取り入れたアルバムをまとめ上げようと」試みた。しかしマーティンは、「セッションはすでに終わっていたが完璧とはいえない曲も混じっていた。でももっと手を加える必要があるのにジョンは頑として聞き入れなかった」と述べている。《ホワイト・アルバム》のリリースは六ヶ月前に過ぎ去り、マーティンは新しいビートルズのLPを提出するプレッシャーをEMIからすでに受けており、しかもレノンとマッカートニーは一月の労働の成果を早く目にしたくて苛立っていた。レノンは、《*Get Back, Don't Let Me Down, and 12 Other Songs*》をとても原始的なレコーディングのようなサウンド、つまり《リボルバー》や《サージェント・ペパーズ》、そして《ホワイト・アルバム》のようなレコードにさえありがちなポストプロダクションやスタジオで粉飾した上品さを極力排除したものにするべきだと考えていた[32]。

マーティンとジョンズは〝ゲット・バック〟プロジェクトを完成させる巨大なプレッシャーにさらされていた。ジョンズのオリジナル・ミックスはレノンが要求した条件をすべて備えていたが、テスト用のアセテート盤を聴いたレノンは不満だった。レノンはきっと、自分では認めたくはないがもっと完成度の高いものを求めていたのだろう。この週にオリンピック・サウンドで働いていたビートルズは〈サムシング〉に——ハリスンが自作ラヴ・ソングのギター・ソロの質をさらに高めるために――オーヴァーダビングを重ね、マーティンの強い希望に応えてニュー・アルバムの中心となる交響楽的な組曲を構想しはじめるほど上機嫌の波に乗っていた。しかし一九六〇年代という目まぐるしい時代のなかで、ビートルズの嵐のような世界はちょっとしたきっかけで急旋回するほど壊れやすかった。

ビートルズがバンド内とマーティンとの間でさまざまな活動、創造的エネルギー、驚くほど深い善意によって数ヶ月にわたって築き上げてきたポジティブな仕事環境は悪化をたどろうとしていた。最初のきっかけとなった争いは、音楽の方向性ではなくビジネス面に関するものだった。ビートルズには、一九六七年八月にバルビツール系睡眠薬の過剰摂取によって三十二歳でこの世を去ったエプスタインの事故死以来、正式なマネージャーがいなかった。特にレノンは、エプスタイン抜きでビートルズが生き残るのはどう頑張ってみても難しいと考えていた。「僕らは困ったことになったぞと当時から思っていた。音楽を演奏する以外の僕らの能力について、僕は贔屓目なしに正当に理解していたと思うけど、その時に震え上がったんだ。〝何てこった、僕らはもう終わりだ〟ってね」とレノンは後から回想している。エプスタインがまだピンピンしていた一九六四年から、ビートルズのマネージメント権を欲しがる人物はすでに存在していた。アラン・クラインはRCAとの橋渡し役を買って出て、バンドがEMIを離れればもっと有利な契約を勝ち取れると持ち掛け、エプスタインの世界に割りこもうとした。英国のレコード複合企業への忠誠を保つことを選んだエプスタインは肘鉄砲を喰らわせ、クラインはボビー・ダーリン、ドノヴァン、デイヴ・クラーク・ファイヴ、ハーマンズ・ハーミッツといった華々しいポップ・スターたちを配下に掻き集めはじめた。一九六六年、クラインはデッカ・レコーズを捩じ伏せて多額の契約金をもたらし、ローリング・ストーンズのマネージメントを手中に収めた。クラインはまたしても、ビートルズがストーンズと同じようにＥＭＩとの契約を結び直すようエプスタインに働きかけた。この時点で、ローリング・ストーンズにもたらしたクラインの最近の功績についてマッカートニーから「じゃあ僕らはどうする？」と問い詰められてからは特に、エプスタインはアメリカからの侵入者について強い猜疑心を抱くようになっていた。[33]

〝ゲット・バック〟セッションの到来とともに、ビートルズは財務トラブルとビジネス面の弱点を思い知らされた。一九六八年一月に自社のアップル・コアを立ち上げて以来、バンドメンバーは彼らの夢が金銭的な悪夢に変貌しつつあることを理解しはじめた。当初の目的は、誰もがあらゆる芸術的なヴィジョンを叶えられる場所、アップルを通じてクリエイティブな活動を民主主義化する企業を作ることだった。マーティンはビートルズがアップルを設立した動機について素晴らしいと考えていたが、「見事なユートピア的アイディアだった。適切に経営すれば音楽産業に大きな光明をもたらしたと思う」と後に語っている。しかしマーティンはずいぶん前から予兆を読み取っており、発足したばかりのアップルが破綻すると個人的に思っていた。その理由は、「四人の理想主義者が経営しており、誰一人として事態を少しも把握していなかった」からだという。一九六九年一月には、レノンもアップルにどんな悲運が近づきつつあるかを見定めていた。英国の音楽業界紙「*Disc and Music Echo*」の一月十七日号に掲載されたインタビューでレノンは、「アップルは金を失っている。このままの調子で金を失い続けたら僕らは六ヶ月で破産するだろう」と述べている。[34]

この機会を捉えて、強面のクラインは入りこむ余地ができたと考えた。グループのマネージメントを手中に収めて権力闘争を強化したくてたまらないクラインは、レノンとの会合を早急に手配して契約を結ぼうと考えた。ビートルズの契約を再交渉して多額の前払い金を勝ち取ると約束したクラインは、レノン、ハリスン、スターを味方に引き入れることに成功した。唯一人応じなかったマッカートニーは、新しく家族となった義父リー・イーストマンと義兄ジョン・イーストマン両弁護士に彼のビジネス面を任せたいと考えていた。世界で最も有名なバンドのマネージメントを巡るこの戦いはクラインの頭の中で、街中で喧嘩を売る三十七歳のクラインと上流階級出で軟弱なイーストマン家との文化戦争のような意味合いを帯びていた。クラインはサム・クックのマネージャーを務めた駆け出し時代——一九六三年に巨大企業RCAレコードを打ち負かした話は有名だ——から、所属アーティストを軽んじる非人間的なレコード会社に対して弓矢を引き絞るロビン・フッドのような存在に自分を擬(なぞら)えていたきらいがある。「サンデー・タイムズ(*Sunday Times*)」紙で〝ポピュラー音楽業界のジャングルで最も手強いやり手〟と最近評されたニューアーク〔ニュージャージー州〕生まれのクラインにとってウエストチェスター郡〔ニューヨーク郊外〕仕込みの洗練されたイーストマンたちをやりこめるアイディアは、ビートルズをマネージメントするという長年追い求めてきた夢に英雄物語のような意味合いをさらに付け加えたようだ。

一九六九年春になると、クラインは多面的に展開する傘下のビジネスを網羅する企業、ABKCO（アラン・アンド・ベティー・クライン・カンパニーの頭文字を取ったもの）との専属マネージメント契約書にサインするようビートルズに対して強く求めるようになっていた。このなかでクラインはすでに信頼を獲得した三人のビートルズと、義理の家族が賞金を手にすることを依然として望んでいたマッカートニーを対決させる計画を開始した。この問題が残酷な形でついに表面化したのは、五月九日金曜日の午後、ジョンズとマーティンによる最新の〝ゲット・バック〟ミキシング・セッションにビートルズが同席した時だった。レノン、ハリスン、スターがマッカートニーに対してバンドのマネージメント契約書にその場でサインするよう要求したため、セッションは突然終了した。この前日にほかのビートルズ・メンバーは、締結しようと懸命なクラインとの契約書にサインしていた。マッカートニーは後に次のようにこの日を振り返っている。


「何だよ、時間稼ぎしてるのか？　彼は20パーセント欲しがってるんだ」と彼らは言った。

「彼に15パーセントやってもいいって言ってくれよ」と僕は言った。

「お前は時間稼ぎしてるんだな」と彼らは言った。

「いや、僕らの役に立とうとしてるんだ。俺たちは大物なんだ」と僕は答えた。一言一句憶えているよ。「俺たちは大物、ビートルズなんだ。彼は15パーセントだ」

でもどうしてだか分からないが（三人は彼に心底夢中になっていたんだと思う）、「いや、彼はどうしても20パーセント取らなきゃダメで、理事会の指示を仰がなきゃならないんだ。お前がサインするのは今しかない」と彼らは言った。だから僕は、「そうか、もういい。今サインしないよ」と言ったんだ。

この時点でマッカートニーは両手を上げ、「月曜にしても構わないだろ。それよりも僕たちのセッションに取り掛かろう」と言ったと伝えられている。しかしほかのビートルズたちは譲らず、激情に駆られて冷静さを失ってしまった。マッカートニーにとって、背中が壁に突き当たったと本当に感じたのはこの時だった。彼は自分の弁護士が出席できる月曜まで待ってからクラインに関する議論を続ければいい。しかしほかのメンバーのなかでも特にレノンにとって、このような宣言はこれまで多数決による少数民主制によっていつでも共同でビジネスを実行してきた仲間に背を向けることを意味した。「この野郎、ふざけるな！」と彼らが叫んだ。これを合図にマッカートニー以外のバンドメンバーがスタジオを出て行き、マッカートニーはオリンピック・サウンドに一人残されて途方に暮れた。[35]

当時のビートルズにとって論争の種となっていたのは、エプスタインの代わりのマネージャーを契約する問題だけではなかった。三月以来、レノンとマッカートニーは、エプスタインが音楽出版者のディック・ジェイムズと一九六三年に設立したノーザン・ソングスの所有権を巡って必死で格闘していた。アップルのピーター・ブラウンによると、エプスタインとバンドメンバーは音楽出版の重要性と価値についてほとんど無知だったという。「来るものは拒まずというか——実際に契約さえ結べたら、どんな条件の契約だって満足というような態度だった」とブラウンは後に述べた。おまけに、「僕が理解したところでは、ブライアンが彼らを目の前に座らせて契約の仕組みを説明し、二人はそれで問題ないと言ったんだ」という。レノンとマッカートニーがディック・ジェイムズ・ミュージックと結んだ契約は、ビートルズの物語のなかでもとりわけ厄介な伏線として浮上してくることになった。ブラウンは過去を振り返り、ジェイムズがビートルズのマネージャーに対して、「レノンとマッカートニーの出版料金の50パーセントをディック・ジェイムズにタダで渡すようサインさせる」ことに成功し、「ずる賢い契約」を成立させたと語った。何年も経ってから、マッカートニーはこの条件を鵜呑みしてしまったことに対してまったく無知だったからだと述べ、「ジョンと僕は僕たちの曲を所有できるなんて知らなかった。僕たちの曲は、空気中に存在するように考えていた。どうすれば曲を所有できるかなんて思いもつかなかった。家やギターや車は所有できるけど、こういうものは物体だよね。でも実体のない楽曲について、著作権を所有できるということを理解できなかった。そんなわけで、出版者は僕たちのようなカモを大喜びでつかまえたんだ」とコメントしている。[36]

後年になってから、アップル・コアの経営難が手に負えなくなり、ジェイムズがノーザン・ソングスの株式を公開市場に売り出した際にレノンとマッカートニーが買い取りに手をこまねいたため、ビートルズの増大する財務問題はさらにややこしいことになった。歴史学者のブライアン・サウソールによると、ビートルズはアップル・コアの経営難に加えて、考えうる限り最悪のタイミングで現金不足に陥るという破滅的な状況を迎えていたという。〝ディック・ジェイムズは保守的な頭の持ち主で、もうこれ以上我慢できなくなっていた。彼はレノンとマッカートニーのパートナーシップが破綻しそうだと考え、会社を共同設立したチャールズ・シルヴァーとともにノーザン・ソングスの株式を売ることを決定した〟と解説している。一九六九年三月、ジェイムズとシルヴァーは持ち株を英国のテレビ会社ATVのルー・グレードに売却した。レノンとマッカートニーは、共同株主たちが突然株式を手放したことに衝撃を受けた[37]。

一九六九年四月十一日、ビートルズは自らノーザン・ソングスの管理権を握るために、ATVに対してカウンターオファーを提出すると宣言した。クラインは、レノンとマッカートニーがノーザン・ソングスの持ち株をそのまま確保できるような新しい契約を結ぼうとしていたが、ポールがこっそりとノーザン・ソングス株を買い占めていたことにレノンが気付いてこの案は破棄された。二人はこれと同時に、エプスタインが彼らのために過去に設立した手作りの組織ではなく、スーツを着たビジネスマンたちにアーティスティックな自由を制約される可能性に直面した。四月の極めて重要なミーティングの席で、レノンはもうこれ以上グレード卿およびATVと取引することを拒否すると言い放って物議を醸した。「スーツを着てロンドンの金融街にでっぷり太ったケツで座っている奴らに小突き回されるのは死ぬほどウンザリだ！」と彼は叫んだ。この一言と体制に対する辛辣な攻撃のおかげで、態度を決めかねていた出資者はこぞってメディア王の肩を持つようになり、グレード卿がノーザン・ソングスの実権を握る機会がさらに増えた。一九六三年にエプスタインがバンドのためにジェイムズと設立した合弁企業ノーザン・ソングスは突然ズタズタになり、これに追い打ちをかけるようにビートルズ自身のパートナーシップも今までかつてなかった苦境に立たされていた。[38]

いっぽう、五月九日にオリンピック・サウンド・スタジオからバンドメンバーが飛び出していった後、残されたマッカートニーは一人で傷をなめるしかなかった。しばらくしてスティーヴ・ミラーがスタジオに到着し、ジョンズとともに《すばらしき新世界》の作業を続けた。アメリカ人のミラーもバンド内の諍い（いさかい）の経験者で、結成時のメンバーだったボズ・スキャッグスとジム・ピーターマンが最近脱退したことに心を痛めており、ほかのビートルズ・メンバーと対立した怒りでまだ顔が真っ青だったマッカートニーにとって良き相談相手となった。「僕がドラムを叩こうか？ちょうど連中とそこでとんでもなく胸糞悪い口喧嘩をしたばかりなんだ」とマッカートニーは言った。ミラーとマッカートニーはジャム・セッションし、当時のマッカートニーの心理状況にぴったり当てはまるようなミラー作品、〈暗黒の時間（*My Dark Hour*）〉を最終的にレコーディングした。「僕はドラムに乗っかっている何でもかんでも打ちのめした。僕に言えるのは、攻撃的なドラムのフィル・インが過剰にあったってことかな。僕たちは夜遅くまで働き続けた。僕はベース、ギター、ドラムを演奏し、バッキング・ヴォーカルを歌った」とマッカートニーは回想している。マッカートニーにとって一九六九年の春は、「僕の人生においてとても奇妙な時期で、この月に初めて白髪ができたんだと断言できる。白髪が表面に浮かんでいるのが見えた。僕は鏡を見て、〝ほうら見えたぞ。そろって生えてきたな。歓迎するよ〟と思った」という。[39]

五〇年近く経った現在でも〈暗黒の時間〉の音溝にマッカートニーの激しい怒りが迸っており、ミラーのアルバムでは血も凍る〈ヘルター・スケルター（*Helter Skelter*）〉のようなバックアップ・ヴォーカルが鳴り響いている。ある意味で、〈暗黒の時間〉にはビートルズの物語の最も暗い日々が記録されているといえるだろう。わずか数時間のうちに、グループが〝ゲット・バック〟セッション後に築き上げた勢いは掻き消え、不確実さと鬱積した怒りが取って代わった。この年の十月にミラーのアルバムが英国でリリースされた時、マッカートニーは自分の名前を〝ポール・ラモーン〟とクレジットに表記するよう求めたが、これは一九六〇年にビートルズがプロとして最初のツアーに出た際、今とはまったく違う人生を送っていた時に使っていた偽名だった。まだシルヴァー・ビートルズと名乗っていた時代、彼らは〝本物のショービジネスらしい芸名〟が欲しくてたまらなかった。マッカートニーは「エキゾティックでふさわしい」と思ったから〝ポール・ラモーン〟を選び、ジョージはロカビリー・ギタリストのカール・パーキンスに敬意を表して〝カール・ハリスン〟になりすまし、レノンはリヴァプール出身の悪党一味のリーダー〝ロング・ジョン・

シルヴァー〟に自分を擬(なぞら)えて、〝ロング・ジョン〟と名乗った。このように特定のビートルズの過去を振り返ったのはマッカートニーがほろ苦い、ノスタルジックな気分だったからかもしれない。しかしミラーの《すばらしき新世界》が英国のレコード・ストアの店頭を飾るのはオリンピック・スタジオで口論の火花が散ってからおよそ五ヶ月後であり、それまでにビートルズの現役ロックンロール・バンドとしての状況は激変していた。[40]

3 モーグとの出会い

マッカートニーによるスティーヴ・ミラーのレコーディングへの飛び入り参加は、ビートルズのこの時期のキャリアで異例の出来事とはいえなかった。バンドメンバーは四人全員が、長くても二、三ヶ月とはいえ何らかのグループ外プロジェクトに携わっていたからだ。実際、マーティンと新作LPの制作に腰を落ち着けて取り掛かった頃、彼らはグループ外での活動を着実に増やしていた。ほかのアーティストのプロデューサーやバッキング・ミュージシャンとしてのこういった活動は当然ながら、一九六九年春から夏にかけての最新アルバムの作詞作曲とレコーディングにさまざまな経験と影響をもたらした。この結果、ビートルズが取り組んでいるアルバムはこれまでにレコーディングしたことのない独特な性質を持つことになる。

マッカートニーは実質的なスターダムを初めて勝ち取る以前の一九六三年から、ほかのアーティストと自作曲を共有している。マッカートニーは一九六〇年頃から流行っていた不文律で、楽曲のクレジットを常に〝レノン＝マッカートニー〟と共同名義にしていた。彼は後日、「楽曲のクレジットをレノンとマッカートニーの連名にするのは、まだ本当に初期の頃に二人で決めたことで、僕らはロジャース＆ハマースタインを目指していたんだよ。作詞作曲家といえば、彼らかラーナー＆ロウぐらいしか知らなかった。僕らの頭の中でこういった名前は作詞作曲と結び付いていたから、ふたつの名前の組み合わせが人目に付くんじゃないかと思ったんだ」と回想している。

マッカートニーはこれに先立つ数年間、多彩なアーティストのセッション・ミュージシャンとして活躍する機会が増えていた。一九六六年秋、マッカートニーはドノヴァンのアルバム《メロー・イエロー（*Mellow Yellow*）》でベースを弾き、タイトル曲の〈メロー・イエロー〉では背後で騒ぐ群衆の声として参加している。一九六七年四月には、ビーチ・ボーイズのアルバム《スマイリー・スマイル（*Smiley Smile*）》に関連する苦痛に満ちた一連のセッション中に録音されたブライアン・ウィルソンとヴァン・ダイク・パークスの共作ナンバー〈ヴェジタブル（*Vegetables*）〉のレコーディングでセロリを齧る（かじる）という最も奇妙なゲスト参加もした。《ホワイト・アルバム》に集中して取り組んでいたセッションの合間には、一九六八年十二月にリリースされたアメリカ出身のシンガーソングライター、ジェイムス・テイラーの名前を冠したデビュー・アルバム《ジェイムス・テイラー（*James Taylor*）》に収録された〈思い出のキャロライナ（*Carolina in My Mind*）〉で控えめなベース・パートを弾いている。[1]

マッカートニーはほかのアーティストに対するプロデューサーとしての活動を加速させ、メリー・ホプキンとバッドフィンガーをプロデュースしたばかりだった。アップル・コアが一九六八年五月に華々しく設立されて以来、マッカートニー――とハリスン――は新しいアーティストを大成功に導くために多大な時間と労力を注ぎこんでいた。マッカートニーは一九六九年二月、ウェールズ出身の十九歳のシンガー、ホプキンのために書いた新曲〈グッドバイ（*Goodbye*）〉のデモ・テープを制作。前年の一九六八年には、ホプキンの〈悲しき天使（*Those Were the Days*）〉が世界的な大ヒットとなり、設立まもないアップル・レーベル初のベストセラーとなっていた。マッカートニーは〈グッドバイ〉のために、寂しがり屋の船乗りと港に取り残された恋人が登場する海の物語を作り上げた。そしてホプキンに曲を憶えてもらうため、キャヴェンディッシュ・アヴェニューの自宅でいつもの習慣通りデモ・テープを作った。

マッカートニーはホプキンとともに、ロンドン郊外のウィルズデンにあるモーガン・スタジオで〈グッドバイ〉をレコーディング。スタジオで制作を進めるなか、マッカートニーはホプキンの声域に合わせてキーをCからEメジャーに上げた。マッカートニーは作業を急ピッチで仕上げるために、ベース、アコースティック・ギター、ドラムス、パーカッションを自ら演奏。そして〈悲しき天使〉のオーケストレーションを担当したリチャード・ヒューソンにこの曲の編曲を依頼し、ヒューソンは〈グッドバイ〉にぴったりな物悲しい合唱、ホーン、ストリングスのパートを完成させた。アップルの広報担当者トニー・ブラムウェルは、ホプキンとマッカートニー――

若い歌手と惜しみなく愛情を注ぐプロデューサー役の大スター——がコントロール・ルームで過ごすひと時を捉えたプロモーション用フィルムを撮影した。〝レノン＝マッカートニー〟と正式にクレジットされた〈グッドバイ〉のシングル盤は大ヒットを収め、アップル・レーベルからリリースされていたホプキンのデビューLP《ポスト・カード（*Postcard*）》の売上を力強く支えた。音楽評論家はマッカートニーのプロデューサーとしての力量を高く評価し、「ローリングストーン」誌のジョン・メンデルスゾーンはプロジェクトへのマッカートニーの並外れた貢献度について、「《ポスト・カード》はメリー・ホプキンの作品だがポール・マッカートニーの作品でもあり、これはプロデューサーがパフォーマーと同じくらい大きな存在感を持つアルバムによくあることだ」と明察している。[2]

マッカートニーは一九六〇年以来、映画音楽の依頼も積極的に引き受けていた。最初に担当したのは、ロイ・ボールティング監督とジョン・ボールティング制作による映画『ふたりだけの窓（*The Family Way*）』のサウンドトラックで、ビートルズのメンバーが初めて制作したソロ名義作品となった。しかし実際に作業を開始する段階になってもマッカートニーの居場所がまったく分からず、このプロジェクトの立ち上げを取り仕切ったのは疲れ知らずのマーティンだった。プロデューサーのマーティンによると、その後マッカートニーがやっと提出したのは主題曲〈ふたりだけの窓（*Love in the Open Air*）〉の基となる「甘美なワルツ曲の短い断片」的な素材だけだったが、マーティンとしてはすぐに作業に取り掛かるしかなかった。「やっつけ仕事のように聞こえるのは仕方ないな、急いで仕上げたんだから」とマーティンは後に認めている。しかしマッカートニー作品〈ふたりだけの窓〉は、アイヴァー・ノヴェロ賞のベスト・インストゥルメンタル・テーマ曲を勝ち取ることになった。[3]

撮影が完了したばかりの映画『マジック・クリスチャン』にはスターが出演していたが、マッカートニーは同作のサウンドトラックに提供するバッドフィンガーの新曲三曲をプロデュースした。サウンドトラック盤《ヘルプ！》（一九六五年）に携わっていたケン・ソーンが劇中音楽を作曲したが、アップルのスタッフは映画の疑似サウンドトラック盤《マジック・クリスチャン・ミュージック（*Magic Christian Music*）》を制作して、このLPをバッドフィンガーのデビュー・アルバムにするアイディアを思い付いた。バッドフィンガーはウェールズ出身のバンドで元々アイヴィーズと名乗っていたが、ビートルズが《サージェント・ペパーズ》収録の〈ウィズ・ア・リトル・ヘルプ・フロム・マイ・フレンズ〉に使っていた仮題〈*Bad Finger Boogie*〉にちなんでバンド名を変更した。マッカートニーは『マジック・クリスチャン』の主題歌として〈マジック・クリスチャンのテーマ（*Come and Get It*）〉を書き下ろし、一九六九年七月のビートルズ・セッションの合間にソロのデモ・ヴァージョンを録音している。マッカートニーによる〈マジック・クリスチャンのテーマ〉の作業は本人がすべての楽器を担当して楽曲の始めから終わりまで一時間未満で仕上げたもので、その後繰り返されるパターンの雛型となった。このトラックの制作はスタジオ2で一人で行われ、レノンとエンジニアのフィル・マクドナルドがブースから見守った。マクドナルドはTGコンソールを操りながらセッションを監督し、マッカートニーがリード・ヴォーカルとピアノ伴奏によるベーシック・トラックを録音した後、すぐにマッカートニーのダブルトラッキングしたヴォーカル、マラカス、ドラム、ベース・ギターのパートを次々にオーヴァーダビングした。ドラムは、その日に行われるビートルズ・セッションのためにセットアップ済みだったスターのラドウィグ〝ハリウッド〟をそのまま使うことができた。マッカートニーは八月初め、バッドフィンガーの〈マジック・クリスチャンのテーマ〉の一音一音を吹きこんだデモ・テープを制作し、《マジック・クリスチャン・ミュージック》に収録されることになる〈ロック・オブ・オール・エイジス（*Rock of All Ages*）〉で自身がピアノを弾き、〈明日の風（*Carry on Till Tomorrow*）〉ではマーティンがストリングス・セクションを編曲指揮した。アルバムの仕上げ作業では、アメリカから来た二十五歳の新人トニー・ヴィスコンティと、ビートルズの付き人マル・エヴァンスがバッドフィンガーによって録音されたトラックのプロデュースを務めることになった。エヴァンスは一九六八年七月、ロンドンのマーキー・クラブでアイヴィーズのパフォーマンスをアップルのA&R〔アーティスト・アンド・レパートリー〕担当者ピーター・アッシャーと観てスカウトした経緯がある。

この時期のレノンはオノとの一連の冒険に加えて、プラスティック・オノ・バンドと銘打ったコンセプチュアルで不定形な音楽融合体によるバンド外の活動に盛んに取り組んでいた。一九六八年十一月、レノンとオノはデュオ作品として実験的な録音――《ホワイト・アルバム》の〈レボリューション9（*Revolution 9*）〉のようなスタイルのミュージック・コンクレート連作――を収録し、ジョンとヨーコがまったくの素裸で立っている姿を正面から写したヌード写真をあしらったLPジャケットがなければまったく注目されなかったかもしれない悪名高いデビュー・アルバム《「未完成」作品第1番　トゥー・ヴァージンズ（*Unfinished Music No. 1: Two Virgins*）》をリリースした。一九六八年十二月、レノンとオノは「ザ・ローリング・ストーンズ　ロックン・ロール・サーカス（*The Rolling Stones Rock and Roll Circus*）」〔テレビ番組として収録されたが当時は放映されなかった〕にスーパーグループ〝ザ・ダーティ・マック〟のメンバーとして、ギタリストのエリック・クラプトン、キース・リチャーズ、ドラマーのミッチ・ミッチェル、ゲスト・ヴァイオリニストのイヴリー・ギトリスとともに出演した。年が明けると二人はさらに精力的に活動し、マスコミで大々的に取り上げられた〈ベッドイン・フォー・ピース（*Bed-Ins for Peace*）〉（モントリオールとアムステルダム）を開催し、実験的レコーディングの第二作目《「未完成」第2番　ライフ・ウィズ・ザ・ライオンズ（*Unfinished Music No. 2: Life with the Lions*）》を一九六九年五月九日――オリンピック・サウンド・スタジオで騒動が起こった当日――にリリースした。第三作目で最後の実験的LPとなる《ウェディング・アルバム（*Wedding Album*）》は十一月にリリースされるが、アーティスト名のクレジットは〝ジョン&ヨーコ（John & Yoko）〟だけとなっている。この時点で両人の名前は家庭にも浸透し、堅苦しく苗字を表記しなくても済むようになった。二人はともに過ごす彼らの人生をパフォーマンス・アートに変容させることを意図的に決定したのだ。立ち入り禁止区域はいっさいなかった。彼らのあらゆる言動や行動は創造性のため、そして——一九六九年の夏には最も重要な目標となる——絵空事のように聞こえるかもしれないが、地球規模の平和を実現する希望のために新聞紙面を賑わした。レノンは当時、次のようにコメントしている。

「ヨーコと僕は世界の道化師役を進んで買って出ることにしたんだ、何か善いことができるならね。僕の言うことをみんなが活字にするんだけど、なぜそうするのかは彼らのみ知ることだ。僕は平和を口にする。僕らは誰も責めてなんかいない。善玉も悪玉もいないんだ。意識と悪戦苦闘しなきゃいけない。僕たち自身の中にある怪物を葬り去り、誰かを非難する態度を止めなきゃいけない。僕たちは誰もがキリストでありヒットラーなんだ。僕らはキリストに勝って欲しい。僕らはキリストのメッセージを今分かるように伝えたい。もしキリストの目の前に広告、レコード、映画、テレビ、新聞があったら、今どのように接するだろうか？　キリストはメッセージを伝えるために奇跡を起こした。じゃあ現代の奇跡は何かって言うと報道と通信（コミュニケーション）になるわけで、僕らはこれを利用しようと考えたんだ[4]」

レノンとオノの平和活動は一九六八年と一九六九年にメディアによって華々しく取り上げられ

たが、二人がリリースしたアルバムはことごとく商業的に失敗し、悪名高い二人の作ったアルバムは三枚とも英国LPチャートに足跡を残さなかった。この時期の明らかな例外はシングル盤〈平和を我等に（*Give Peace a Chance*）〉とB面の〈リメンバー・ラヴ（ヨーコの心）：（*Remember Love*）〉で、一九六九年夏の英国ヒット・チャートを予想外の——そしてまったく異例の——二位まで駆け上った。この曲はモントリオールのザ・クイーン・エリザベス・ホテル（*Hôtel Reine-Élizabeth*）1742号室で開催されたジョンとヨーコの「ベッドイン・フォー・ピース」イベント中に自然発生的に作られた。一九六九年五月三十日、オノとのカナダ訪問の目的を記者から質問されたレノンは、「僕らは平和にチャンスを与えてくれと言っているだけだ（All we are saying is give peace a chance）」と答えていた。この発言から〈平和を我等に〉が生まれた[5]。

翌日、レノンは地元のプロデューサーのアンドレ・ペリーを雇ってモントリオールのレコーディング・スタジオから4トラック・レコーダーとマイクロフォンを大急ぎでレンタルし、ジョンとヨーコと取り巻き連中が待つ小さなホテルの部屋に届けさせた。ペリーは後に、「大混乱状態で、電話帳とか灰皿とかベルとか色んなガラクタをみんなが叩いていた。ハレ・クリシュナ教団の信者たちが床に横になっていた。ティモシー・リアリーは何かの薬で前後不覚にブッ飛んでいた。ろくでなしのサーカス団みたいだった」と述べている。ペリーはレコーディング自体に関して高音質の最先端技術による制作をほとんど諦めていたという。「さあ始めようということになって、私は〝いやー、最終的にどんなものができるか分からないけど、とっても変テコなものになるだろうな〟と言ったんだ。パジャマを着て〝ジャンボ〟を掻き鳴らしてリード・ヴォーカルを執るレノンに、オノ、リアリー、歌手のペトゥラ・クラーク、詩人のアレン・ギンズバーグ、コメディアンで公民権運動活動家のディック・グレゴリー、DJで〝五人目のビートルズ〟と自称していたマレイ・ザ・Kをはじめとする音楽とカウンター・カルチャーの名士によるコーラスが加わった。コメディアンのトニー・スマザーズがアコースティック・ギター伴奏の助っ人として飛び入り参加してくれた。思った通り不調和なリハーサルを手短に済ませた後で、レノンとオノが寄せ集めた即席ミュージシャンによるバンドは〈平和を我等に〉をワン・テイクで録り終えた」とペリーは述べた[6]。

翌朝、ペリーはスタジオに機材を返却して素人っぽい悲惨なレコーディングを聴き返した。レノンとオノの曲を救助する決意を固めたペリーは、地元の歌手とミュージシャンを掻き集め、「これからやることを説明しよう。こう聴こえたはずのサウンドを再現したいんだ。だからスタジオ・ミュージシャンが集まったようなスムーズなサウンドにはならないだろう。みんなが楽しんでいるようなサウンドにしようぜ」と宣言した。ペリーはレコーディングに決定的に欠けていた魅力を付け加えるため、「あの時代によく使われていたビートルズっぽいドスンという衝撃音」を再現することに決めた。「だから私はゴムでできたゴミ箱を持ってきた。あのだんだん盛り上がってゆく衝撃音は、私がゴムのゴミ箱を叩いているんだ。ごまかすことが最終目的ではなかった。この一回性のイベントを救い出すことが目的だった」とペリーは述べている。ペリーはその午後に〈平和を我等に〉をスタジオでミキシングし、クイーン・エリザベス・ホテルのレノンにレコーディングを持ち帰った。完成品を聴いたレノンは喜んでペリーに抱き着き、「びっくりだ、信じられないほど素晴らしいよ！」と叫んだ。[7]

この夏、レノンとオノはプラスティック・オノ・バンドが初めてリリースする記念すべきレコードとしてこの曲を選んだ。しかしプラスティック・オノ・バンドは実際のところバンドではなく、グループのコンセプトというよりほかになかった。レノンは後に、「ヨーコの頭に浮かんだバンドのアイディアが出発点となっていて、冗談のような、存在しないコンサート・バンドだったんだ。そうこうするうちに色んな人たちが集まってきたので、〝ジョンとヨーコだけじゃなくって、プラスティック・オノ・バンドと呼んだらいいじゃないか〟と僕らは考えた。ありとあらゆる人たちが歌っていたからね。ビートルズじゃなかったし、ラビやホテルのウェイターといったごちゃ混ぜの顔ぶれだった。誰もがちょっと顔を出しているような感じかな。世界全体がプラスティック・オノ・バンドなんだ」と述べている。七月にシングル盤のリリースを発表する記者会見でレノンとオノはこの考えをさらに拡大し、〈平和を我等に〉を異文化間の交流を成し遂げた――さまざまな職業や地位を持つ人たちが曲の誕生と意味を共有できる――作品と描写した。二人は〝あなたがプラスティック・オノ・バンドです〟というスローガンまで考え出し、彼らの新しい偽スーパーグループを抜け目なく宣伝することに成功した。[8]

レノンは〈平和を我等に〉の作者について、ビートルズのポールとの――片方の意見なしで別個に作曲したとしても楽曲に〝レノン＝マッカートニー〟と連名でクレジットを入れるという——長年の合意に従った。振り返ってみると、レノンがビートルズ以外の初めてのシングル盤となる〈平和を我等に〉をポールとの共同作詞作曲とクレジットすることに抵抗を感じたのも無理はない。このことを後悔したレノンは何年も経ってから、「最初の独立シングル盤の共同作者として僕と一緒に実際に書いたヨーコにクレジットを与えず、マッカートニーをクレジットしたのは彼に大きな罪悪感」を感じていたからだと説明している。レノンは〈平和を我等に〉が〈勝利を我等に（*We Shall Overcome*）〉のような平和運動の国歌になることを想像していたが、しばらくの間はその通りになった。[9]

後に同年十一月五日、ワシントン特別区で開催されたベトナム戦争の一時休戦日デモ行進においてアメリカのフォーク・シンガーで活動家のピート・シーガーがホワイトハウスから通りを隔てたラファイエット広場までおよそ五十万人を先導して〈平和を我等に〉を歌った。隊列を組んだ抗議者が「私たちは平和にチャンスを与えてくれと言っているだけだ」と合唱するなか、シーガーは「大統領のニクソン、お前には聞こえてるか？　副大統領のアグニュー、聞こえてるか？ペンタゴン、お前たちは聞いてるか？」と叫んで歌詞の合間に次々と合いの手を入れた。レノンにとってベトナム戦争の一時休戦日のデモ行進は、転換点だらけのキャリアのなかでも分水嶺となったという。「あれは僕にとって非常に決定的な瞬間だった。心の奥では密かに、〈勝利を我等に〉の座を奪う曲が書きたかった。なぜだか知らないけど、彼らが歌うのはいつもあの曲だった。僕は、〝なんで誰かが今の人たちのための曲を書かないんだろう〟と思っていた。それが僕の仕事だ。僕らの仕事は、今の人たちのために曲を書くことなんだ」と後に述べている。[10]

マッカートニーとレノンがイングランドやその他の土地で新しい道を開拓するなか、ハリスンはポピュラー音楽の世界で正真正銘のソングライター兼プロデューサーとしての地位を独力で着々と築き上げていた。グループ結成の最初期から、年上でずっと知名度も高い同僚の陰となって目立たない存在だった〝クワイエット・ビートル〟は芸術家としての自由をついに手に入れ、プロデューサーとしてもソロ・アーティストとしても才能を開花させていた。ハリスンのデビュー作《不思議の壁（*Wonderwall Music*）》のリリースは一九六八年十一月まで遡るが、制作を開始したのはその一年以上前で、ハリスンはジョー・マソット監督による芸術映画のためにインドに渡ってレコーディング・セッションを指揮している。この映画『ワンダーウォール（*Wonderwall*）』は内気な科学者オスカー・コリンズ（ジャック・マッゴーラン）の人生に起こる出来事の物語で、主人公は名前も姿もチャーミングなモデルの隣人ペニー・レイン（ジェーン・バーキン）に夢中になってしまう。タイトルとなった〝不思議の壁（ワンダーウォール）〟は主要登場人物二人が住むアパートの部屋を隔てる壁に開いた穴から注ぎこんでくる光の柱を見ていると、写真撮影のためにポーズを取るペニーが魔法のように映し出されることを指している。ペニーに対する日に日に高まる妄想を抑えきれなくなったオスカーは、ペニーの動作を逐一観察するためにドリルで穴の数を増やしてゆく。

ハリスンは、ムンバイのEMI設備で《不思議の壁》サウンドトラック用の一連のラーガを録音するかたわら、新曲〈ジ・インナー・ライト（*The Inner Light*）〉のインストゥルメンタル・トラックを準備したが、この曲はチャートのトップを飾ったシングル盤〈レディ・マドンナ（*Lady Madonna*）〉のB面として後にリリースされた。ハリスンはサウンドトラックのためにインド古典音楽界最高のミュージシャンを多数雇ったが、その顔触れにはサロードの名人アーシシュ・カーン、サントゥール奏者シヴ・クマール・シャルマ、タブラの達人シャンカール・ゴーシュとマハプルシュ・ミシュラが含まれていた。ハリスンはこの時点でインド音楽に完全に心を奪われており今後のソロ・キャリアの指針にしようとする意図からか、一方的な片思いともいえる芸術的情熱を寄せていた。ハリスンが何年も経ってから「*Musician*」誌にコメントしたように、《不思議の壁》サウンドトラックの作曲によって、ビートルズ以外での創造活動というこれまで熱望していた世界に足を踏み入れることができたという。「その頃はインド音楽に没頭していたから、この仕事を口実にしてインド音楽を広める名曲集を作ることに決めたんだ」と述べている。[11]

プロデューサーとしてのハリスンはビートルズの会社アップルを通じて、さまざまなジャンルにまたがる音楽的言語を世界中に発信できることに気付いた。ハリスンはこの比較的未経験な役割を引き受け、一九六八年十一月の《不思議の壁》リリース後の数ヶ月にわたってさまざまなアーティストのために働き、ビリー・プレストン、ドリス・トロイ、ジャッキー・ロマックスといった最も注目を集める新人をアップル・レーベルからデビューさせるために育成した。ハリスンはプレストンの尽きせぬ才能を熟知していたため、このアメリカン・キーボーディストを世界的な音楽の舞台に送りこもうと決心していた。一九六九年春にレコーディングされた《神の掟（*That's the Way God Planned It*）》はプレストンによるゴスペル、R&B、ソウル指向のロックが渾然一体となったユニークな音楽を紹介した。ハリスンはこのLPのためにプレストンのバックを務める超一流のプレイヤーによる正真正銘のスーパーグループを招集し、エリック・クラプトンとともにギターを弾いたほか、キース・リチャーズがベース、クリームのジンジャー・ベイカーがドラムスを担当した。ハリスンはプレストンのアルバムを制作するために最大限の努力を払い、アップル・レーベルの短い歴史で最高のデビュー・アルバムともいわれる名作をリリースした〔アップルからのデビュー・アルバム。プレストン自身のデビュー・アルバムは一九六三年、十六歳の時〕。《神の掟》のライナー・ノーツにはプレストン自身による感謝の言葉が迸って（ほとばし）いる。ビートルズがアップルに託したユートピア的な夢を誰もが平等に実現できるという考えを支持し、プレストンはライナー・ノーツで次のように述べている。「アップルは何が重要かを知っており、平和、喜び、全人類を愛するすべての人たちのための会社だ。この会社の一員に加わることができて私は大いに感謝している。アーティストの心を絶えず混乱状態に陥れている制度全体を私たちが変えるまで、そんなに時間はかからないだろう。素晴らしいビートルズにすべての感謝を捧げなければならない。彼らが成し遂げようとしていることは無駄ではなく、彼らは全力を尽くして役立とうとしていると誰もが気付かなければならない」[12]

プレストンの《神の掟》ほどの成功（スピリチュアル調のLPタイトル曲は世界的にヒットした）

は収めなかったものの、ドリス・トロイとジャッキー・ロマックスはハリスンの全面的な協力を得て一人前のスターとなった。三十二歳のアフリカ系アメリカ人R&Bシンガーのトロイは〈ジャスト・ワン・ルック（*Just One Look*）〉が一九六三年に米国でトップ・テンに入った後、〝ママ・ソウル〟と呼ばれるようになった。トロイはソウル・ミュージックの理解者が多い英国ロンドンに移住し、落ちこんでいたキャリアを活性化させる新しい道を開拓しようとしていた。一九六八年十一月、彼女はローリング・ストーンズの〈無情の世界（*You Can't Always Get What You Want*）〉でゴスペル合唱隊のヴォーカル・アレンジャーを務めるという大役に抜擢された。トロイにとって、アメリカ国外で評判を高めるためにアルバムを作る絶好の機会が到来していた。彼女の運命を変えるプロデューサーとして完璧な人物と思われたハリスンはトロイの長年のファンだったが《神の掟》のセッション中にこのソウル・シンガーと顔を合わせ、すぐにアップルとの契約書にサインを取り交わした。ハリスンはトロイの才能にすっかり惚れこみ、ビートルズのサヴィル・ロウ社屋に彼女専用のピアノを備えたオフィスをすぐに設置し、ソングライターとしてのインスピレーションをすぐに発揮できるようにした。プレストンのアルバムと同様、ハリスンは自身の音楽的才能をトロイのプロジェクトに注ぎこみ、雇い入れた凄腕のサポート・バンドはスターによるドラムス、クラプトン、ピーター・フランプトン、スティーヴ・スティルスによるギター、ビートルズの長年の内部関係者クラウス・フォアマンによるベース、そしてデラニー&ボニー&フレンズのバンドメンバーという面々だった。

プレストンのアルバムと比べてトロイのＬＰは売上不振だったものの、ハリスンは若輩者として片隅に追いやられることの多かったビートルズの宇宙から飛び出て働く経験に大きな満足感を得ていた。ファブ・フォーが各人バラバラに格闘していた一九六九年、ハリスンはジャッキー・ロマックスの最新アルバムとなる《イズ・ディス・ホワット・ユー・ウォント？（*Is This What You Want?*）》の制作に突入したが、ビートルズ周辺の世界で長年の常連となっていたロマックスはリヴァプールを一時席巻したマージービート・バンド、アンダーテイカーズのフロント・マンを務め、エプスタインが抱えるアーティストの一人だった。一九六七年八月にマネージャーのエプスタインが急死し、ロマックスのレコーディング・キャリアはビートルズの手に委ねられた。アップル社初のシングル盤四枚のひとつとして一九六八年八月にリリースされた〈サワー・ミルク・シー（*Sour Milk Sea*）〉を作曲しプロデュースも担当していたハリスンはロマックスと働くことに特に意欲的だった。〈サワー・ミルク・シー〉は批評家間で好評を博しセールス的に墜落したものの、ハリスンはここでも最大限の努力を惜しみなく投入し、バック・バンドにはハリスンとクラプトンがギター、一流セッション・マンのニッキー・ホプキンスがピアノ、マッカートニーとスターがベースとドラムでロー・エンドを固めるという布陣だった。

ロマックスのアップルＬＰデビュー作をレコーディングする段になると、ハリスンはありったけの予算を注ぎこんでシンガーとロサンゼルスに飛び、西海岸の音楽産業が誇る有名なセッション・ミュージシャン集団レッキング・クルーを雇ってロマックスの最新作品群をサポートさせた。

ハリスンにとってロサンゼルスでの仕事がもたらしたさらに重要な出来事はおそらく、《イズ・ディス・ホワット・ユー・ウォント?》のセッションに参加したモーグ・シンセサイザーのパイオニア、バーニー・クラウスとの出会いだろう。

一九六六年、クラウスはこの奇妙な新しい楽器の発明者ロバート・モーグの西海岸営業担当者として働き出した。クラウスはパートナーのポール・ビーヴァーとともに一年間、ハリウッドの映画スタジオにモーグの音響的将来性を売りこもうと働きかけた。そしてついに突破口となったのは一九六七年六月、モンタレー・インターナショナル・ポップ・フェスティバルで新発明のシンセサイザーを展示したところ大々的に報道されたのだ。ビーヴァーとクラウスが音楽業界への足掛かりをようやく手に入れたのは——陽光降り注ぐカリフォルニアそのものの景色の下、ザ・フーとジミ・ヘンドリックス・エクスペリエンスが呼び物だった——モンタレーだった。ビートルズも同フェスティバルに参加すると長らく噂されていたが、当時の技術でライヴ・パフォーマンスを行うには彼らの音楽が複雑になりすぎたと適切な判断を下したために出演を最終的に断っていた。フェスティバル会場のブースでモーグのデモンストレーション演奏を行ったビーヴァーとクラウスは、ドアーズ、バーズ、ローリング・ストーンズといったバンドから大きな注目を集めた。

二人組は突如として音楽業界の寵児となり、レコーディング契約を結んで二枚組アルバム《*The*

Nonesuch Guide to Electronic Music》を後にリリースした。その後数ヶ月にわたってドアーズの《まぼろしの世界（*Strange Days*）》、バーズの《名うてのバード兄弟（*Notorious Byrd Brothers*）》、モンキーズの《スター・コレクター（*Pisces, Aquarius, Capricorn, and Jones Ltd.*）》、サイモン&ガーファンクルの《ブックエンド（*Bookends*）》などモーグを大きくフィーチャーしたアルバムが次々と現れ、ビーヴァーとクラウス自身が新しい楽器を弾く場合が多かった。しかしこの電子楽器がついに国際的センセーションを巻き起こしたのは一九六八年にウォルター（後のウェンディ）・カーロス〔米国ロード・アイランド州生まれで一九七二年に性転換手術を受けてウェンディと改名した音楽家、作曲家、シンセサイザー奏者〕の《スイッチト・オン・バッハ（*Switched-On Bach*）》で、このクラシック音楽アルバムはレイチェル・エルカインドのプロデュースの下で、ヨハン・セバスティアン・バッハの曲をモーグ・シンセサイザーで演奏したヴァージョンを収録したものだった。カーロスによると、単音楽器（モノフォニック）のモーグが一度にひとつしか音を出せないため、スタジオ環境でレコーディングするのは非常に骨の折れる作業だったという。「次の音符を立ち上げるためには前の音符を鳴らし終える必要があって、つまり感情をこめずに鍵盤を弾かなければならず、これは音楽を作る際に非常に居心地が悪い」とカーロスは後に説明している。[13]

カーロスのLPが大ヒット作となったおかげでモーグの名称はたちまち一般家庭にも浸透したが、この楽器を大量生産する準備はまだ整っていなかった。会社設立者で発明家のモーグがシンセサイザーを生み出すきっかけになったのは、真空管方式の楽器テルミンが正弦波形というひとつの音色しか出せないという音響的制約を取り払いたかったからだ。より複雑な電子楽器をどうしても作り出したかったモーグは一九六〇年代初期にトランジスター回路による音響機械を組み立てはじめ、自身の名前を冠した楽器をゆっくりとではあるが着実に世に送り出した。一九六〇年代中頃の試作機は、標準化された一連のモジュール、あるいはブロックとも呼ばれる要素を組み合わせて鍵盤を操作し、演奏者が音程をコントロールできる――モーグ・シンセサイザーによってもたらされた革新的な――機能を備えていた。モーグは集積回路（IC）技術の進歩によって、より小型のキーボードを製造できるようになったが、当時はシンセサイザーを設置して操作する作業が困難を極めた。ほとんどの場合、ビーヴァーとクラウスのような高度な技術を持つ専門家の手によって何時間もかけて設定する必要があり、このような専門家が楽器の設置と操作についてユーザーを指導しただけでなく、モーグを長時間使用した場合に装置が過熱して発生する悪名高い音程の不安定さなど問題に直面した時に解決する役割も兼ねていた。過熱した場合、モーグの発振器は音程が外れてしまう。実際、あまりにも不安定だったので新しいテイクを録音する際に毎回、調律をやり直さなければならない場合が多かった。

このため、クラウスのような正規の営業担当者はこの楽器が世界のレコーディング・スタジオに浸透する初期の時代に引っ張りだこだった。

《ホワイト・アルバム》を完成させたばかりのハリスンは一九六八年十月にロサンゼルスでロマッ

3

クスと落ち合い、《イズ・ディス・ホワット・ユー・ウォント?》の制作を開始した。十一月十一日の夜、ロサンゼルスのサウンド・レコーダーズ・スタジオ〔サンセット・スタジオか、ハリウッド・サウンド・レコーダーズかは不明〕で二人と合流したクラウスはモーグⅢをロマックスの数曲で演奏し、ハリスンはコンソールの裏に座っていた。セッションは入念を極めたもので、タイトル曲の〈イズ・ディス・ホワット・ユー・ウォント?（何が望み?）: *Is This What You Want?*〉、〈フォール・インサイド・ユア・アイズ（*I Fall Inside Your Eyes*)〉、〈ベイビー・ユーアー・ア・ラバー（*Baby You're a Lover*)〉、〈さよならなんて（*How Can You Say Goodbye*)〉、〈リトル・イエロー・ピルズ（*Little Yellow Pills*)〉を含むロマックスのレコーディングにクラウスが単音楽器（モノフォニック）を注意深く重ね合わせていった。**ブースからようすを観察しているうちにこの装置の魅力に憑りつかれたハリスンは真夜中過ぎまでスタジオに残って、クラウスにモーグⅢ機能のデモ演奏をしてくれるよう懇願した。**テープを回したままで、クラウスはシンセサイザーの幅広い音響的機能の数々をハリスンに披露した。このセッション中に、クラウスはラジオの無変調ノイズのようなザーッというホワイト・ノイズ、銃声、爆竹、暴風、サイレン、掃除機、モールス信号のような発信音の数々、歯医者のドリルのようなキーンという高い音、レーシング・カーのエンジン音といった自然界の音そっくりにシンセサイザーをプログラミングした。シタールを西洋音楽の最前線に迎え入れたハリスンにとって、モーグは——どんなに機械化された楽器とはいえ——異国情緒に溢れた器楽編成法（エキゾティックなインストゥルメンテーション）の先駆者にさらに新しい扉を開く機会を意味していた。〝クワイエット・ビートル〟は西海岸を離れる前に早速、イーシャーのキンフォーンズにある自宅にシンセサイザーが新年に届くよう注文を済ませた。

しかし実際にこの新しい電子おもちゃをハリスンが受け取るのは二月半ばに入ってからで、モーグⅢをついに手にしたのは扁桃炎による入院が終わってからだった。ハリスンは間髪入れずにクラウスを雇って、この繊細で扱いづらい装置を自宅スタジオに設置し、基本的な音楽レッスンを提供してもらった。実際のところモーグを操作するのはハリスンにとって気が遠くなるような作業だった。「モーグ氏が発明したばかりの製品だったから、僕のために特注して作ってもらったんだ。巨大で、何百個ものプラグを挿しこむジャックと二台の鍵盤（キーボード）が付いていた。しかし手に入れたからって、操作できるようになるわけじゃない。操作マニュアルなんてなかったし、もしあったとしても二千ページもある分厚いものだったかもしれない。これを使って音楽を作る方法はモーグ氏だって知らなかったんじゃないかな。それよりもっと技術的な代物だったんだ」とハリスンは後に語っている。ハリスンのシンセサイザーはロバート・モーグ氏の会社が販売した九十五台目の楽器で、英国に設置された三台目だった。八〇〇〇ドル〔現在の日本円に換算しておよそ一〇〇〇万円〕を支払ったハリスンはデラックス・モデルを手に入れ、5オクターヴのキーボードが二台、リボン・コントローラー、発振器（オシレーター）が十台、ホワイト・ノイズ・ジェネレーター、楽器の音程、音色、音量などを時間的に変化させるＡＤＳＲ（*Attack-Decay-Sustain-Release*）エンヴェロープ・ジェネレーターが三台、電圧制御フィルターおよび増幅器、4チャンネル・ミキサーといった機器が付属していた。二人は和気藹々（わきあいあい）と作業していたが、ハリスンはここで自身のソロＬＰ第二作目として五月にリリースされる予定の《電子音楽の世界(*Electronic Sound*)》に収録される〈超時間、超空間(*No Time or Space*)〉をレコーディングした最新版ミックスをクラウスに聴かせるという、後から考えると手痛いミスを犯した。クラウスはこの二十五分間のトラックの大部分が十一月にロサンゼルスで自ら演奏したモーグのデモンストレーションだったことに気付いて愕然となった。クラウスはポール・ビーヴァーと彼自身がこれから発表するLPに、〈超時間、超空間〉に使われていた要素を収録する予定になっていたと当然のことながら激しく抗議した。しかしその後の出来事が示すように、ハリスンはクラウスの抗議を受け入れなかった[14]。

元々が体系化されていないデモ演奏だったため、ハリスン——より正確にいうと——クラウスの〈超時間、超空間〉は形式やメロディーといった音楽的要素をほとんど含んでいなかった。このアルバムに収録されたもうひとつの作品〈マージー壁の下で(*Under the Mersey Wall*)〉——「*Liverpool Echo*」紙のコラムの題名から名前を借用——のほうが、モーグの音響的可能性をより楽しくデモンストレーションする内容となっている。モーグⅢをとうとう手中に収めたハリスンは、まだ珍奇な発明品としてしか知られていなかったこの楽器を、通常の楽器と同じように自身の音楽創作の兵器庫に付け加えた。ジョン・C・ウィンは自身の著書『*That Magic Feeling*』で、「〈マージー壁の下で〉はメロディー主体の音楽的なノイズに専念しており、巧妙に仕組まれた耳障りな効果音を避けて通っている。何か特筆すべき内容はまだ見当たらないが、非人間的な機械じかけの騒々しい音で埋め尽くされているこのレコーディングの十二分十五秒の時点でジョージが咳払いする音は、やっと登場する人間らしさだ」と鋭く指摘している。アメリカのモーグの草分けクラウスはハリスンの露骨な盗作に対して怒りが収まらず、ビートルズのメンバーを相手取って後に訴訟を起こしている。五月にアップルの――実験音楽レコード・レーベル部門――ザップルからリリースされた《電子音楽の世界》には〝バーニー・クラウスの協力を得た〟という謝辞があるのみで、このほかには両者が係争相手になる前にクラウスがロサンゼルスでモーグの使い方をデモンストレーションする姿を描いたハリスンの稚拙な絵がジャケットを飾っているだけだった。[15]

《電子音楽の世界》はリリースされるとすぐに忘れ去られた。ハリスンはこのLPのことをほとんど口に出すことがなく、デレク・テイラーがプレス・リリースを書いた以外にプロモーションを当時ほとんど行わなかった。しかしロマックスに対する態度は大違いだった。ハリスンが同じリヴァプール出身の歌手を正真正銘のヒットメーカーにしようと万全を期して努力したにもかかわらず、ロマックスは成功の糸口をつかめそうになかった。ロマックスがジム・モリソンの再来だと考えていたハリスンは、チャートに成果を残せず途方に暮れた。「*Mersey Beat*」誌の創刊者ビル・ハリーによるとロマックスの商業的失敗を見て、「ジャッキーがスーパースターになる可能性を秘めた人並外れて個性的な声を持っていたため、ビートルズは完全に面喰った」という。しかしハリスンにとって、**ロマックスとの西海岸への滞在から得た最大の成果はモーグ・シンセサイザーだった**。彼はこの楽器を使いこなすために何ヶ月もいじり回し続けた。ハリスンのサリー州の自宅を訪問した際に、レノンはこの装置のサウンドに仰天して、「『2001年宇宙の旅（*2001: A Space Odyssey*）』のHALと一緒に住んでるみたいだ」と言い放った。ハリスン自身は、手の付けようがないほど複雑なコンポーネントの組み合わせや気まぐれな発振器も含めて、シンセサイザーの手の込んだ仕組みを会得しようと決意していた。そして結局はシンセサイザーを曲がりなりにも自力で使いこなせるようになった。[16]

五月九日にオリンピック・スタジオでアラン・クラインとのマネージメント契約書にサインするようバンドメンバーがマッカートニーに圧力をかける不幸な事件による動揺にもかかわらず、ビートルズは沈没しかけた船の体勢をなんとか立て直し、一週間後に写真撮影のために顔を合わせた。写真撮影をしなければ作業が完了しないからだった。五月初頭――レノン、ハリスン、スターがオリンピック・スタジオを怒って飛び出す前――にも、ビートルズは《*Get Back, Don't Let Me Down, and 12 Other Songs*》のレコード・ジャケットを写真家アンガス・マクビーンと撮影するためにマンチェスター・スクエアにある本社ビル、EMIハウスに集合している。何年も前、ビートルズのファースト・アルバム《プリーズ・プリーズ・ミー（*Please Please Me*）》のジャケット写真を撮る際にマーティンが指名したのも、クリフ・リチャード&ザ・シャドウズと長年仕事していたマクビーンだった。一九六三年三月五日、マクビーンはマーティン、エプスタイン、バンドメンバーとマンチェスター・スクエアで顔を合わせて写真撮影を開始した。その後レコード・ジャケット用に選ばれた写真は、マクビーンが初めてEMIハウスに現れた時に撮影されたものだ。マクビーンは何年も経ってから、「ドアから入ったら階段の吹き抜けだった。誰かが手すりから見下ろしていた——男の子たちは建物に入っているかと私がたずねると、はいと答えが返ってきた。それで私は、〝じゃあ、彼らに下をのぞかせてくれ、私はここから撮るから〟と言ったんだ」とこの時のことを回想している。マーティンとエプスタインが見守るなか、ビートルズは階段の途中でポーズを取り、撮影中ずっと下を見下ろした。「私はポートレート写真用の標準レンズしかカメラに付けていなかったから、写真を撮るために入口に仰向けに横になったんだ。何枚か撮ってから私は、〝これでじゅうぶんだ〟と言った」とマクビーンは述べている。[17]

一九六九年五月にビートルズはマクビーンを引き連れて六年以上前の構図を再現しようとしたが、写真をアップデートするための最初の試みは失敗に終わった。玄関に新しくポーチが付けられたため、一九六三年と同じアングルから写真を撮れないことにマクビーンは気付いたのだ。マクビーンが適切なアングルから被写体を狙えるように玄関ポーチを取り外すことをEMIは約束し、ビートルズは写真撮影を五月十三日の火曜日にリスケジュールした。オリンピック・スタジオで勃発した激しい口論のヒリヒリする雰囲気をいまだに漂わせながら、バンドメンバーは開き直って一九六三年三月のポーズをEMIハウスの階段吹き抜けで再現した。振り返ってみると、これはよく考え抜かれたアイディアだった——彼らのキャリアをブックエンドで挟む意味を持つとともに、彼らに名声と財産を初めてもたらした混じりけのないロックンロールに回帰するとい

3

う〝ゲット・バック〟プロジェクトの意味を明確に示している。ビートルズの年月を経た容姿の変化は衝撃というほかない。一九六三年前半のいささか素朴な時代は過ぎ去り、目を大きく見開き、ひげを綺麗にそり落とし、お揃いのスーツを着たビートルズがマクビーンに向かって輝くように微笑んでいたフレッシュな表情は見る影もない。これに代わって厭世観に満ちた長髪のファブ・フォーでは、口髭のスターと顎鬚のレノンが両端に立っている。ただ一人マッカートニーだけが、いまだに少年のような雰囲気と一九六三年当時とほとんど同じような髪型で、ビートルズがスーパースターへの道をたどりはじめた往時を髣髴とさせる外観だった。

マクビーンは階段吹き抜けの上にいる一九六九年のバンドメンバーたちの変わり果てた姿に愕然とした。マクビーンは一九六三年の写真撮影について、「ジョン・レノンにグループが何年くらい続くか質問したら、〝さあ、六年くらいってところかな——禿げ頭のビートルなんて聞いたことないだろ?〟と答えたんだ」と懐かしそうに語っている。六年後に再会したビートルズは禿げ頭になるどころか、「髪もひげもボーボーだった」という。マクビーンは五月十三日の撮影準備について、「リンゴ・スターはかなり遅刻していて、EMIスタッフが階段を次々と駆け下りてきた。私はカメラを構え、写真に興味を持つジョンが私の横に寝そべってビューファインダーを覗きこんだ。ドアを跨いで出て行こうとしている彼らに気付いたEMI女性職員の叫び声を今でもはっきり憶えているよ!」と回想している。バンドメンバーの外見は劇的に変化したかもしれないが、彼女たちの相変わらぬ熱狂は——ビートルズが意識を麻痺させるような目まぐるしさで地球を縦横無尽に飛び回っていたツアー生活から引退して数年経ってからも――ビートルマニアが健在だったことを示していた[18]。

写真撮影にマクビーンが満足すると、マーティンとジョンズは〝ゲット・バック〟をリリース予定日に間に合わせる作業に引き続き取り組んだ。数日後、ノーザン・ソングスの管理権を手に入れるために努力していたレノンとマッカートニーはさらに大きな打撃を受けた。テレビ会社ATVがノーザン・ソングス株主のディック・ジェイムズと契約を締結し、ビートルズ関連のあらゆる契約に関してATV所有者のグレード卿が全権を握ることになったためだ。レノンとマッカートニーはこの事態を前にしてショックに陥った。アップルのピーター・ブラウンによると、「ジョンとポールにとって、ノーザン・ソングスは単なる楽曲の寄せ集めではなく、我が子のようなもの、創造活動の血肉であり、敵対するビジネスマンのルー・グレード卿に売却することは、自分たちの子供を孤児院に送りこむようなものだった」という。この時、作詞作曲家チームにとって最も厄介な邪魔者はグレード卿その人となった。彼は有能なビジネスマンだったためビートルズの持ち株を所有することによって自動的にもたらされる価値を理解しており、「ノーザンの楽曲の数々は永遠に生き続けるだろう」と発言したこともある。レノンとマッカートニーにとってさらに気懸かりだったのは出版契約の内容で、両者による作詞作曲の成果すべてに関してノーザン・ソングスが一九七三年まで権利を保有すると定めていた[19]。

制作チームがオリンピック・スタジオに立てこもるなか、バンドメンバーは各自別々の場所へ

3

と休暇に出かけた。マッカートニー夫妻が最初に出発し、ギリシアのコルフ島に旅行して地中海に長期滞在し、ジョージとパティ・ハリスンは〝クワイエット・ビートル〟が《電子音楽の世界》を完成させた後にサルディニア島に旅立った。いっぽう、リンゴとモーリーンのスターキー夫妻はクイーン・エリザベス二世号に乗船してニューヨーク・シティに滞在してからバハマに立ち寄った。映画『マジック・クリスチャン』のプロデューサーたちが、キャストと撮影クルーへの褒美としてお祝い気分に満ちた船旅を企画したのだ。この豪華クルーズにはスターキー夫妻に加えて、共演者のピーター・セラーズ、監督のジョセフ・マクグラス、プロデューサーのデニス・オデル、アップル広報担当者のデレク・テイラーが参加した。スターキー夫妻がバハマで落ち合ったのは米国に旅行するはずだったレノンとオノだったが、先頃の薬物有罪判決を受けてジョンの入国ビザが拒否された（一九六八年の年末のノーマン・ピルチャー巡査部長によるロンドンでの強制捜査の後に、レノンは大麻(カンナビス)所持の罪を認めている）。バハマを慌ただしく飛び立ったレノン夫妻は次の〈ベッドイン・フォー・ピース〉イベント〔一九六九年五月二十六日〕を開くためにモントリオールに出発した。

ギリシアの隠れ家に妻のリンダと義理の娘へザーとともに身を落ち着けると、マッカートニーはすぐに音楽作りに取り掛かった。地中海の陽光にのんびりと包まれながら、マッカートニーは〝ゲット・バック〟セッション中の一月に書きはじめた比較的新しい曲〈エヴリナイト（*Every Night*）〉を推敲しはじめた。〈エヴリナイト〉のコーラス部分は、ビートルズがマーティンとジョンズとともにオリンピック・スタジオで五月六日にレコーディングを試みた新曲〈ユー・ネヴァー・ギヴ・ミー・ユア・マネー（*You Never Give Me Your Money*）〉と酷似していた。マッカートニーはリンダを同行してニューヨーク・シティに住む新しい義理の家族を訪問した時にこの曲を作った。ビートルズの紛糾する金銭問題――そしてバンドの破綻した財務を誰が管理するかを決定する非常に切迫した現在の問題――と格闘しながら、マッカートニーはグローバルな商業世界の核心を占める〝得体の知れない紙切れ（funny paper）〟に関する一種の個人的治療法として〈ユー・ネヴァー・ギヴ・ミー・ユア・マネー〉を書き上げたのだ。

　マッカートニーは何年も経ってから、「これはアラン・クラインが僕らに対して取った態度を僕が直接こきおろしているんだ。金は渡さず、得体の知れない紙切れだけで、色んな口約束を並べるけども、何一つ達成されない。要するに、人間をこれっぽっちも信用していない人についての曲だ」と述懐し、「ジョンはユーモアを汲み取ってくれたよ」と付け加えている。ハリスンもこの皮肉を完全に理解していたようだ。ハリスンは当時、「受け取るものといえば、僕らが稼いだ金額はいくらで内訳はどうのこうの、っていうちっぽけな紙切れだけで、実際にポンドやシリングやペンスといった現金を受け取ることは決してないんだ。僕らはみんな大きな家、自動車、事務所を手に入れたが、稼いだ金を実際に手にするのは不可能に思えた」と語っている。これはスターダムに登り詰めた最初の頃からビートルズにとって共通の悩みだった。マッカートニーは、「僕らが以前〝僕はもう百万長者になったのかい？〟と質問すると、彼らは〝書面上ではそうです〟

とか勿体ぶった答えが返ってきた。そこで僕らが〝じゃあ、それはどういう意味だい？　百万長者なのか、それともそうじゃないのか？　僕の銀行口座には百万枚以上の紙幣がもう貯まっているのかい？〟と訊ねると、彼らは〝いや、それが実際に銀行にあるわけじゃないんです。私どもはあなたがそう［百万長者］だと考えていますが？〟と言うんだ。こういった人たちから何かを手に入れるのは実際のところとても無理で、会計士たちと話していると自分が成功したとは決して思えなかった」と回想している。[20]

五月六日、ビートルズはオリンピック・スタジオで十三時間にわたるセッションを繰り広げ、〈ユー・ネヴァー・ギヴ・ミー・ユア・マネー〉のベーシック・トラックを36テイクにわたってレコーディングした。この比較的初期段階においても、〈ユー・ネヴァー・ギヴ・ミー・ユア・マネー〉は複雑な曲で、数個の異なったパートに分かれた構造を持っていた。〈ユー・ネヴァー・ギヴ・ミー・ユア・マネー〉は《ホワイト・アルバム》の〈ハピネス・イズ・ア・ウォーム・ガン（*Happiness Is a Warm Gun*）〉と同じように〝通作歌曲形式〟になっており、メロディーを持つ複数のパートが連なっているが同じ旋律を繰り返さない。この時点でマッカートニーは曲を数週間にわたって作りこんでいた。マーティンの愛弟子クリス・トーマスの回想によると一九六九年四月後半のある日、マッカートニーがスタジオ3のピアノに座り、「〝このパートに続いて、次はこうなるんだ〟と言いながらおよそ十五分ある全曲を弾いた」という。〈ユー・ネヴァー・ギヴ・ミー・ユア・マネー〉のレコーディングでは、マッカートニーがリード・ヴォーカルを歌いながらピアノを、ジョンが

〝カジノ〟、ハリスンがレスリー・スピーカーにつないだフェンダー〝ストラト〟を弾き、スターがラドウィグ〝ハリウッド〟を叩いた。この時点で、〈ユー・ネヴァー・ギヴ・ミー・ユア・マネー〉は有機的で変幻自在な感触を持っていた。この日の晩、彼らはバッキング・トラックを36テイク録音し、マーティンとジョンズはオリンピック・スタジオの8トラック音響空間を贅沢に使って、ハリスンのレスリー・スピーカーで増幅したギターをトラック1、マッカートニーのピアノをトラック2、スターのドラムスをトラック3、マッカートニーのガイド・ヴォーカルをトラック4、レノンのリズム・ギターをトラック6に割り当てた。テイク30がベストだと選んだビートルズは、その後この曲に引き続き作業するために残りのトラックをじゅうぶん空けておいた。ハリスンによると、〈ユー・ネヴァー・ギヴ・ミー・ユア・マネー〉は独特の構造を持っていたため演奏していて楽しかったという。ハリスンは後に、「ひとつの曲でヴァース(序奏部)をふたつ演奏して、その後のブリッジ(間奏部)はまるで別の曲みたいになっているから、とても手の込んだメロディー(旋律)なんだ」と語っている。[21]

ビートルズはマーティンの強い薦めに応えて、ザ・フー(〈クイック・ワン(*A Quick One, While He's Away*)〉)、フランク・ザッパ&ザ・マザーズ・オブ・インヴェンション(《アブソリュートリー・フリー(*Absolutely Free*)》)、スモール・フェイセス(〈ハピネス・スタン(*Happiness Stan*)〉)などほかのミュージシャン仲間の間で次第に流行してきたオペラ形式のコンセプトをレコーディングする構想を練りはじめていた。メンバーのなかでもマッカートニーは、一九六七年に英国トップ5圏内に入るヒット曲となったキース・ウエストの〈*Excerpt from a Teenage Opera*〉から大きな感化を受けていた。マーク・ワーツがプロデュースし、エメリックがエンジニアを務めたウエストの〝組曲〟はイングランドの小さな町の食料雑貨店でコツコツと働いていても町の住人から一顧だにされない主人公の名前にちなんで、〝雑貨屋ジャック（*Grocer Jack*）〟とも呼ばれている。彼は隣人の飛ばす野次にもめげずに、〝立ち上がるんだ／ジャック、お前がいなけりゃ町に食べ物はない〟とやる気を奮い起こす。彼の思いがけない死によって小集落は窮地に陥り、住民は自力で生活を営むことを余儀なくされる。この教訓と感傷に満ちた物語〝雑貨屋ジャック（*Grocer Jack*）〟は、見下してばかりいた両親と違って雑貨屋が好きだった子供たちによる胸が張り裂けるようなコーラスで幕を閉じる。

マッカートニーはウエストの物語作法の虜になり、ビートルズも長尺の作詞作曲形式にぜひとも挑戦すべきだと考えるようになった。マッカートニーがこの作品から受けた衝撃の大きさは、一九六七年にザ・フーのギタリスト、ピート・タウンゼントが「メロディ・メイカー（*Melody Maker*）」紙のインタビューで、「〈恋のマジック・アイ（*I Can See for Miles*）〉で最も低俗で、最大音量で、最も馬鹿げたロックンロールのレコード」を作り上げたと誇らしげに語っているのを目にした時に匹敵した。持ち前の競争心がムクムクと頭をもたげ、マッカートニーは当時、《ホワイト・アルバム》の〈ヘルター・スケルター〉を作曲して一矢を報いた。ビートルズが〈ユー・ネヴァー・ギヴ・ミー・ユア・マネー〉のレコーディングに着手した同じ月にザ・フーは《トミー》をリリースして新作に要求される水準をさらに引き上げたが、同アルバムは音楽形式としてのロック・オペラを定義する作品となった。

長時間の組曲を自らの手で制作することに関して、ビートルズはこれまで常としていたトレンドセッター（流行の仕掛人）ではなくトレンドを追いかける側になった。しかしマッカートニーが目指したのは、ビートルズ自身の手で〝途轍もないメドレー〟あるいは〝長編〟とＥＭＩスタッフの間で呼ばれるようになっていた進化する組曲を作ってこの分野の最高峰を極めることだった。マーティンは、マッカートニーが一枚上手に出ようと今まさに燃えている競争心を利用して、ビートルズの普段のアプローチを拡大するまたとないチャンスが訪れたと思った。「ジョンとポールが自分たちの音楽をもっと真剣に考えて欲しいと私は思っていた。数曲にまたがって楽章を完成させても何の問題もないし、違うキーでほかの曲から引用してもいい。そしてひとつの曲を別の曲に対位法的に重ね合わせても構わないが、こういった楽曲群をクラシカル（古典的）な形式に基づいて考えて欲しかったんだ」とマーティンは後に述懐している。この目的を達成するためにマーティンは意図的に、「クラシック音楽の技法を使って彼らを指導しようと試み、ソナタ形式とはどういうものかを説明した。ポールはこのような音楽的実験に大賛成だった」という。[22]

当時、レノンも明らかに熱意を示していた。ビートルズが六月に作業を中断した際に重要だったのは、休みを取って新曲を生み出すことだった。レノンは「ＮＭＥ」紙とのインタビューで興奮を抑えきれず、「ポールと僕は今、レコード片面を使って一曲にするかもしれない複数曲のモンタージュのようなものに取り組んでいるんだ。二週間くらいで全部完成させなきゃいけないから、僕らは本当に集中して取り組んでいる」と述べている。マッカートニーの記憶によると一九六九年の春までに大量の素材を書き溜めていたため、メドレーを作り出すアイディアはとても合理的だったという。「この方法を採ったのは、ジョンと僕に手持ちの曲がたくさんあったからで、そのままでも素晴らしかったけれど、もうそれ自体で完成したものだったんだ。曲の最初のヴァースを書いたら、もう言い尽くしてしまうことがよくあって、二番目のヴァースを書いたり、繰り返したり、ヴァリエーションを作る気にならない。そこで僕はジョンに、〝ひとつの長いトラックを作れそうな断片はあるかな?〟って言ったんだ。彼には手持ちの曲があったので、僕らは全部通して意味が通じる曲を作ったんだ」と後に語っている[23]。

六月半ば、ロンドンに戻って来たマッカートニーから電話を受けたマーティンは、ビートルズが再びスタジオ入りする準備ができたとポールが宣言した時に眩暈(めまい)を感じるほど驚いた。マーティンは五月にオリンピック・スタジオでバンドメンバー間の怒りが爆発した事情をよく理解しており、この時にグループが今回限りで本当に望みを絶たれたと考えていた。彼に残された最後の作業は、ジョンズと協力して〝ゲット・バック〟のLP制作を仕上げてジャケット写真を撮影することだと思っていたマーティンはこの時、レコーディング芸術で並ぶもののない素晴らしいキャリアの幕切れに、無残な汚点をつける覚悟を決めていたのだ。マーティンは間髪入れずにエメリックの身柄を確保し、ＥＭＩのスタジオ２と３を七月と八月を通してブロックブッキング（一括予約）した。ビートルズは七月一日の火曜日に照準を定め、冬から春にかけての素晴らしい仕事の成果を見たくてたまらないバンドメンバーたちが交響楽的な組曲によって力を結集する目標を定めた。しかし常に用心深いマーティンは不吉な前兆を明らかに感じ取ってもいた。マーティンの目から見ると、ビートルズはメンバー間の協調関係を蘇生させるチャンスを急速に使い果たしているようだった。

七月が来る前に、ビートルズがこれまでの怨恨を捨て去る方法を見つけ出せれば——取り返しのつかない事態を回避して——彼らの偉大さを世界に示す最後の挑戦に臨むことができるだろうとマーティンは考えていた。[24]

4 途轍もないメドレー

マーティンはビートルズのために大量のスタジオ時間を確保できたが、この実力はバンドと一九六二年五月に契約を交わしたＥＭＩの子会社パーロフォンでＡ＆Ｒ責任者として働いていた頃からの恩恵の名残りだった。マーティンは一九六五年九月に独立してＡＩＲを設立し、フリーランス・プロデューサーとしての地位を勝ち取った。金を出し渋るＥＭＩに我慢できなくなったからだが、同社が契約書に印税率を記載することを断固として拒否したのに対してまだ腹を立てていた。ＥＭＩの姑息な態度を特に意識したのは一九六四年の年初で、彼の制作したレコードが五十二週間のうち三十七週間トップを守るという驚くべき偉業を達成したにもかかわらず年度末ボーナスをもらえなかった。ＥＭＩはマーティンが職員レベルの従業員ではなく、管理職だという理由でボーナスを出さなかったのだ。

いつもは生真面目なプロデューサーの堪忍袋の緒がこの時点で切れ、契約終了と同時にＥＭＩ

を退社することを心に誓った。マーティンは退社時に、ＡＩＲが顧客によるＥＭＩレコードの小売売上高から印税として7パーセントを受け取るという契約を取り付けた。ホリーズやシラ・ブラックのようなＥＭＩアーティストをＡＩＲがプロデュースする場合はそれより不利な条件が課された。このような場合、小売売上高から印税として2パーセントをＡＩＲが受け取ることになった。しかしいうまでもなく本当のお目当てはビートルズで、マーティンは一九六二年十月の業界デビュー以来すべてのビートルズのレコードをプロデュースしてきた実績があった。マーティンとビートルズがポピュラー音楽業界の巨大企業と手を組んでからまだ数年しか経っていないのに、英国だけでもナンバー・ワンのシングル九枚、チャートのトップを飾るＬＰ五枚を世に送り出していた。

ＥＭＩは、世界史上最大のアーティストから雀の涙ほどの分け前しかマーティンには与えず、ビートルズの育成はＥＭＩの保護があったからで、マーティンの果たした重要な役割を実質的に無視する立場を取った。このためマーティンの退社時の交渉は苦しいものとなった。ＥＭＩ代表取締役のＬ・Ｇ・ウッドは窮地に立ったプロデューサーに対して英国のビートルズのレコード印税が、売れたレコード一枚につき卸売価格の1パーセント、小売売上の0・5パーセントになると告げた。ＥＭＩは――より大きなポピュラー音楽市場を持つ――米国の印税に関して、許諾を受けた米国のライセンシーからＥＭＩが徴収したレコードプレス料金の5パーセントしかマーティンとＡＩＲに支払わないというさらに劣悪な待遇を提示した。

巨大レコード会社のケチ臭い態度から解放されてせいせいしたマーティンは、ＡＩＲ設立後に《ラバー・ソウル》、《リボルバー》、《サージェント・ペパーズ》、《ホワイト・アルバム》と立て続けに納品した歴史的なＬＰによって有り余るほどの財産をＥＭＩにもたらしたビートルズに関しては特に、ＥＭＩスタジオでの権力をいかんなく発揮できるようになった。マーティンは後に、「ビートルズのプロデューサーを務めたことによって当時、それほど多くの金を稼ぐことはできなかったが、絶大な影響力を持つことはできた。〝みんな聞いてくれ、こんなことがしたいんだ〟と私が言うと、〝はい、分かりました！　喜んで！　何でもお望みどおりに！〟って誰もが答える。ほとんどそんな感じだった」と述べている。マーティンとビートルズに関して〝ほとんどそんな感じだった〟のは確かだ。マーティンはＡＩＲ設立後にバンドを驚異的な商業的高みへと導き続け、ＥＭＩを離れる際の契約の悪条件を跳ね返すように、チャート首位のシングル盤をさらに十一枚（一九六九年五月の〈ジョンとヨーコのバラード〉を含めて）とナンバー・ワンのアルバムを四枚制作した。両者のパートナーシップから入ってくる報酬を考えると、ＥＭＩがマーティンとビートルズにアビイ・ロードのスタジオ時間を実質的に無制限に許可したのも無理はない。これは当然といえるだろう。ＥＭＩからすればスタジオ時間をいくら使っても金を払う必要がなかったからだ。実際、アビイ・ロードをそっくりまるごと所有していたＥＭＩグループにとってスタジオ時間は安いものだった。したがって、ビートルズがスタジオ時間を湯水のように使っても巨大レコード会社にとって痛手とならず、単に社内で会計処理をすれば済んだのだ。マーティンは当時、「いくら時間を使っても文句は言われなかった。私たちが価値あることをしていると彼らは知っていたからね」と述べていた。[1]

しかしマーティンの立場からすると巨大レコード会社は案の定、経常経費についてかなり厳しい態度を取った。一九五〇年以来ＥＭＩスタジオで働いていたマーティンはこの組織の倹約体質を良く理解していた。**EMIはビートルズのスタジオ時間に関して寛大で無制限だったが、レコーディングの質や内容を高めるための経費については正反対の態度を取った。**一九六七年二月、マーティンは〈ア・デイ・イン・ザ・ライフ〉のためにハーフオーケストラを雇ったが、レノンとマッカートニーはフル編成のミュージシャンにレコーディングで演奏してもらうことを明らかに望んでいた。しかしマーティンにとって、そんなに大勢のプレイヤーをブッキングするのはＥＭＩの緊縮経営にとってありえないほど高額な経費を意味していた。このコストをＥＭＩ重役たちに納得させるのは到底無理だったという。マーティンはスタジオのコントロール・ルームでバンドメンバーに、「君たちはミュージシャンが九十人欲しいって言ってるんだよ！ ここはロックフェラー財団じゃなくてＥＭＩなんだ！」と不満をぶつけた。最終的な会計報告によると、《サージェント・ペパーズ》の予算総額およそ二万五千ポンド〔現在の日本円に換算しておよそ八千三百万円〕のうちに占めるハーフオーケストラの経費は三六七ポンドだった。これは全体として見ると取るに足らない投資額で、アルバム自体はこの世代を代表する名作となり英国で最初の一週間だけで二五万枚売り上げたうえ、米国発売後の三ヶ月以内に二百五十万枚を売り上げた。[2]

マーティンはビートルズに関する限りEMIの締まり屋体質を打破したかったのだが、質素でカジュアルな服装を身に着ける習慣からは何年経っても抜け出せなかったという。後に自著で、「そんなわけで、大企業にすっかり飼い慣らされた召使いが私の心のどこかにまだ住み着いている」と述べ、自分を卑下して〝守銭奴〟とさえ書いている。しかしそんなマーティンも一九六九年の夏には、建物に掛かるコストや最先端スタジオを維持する費用の有難さを身に染みて感じるようになっていた。彼はAIR設立から日が浅かったにもかかわらず、職業人生における最大の賭けに出ようとしていた。

マーティンはキャリアの新たな展開を視野に入れていたが、当時の英国のレコーディング・スタジオは彼から見て、音響芸術の創作アプローチがあまりにも禁欲的だったり、最新テクノロジーの導入に関して悲惨なほど時代遅れだったりと嘆かわしい状況だった。過去数年間にわたってビートルズがEMIスタジオに対する不満を募らせる姿や、アップル・スタジオの構築に関する最近のマジック・アレックスによる詐欺行為を目にして、マーティンは彼自身のスタジオ空間の建設という大きなギャンブルを打つ決心を固めた。マーティンはロンドン中心部の繁華街オックスフォード・サーカスの物件を借り、切実に必要となる防音装置（建物の地下室の直下には地下鉄セントラル・ラインが轟音を立てて走っている）に加えて最新で最高性能のスタジオ機材を揃えるために全力の限りを尽くした。一九六九年の真夏までに、レコーディング機材だけで推定十一万ポンド〔現在の日本円に換算しておよそ三億二千五百万円〕の費用が掛かっていた。しばらくの間、AIRの会計状況は同時期のアップルとそっくりな状態に陥ろうとしていた。マーティンとAIR共同経営者はその後AIRオックスフォード・ストリートと呼ばれることになるスタジオの事業を成り立たせるため、夢――ビートルズのような世界トップクラスのアーティストにふさわしいスタジオを構築すること――と破産回避との間でバランスを取る必要があった。「我々は会社をぎりぎりまで切り詰めなければならず、しばらくは経済用語で言う〝厳しい資金繰り状況〟に突入していた。金が入ってくるよりも出てゆくスピードのほうが遥かに早かった」と後に書いている。[3]

ベテラン・プロデューサーのマーティンは七月一日の到来を心待ちにしていた。自ら手塩にかけた最も価値ある人材とともにスタジオに復帰したいのはもちろんだが、一月の〝ゲット・バック〟セッションをついに過去に葬って新しい章に取り掛かりたくて仕方がなかったのだ。午後は何の変哲もなく始まり、過去数年のビートルズのアルバムと同じように近くのキャヴェンディッシュ・アヴェニューに自宅を持つマッカートニーがいつも通り最初に現れた。セッションに関してはビートルズの基準からすれば短いもので四時間半。マーティンとともにスタジオ2のコントロール・ブースに入っていたのはエンジニアのフィル・マクドナルド、テープ・オペレーターのクリス・ブレア。エメリックは――マッカートニーのためにメリー・ホプキンの《ポスト・カード》、ハリスンのためにジャッキー・ロマックスの《イズ・ディス・ホワット・ユー・ウォント?》のエンジニアリングを完了してようやく小休止できたため――不在で、ほかのビートルズ・メンバーも翌日にマッカートニーと合流する予定となっていた。夏本番を迎えて人員不足だったため、ブレアが急遽マクドナルドのアシスタントに就き、ビートルズと仕事することになって緊張していた。ブレアは後に、「当時スタジオのマネージャーだったアレン・スタッグの事務所に呼び出され、手伝ってくれるつもりはあるかと質問されたんだ。無理じいはしないからと言われた」と語っている。スタッグがブレアに見せた気遣いは、EMIスタジオのスタッフとビートルズ間の長年にわたる対立を反映していた。EMIの大半のエンジニアとテープ・オペレーターにとってこのバンドと仕事することはスタジオでの長時間のつらい作業を意味していただけでなく、アビイ・ロード内ではビートルズがアーティストとしてコントロール・ルーム内のスタッフを見下しているという意見が強まっていた。EMI職員を長年務めたリチャード・ランガムはアビイ・ロード3番地の廊下をブラブラする時にクリップボードを持ち運ぶようになったと後に認め、ビートルズのセッションに突然引きずりこまれないようにバンドメンバーの姿をいつも警戒していたと語っている。もし見つかった場合にはクリップボードを持ち上げ、すでにほかの場所で働く予定があると示せばいい。この作戦はたいていの場合うまくゆき、ランガムはビートルズとの十二時間にわたる徹夜セッションで対人関係のストレスにまたぞろ付き合わされなくても済んだ。[4]

マーティンがブースに控え、七月一日のセッションではマッカートニーがビートルズの新作LPのためのミニ・ロック・オペラを纏（まと）める作業に再び取り掛かった。五月六日に録音した〈ユー・ネヴァー・ギヴ・ミー・ユア・マネー〉のバッキング・トラックに合わせて、マッカートニーは複数パートに分かれた曲のリード・ヴォーカルを完璧に仕上げるために数回歌ってみたが、この曲はこの夏にレノンが大きな意欲を見せていたソング・サイクル（連作歌曲）と同じ〝途轍もないメドレー〟の一曲目になることがすでに決定していた。マッカートニーとマーティンはグループの倦怠感に占める金銭問題の大きさを考え合わせると、〈ユー・ネヴァー・ギヴ・ミー・ユア・マネー〉がまだ進化過程にあるメドレーの序曲として最適だと考えていた。世界を支配する財界人階級に対して積年の疑いと明らかな不信を抱いていたレノンにとっても、心に突き刺さる曲だった。

しかしその夜にセッションが終了しかけた頃、マッカートニーはレノンがスタジオに合流するのはかなり先になるという悪いニュースを受け取った。EMIスタジオのおよそ八百五十キロメートル北にあるスコットランドで、レノンはヨーコをオースチン〝マキシ〟のハッチバックの助手席に乗せ、後部座席に子供たち――ジョンの息子で六歳のジュリアンとヨーコの娘で五歳の京子――を乗せてハイランド地方の狭い道を巡っていた。新婚カップルはスコットランド最北端に住むレノンの親戚を訪ねていたが、車の操縦を誤ってゴルスピー付近の急勾配の土手で脱輪したのだ〔事故が起こったのはスコットランド北端のダーネス〕。レノンとオノはスコットランド・ハイランド地方のカイル・オブ・タングに位置する氷河湾を見物する予定だった。レノンの従兄（いとこ）のスタンリー・パークスは危険な道路についてよく知っており、ハイランド地方での運転について警告したという。「よく憶えておくんだ。ここらへんには一車線しかない。運転には本当に気を付けるんだ」とパークスは念を押した。しかし実際のところ、レノンはどんな条件下にしろハンドルを握るべきではなかった。

セッションの合間に試験に合格し、二十五歳とかなり遅くに運転免許証を取得した一九六五年二月以来、ほとんど自動車を運転していなかったからだ。レノン、オノ、子供たちがハイランド地方の事故から生還できたのは不幸中の幸いだった。当時妊娠二ヶ月のヨーコは脊椎を数箇所損傷したのに加えて事故で脳震盪（のうしんとう）を起こし、四人全員が切り傷と打撲傷を受けた。レノンは顔の傷を十七針縫い、オノは額の裂傷を閉じるために十四針縫い、ゴルスピーにあるローソン・メモリアル・ホスピタルであと数日間過ごすことに決めた[5]。

当時、レノンはいつもの調子で事故のことを軽く扱い、デレク・テイラー宛の葉書で差出人名に〝ジャック・マックリップル〟〔マックリップルの〝Cripple〟は身体障碍者の意味〕と冗談めかして書き、取材記者の一団に対して、「自動車事故を起こすんだったら、ちょうどハイランド地方で起こるように段取りしといたほうがいいよ」と発言している。しかしレノンは自分と家族に与えた傷の深刻さに茫然自失し、その場で金輪際、車を運転しないと決心した。これは確かに悲惨な事故で、その後に大きな影響を及ぼしかねない出来事だった。

レノンがスコットランドの病院でベッドに伏している間、ビートルズのほかのメンバーは新しいLPの作業を開始した。エメリックは後に、「ジョンが「彼のいない間にビートルズが事を進めていることに」どんな反応を示すか誰も分かっていなかったが、ともかく仕事に取り掛かった。彼が賛成してくれるだろうと頭から決めてかかっていたようだ」と述べている[6]。

七月二日はまず、マッカートニーの〈ハー・マジェスティ（*Her Majesty*）〉で、自分のマーティン〝D－28〟アコースティック・ギターを弾きながら一人でレコーディングした。〈ハー・マジェスティ〉は一九六八年秋から演奏されていた曲で、その後一九六九年一月の〝ゲット・バック〟セッションでも取り上げている。

マッカートニーは何年も経ってから、キンタイア岬の近くにあるスコットランドの農場で〈ハー・マジェスティ〉を作曲した時のことを、「これは要するに君主制主義者の歌で、ちょっと無礼な調子もあるけど、とても皮肉たっぷりでかなり笑えるんだ。まるで女王に対するラヴ・ソングみたいな曲だ」と思い出している。マッカートニーが女王に関して何かを最初に書いたのは、これから十七年ほど前に遡る。一九五三年、早熟なマッカートニーは十歳の時に、エリザベス女王の戴冠式の一環として開催されたコンクールでほかのリヴァプールの学童六十人とともに表彰された。ポール少年は受賞作文で、征服王ウィリアムが一〇六六年に暴力によって開始した治世と、新女王の戴冠を対比して平和の力を褒め称えた。「私たちの若く愛らしい女王エリザベス二世の戴冠日にあたって暴動も殺戮も起こらないのは、現代の王室が力ではなく愛情を持って私たちを支配しているからだ」とマッカートニーは書いている。この十二年後の一九六五年十月二十六日、マッカートニーとビートルズのほかのメンバーはMBE〔大英帝国勲章5等勲爵士：Most Excellent Order of the British Empire〕勲章を授与された時に女王と実際に対面することになる。マッカートニーは当時、「彼女は可愛らしく、とても人懐っこく、まるで僕らの母親のようだった」とコメントしている。[7]

マーティンがコントロール・ブースでマクドナルドとブレアとともに働き、マッカートニーはシンプルなこの曲を3テイクで手早く録り終えた。マーティンはマッカートニーが弾き語りで歌うこの曲をライヴ録音し、ヴォーカルとギターを8トラックのふたつのトラックに割り当てた。この午後、ビートルズとの仕事に駆り出されたばかりで緊張していたブレアは困難な仕事を任された。〈ハー・マジェスティ〉の作業が終わって、ブレアは「頭が真っ白になった」という。「ポールが椅子に腰かけて〈ハー・マジェスティ〉を演奏し終わり、僕はテープの箱に書く〝Majesty〟の綴りがどうしても頭に浮かばなかった。上の階に電話をかけ、建物中に電話をかけまくって〝Majesty〟をどうやって綴るのか質問したんだ！」とブレアは語っている。[8]

プレイバックを聴いた後、マッカートニーは〈ハー・マジェスティ〉を〝途轍もないメドレー〟に入れる候補に選んだ。この時点でスタジオ2にはハリスンとスターも参加しており、ビートルズのミニチュア・オペラに入る予定のマッカートニー作品二曲、〈ゴールデン・スランバー（*Golden Slumbers*）〉と〈キャリー・ザット・ウェイト（*Carry That Weight*）〉に挑戦した。〈ゴールデン・スランバー〉はマッカートニーが先頃、リヴァプール近くウィラル半島の〝レンブラント〟と呼ばれる家に住む父親ジムを訪問した際に作った曲だ。ジム・マッカートニーは妻メアリーが一九五六年十月に非業の死を遂げた後に何年も経ってから再婚し、新しい家族として妻のアンジェラ、義理の娘ルースを迎えた。レンブラントを訪問した際、ポールはピアノの上にトーマス・デッカー〔イングランド出身の劇作家〕作の〈*Golden Slumbers*〉の譜面が置いてあるのを見つけた。彼はこのエリザベス朝の詩人・劇作家による歌詞にたちまち虜になった。「歌詞がとっても気に入ったんだ。とても心の落ち着く美しい子守唄だけど、僕は音符が読めないからメロディーは拾えなかった。だから歌詞だけを使って自分で作曲した。その時は四〇〇年前の作品だとは知らなかった」と後に述べている。元々はデッカーの一六〇三年の戯曲《*Patient Grissil*》の第四幕第二場の間奏曲として出版されたこの曲は子守唄を起源として書かれた後、マッカートニーの手によって作り変えられ、まだ形を整えていなかったメドレーをドラマティックに盛り上げる作品となった。劇中に登場するデッカーの歌詞は、甘美で眠気を誘う子守唄に合わせて赤子を揺らすように歌われる。

黄金の眠りが目に口づける
目を覚ますのは微笑む時
眠れ、可愛い駄々っ子、泣かないで
子守唄を歌ってあげよう
ゆーら、ゆーら、子守唄[9]

マッカートニーの紡ぎ出したメロディーでは、デッカーの歌詞が数世紀を飛び越えて極上のロック・ソングに脚色されているものの基本的な意味がしっかりと保たれている。〈ゴールデン・スランバー〉はもはや子守唄ではなく、人間どうしの対立、成人期、喪失といった痛々しい現実に傷つく心を慰める役割を果たしている。マッカートニーは、〝昔は家路をたどれば我が家に帰れた。以前は故郷に帰る方法があった〟と歌っている。マッカートニーにとって、一六三〇年代に亡くなった詩人の歌詞を借りることは些細な罪だった。世に知られる最も偉大な芸術家と同じように、ビートルズは他人の作品を常に作り変えていた。マッカートニーが、「僕らはこの街一番の泥棒だ。天才盗作者なんだ」と発言したのは有名だ。バンドの初期時代にはチャック・ベリー（〈スウィート・リトル・シックスティーン〈（*Sweet Little Sixteen*）〉の歌詞からインスピレーションを受けて〈アイ・ソー・ハー・スタンディング・ゼア（*I Saw Her Standing There*）〉を作ったうえ、ベリーの膨大な作品群からウォーキング・ベース・ラインを盗んでいる）は言うまでもなく、ボビー・パーカー（ビートルズの〈アイ・フィール・ファイン（*I Feel Fine*）〉と〈デイ・トリッパー（*Day Tripper*）〉は、パーカーの〈ウォッチ・ユア・ステップ（*Watch Your Step*）〉と明らかにそっくりだ）から遺憾なく借用していた。もっと時代が下ってからはハンフリー・リトルトンの〈*Bad Penny Blues*〉を作り変えて〈レディ・マドンナ（*Lady Madonna*）〉のピアノのイントロに使い、レノンはピー・ウィー・クレイトンの一九五四年のヒット・シングル〈*Do Unto Others*〉から火の出るようなギター・オープニングを頂戴して〈レボリューション〉にそのまま使っている。[10]

4

マッカートニーは一九六九年一月の〝ゲット・バック〟セッションでバンドメンバーに初めて

〈ゴールデン・スランバー〉を披露した時、この曲がフランク・シナトラお得意のバラードみたいだと思い、「《ソングス・フォー・スウィンギン・ラヴァーズ（*Songs for Swingin' Lovers*）》アルバムに入っていてもおかしくない」とジョークを飛ばした。「英国風の古いラヴ・ソングで、僕は童話を書くべきなんだろうな」と彼は述べた。この想いに沿って、〝むかしむかし、王様がいました〟と歌い出した。しかしおよそ六ヶ月後、この曲をテープに吹きこむ際には気取った童話を投げ捨て、〈ゴールデン・スランバー〉を純然とした子守唄として録音した。七月二日アビイ・ロードでのセッションで、スターは皮のヘッドを張ったラドウィグ〝ハリウッド〟を叩き、ハリスンは自身のフェンダー〝ベースⅥ〟を弾いて〈ゴールデン・スランバー〉を15テイク収録し、テイク13をベストテイクに選んだ。マッカートニーは（大部分を）借用した歌詞に——ほとんど楽譜が読めず、ルースの楽譜に書かれた曲そのものを弾けなかったため——自分で新しく付けたメロディーをピアノで弾きながら、〈ゴールデン・スランバー〉に情熱的なリード・ヴォーカルを考え出し、コーラス部分では全力を振り絞ったシャウトまで盛り上げていった。「ほんとに優しいテーマ（主旋律）だったから、とても強いヴォーカルにしたかったのを憶えている。だから僕はヴォーカルを強く前面に押し出して、結果的にとても満足したよ」と後に語っている。[11]

〈ゴールデン・スランバー〉はまだ生まれたばかりで発展段階にあったが、すでにメドレーへの収録が決まっており、やはり一月の〝ゲット・バック〟セッションでマッカートニーが披露した多数の曲に含まれていた〈キャリー・ザット・ウェイト〉とともにメドレー前半部を飾ることになっていた。一月九日の時点でさえ、作曲者のマッカートニーは当初コミカルになるはずだった長い物語の前半後半を構成する要素のひとつとしてこの曲を捉えていた。ほんのわずかの期間とはいえ、このプロジェクトでスターのヴォーカル曲として〈キャリー・ザット・ウェイト〉が候補に上がっていたが、事実ビートルズのスタジオLPのほとんどすべてにリンゴのリード・ヴォーカル曲が収録されていた。マッカートニーは一月にトゥイッケナム・スタジオでスターに〈キャリー・ザット・ウェイト〉を披露した時にこの曲を歌うよう盛んに焚きつけ、スターが以前《ヘルプ！》アルバム（一九六五年）でリード・ヴォーカルを務めたバック・オーウェンズのカヴァー曲〈アクト・ナチュラリー（*Act Naturally*）〉に似ているとまで発言した。マッカートニーはリンゴに、「ちょっと〈アクト・ナチュラリー〉みたいで、〝誰々とどうした、誰々とこうした〟とキャッチフレーズが何回も出てくるけど、彼は〝アクト・ナチュラリー（自然に振る舞う）〟しか言わないんだ」と述べている。〈キャリー・ザット・ウェイト〉はこの初期段階において、ダンスホールのような雰囲気と跳ね回るような速めのテンポを持っていたが、これは原案にしたがってコミカルな味を出すための演出だった。マッカートニーはスターに内容を伝えるために、「ヴァース部分では、酒飲みが酔っ払って、妻と喧嘩し、酔い潰れ、ああだこうだと続いて、〝翌朝目が覚めて頭の上に何か重たいものが乗っかってると思ったら、自分の頭だったんだよ！〟これは誰もが経験する気苦労だ。何の変哲もない歌で、すべて順調だったのに〝今朝、卵がひとつ割れちまったんだ〟みたいなことが起こる。とっても他愛ないことなんだけどね」と述べた。ここでスターは、「鏡が割れちまった」と歌詞のアイディアを提案すると、マッカートニーは「僕の右の靴がちょっとキツイ」と応じ、〈キャリー・ザット・ウェイト〉で描かれる日常的な困難を強調した[12]。

この曲は七月二日の時点で取るに足らないコメディーではなくなり、屈託ない若者から大人に成長する困難に満ちた道のりを描いた〈ユー・ネヴァー・ギヴ・ミー・ユア・マネー〉および〈ゴールデン・スランバー〉とほとんど同じ素材から切り取られたように変貌した。三曲とも競争と野心に支配された生活様式が終生の友人にさえ態度の違いをもたらし、引き裂こうとするようすを描き出している。〈キャリー・ザット・ウェイト〉が持っていた軽快さは、グループの未解決のビジネス紛争と薬物濫用の重苦しさに見合った沈鬱なムードに一変した。マッカートニーは当時、「僕の叔母のジン〔ポールの父ジムの妹で一九八七年に死去したJane McCartney Harrisのことと思われる。〈幸せのノック（Let 'em In）〉でも歌われている〕」が悪い気配と呼んでいた雰囲気――〝あ、この家の気配はどうもおかしいわ〟――に支配されていた。……〝ヘヴィー〟って言い方が流行っていた――〝凄くヘヴィーだな〟みたいに――けど、今は本当にヘヴィーかったんだ。これが〈キャリー・ザット・ウェイト〉の意味だ。軽い、気楽な感じのヘヴィーさはウィットに富んでいて残酷な時もあるけども、自分本来の居場所と立場が確保されていた。でもここでいうヘヴィーさにはまったく人の入りこむ余地がなかった。深刻で被害妄想的なヘヴィーさで、居心地悪くてしょうがなかった」と述べている。マッカートニーは何年も経ってから〈キャリー・ザット・ウェイト〉の暗示する不吉な意味についてさらに突っこんで解剖している。「僕はだいたいにおいて陽気なんだけど、どうしようもなくイラついて陽気どころじゃなくなる時期があって、あの時もそうだった。僕らは大量のアシッド（LSD）や色んなドラッグ（薬物）を摂取していたし、クラインに関するゴタゴタがあり、止まることなくどんどん狂った状況に追いこまれていた。〝この重さを延々と引きずっていく〟のが永遠に続くような気がしたんだ！　それが言いたかったんだ」と述べている。クラインに関していえば、二ヶ月前にビートルズの意見衝突を引き起こしたマネージメント契約書にマッカートニーは依然としてサインをしていなかった[13]。

七月二日のセッション中、マッカートニーは〈キャリー・ザット・ウェイト〉のガイド・ヴォーカルを——ちょうど〈ゴールデン・スランバー〉と同様に——録り終えたが、TGコンソールの8トラック・テクノロジーによる分離のおかげでこの偉業を成し遂げることができた。〈ユー・ネヴァー・ギヴ・ミー・ユア・マネー〉と同じように、〈ゴールデン・スランバー〉と〈キャリー・ザット・ウェイト〉のリード・ヴォーカルを後から録り直したり、ハーモニーを付けたり、これから創作するインストゥルメンタル・パートを録音できるスペースを確保できたのだ。バンドの意見は、〈キャリー・ザット・ウェイト〉のテイク15がベストということで一致した。

翌日の七月三日、マーティンはマクドナルドとブレアによる編集セッションをスタジオ2のコントロール・ルームで監督して〈ゴールデン・スランバー〉のテイク13と〈キャリー・ザット・ウェイト〉のテイク15を切れ目なくつなぎ、マッカートニー、ハリスン、スターが新曲の作業に取り掛かれるようにした。スターはふたつの曲の合間に〝ハリウッド〟ドラム・キットのタムタムで効果的なビートを刻んだ。

レノンがオノと遥か北で回復している間、バンドメンバーは作業を続けた。この晩、マッカートニーは二曲のリード・ヴォーカルを再び試み、ハリスンは〈キャリー・ザット・ウェイト〉のコーラスから転調して胸が張り裂けるようなミドル・エイト〔曲の途中に登場する新しい8小節のメロディーのこと。ブリッジ、Cメロとも呼ばれる〕に入る際に挿入する絶妙なギター・リックを考え出した。ポール、ジョージ、リンゴはありったけの活力を奮い起こしてコーラスの歌詞をユニゾンで歌った。しかし彼らの声がドラマティックな頂点に達したのは――マッカートニーがテープ上に吐露した最も赤裸々な歌詞といえるかもしれない――ミドル・エイトだった。

僕は君に枕を決して譲らない
君に招待状を送るだけ
そしてお祝いの席の真っ只中で
僕は泣き崩れる

〈ユー・ネヴァー・ギヴ・ミー・ユア・マネー〉の特徴的なメロディーを用いながら、〈キャリー・ザット・ウェイト〉のミドル・エイトがバンドメンバーの不和をさらけ出し、マッカートニーは自分の落ち度さえも認めている。本当に重要な時に――仲間を慰めることができたにもかかわらず――

—彼はバンドメンバーを冷たくあしらったのだ。つまり、彼らの友にはなれなかったのだ。この重荷をマッカートニーがこれから長い間にわたって背負い、この状態が自身の言葉によると、「永遠に続くような気がしたんだ！」ということになる。

七月三日のセッションが終了する前、ブライアン・ジョーンズが二十七歳で死亡したニュースがＥＭＩスタジオのビートルズに飛びこんできた。ローリング・ストーンズを脱退したギタリストのジョーンズとファブ・フォーはとても親しい関係にあった。四人は一九六〇年代初期、ストーンズがちょうど有名になる頃から彼を知っており、レコーディングにゲストとして招いたこともあった。自宅〝コッチフォード・ファーム〟〔『クマのプーさん（Winnie-the-Pooh）』作者Ａ・Ａ・ミルンの家だった建物〕のプールの底に沈んでいるジョーンズの死体がその日に発見されたのだ。検視官は後に、薬物とアルコールの血中濃度からジョーンズの死因を〝偶発事故〟と判定した。ミック・ジャガーは何年も経ってから、「彼の薬物中毒についてよく理解していなかった。周りの誰も薬物中毒について詳しく知らなかったと思う。ＬＳＤみたいなものはすべて新しかったからね。どんな害があるのか誰も知らなかった。みんながコカインは体にいいって思っていたぐらいだ」と述べている。

いっぽう、レノンがスコットランドで負傷から回復するのを待つ間、ほかのビートルズ・メンバーとマーティンは七月四日金曜日の午後にスタジオ2で比較的短いセッションを行った。この時点で、〈キャリー・ザット・ウェイト〉にフィーチャーされていたのはスターのドラムスがトラック1、ハリスンのベースがトラック2、マッカートニーのピアノがトラック3、マッカートニーのリード・ヴォーカルがトラック4、ビートルズ三人の歌うハーモニーがトラック5、ハリスンのレスリー・スピーカーで増幅したリード・ギターがトラック6だった。ハリスンは、前年の秋にエリック・クラプトンと共作した〈バッジ〉にも使った下降するギター・リフで〈キャリー・ザット・ウェイト〉を締めくくった。マーティンはまだ2トラックを空けておき、その後オーケストラをオーヴァーダビングする作業に備えて余裕を持たせた。[14]

七月四日のセッションの前半部分はこともあろうに、テニスの試合中継に意識を集中することになった。エンジニアのデイヴ・ハリーズの回想によると午後にビートルズがスタジオに現れた時、制作チームはBBCのラジオ2で放送されていたウィンブルドン女子シングルス決勝の生中継、タイトル防衛を狙うアメリカのビリー・ジーン・キングと、挑戦者となる英国のアン・ジョーンズの試合に耳をそばだてていたという。「私たちはビートルズが入ってくる前、座って決勝戦を聞いていたんだ。ミキシング・コンソールを通して中継を聞いていた。彼らが入ってきて、顔を顰めてうんざりしたように唸った時は特に、〝くそっ、これで終わりかよ〟と私たちは思った。でも彼らはしばらく聞き続けていいと言って、数分したらメンバーの一人がアン・ジョーンズはどうなってるか訊ねたから、彼らも聞けるようにスタジオのスピーカーからも流したんだ！」とハリーズは述べている。そんなわけでこの日のバンドのレコーディングのアウトテイクにラジオ中継が紛れこむことになり、ジョーンズは七十一分にわたる3セットマッチで3－6、6－3、6－2のスコアで王者キングを下した。

この週末は、ローリング・ストーンズがブライアン・ジョーンズ追悼のためにロンドンのハイド・パークで開催した無料コンサートで十四曲を演奏したニュースで持ち切りだった。このイベントのために、ストーンズはサヴィル・ロウにあるビートルズの地下スタジオでリハーサルを行った。マッカートニーは土曜日のコンサートを観に行ったが、五十万人近いファンがロンドン中心部に集まった。このイベントは当初、ジョーンズの後任ギタリストとして加入したミック・テイラーのお披露目公演になる予定だったが、ストーンズは急遽ジョーンズの追悼コンサートを行うことにしたのだ。キース・リチャーズは後に、「俺たちはブライアンの追悼コンサートに変更した。彼を豪勢にあの世に送り出したかったからだ。彼の運命の浮き沈みはさておき、人生の終わりに鳩を空に放つというか、この場合には袋いっぱいに詰めた白い蝶を解き放ったんだ」と書いている[15]。

七月七日月曜日にはハリスンが最新曲〈ヒア・カムズ・ザ・サン（*Here Comes the Sun*）〉を披露し、ビートルズのメンバーにとって陽気な気分と喜びに満ち溢れたセッションとなった。《ホワイト・アルバム》の〈ホワイル・マイ・ギター・ジェントリー・ウィープス〉に加えて先頃〈サムシング〉を作ったハリスンがついに、超一流のソングライターであることを証明したからだ。

レノンにとって、〈サムシング〉の登場は目から鱗が落ちる経験だったという。レノンは後に、「ポールと僕はシンガーだったから、僕らの手で帝国を文字通り二分割したんだ。僕らがグループに加えた時にジョージは歌ってさえいなかった。彼はギタリストだったからね。最初の数年間はステージで歌わなかった。だから僕らはリンゴと同じように、ジョージに一曲歌わせるようになったんだと思う」と語っている。また、ハリスンがソングライターとして働きはじめた頃には、「彼の書いた曲がたいして良くなかった気まずい時期があって、誰も何も言いたがらなかったけど、僕らはこういった曲をみんなで何とか仕上げた――リンゴの曲にしたのと同じようにね。どうしたかっていうと、僕らが作った何曲かよりも手間暇をかけたんだ。だから彼は長い間、同レベルにはなれなかった――これは彼を貶してるんじゃなくて、ソングライターとしての経験をまだ僕らのように積んでいなかっただけなんだ」とレノンは述懐している[16]。

ハリスンはビートルズのソングライティングに関する序列で中程度の位置づけだと痛感していたに違いないが、〈シー・ラヴズ・ユー〉、〈抱きしめたい〉、〈エリナー・リグビー（*Eleanor Rigby*）〉など数えきれない珠玉の名曲を生み出した作曲者チームと肩を並べようと決意を固めていた。「僕はレノンじゃないし、マッカートニーでもない。僕は僕だ。そして僕が曲を書きはじめたたったひとつの理由は、〝そうか、彼らが書けるなら、僕だって書けるさ〟と思ったからなんだ」とハリスンは述べている。ハリスンは一九六七年の春にも、自身の作品〈オンリー・ア・ノーザン・ソング（*Only a Northern Song*）〉が《サージェント・ペパーズ》に収録する水準に達していないと判断したマーティンによってアルバムから外されて失望を味わったばかりだった。しかしハリスンは、より優れた楽曲〈ウィズイン・ユー・ウィズアウト・ユー（*Within You, Without*

You)〉を《サージェント・ペパーズ》のためにレコーディングするという素晴らしい功績を立てて雪辱を果たした。そして〈ヒア・カムズ・ザ・サン〉によって、グループ内での地位をさらに向上させることに成功した。ハリスンは一九六九年一月の〝ゲット・バック〟セッションで、レノンが〝ヒア・カムズ・ザ・サン〟という歌詞を含む新曲〈サン・キング(*Sun King*)〉を懸命に作っているのを横目で見ていた。その年の四月、ロンドン近郊にあるエリック・クラプトンが所有する〝ハートウッド・エッジ〟と呼ばれる大邸宅の庭園を散策している間に、ハリスンは曲想のアイディアを見事に結実させた。クラプトンは何年も経ってから、彼の友人がクリエイティブなエネルギーを大きく開花させるようすを懐かしく思い出している。「美しい春の朝、僕たちが庭園に植えられた広々とした芝生の上に座って二人ともギターを抱えて掻き鳴らしていると、〝ディダディディー、*it's been a long cold lonely winter*(長く寒く寂しい冬だった)〟と彼は歌いはじめ、徐々に肉付けしていくうちに昼ごはんの時間になったんだ」とクラプトンは回想している。[17]

〈ユー・ネヴァー・ギヴ・ミー・ユア・マネー〉や〈キャリー・ザット・ウェイト〉といったマッカートニーの新曲と同様、ハリスンの曲もバンドの財務危機と切り離せない関係を持っていた。ハリスンは後に、「〈ヒア・カムズ・ザ・サン〉を書いた時はアップルがまるで学校みたいな感じになってきて、僕らはそこに通ってビジネスマンにならなきゃいけなかった。〝ここにサインして〟、〝あれにサインして〟と言われるんだ。ともかくイングランドの冬は永遠に続くように思えるから、本当にやっと春が到来した実感が湧くんだ。そんなわけである日、僕はアップルに嫌気がさし、エリック・クラプトンの家に向かった。あの間抜けな会計士たちを見なくて済む解放感は素晴らしく、僕はエリックのアコースティック・ギターを借りて庭園を散歩し、〈ヒア・カムズ・ザ・サン〉を書いたんだ」と述べている。[18]

ハリスンは五月の休暇に妻のパティとサルディニアに滞在した際、彼にふさわしくヒンドゥーの神々の絵と宗教的格言が印刷された専用便箋に歌詞を書き上げてこの曲を完成させた。スキャットによる歌詞を暗記しやすいように、リフレインに〝スクービー・ドゥービー〟と書きこんであり、ブリッジのギター・パートには〝〈バッジ〉の息子〟と書いてあるが、これはクラプトンと共作してクリームに提供した曲の下降するギター・フレーズのことだ。ハリスンは歌詞の下に、光り輝く笑顔の太陽のイラストを描いている。この曲の魅力的なリフレインに関してハリスンは、ザ・ダイヤモンズが一九五七年にカヴァーしたドゥーワップのヒット曲〈リトル・ダーリン（*Little Darlin'*）〉からインスピレーションを受けた可能性がある。

マクドナルドとカーランダーとともにブースに入ったマーティンは、七月七日の午後に〈ヒア・カムズ・ザ・サン〉のセッションを開始した。この日はずっと和やかな雰囲気が続いた。テイク1で出だしに失敗するとハリスンは、「今まででベストのオープニングだったかも！」と茶目っ気たっぷりに言ってのけた。〈ヒア・カムズ・ザ・サン〉は一聴した印象と違ってシンプルではなく拍子記号が次々と変化する複雑な構成になっており、ヴァースは4／4拍子で、その間に11／8拍子と15／8拍子のシークエンスが二小節単位で挟まれる。レコーディングでバンドメンバーが作り上げたベーシック・リズム・トラックでは、ハリスンがガイド・ヴォーカルを歌いながら曲の特徴となるメロディーをギブソン〝J‐200〟アコースティック・ギターで弾き、マッカートニーがベース、二十九歳の誕生日を祝うスターがドラムスだった。マーティンとビートルズがテイク13をベストに選んだ後、ハリスンは残りのセッションをギター・パートの改良のために使った。〈ヒア・カムズ・ザ・サン〉のベーシック・トラックを制作する最中に、彼はアコースティック・ギターの7フレットにカポタストを付けてこの曲の優美なイントロを完璧に仕上げた。[19]

七月八日の火曜日も〈ヒア・カムズ・ザ・サン〉の作業は続いた。マーティンは、ハリスンの新曲の進化に目を見張った。「これまでにない新しいアイディアがたくさん詰めこまれていたと思う。つまり、ジョージは〈ヒア・カムズ・ザ・サン〉で見事な作曲と音楽的なアイディアを初めて成し遂げたわけで、ほら、奇妙なリズムがいくつか使われているよね。この曲でこういったアイディアが初めてポピュラーな作品として結実したんだ」とマーティンは後に語っている。この午後、ハリスンは〈ヒア・カムズ・ザ・サン〉の新しいリード・ヴォーカルをオーヴァーダビングして前日のガイド・ヴォーカルと差し替えた。ハリスンとマッカートニーはこの時点で、二人のハーモニーの豊かさを際立たせるために声をダブルトラッキングして非常に美しいバッキング・ヴォーカルを録り重ねていた。3Mテープ・マシンで使用可能な8トラックすべてをバンドメンバーのヴォーカルと楽器が使い切ってしまったため、マーティンと制作チームはテープ・リダクションのためのミックスダウン作業で8時間のセッションを締めくくった。ハリスンはすでに、マーティンによるオーケストラ編曲を想定してどんな装飾音を付けるかを頭に描いていた。[20]

そしてグループにとって審判の日が訪れた。七月九日の水曜日、痣だらけで見るからに疲れ果てたレノンがスコットランドから妻のヨーコと子供たちを連れて帰ってきたため、ビートルズは再び四人組になった。マクドナルドは後に、「みんなが彼らの到着を待っていて、ポールとジョージ［・ハリスン］とリンゴは下の階に、私たちは上の階にいた。彼がどんな状態なのか誰も知らなかった。確かに異様な〝ヴァイブ（雰囲気）〟が立ちこめていた。到着する前はレノンの容態が分からなかったし、三人とも彼をちょっと怖がっているように見えた。私の印象では、三人が彼に少し脅えているように思えた。とうとう彼が入ってきた時、彼らはすぐに打ち解けたから私は胸を撫で下ろした。ジョンはパワフルな人物で、特にヨーコといる時は――強さが二倍になった」と回想している。

ビートルズのほかのメンバーは、ヨーコが自動車事故で受けた額の傷を隠すために王冠を頭に着けている姿を目にして驚いたに違いない。妊娠中の母子を守るために、ヨーコはベッドでの絶対安静を医師から命じられており、ジョンはハロッズからダブルベッドを注文してEMIスタジオに運びこませ、ヨーコが常に夫と会話できるように近くにマイクロフォンを設置した。このすぐ後にロン・リチャーズがスタジオを訪問したが、彼はマーティンと共同でAIRを経営して

4

おり、ビートルズのエンジニアを務めた経験もあった。リチャーズはヨーコがベッドにゴロゴロしているのを見て愕然としたという。「ナンバー3で後から行われたセッションに顔を出したら、ヨーコが豪華なダブルベッドの上にいたんだ。信じられなかった！ ジョンはオルガンに腰かけて演奏中だったので、私は近づいて〝こりゃいったい全体どうなってるんだ?〟と話しかけたけど、彼がとてもピリピリしていたから私は何も言わずに出てきたんだ」と後に述べている。[21]

レノンが復帰してから最初のセッションで取り掛かったのは、まずマッカートニーの〈マックスウェルズ・シルヴァー・ハンマー（*Maxwell's Silver Hammer*）〉で、この曲も一月の〝ゲット・バック〟セッションからの残り物だった。ところが実際には、この曲の起源はもっと先に遡る。

一九六六年一月、マッカートニーはリヴァプールに向かって自動車を運転している最中にBBCラジオで放送されていたアルフレッド・ジャリ作の演劇『寝とられユビュ（*Ubu Cocu*）』〔『ユビュ王（Ubu Rai）』の第二章と思われる〕を聴いていた。「僕のそれまでの人生で一番のラジオ劇で、演出も最高だったし、主役ユビュの演技も素晴らしかった。ほんとうに感激した。この時期の僕の人生で最大の出来事だったかもしれない」とマッカートニーは後に語っている。この劇を聴いてから、マッカートニーはジャリ独自の〝パタフィジックス〟、つまり全宇宙で起こるどんなにありふれた出来事でも、並外れた意味深長なものとして取り扱うメタフィジックス（形而上学）の一部門にすっかり夢中になった。〈マックスウェルズ・シルヴァー・ハンマー〉の歌詞では、マックスウェルの理不尽で動機不明な連続殺人事件によってこの現象を説明している。マッカートニーは一九六八年春にビートルズがインドのリシュケシュに滞在した際にこの曲の最初のヴァースを書いたが、この時にレノンとマッカートニーはマハリシ・マヘーシュ・ヨーギーの指導下で発達したカルマ(因果応報)思想を二人とも信じていた。この思想では、非道な行為を成した人に対して、どこかに漂っているカルマ〔英語での発音はカーマ。業、宿命、因縁のこと〕がインスタント(即座)に降ってくると信じられていた。アップル従業員だったトニー・キングによるとレノンは当時、「この曲の背景となったアイディアは、何か不正なことをした瞬間、マックスウェルの銀のハンマーが頭の上に振り下ろされるというものなんだ」と述べていたという。マッカートニーによると、「〈マックスウェルズ・シルヴァー・ハンマー〉は、悪いことが突然起こるというたとえ話を僕なりに作ったもので、その頃の僕の人生で思い知ったんだ。何か象徴的なものにしたかったから、僕にとってその存在は銀のハンマーを持ったマックスウェルという架空のキャラクターになった。なんで銀だったかは分からないけど、〝マックスウェルのハンマー〟よりも言葉の座りが良かったんだ。ざっと目を通した時にもう一語必要だった」という。ハリスンは後に「メロディ・メイカー」紙のインタビューで歌詞について、マックスウェルが常に殺人という形でインスタント・カーマを与えることに触れ、「何というか胸糞悪くなる話だよね。この男は誰彼となく殺し続けるんだ!」と述べている。[22]

〈マックスウェルズ・シルヴァー・ハンマー〉は《ホワイト・アルバム》セッションでまったく

取り上げられなかったが、〝ゲット・バック〟セッションでは早いうちから定期的に収録候補となっていた。グリン・ジョンズの指揮の下、トゥイッケナム・スタジオでのリハーサル二日目でマッカートニーはこの曲を披露し、レノンとハリスンによるギター、スターによるドラムス、マッカートニーのベースとガイド・ヴォーカルによってバンドを率いて何度も演奏した。マッカートニーは午後に入る頃にすでに、この曲を〝陳腐なやつ〟と呼んでいた。ハリスンの提案でマッカートニーがピアノ伴奏を始め、ジョージがベースに持ち替えた。〝ゲット・バック〟セッションがダラダラと進行するなか、マッカートニーは折あるごとにアレンジメントを変更し、バンドを率いてアドリブで新しい歌詞を付け加えながら何十回もリハーサルを繰り返して曲を練り上げた。一月七日、マッカートニーはローディーのマル・エヴァンスを呼び出して金床（かなとこ）を調達し、〝バン、バン、マックスウェルの銀のハンマー！〟というコーラスに合わせて鉄の塊をハンマーで叩くよう指示した。一月九日、ハリスンが一時的にバンドを脱退したため〈マックスウェルズ・シルヴァー・ハンマー〉の作業は中止された。

〈マックスウェルズ・シルヴァー・ハンマー〉の作業は七月九日のセッション中にマーティンがコントロール・ブースから、レノンとオノが設置されたばかりのベッドから見守るなかで再開された。この時点で、彼らはベーシック・リズム・トラックをマッカートニーのピアノとガイド・ヴォーカル、ハリスンのベース、スターのドラムスで録音しはじめた。バンドメンバーが16テイクを苦労してレコーディングし、マッカートニーが一月に中止した箇所から作業をやり直す間、レノンは身じろぎひとつしなかった。テイク5を録った後、マッカートニーはこの曲の将来の音楽的装飾を頭の中で描きはじめた。「いい感じになってきた、分かるだろ。魅力的なところがあった。この魅力的な部分にちょっと違った趣向を取り入れてみたらどうだろう」とほかのセッション参加者に呼びかけている。セッションが終了してから、マッカートニーとハリスンは〈マックスウェルズ・シルヴァー・ハンマー〉に付け加えるカントリー・アンド・ウエスタン色の濃いエレクトリック・ギターのパッセージをいくつかリハーサルした。翌日七月十日の木曜日もこの曲の作業は続き、レノンはオノとベッドに寝そべってセッションに参加せず、スタジオの控え室で電話を取るために時々姿を消した。九時間にわたるセッション中、残りのビートルズはマッカートニーによる新しいピアノ・パート、マーティンによるハモンド・オルガン、スターによる金床を含む数回のオーヴァーダビングを加えた。いっぽう、ハリスンはレスリー・スピーカーにつないだギター・パートを提供し、その後マッカートニーがリード・ヴォーカルをさらに試みてから〝マックスウェル・マスト・ゴー・フリー（を釈放すべきだ）〟という合いの手などのパートを即興のハーモニーで、スキャット・ヴォーカル（〝ドゥ、ドゥッ、トゥ、ドゥー、ドゥー〟）をユニゾンで歌った。三人のビートルズ全員が、この歌の哀愁を帯びた結末〝シルヴァー・ハンマー・マン〟を一緒に歌った。金床に関しては、一月にエヴァンスが持ってきたものは不採用になった。エメリックは後に、「リンゴが叩くようにと鍛冶屋で使う本物の金床をスタジオに持ちこんであった。演劇事務所からレンタルしたんだ」と述べている。[23]

この時点でバンドメンバーは〈マックスウェルズ・シルヴァー・ハンマー〉が完成したものと考えており、マーティンと制作チームは一連のステレオ・リミックスを型通りに完成させてセッションを終了した。ハリスンはこのマッカートニー作品の座付き役者のように働きながら、この曲がリスナーを——今日までも——二分する効果を鋭く感じ取っていた。「〈マックスウェルズ・シルヴァー・ハンマー〉は僕らがさんざん時間をかけたポールの曲で、ホイッスルを吹き鳴らすと瞬間的に反応が返ってくるような作品といえるかな、嫌いになる人もいれば大好きになる人もいるんだ」とハリスンは後に語っている。案の定、〈マックスウェルズ・シルヴァー・ハンマー〉はまだ完成しておらず——金曜のセッションでマッカートニーが新たにヴォーカルをオーヴァーダビングし、ハリスンがレスリー・スピーカーにつないだ新しいギター・パートを提供し——八月に入ってからもさまざまな制作段階を経ることになった。レノンは、マッカートニーがスタジオ内で〈マックスウェルズ・シルヴァー・ハンマー〉にこんなに手間をかけることに嫌気がさしていた。「彼はシングル盤の制作時のようにあらゆる手を尽くしたが、シングルにする意図はまったくなかったし、なるはずもない曲だった。ギター・リック〔短いフレーズ〕を入れ、誰かに金属の塊を叩かせ、アルバム全体のどの曲よりも多額の金をあの曲に使ったんだ」とレノンは後に主張している。グループが音楽的に必要ならばいくらでも時間と手間をかけるのは、〈マックスウェルズ・シルヴァー・ハンマー〉でも同じだったとはいえ、グループ内の大半はこの曲に対して次第に拒絶反応を示すようになっていた。デレク・テイラーは後に、バンドが人間関係の難しい問題に苦しんだことはあったものの、「ビートルズがスタジオ内で彼らの芸術の価値を貶めることは決してなかった」と述べている。[24]

〈マックスウェルズ・シルヴァー・ハンマー〉の作業が一時的に停止し、ビートルズはハリスンの〈サムシング〉の制作を再開し、ハリスンは新しいリード・ヴォーカルを録音した。この時点で、〈サムシング〉にはおよそ二分半にわたって展開するインストゥルメンタルによるコーダが含まれていた。テープ・リダクション用のミックスダウン作業の後、この曲を大幅に短縮することになり、マーティンと制作チームが八分近かった長さを五分三十二秒に削った。真夜中頃、マッカートニーが〈ユー・ネヴァー・ギヴ・ミー・ユア・マネー〉のベース・パートを新たにオーヴァーダビングして七月十一日のセッションは終了した。しかしレノンはその月に受けた怪我にまだ苦しみながらベッドに横たわって休むなかで〈マックスウェルズ・シルヴァー・ハンマー〉に対する苛立ちを募らせており、新しい冷戦が始まっていた。

長い週末を挟んだ七月十五日の火曜日、ビートルズは再び仕事に取り掛かった。この日レノンは仲間と短時間ながらも合流し、〈ユー・ネヴァー・ギヴ・ミー・ユア・マネー〉の〝ワン・スウィート・ドリーム〟(ひとつの素晴らしい夢)で始まるセクションに入る前の、グループによる輝かしいヴォーカル・ハーモニーをレコーディングした。彼らは〝ワン、トゥー、スリー、フォー、ファイヴ、シックス、セヴン／オール・グッド・チルドレン・ゴー・トゥー・ヘヴン（すべての良き子供たちは天国に行く）〟とハーモニーで唱和してこの曲の壮大な結末を飾った。マッカートニーが曲全体の重要な転換点で風鈴を鳴らし、ハリスンが楽章をつなぐブリッジとなる鮮烈なエレクトリック・ギターのリフをダブルトラッキングした。この結果、〝途轍もないメドレー〟の導入部を盛り立てるドラマティックなエネルギーを作り出し、バンドはまだ形を成していないソング・サイクル（連作歌曲）のパワフルな序曲を作り上げた。

翌日の午後にはレノンが再び姿を消し、残りのバンドメンバーはスタジオ3でハリスンの〈ヒア・カムズ・ザ・サン〉と〈サムシング〉の作業をレノン抜きで続行した。この時点で、レノンの感情の起伏と常習的な欠勤——不規則で予想できない行動と気分の浮き沈み——は、オノとの長期にわたるヘロイン使用の影響だった可能性がある。バリー・マイルズは後に、「ほかのビートルズ・メンバーは、彼の癇癪玉（かんしゃくだま）が破裂するのを避けるために薄氷を踏む思いをしていた。昔の彼らだったらヨーコの存在がレコーディングにもたらしたストレスについて直接問いただしたり、昔風の口論をしたりしたはずだけど、それが不可能だったのはジョンの行動がまったく予測不可能で彼がどう見ても苦しんでいたためだ」と語っている。ハリスンは七月十六日のセッションで〈ヒア・カムズ・ザ・サン〉にハーモニウムをオーヴァーダビングし、ほかのバンドメンバーとマーティンは作曲者のハリスンが複雑な拍子に合わせて考え出した手の込んだハンド・クラッピング（拍手）をレコーディングするためにかなりの時間をかけた。それからグループはこの日、〈サムシング〉の作業に戻り、マッカートニーの熱狂的なハーモニーに合わせてハリスンが新しいリード・ヴォーカルをレコーディングした。[25]

七月十七日にビートルズは再びレノン抜きでスタジオ2とスタジオ3で九時間働き、〈オー!ダーリン〉と〈オクトパス・ガーデン〉の作業を再開した。マッカートニーはこの時点で、〈オー!ダーリン〉に必要とされるヴォーカル・スタイルを完璧に仕上げるための攻略法を編み出していた。アラン・パーソンズは後に、「アビイ・ロードのセッションで私の記憶におそらく最もはっきりと残っているのは、ポールが毎日午後の二時か二時半にあのスタジオに一人でやって来てヴォーカルを録っていたことだ。ポールは数日間にわたって毎回、〈オー!ダーリン〉のリード・ヴォーカルを歌った。彼はやって来て歌ってから、〝違う、ダメだ、明日またやってみるよ〟と言うんだ。彼は一日に一回しか挑戦しなかったが、声が変わってしまう前にしか出せないある種の生々しさを捉えたかったんだと思う。彼が、〝五年前だったらこんなのはすぐに歌えたはずなんだけど〟と言ったのを憶えているけど、これはきっと〈ロング・トール・サリー（*Long Tall Sally*）〉や〈カンサス・シティ（*Kansas City*）〉の頃のことなんだろう」と語っている。[26]

マッカートニーが日課として試みた〈オー!ダーリン〉を録り終えた後、グループは〈オクトパス・ガーデン〉に意識を集中した。ベーシック・トラックを春に完成させていたため、バンドメンバーはスターの素朴な曲に数々のオーヴァーダビングを被せる準備ができていた。まずはマッカートニーとハリスンのハーモニーで、その後にマッカートニーがピアノ・パートを重ねた。一九六六年六月の〈イエロー・サブマリン（*Yellow Submarine*）〉と同様に、〈オクトパス・ガーデン〉は曲の遊び心を盛り立てるさまざまな効果音を試す格好の機会となった。しかし一九六六年の《リボルバー》LPでのセッションと対照的に、マーティンとビートルズは今回、8トラック・レコーディングという驚異のテクノロジーを手に入れていた。マーティンはブースの中で、マッカートニーとハリスンによる普段よりも高いピッチのコーラスを捉え、フィル・マクドナルドはオシレーター（発振器）とリミッターを使って水中の効果音を作り出した。マーティンと制作チームはこのようにして海の底を思わせる世界を演出した。〈イエロー・サブマリン〉の時と同じように、スターはコップに入れた水にブクブクと泡を吹く音をレコーディングするよう提案し、エンジニアのアラン・ブラウンがコップのすぐ近くにマイクロフォンを置いてこの効果音を完成させた。

　レノンを除くビートルズはこの金曜日にスタジオ3で働き、マッカートニーとスターが新しいリード・ヴォーカルを〈オー！ダーリン〉と〈オクトパス・ガーデン〉で試み、非常に生産的な週を締めくくった。週末の日曜日〔一九六九年七月二十日〕には、ビートルズ——と世界全体——がアポロによる月面着陸という人類史上初の壮挙の生中継に釘付けとなった。エメリックは月面着陸にちょうど間に合うようにEMIスタジオを出た晩のことを何年も経ってから次のように書いている。「私は買ったばかりのカラーテレビでニール・アームストロングの歴史的な第一歩を観られるように、セッション終了後の夜更けに急いで家に帰った。残念なことに、月からの中継はカラーではなく白黒だった」という。しかし幸運なことに、グループはまもなく彼ら自身の魔法にかかることになる。七月二十一日の月曜日にレノンが華々しく復帰し、バンドメンバーはひと安心した。

レノンの声は少し粗削りだったかもしれない——五月三十日の〈平和を我等に〉以来、リード・ヴォーカルを執っていなかった——が、この不利な条件を克服して有り余るほど情熱的だった。この日に彼が準備してきたのは〈カム・トゥゲザー（*Come Together*）〉で、四月半ばの〈ジョンとヨーコのバラード〉以来の新曲だった。[27]

　この曲は大傑作だった。バンドの最近の新曲と同じように、〈カム・トゥゲザー〉も何ヶ月かにわたってゆっくりと進化を重ねてきた。レノンの最新曲はモントリオールで行われた〈ベッドイン〉イベントで、カウンター・カルチャーの導師（グル）ティモシー・リアリーが立候補中の一九七〇年カリフォルニア州知事選挙運動のスローガン、〝団結しよう（同時にイっちゃおう）——党員募集（パーティーにようこそ）！〟に基づいた歌を作曲してくれるようレノンに依頼したことがきっかけとなって生まれた。リアリーがスローガンのアイディアを得たのは中国の古典、『易経』からだった。リアリーはスローガンの明らかに性的なダブルミーニングについて、「ここには明らかにダブルミーニングがこめられていて、一緒に集まってパーティーに参加することなんだけど、パーティーといってもポリティカル・パーティー（政党）じゃなくて、生命を祝福するためのパーティーなんだ」と述べている。レノンはすぐさま〈カム・トゥゲザー〉の作曲に取り掛かり、アコースティック・ギターを抱えてリアリーの言葉にメロディーを付けはじめた。モントリオール滞在中にレノンが録音した最初期ヴァージョンのデモ・テープで、〈カム・トゥゲザー〉はリアリーのコンセプトをリフに使って、カウンター・カルチャーの導師（グル）の性と政治のニュアンスをあわせ持つ主張を熱心に支持している。

集まれ（一緒にイこう）今すぐに
明日じゃなくて
一人じゃなくて
今すぐ僕のところに集まれ（上で絶頂を迎えよう）
誰もが自由であるべきだ

デモ・テープを手にしたリアリーはカリフォルニア州で選挙活動を開始し、オルターナティブ（非主流派の）なラジオ局でレノンの未完成テープを放送することに成功した。リアリーの立場からすると、〈カム・トゥゲザー〉は彼のなかで芽生えた政治的野心を支援するためだけに書かれた特別な曲だった。しかしその後の出来事が示すように、リアリーの考えは間違っていた。[28]

〈カム・トゥゲザー〉の作曲中、レノンがチャック・ベリーの一九五六年のヒット曲〈ユー・キャント・キャッチ・ミー（*You Can't Catch Me*）〉の影響を受けたのは明らかで、この曲でロックンロールの創始者ベリーは〝フラットトップがやって来て、俺の車と並んだ〟〔フラットトップは五〇年代のキャデラックなどに見られる型のこと〕と歌っている。ビートルズは一月十四日、〝ゲット・バック〟セッション中に〈ユー・キャント・キャッチ・ミー〉を即興で演奏している。レノンは〈カム・トゥゲザー〉のために、〝懐かしのフラットトップがやって来て、ゆっくり格好よく横に並んだ〟と歌詞を変更しただけですぐに発売可能だと考えた。しかしマッカートニーは当時、〈カム・トゥゲザー〉がまだ完成には至っていないと感じていた。マッカートニーにしてみれば、〝天才盗作者〞が再び仕事に取り掛かっていたのだ。事実、レノンが微妙に歌詞を変えた後でも、〈カム・トゥゲザー〉はマッカートニーの好みからするとベリーの元歌そっくりに聞こえたと発言しており注目に値する。マッカートニーは後に、「ジョンがチャック・ベリーの〈ユー・キャント・キャッチ・ミー〉そっくりに聞こえるアップテンポの曲を持って来たんだけど、〝フラットトップ〞っていう歌詞まで入っていた。僕は、〝スワンプ・ロックみたいなベースとドラムの雰囲気でテンポを遅くしよう〞と提案した。僕がベース・ラインを考えて、そこからうまく流れるようになったんだ」と語っている。バンドはスタジオ内で共同作業し、くすぶるように燃え立つゆったりしたノリにレノンの曲を作り替えた。テープを回したままでリハーサルし、ミドルテンポでブルージーな〈カム・トゥゲザー〉を8テイクで取り終えたが、編成はレノンのリード・ヴォーカル、ハリスンのエレクトリック・ギター、マッカートニーのベース、スターのドラムスで、リンゴはタムタムによる特徴的なシャッフル・ビートを考え出した。[29]

リアリーに話を戻すと、レノンはすぐに〈カム・トゥゲザー〉の作品としての性格に気付き、「彼のために役立つような曲じゃないし、あんな選挙のキャンペーン・ソングはありえない。リアリーは何年も経ってから、僕が盗作したと攻撃したんだ。僕は盗作していない。単に、あの曲が〈カム・

トゥゲザー〉に形を変えただけだ。僕にどうしろって言うんだ。彼にこの曲をあげてしまえば気が済むのかい？　あれはファンキーなレコードになったんだ」と述べている。リアリーが最初にビートルズのヴァージョンでこの曲を聞いたのは一九六九年十二月、彼がマリファナ所持の嫌疑で収容されていた監獄内のラジオだった〔リアリーは一九七〇年九月に脱獄〕。薬物所持容疑による逮捕によって、リアリーの州知事選挙キャンペーンは突如中止に追いこまれた。レノンの回想とリアリーの主張は食い違っており、リアリーは〈カム・トゥゲザー〉が政治運動のスローガンではなくブルージーなビートルズ作品に変貌したことに驚いたという。「新しいヴァージョンは私のキャンペーン・ソングよりも歌詞と音楽の面で確かに優れたものだったが、レノンが私に断りもなくこんなことをしたのに少し腹が立った。私がジョンに穏やかに抗議したところ、ジョンはいつものウィットと魅力に溢れた調子で、彼が服の仕立て屋で、私がスーツを注文したのにそれっきり姿を現わさなかった顧客なんだと返事を寄こした。だから彼は、ほかの誰かにこのスーツを売ったんだって返事を寄越した」と後に回想している。[30]

そして歌詞はレノンの言う〝無意味なたわごと〟に溢れていたため、〈カム・トゥゲザー〉はキャンペーンを推進する歌としては失格だった。振り返ってみると、〈カム・トゥゲザー〉は自身とバンドメンバーを音楽の力によって再び結びつける、ソングライターによる緊張緩和の試みだったといえるかもしれない。

音楽理論家のウォルター・エヴェレットはこの曲を、ビートルズのメンバー個人の性格を描いて合成したものだと解釈しており、「レノンは解釈したバンドメンバーの性格をユーモラスに描き出すために、〝無意味なたわごと〟を使ったようにも聞こえる。ヴァースごとに一人ずつ、ジョージが長髪のホーリー・ローラー（熱心な宗教者）〔「ホーリー・ローラー」は元々、アメリカのペンテコステ派のキリスト教徒が宗教的熱狂のあまり教会の床を転げまわるようすを表した語〕、ポールがマディ・ウォーターズのギター・リックを弾く格好いいプレイヤー、レノン自身はウォルラス（セイウチ）、オノは〝バッグ・プロダクション〟〔一九六九年四月一日のテレビ・インタビューで二人が入った袋に書かれた〝BAGISM〟（一九六九年十二月十五日の「ピース・フォー・クリスマス」コンサートのステージ上でヨーコが袋を被って行ったパフォーマンス）などを指すと思われる〕、〝スパイナル・クラッカー（背骨破壊者）〟は自動車事故、しかしどの言葉がリンゴを指すのかは判別できない」と書いている。しかしこの曲ならではのファンキーさとセンスの冴えわたる歌詞のなかでさえ、レノンはヘロインのしつこい誘惑を完全に葬り去ることができず、ドラム・ブレークの間に〝シュート・ミー（注射を打ってくれ）〟と明らかに歌っている。[31]

ビートルズにとって、〈カム・トゥゲザー〉セッションはこれまで待ち望んでいた掛け値なしの純粋な喜びの瞬間だった。パフォーマンスを聴けばこれは明白で、レノンがソウルフルで堂々としたリード・ヴォーカルを聴かせ、ハリスンがギブソン〝レス・ポール・スタンダード〟でグルーヴ〔ポピュラー音楽におけるビートのノリのこと〕を引き出している。ビートルズのリズム・セクションは好調で、マッカートニーが特徴的なベースのフレーズをリッケンバッカーで繰り返し、スターが曲のオープニングの鮮やかなタムタム・ロールを完璧に演奏している。セッションは全体的にリラックスして順調に進行し、レノンが機嫌よく〝ボーボー（マリファナ）を調達しなきゃ〟や〝アーサー・キットみたいだ！〟〔「アーサー・キット」とジョンが声を張り上げていることが確認できる正規音源は今のところ《Anthology 3（ビートルズアンソロジー3）》だけに収録されている〈カム・トゥゲザー〉のテイク1〕といったアドリブを入れた。何週間にもわたる不確実性と無秩序状態を経てレノンがとうとう復帰を果たし、バンドメンバーは《ホワイト・アルバム》の衰退期以来の最も充実した演奏で応えたといっていいだろう。また七月二十一日は、エメリックがフルタイムで制作チームに復帰した日でもあった。彼はビートルズの新作LPの制作を通じてセッションを訪れていたが、ようやく最近になってビートルズ以外の職業的義務を完了したのだ。彼は地下室のアップル・スタジオで〝マジック・アレックス〟が引き起こした大失敗を処理するかたわら、ベルギー出身のウォーレス・コレクションというグループによる遅れてきた極上のサイケデリック・ポップの小ヒット曲〈デイドリーム(*Daydream*)〉を収録した《笑う騎士(*Laughing Cavalier*)》、クーバスのデビュー・アルバム《クーバス(*Koobas*)》を手掛けていた[32]。

マーティン、マクドナルド、カーランダーとともにスタジオ3のブースに入ったエメリックは水を得た魚のようだった。彼は最初のうちは嫌っていた新型のトランジスター式ミキシング・デスクにさえ積極的に取り組むようになっていた。「新しい音響的質感は、実際のところあのアルバムに適した柔らかく丸みのあるものだった。微妙な変化だったが、新型コンソールとテープ・マシンがパフォーマンスと音楽に明白な影響を与えたんだなと確信した」と彼は後に認めている。エメリックにとって、〈ヒア・カムズ・ザ・サン〉と〈カム・トゥゲザー〉のような最近の曲がこの変化を示す代表例だったという。「各曲は8トラックを潤沢に使って何度もオーヴァーダビングを重ねてあり、それぞれのオーヴァーダビング作業で私たちの構築するサウンドにバッキング・トラックの音質が直接的な影響を与えた。なぜかというと、リズム・トラックのテープからの出音が少し弱まって再生され、オーヴァーダビングする音――ヴォーカル、ソロなど――の押しが弱くなる。最終的に、より優しく穏やか――なサウンドのレコード――になり、ビートルズのほかの全アルバムと音響的に違うものとなったんだ」とエメリックは述べている。

興味深いことに、〈カム・トゥゲザー〉の〝ライヴ〟に近いサウンドは当初、4トラック・テープに録音され、ビートルズ全員がサウンドのパレットすべてに配列されていた。テイク6がベストだと選んだ制作チームは、この曲を3Mの8トラック・マシンにコピーして残りのスペースをオーヴァーダビング用に割り当て、個々のトラックのイコライジングを都合のいい時に調整できるようにした。七月二十二日の火曜日、レノンは新しいリード・ヴォーカルをオーヴァーダビングし、ハリスンがリズム・ギター・パートを追加した。しかしこの日のハイライトはマッカートニーのエレクトリック・ピアノによる熱狂的なパフォーマンスだった。マッカートニーは何年も経ってから、フェンダー〝ローズ〟エレクトリック・ピアノを演奏した時のことを懐かしく思い出している。「[ジョンが]僕らのうちで誰かを褒めた時はいつでも、本当に心からの賞賛で、確かに彼は滅多にそんなこと言わなかったからね。彼がほんのちょっとでも、わずかでも褒め言葉を口にしたら誰もがほんとうに喜んだ。例えば〈カム・トゥゲザー〉の場合、煙の匂いがするようなスワンプ・ロック風味を効かせたピアノのリックを欲しがっていたから、僕がそんな感じを出して弾いたらジョンはすごく気に入った。僕はとっても嬉しかったよ」とマッカートニーは振り返っている。[33]

突然、難局は過ぎ去った。その原因がジョンとヨーコの交通事故にあったのか、グループのマネージメントに関する膠着(こうちゃく)状態にあったのか、それとも〈マックスウェルズ・シルヴァー・ハンマー〉のためのセッションをまたぞろ繰り返すことをレノンが納得できなかったからかは分からないが、ビートルズは人間関係の泥沼から再び脱出することに成功した。〈カム・トゥゲザー〉によって、バンドメンバーはわずか数時間で危機に瀕していた船を立て直したのだ。レノンの新たなエネルギーに応えて、ほかのメンバーも同様に熱演を繰り広げた。

彼らのインスピレーションの源泉はいつも変わらず、音楽だった。スターは後に、「僕らが興奮している時はレコードにはっきり表れていると思うよ。このトラックはエキサイティングで、すべてがまとまっている。僕らが個人的に色んなくだらないことでどうなろうと関係ない。こういったことが音楽で表現されると、とっても素晴らしいと分かるだろうけど、僕らは何でもかんでも一切合財を1000パーセントぶちこんだんだ」と語っている。予想外の大成功をもたらした〈カム・トゥゲザー〉のおかげでバンドは元通りに戻った。ぎりぎりのタイミングで関係を修復できたのだ。[34]

5 ぜんまい仕掛けのピアノとミルズ夫人

〈カム・トゥゲザー〉セッションによって生み出された友好ムードは、《アビイ・ロード》B面のほとんどを占める野心的なソング・サイクル（連作歌曲）の制作再開後も続いた。今回はレノンが書きかけの歌の数々を提供し、マッカートニーとマーティンがジョンとヨーコの自動車事故以降に構想を練ったアイディアに肉付けしていった。

七月二十三日の水曜日、マッカートニーはスタジオ3で〈オー！ダーリン〉の最新のリード・ヴォーカルを録音した。およそ九時間後――アルバムの今までのレコーディングを聴くプレイバック・セッション中――にこれをベスト・テイクに選び、〈オー！ダーリン〉をついに完成させた。残りのセッションの大部分は、長編メドレーの結末をレコーディングするために当てられた。この時点でバンドメンバーはこの曲を〝エンディング〟と呼んでおり、〈ゴールデン・スランバー〉と〈キャリー・ザット・ウェイト〉の後に置く予定だった。

この曲の中心はスターのドラム・ソロとなることが最初から決定されていた。マッカートニーは後に、「僕らはリンゴをやっと説得してドラム・ソロを叩かせることになったけど、彼はそれまで絶対にソロをしたがらなかったんだ」と述べている。しかし実のところ、リンゴはプロのドラマーとしてまだ駆け出しだったリッチー・スターキーと名乗っていた時代には律儀にドラム・ソロを演奏していたのだ。そしてロリー・ストーム＆ザ・ハリケーンズの最も人気あるメンバーとしてたちまち頭角を現し、たくさんの指輪を指にはめていることがトレードマークとなった。まもなく〝リングス（指輪）〟というニックネームが付き、これが〝リンゴ〟に変わる。スターキーという名前も同じように〝スター〟に短縮されて永年の芸名が生まれた。その後このバンドはスポットライトをドラマーに当てるようになり、〝スター・タイム〟と呼ばれるコーナーが設けられて彼の歌や長いドラム・ソロをフィーチャーするようになった[1]。

　しかしビートルズ時代の彼はこのようなわざとらしい演出を断固として拒否した。マッカートニーによると、スターがソロに興味を示さなかったのは自身のドラミングが水準以下だという考えに悩まされ続けていたせいもあるという。マッカートニーは、「リンゴは素晴らしいドラマーじゃないといつも自分で自分を疑っていたみたいで、ソロを決してやりたがらなかった。彼が大嫌いだったのは延々とドラム・ソロを披露して叩きまくる連中なんだよ。その間にほかのバンドメンバーはステージから引っこんでお茶でも飲んでるんだ」と述べている。はたして今回、ビートルズのレコーディングで長いドラム・ソロを叩くようプレッシャーをかけていた張本人はマッカートニーだった。「ほかのドラマーたちがよく、リンゴの演奏スタイルは好きだけどもテクニック的に非常に優れたドラマーじゃないと言っていた。こういうちょっと見下したような発言を僕らは放置しすぎていたんだと思う。僕からすれば、リンゴのドラミングのセンスと魂、そして岩のように揺るぎないテンポの正確さはこの上ない才能だと思う。ドラマーにすべてを任せて背中を向けていられるなら非常にラッキーだって僕はいつも言っているんだ。曲がどうなっているかを伝えてリンゴに任せておけばいつだって、あのノイズ（噪音）がとても安定したテンポで後ろから聴こえてくるんだ」とマッカートニーは常日頃抱いていた不満について述べている。最終的に、スターにドラム・ソロを執るよう説得したのはマーティンだった。しかしロックのレコーディングでドラマーを目立たせる習慣についてスターの不平不満はとどまるところを知らない。スターは後に、「ソロをする気なんてまったくなかった。僕が演奏したのはあのドラム・ソロ一回こっきりだ。僕は反対したんだ。〃ソロなんて絶対に嫌だ！〃ってね」と語っている[2]。

スターがビートルズの曲でソロを演奏することを渋々承諾し、エンジニアのエメリックはリンゴのドラム・キットの周囲に十二本ほどのマイクロフォンを立てて七月二十三日の〃エンディング〃セッションの準備に取り掛かった。エメリックはドラム・ソロをさらに目立たせるために――通常時の1トラックではなく――利用可能な8トラックのうち2トラックをこのレコーディングで割り当てた。この結果、〃エンディング〃のスターのソロは彼のドラムスをトゥルー・ステレオで捉えた唯一のレコーディングとなった。力強く熱狂的なドラム・ソロの一音一音をリスナーが体感できるようにするためだ。この日のビートルズはマッカートニーのベース、レノンとハリスンのエレクトリック・ギター、そしていうまでもなくスターのドラムスという編成で〝エンディング〟を7テイク録音し、最終テイクをベストに選んだ。セッションの大半は曲のリハーサルに当てられ、毎回レノンがカウントを取って新しいテイクを開始した。テイク7でスターのドラム・ソロは十六秒だった。この時点で、〝エンディング〟は一分二十秒と短く、ミックスを聴くとスターのドラム・ソロの間もずっとギターが鳴っている。

マッカートニーが後に**〝轟音〟と表現するようになるスターのソロには、エネルギーと情熱が溢れていた**。スターは後にインスピレーションの源泉としてアイアン・バタフライの〈ガダ・ダ・ヴィダ（*In-a-Gadda-Da-Vida*）〉を挙げており、この十七分にわたるサイケデリック・ロックの古典的大作は大幅に編集されたヴァージョンが一九六八年夏にアメリカで予想外のヒット曲となっている。アイアン・バタフライのドラム・ソロでロン・ブッシーが叩き出したバス・ドラムの特徴的なサウンドを借りて、スターは水曜日のセッションでついにソロを完成させた。しかしスターは、そもそもソロを演奏するよう迫ったマーティンとマッカートニーに対して不満をくすぶらせていた。スターは当時、マーティンが「一定の時間が必要だったから僕の叩いている時に、カウントを取っていたんだ。とんでもなく馬鹿げていた。僕は、〝ダン、ダン――一、二、三、四……〟と数えながら、十三小節あったから変な場所で終わらなきゃいけなかった。ともかくやり終え、ソロは片付いた。ひとつ録ったから僕としては満足だ」と述べていた。[3]

バンドメンバーは翌日、スタジオに戻ってレノン作品二曲の制作を開始したが、まずは一九六九年一月の〝ゲット・バック〟セッション中に披露された〈*Here Comes the Sun King*〉――後に〈サン・キング（*Sun King*）〉と短縮された――に取り掛かった。〈サン・キング〉の音楽的な萌芽は、レノンがオノに対して高い声でブルージーに歌うラヴ・ソング〈ドント・レット・ミー・ダウン〉の作曲中に生まれた。〝ゲット・バック〟セッション中、レノンは〈ドント・レット・ミー・ダウン〉のコーラス部分で用いていた〝プリングオフ〟を使ったコードの代わりに、より伝統的なコードを掻き鳴らすスタイルに変更した。〝プリングオフ〟は、ギタリストがすでに音の鳴っているフレットから弦を指で引っ掛けながら放し、独特な響きを作るテクニックだ。レノンは〝プリングオフ〟を使ったコードに依然としてこだわりながら、トゥイッケナム・スタジオで新しい曲を試しているうちに〈サン・キング〉が形造られていった。常に旺盛な読書家だったレノンは〝太陽王（サン・キング）〟と呼ばれたルイ十四世の七二年の治世（一六四三－一七一五）の間にフランス絶対王政が全盛期を迎え、社会的にも経済的にも長期にわたって大きな成長を遂げたことをよく知っていた。レノンはこの頃、ルイ十四世の業績と時代を図版や写真をふんだんに使って描いたナンシー・ミットフォードによるベストセラーとなった伝記『*The Sun King*』（一九六六年）を愛読していたのかもしれない。〈サン・キング〉の原題は〈ロス・パラノイアス（*Los Paranoias*）〉〔偏執症、パラノイア、妄想症、被害妄想を意味する英語 Paranoia を複数形にしてスペイン語表記したもの〕となっており、フリートウッド・マックのドリーミーなインストゥルメンタル・ヒット曲〈アルバトロス（あほうどり）（*Albatross*）〉

と酷似していた。ハリスンが後に回想しているように、ビートルズはこのチャート首位になった曲からインスピレーションを受けるために実際に数小節演奏してみたという。ハリスンによると、「当時は、ギターにリヴァーブがめいっぱい掛かった〈アルバトロス〉が出た頃だった。だから僕らは単なる景気付けのために、〝フリートウッド・マックが〈アルバトロス〉を演奏しているみたいにやってみようか〟と言ったんだ。でも出てきたサウンドはフリートウッド・マックと似ても似つかないものだった」という。フリートウッド・マックも同様にほかのミュージシャンから音楽的アイディアを借用しており、創立メンバーのピーター・グリーンは後に自分の曲のメロディーについて、エリック・クラプトンのソロから直接頂戴し、単にオリジナルよりもゆっくり弾いただけだと認めている。〈サン・キング〉の歌詞でレノンは自身の憂鬱なムードを歌詞に反映させ、〝誰もが笑っている／誰もが幸せ〟という一節から一転してイタリア語、スペイン語、ポルトガル語のフレーズが入り混じった奇妙な混乱状態に突入する。[4]

次の作品〈ミーン・ミスター・マスタード（*Mean Mr. Mustard*）〉は一九六八年にバンドがインドに滞在して以来、近辺に漂っていた曲だった。レノンのインスピレーションの元となったのは新聞記事で、ロンドンで路上生活をしていたエキセントリックなけちん坊が、隠し財産を使ってしまわないように次々と独創的なアイディアを思いついたと報じていた。〈ミーン・ミスター・マスタード〉のデモ・テープは一九六八年五月、《ホワイト・アルバム》への収録を想定してイーシャーにあるハリスンの自宅スタジオで最初に録音された。一九六九年一月八日、〝ゲット・バック〟プロジェクト用の〈ミーン・ミスター・マスタード〉のリハーサル中、レノンは新しい歌詞をアドリブで作り、コーラスで〝ケチのマスタード氏はキッタないロクデナシだ〟と歌っている。レノンはヴァースを引き延ばし、創作途中の曲にいくつか無意味な歌詞を以下のように即興で付け加えた。

ほら俺様のお通りだ、ビクビクするんじゃない
彼はピンクのパジャマを着ている、農場育ちだからね
彼は家に帰る時に誰よりもゴキゲンになりたいから、どうしても手に入れたいんだ
ま、どこ行ったたって最低、どこに行ってもひどいもんだ
あっちへ行ってもこっちへ行ってもお下劣で、野暮で、最低だ

レノンは数ヶ月後、〈ミーン・ミスター・マスタード〉に再び取り掛かった。長編メドレーに作品を貢献する機会に飛びつき、この未完成作を一曲として完成させることを提案した。そうすれば組曲形式を強化するだけでなく、メドレーが次第に描き出しはじめていた主人公の性格を肉付けする役割も果たせるからだ。〈ゴールデン・スランバー〉と〈キャリー・ザット・ウェイト〉のように、〈サン・キング〉と〈ミーン・ミスター・マスタード〉を切れ目なしにレコーディングするという構想をレノンは抱いていた。レノンはこの時点で長編メドレーに収録する候補とし

て、もうひとつの未完成曲〈ポリシーン・パン（*Polythene Pam*）〉を考えていた。このため、彼は〈ミーン・ミスター・マスタード〉の歌詞を巧妙に変えて、物語としての一貫性を持たせた。レノンは後に、「〈ミーン・ミスター・マスタード〉の歌詞で僕は〝彼の妹パン〟と言っているけど元々は〝彼の妹シャーリー〟だった。何か関連性があるように思わせたくて、これをパンに変えたんだ」と語っている。[5]

七月二十四日木曜日のスタジオ2で行われた七時間にわたるセッションで、〈サン・キング〉と〈ミーン・ミスター・マスタード〉の作業は始まった。マーティンが制作チーム――いつもの三人組エメリック、マクドナルド、カーランダー――とブースから見守るなか、ビートルズはこの二曲をひと続きでレコーディングした。エメリックによると〝二曲の間にちょっと間隔が空いていた〟ため、各曲を個別にレコーディングすることも簡単にできたが、レノンの意見に従って単体として録音したという。「この順番に並ぶことがあらかじめ分かっていたから、ジョンは一気に両方を演奏することに決定したため、バンドとして音楽的なやりがいが少し増えた」とエメリックは説明している。[6]

ビートルズはセッションの開始時に従来通りベーシック・トラックを完成させ、レノンがガイド・ヴォーカルとリズム・ギター、ハリスンがリード・ギター、マッカートニーがベース、スターがドラムスを担当した。セッションの陽気な雰囲気のままでバンドは途中からジャム・セッションに雪崩れこんだが、新曲を棚上げにしてロックンロールのオールディーズ曲を演奏しがちだった〝ゲット・バック〟プロジェクト時代の投げやりな態度と比べて、遥かに正確で丁寧な演奏だった。彼らはひとまず、《ホワイト・アルバム》セッション時にエルヴィス・プレスリーの〈ベイビー・アイ・ドント・ケア（*You're So Square) Baby, I Don't Care)*〉を採り上げたジャム・セッションでの熱意と勢いを取り戻したようだった。この日は、ビートルズのハンブルク時代を彷彿させるジーン・ヴィンセント作品三曲〈ビー・バップ・ア・ルーラ〉、〈フー・スラップド・ジョン？（*Who Slapped John?)*〉、〈エイント・シー・スウィート（*Ain't She Sweet)*〉のセッションに突入した。彼らが〈エイント・シー・スウィート〉を演奏したのは一九六一年六月以来と思われ、当時はドイツのオーケストラ・バンドリーダー、ベルト・ケンプフェルトのプロデュースの下で、トニー・〝ザ・ティーチャー〟・シェリダンのバック・バンド〝ザ・ビート・ブラザーズ〟としてフリードリヒ・エーベルト・ハレ・スタジオでレノンのヴォーカル、マッカートニーとハリスン、そしてドラムスにピート・ベストをフィーチャーして録音していた。一九六九年七月のヴァージョンでレノンは〈エイント・シー・スウィート〉をわざと嗄れた声で歌詞を（単に忘れたからかもしれないが）コミカルに変更し、〝非常にフッ化水素的に〟と歌った個所もあった。レコーディングの終わりにレノンはバンドメンバーに礼を言い、「君らもこのトリップを楽しんでくれたなら嬉しいよ」とコメントした。[7]

夜明け近くまでに、グループは数回の出だし間違えはあったものの〈サン・キング〉／〈ミーン・ミスター・マスタード〉を35テイク録音する快挙を成し遂げた。曲のベーシック・トラックを録り終えた後もさまざまなニュアンスをレコーディングに加えることに成功し、〈サン・キング〉ではハリスンとレノンのエレクトリック・ギターにトレモロ・エフェクトを強く掛け、〈ミーン・ミスター・マスタード〉ではマッカートニーのベースにディストーション・ペダルを掛けた。スターは〈サン・キング〉の穏やかなドラムにブラシを用い、レノンが作曲のインスピレーションを受けた〈アルバトロス〉のような雰囲気を出した。エメリックはここ数日間のバンドの結束の強さに感心していた。彼にしてみれば、すっかり嫌気がさしてビートルズの制作チームから離れた前年夏の雰囲気とは大違いだった。エメリックは後に、「彼らはうまくやり遂げた。それは本当にチームワークによる努力で、ビートルズの四人全員が熱意と精力をつぎこみ、各メンバーがサウンドとアレンジメントに自分ならではの貢献を果たしていた」と書いている。[8]

ビートルズは七月二十五日金曜日の十二時間にわたるセッションで、〈サン・キング〉／〈ミーン・ミスター・マスタード〉を完璧に仕上げ、曲に生命を吹きこむために一連のオーヴァーダビングを録音するかたわら、〈カム・トゥゲザー〉にさらに音を重ね、長編メドレーのための新しい二曲、レノンの〈ポリシーン・パン〉とマッカートニーの〈シー・ケイム・イン・スルー・ザ・バスルーム・ウィンドー（*She Came in Through the Bathroom Window*）〉の演奏を試みた。〈サン・キング〉／〈ミーン・ミスター・マスタード〉のテイク35をベストに選び、バンドはレノンのマラカスとスターのボンゴによるパーカッションの追加を含むいくつかのオーヴァーダビングを〈サン・キング〉に施した。マーティンはローリー・オルガンを使って豪勢で華やかな雰囲気を付け加えた。〈サン・キング〉セッションの締めくくりはビートルズによるロマンス言語〔古代ローマ帝国の俗ラテン語起源の諸言語で仏伊西葡語などが含まれる〕の探索となり、レノンとマッカートニーが〝*mundo paparazzi mi amore chicka ferdi para sol*〟のようにわざと意味不明なフレーズを作り出した。レノンは当時、「僕らはふざけて、〝*quando para mucho*〟みたいに歌いはじめた。だから出鱈目なんだ――ポールは学校で習ったからいくつかスペイン語を知っていたしね。手当たり次第に何か意味ありげなスペイン語をつなげてみた。そして僕らはいうまでもなく、〝*chicka ferdi*〟も入れてみた。これはリヴァプールの言い回しなんだ……僕にとっては何も意味しないけども「子供がからかう囃子言葉（はやしことば）」〝あーらら、こらら！〟みたいなものだ」と語っている。〈サン・キング〉と〈ミーン・ミスター・マスタード〉で共同作業する永年の友人の姿をコントロール・ブースから見ながら思わず微笑んだというエメリックは後に、「雰囲気がとても良かったので、今回はジョンがポールを呼んで二曲に参加し、ポールはとても喜んだようだった。二人はそのうち物陰に引っこんで、二人だけでジョイント（マリファナ）を一服し、二人が出てきた時はクスクス笑いながら〈*Here Comes the Sun King*〉の終わり近くの出鱈目なスペイン語を歌った。実際、二人ともテイクが終わるまで笑い出すのを我慢するのに苦労した」と書いている。[9]

最終的に、二人はロマンス言語と子供の言い回しを混ぜこぜにした結果に満足したものの――レノンが後に指摘したように――曲の原題となった〝*Los Paranoias*（ロス・パラノイアス）〟に関してまったく触れなかったが、この言葉はレノンとマッカートニーにとって個人的に重要な意味を持っていた。ソングライティングのパートナーとして、二人はこのフレーズ〝*Los Paranoias*〟を確実に意識していたはずだ。《ホワイト・アルバム》セッションの最後に、マッカートニーは彼がシラ・ブラックのネットワーク・テレビ番組用に書いた〈ステップ・インサイド・ラヴ（*Step Inside Love*）〉を即興ヴァージョンで演奏してから、〝*Los paranoias, come on and enjoy us!*〟〔ロス・パラノイアスです、さあ僕らの音楽を楽しんでください！〕とコーラス部分で歌った。しかし〈サン・キング〉を最後に試みた際には、このフレーズを入れられなかった。「僕らが歌いそびれた〝パラノイア〟云々を入れることもできたはずなんだ。すっかり忘れていた。僕らは自分たちのことを〝ロス・パラノイアス〟［パラノイア（偏執症）患者たち］と呼んでいたんだ」とレノンは回想し、リヴァプールのギャンビア・テラスで画家兼ベーシストのスチュ・サトクリフと共同生活していた頃にマッカートニーと過ごした時代を懐かしんだ。一九六〇年の初め、彼らは発達途上にあるバンドの名前を決定しようと必死だった。マッカートニーによると、「僕らは一週間に十個はバンド名を考え出していた」という。そして最終的にビートルズに落ち着く前、少なくとも一時期はロス・パラノイアスと名乗っていた。[10]

ミキシング段階に入ると、マーティンとエメリックはＴＧコンソールを巧みに使って、〝*Everybody's laughing*（誰もが笑っている） / *Everybody's happy*（誰もが幸せ）〟セクションでステレオの音像をゆっくりと左右にパンニングした。新型ミキシング・デスクのおかげでパンニングをコントロールしてチャンネルをまたいだフェージング効果を生み出し、音声信号を音響スペクトル内で揺らすことができたのだ。二人は〈サン・キング〉の作業を完了すると、〈ミーン・ミスター・マスタード〉に意識を集中した。ミックスからリズム・ギターのトラックを消去し、マーティンとエメリックはレノンがピアノとタンバリンをオーヴァーダビングする作業を監督した。二人はその後、レノンのリード・ヴォーカルとマッカートニーのハーモニーをミックスし、その際にADT〔27ページ参照。テープ・レコーダーを用いたダブル・トラッキング技術〕を掛けて声の質感とニュアンスを強調した。ヴォーカル・ハーモニーを〈カム・トゥゲザー〉にダビングした後、ビートルズは週の締めくくりとしてレノンの〈ポリシーン・パン〉とマッカートニーの〈シー・ケイム・イン・スルー・ザ・バスルーム・ウィンドー〉を39テイクという驚異的な回数にわたって試みたが、この二曲はメドレー中で〈ゴールデン・スランバー〉と〈キャリー・ザット・ウェイト〉、〈サン・キング〉と〈ミーン・ミスター・マスタード〉のようにひと続きでレコーディングした。〈ポリシーン・パン〉は一年前にインドのリシュケシュで書かれたが、ビートルズがマハリシの足下でトランセンデンタル・メディテーション（TM：超越瞑想）を学ぶために長期滞在していたこととは無関係といっていい内容だった。リヴァプール出身ビートバンドとしての駆け出し時代、リヴァプール方言（Scouser-speak）で〝尻軽女（scrubbers）〟と呼ぶグルーピーたちがランチタイムに押し寄せてはしゃぎ回っていた頃を鮮やかに思い出させる曲だ。この曲を書いたレノンは当時、「ポリエチレンの袋の中に入ったケバケバしい女子について僕がインドで書いた短い曲の切れ端で、〝パン〟はリヴァプールの伝説的な尻軽女でジャックブーツ〔黒革の長靴〕とキルト〔スコットランド男性の民族衣装〕に似た短いスカートを履いてるんだ」と振り返っている。

レノン作品の主人公は見え透いており、モデルとなったのはキャヴァーン・クラブの常連パット・ドーソン（旧姓ホゲット）で、ポリエチレンを食べることで有名だったからビートルズはポリシーン・パットと呼んでいた。ドーソンは後に、「私は十四歳になった一九六一年からビートルズを観にいくようになって、彼らとかなり親しくなりました。ほかの街で演奏する時は、家に帰る時に彼らのバンに乗せてもらいました。ちょうど同じ頃にポリシーン・パットと呼ばれるようになりました。ほんとに恥ずかしいことなんですけども、昔はポリエチレンをしょっちゅう食べていたんです。ポリエチレンを結んで玉にして食べるんです。火を点けて熱が冷めてから齧（かじ）った時もありました。そのうち友達がポリ袋の工場で働きはじめて、無限に手に入るようになったって喜んだものです」と語っている。[11]

しかし〝ポリシーン・パン〟の物語はここで終わりではなかった。ドーソンのポリエチレンを食べる奇妙な嗜好に加えて、レノンの作品はビートルズが一九六三年夏の英国ツアー中に出会った体験も題材となっている。

一九六三年八月八日、グループは英国王室属領のチャンネル諸島に立ち寄り、ガーンジー島のキャンディー・ガーデンズで夜に演奏した。レノンは何年も経ってから〈ポリシーン・パン〉について、「あれは僕が、フランスの海岸から近いジャージー島［ママ］の女性との出来事を思い出しているんだ。英国版アレン・ギンズバーグといわれたビートニク詩人、絵に描いたようなビートニクという人物に僕たちは初めて会ったんだけど、彼はリヴァプール出身で、ジャージー島の彼のアパートに連れていかれた。ほんとに昔の話だ。こうして話していると驚くような記憶がよみがえってくる。そんなわけでこの詩人の部屋に連れていかれて、僕は女の子と一緒だったんだけど彼が会わせたい女がいるからって。彼女はポリエチレンに身を包んでいるって彼が言って、その通りだった。ポリエチレンの袋の中だ。彼女はジャックブーツとキルトは履いてなくて――そこは僕が脚色したんだ――、ぜんぜん男には見えなかった。たいしたことはしていない。ポリエチレンの袋の中での変態じみたセックスだった。でも歌を書くネタにはなった」と語っている[12]。

実のところ、レノンが思い出した詩人とビートルズが出会ったのは、チャンネル諸島での短い滞在が初めてではなかった。一九六〇年の夏、英国のビート詩人ロイストン・エリスは初期のビートルズの歴史に対してささやかとはいえ後に残る影響力を与えた。この詩人は「デイリー・ミラー」紙で〝変人の巣窟からやって来た奇妙な人物〟と書かれたことによって全国的に悪名を馳せた。この時期のインタビューでエリスは集まりはじめた注目を煽る（あお）ように「自尊心のあるティーンエイジャーなら決して処女と結婚してはならない」と発言し、後から「あの一言だけで一年は不自由なく過ごせる出演料が稼げた」と回想している。『*Jiving to Gyp*』という詩集を出版したエリスは英国をツアーし、ジャズやポピュラー音楽の小編成バンドをバックに従えて詩を朗読することが多かった。こうやって当時の有名人やその後のロック・スター大勢と知り合いになり、このなかにはクリフ・リチャードと彼のバック・バンドのシャドウズ、レッド・ツェッペリンのジミー・ペイジ、そしてベースはサトクリフでドラマーとしてトミー・ムーアやノーマン・チャップマンなどが入れ替わっていた五人組時代のビートルズが含まれていた。[13]

エリスがビートルズに初めて会ったのは、リヴァプール大学で自身の作品の朗読会に招かれた時だった。当時〝ビートニクの王様〟と呼ばれていた顎髭を生やした詩人は、バンドメンバーの溜り場となっていたジャカランダ・クラブでも詩を朗読した。エリスは後に、「私は当時彼らにとってかなりのスターだった。私がやって来たロンドンは彼らにとってほんとうに未知の世界だったからね。一九六〇年に訪問した時はギャンビア・テラスの彼らのアパートに一週間ほど泊まった。私が詩人だということに魅力を感じていたジョンと深く本質的な話をすることができた」と回想している。滞在中、世慣れたエリスはベンゼドリン〔覚醒剤アンフェタミンの商品名で一九三〇年代の発売当時は鼻詰まり用の非処方箋薬だった〕吸入器を使ってグループを初のドラッグ体験に案内した。レノンはこの体験を振り返って、「みんなは一晩中ペラペラ喋り続けて、〝わー、こりゃいったい何なんだ?〟と思った」と述べている。エリスは後年、彼らのバンド名を〝*Beetles*〟から〝*Beatles*〟に変えさせた功績、そして一九六六年のナンバー・ワン・ヒットとなったシングル盤〈ペイパーバック・ライター〉を作るインスピレーションを与えた人物として知られることになる。[14]

一九六三年にバンドと再会した頃、エリスはイギリスで流行しはじめていたビートニクの世界と決別し、地球各地を旅して飛び回っていた。エリスのビートルズとの遭遇は純粋に偶然の産物で、この詩人が季節限定のフェリー技師としてガーンジー島で働いていたからだった。グループがキャンディー・ガーデンズでその晩のパフォーマンスを終えた後、レノンはエリスとのちょっとした再会を果たしたが、彼は滞在中に屋根裏のアパートの部屋を借りていた。マッカートニーは何十年も経ってからレノンから伝え聞いたとして、「ジョンはロイストンの友人だったから、ディナーに行って酔っぱらったりした挙句にアパートに帰ったら、ジョンを喜ばせるためにポリエチレンの袋を着た女と一緒になったんだけど、変態じみたことをしてたみたいだよ。彼女はかなりの変わり者だった」と述べている。いっぽうのエリスは女性の名前をほとんど思い出せなかったが、この晩は期待していたようなエロティックな事態に発展しなかったと後に回想している。

これまで皮の魅力について色々な文章を読んでいたが、皮はまったく見当たらなかったため、私が持っていた防水布とどこかから出てきたポリエチレンの袋が何枚かあった。私たちは全員これを着てベッドの中に入った。ジョンは同じベッドで私たちと一晩過ごした。何かとても興奮するようなことは起こらなかったと思うし、僕ら全員が〝変態じみたこと〟のどこが楽しいんだろうとあれこれ考えた。これを思いついたのはジョンというよりは私のほうだった。こういったあれこれが起こったのは、私がビートルズに捧げた詩をまとめた冊子に、〝僕は黒皮のシーツの間でセックスして、君の太腿の間の震えるオートバイに乗りたくてたまらない〟という行が含まれていたからかもしれない。いったい何が起こったのかよく思い出せない。当時の私にとって何の意味も持たなかった。私の人生で波瀾の多い時期の、単なるひとつの出来事にすぎない。

この歌の起源をさらに複雑にするかのように、〔ビートルズの最初期からツアーマネージャーを務めた〕トニー・ブラムウェルが後に〈ポリシーン・パン〉の創作のきっかけはほかにあったと示唆している。ブラムウェルはレノンが影響を受けた可能性のある人物として、「ハイド・パークのナイツブリッジ側にある陸軍兵舎近くにたむろしていた年老いた〝バッグ・レディー〟だ。彼女は持ち物すべてをビニール袋に入れて公園で野宿していた。彼女がこの歌と何か関係あるに違いない」と主張している。[15]

レノンとビートルズにとって〈ポリシーン・パン〉は曲のあからさまな性的意味合いもあいまって、〈ミーン・ミスター・マスタード〉のしみったれた登場人物と好対照をみせていた。グループは〈ゴールデン・スランバー〉と〈キャリー・ザット・ウェイト〉、〈サン・キング〉と〈ミーン・ミスター・マスタード〉をレコーディングした時と同じように、レノン作の〈ポリシーン・パン〉とマッカートニー作の〈シー・ケイム・イン・スルー・ザ・バスルーム・ウィンドー〉をペアにして録ることを決定した。

〈シー・ケイム・イン・スルー・ザ・バスルーム・ウィンドー〉には〈*Bathroom Window*〉という仮題がついており、一九六八年五月にマッカートニーのキャヴェンディッシュ・アヴェニューの自宅に泥棒が入った事件からインスピレーションを受けた作品だ。マッカートニーの不在時に盗みに入ったのは、〝アップル・スクラッフス〟と呼ばれる熱狂的なファン数人だった。この〝アップル・スクラッフス〟という言葉の生みの親はハリスンで、サヴィル・ロウにあるアップル・コア事務所や、EMIスタジオと近所のセントジョンズウッドにあるマッカートニーの自宅の前でよくたむろしていた熱心な女性ファンのことを指している。この少人数の女性ファンは結束が堅く、彼らのアイドルへはもちろんお互いに対して強烈な忠誠心を抱いていた。彼女たちは目撃したすべてを細部にわたって日記に記録しており、ビートルズの服装については特に、どんな細かい点も見逃さなかった。[16]

　記念の品を手に入れることしか頭にない泥棒の被害に数回見舞われたマッカートニーは、他人がどこにでもズカズカと侵略してくるという有名人(セレブリティー)につきものの性質についてよく理解していた。しかし今回の泥棒に大きなショックを受けたのは、父親ジム・マックを映したとても大切にしていた写真が盗まれたからだ。またバンドメンバーがアップル・スクラッフスに信頼を寄せるようになっていたことも、個人的に深く傷つく原因となった。泥棒が入った時、レノンとマッカートニーはアップル・コア設立を発表するためにアメリカに旅行中だった。侵入を計画したのはアップル・スクラッフスのうち数人で、参加していたダイアン・アシュリーは後に、「私たちは退屈していたし、彼は外出していたので、家に訪問することに決めました」と述べている。グループのなかで一番体が小さかったダイアンは梯子を登って家の中に侵入し、ほかの連中をマッカートニーの家に入れる役割を受け持った。ダイアンが「バスルーム（浴室）に入った！」と叫んだ後、キャロル・ベッドフォードが梯子を登った。マッカートニーの自宅に入ったアップル・スクラッフスは写真と衣服を物色し、彼女たちはその後、盗んだ品に含まれていた彼のブルー・ジーンズ一着を交替で回し履きしてアイドルを身近に味わった。マッカートニーのドッグ・ウォーカー（飼い犬の散歩代行者）として働いていたマーゴ・バードは後に事件のことを振り返り、アップル・スクラッフスが「家の中を引っ掻き回して何着か服を盗んでいきました。いつもは実際に価値のあるものは盗られなかったけど、今回はたくさんの写真とネガが持っていかれました。実はアップル・スクラッフスには二種類あって、家に押し入るタイプと、カメラとサイン帳を持って外で待っているだけのタイプがいたんです」と語っている。マーゴの助けを借りて、マッカートニーの父親の盗まれた写真は手元に戻ってきた。[17]

　ベッドフォードはマッカートニーが彼女に向って、「僕は空き巣に入った女の子たちのことを歌にしたんだ」と告げたのを憶えているという。アシュリーはマッカートニーが空き巣事件のことをビートルズの楽曲にして後世に残したことに驚いたという。「私たちが侵入した時に彼は本当に腹を立てていたから最初はまったく信じられなかった。でも考えてみれば何だって曲のインスピレーションとなるわけでしょ？　私たちが侵入したのを見た近所の人みんなが彼に電話をかけたのを私は知ってるし、それで〝サンディーがマンディーに電話をかけている／チューズデーが僕に電話をかけている〟という歌詞が生まれたに違いないと思う」とアシュリーは述べている。[18]

　この曲のほかの歌詞が生まれたのは単なる偶然だった。一九六八年一月にビートルズが《ホワイト・アルバム》の作業を完成させた後、マッカートニーは将来の妻リンダと彼女の五歳の娘ヘザーを連れてニューヨーク・シティに旅立ち、イングランドに帰ってきてから一緒に暮らしはじめた。帰路の空港に向かう際、三人が乗車したタクシーの運転手の身分証明パネルには、〝ユージーン・クイッツ、ニューヨーク市警〟〔原文のQuitsは「辞める」という意味の動詞quitの三人称単数現在形〕と書いてあった。ソングライターはこの偶然発見した作品のネタを見て、〝それで私は警察署を辞めたんだ／そして定収入のある職に就いた〟というフレーズを書いた。マッカートニーによると、「こういった偶然のもたらす脈絡のなさが素晴らしいんだ。この男のタクシーに乗っていなくて誰かほかの人が運転していたら、歌は違うものになっていただろう。それに僕はギターを持っていたから、すぐに歌詞を確定できたんだ」と説明している。こういった言葉の織りなす奇妙さに気付いたハリスンは後に〈シー・ケイム・イン・スルー・ザ・バスルーム・ウィンドー〉について、「ポールのとっても風変りな曲でとても素晴らしい歌詞がついているんだけど、いったい全体どういう意味なのか説明するのは難しいんだ！」とコメントしている。[19]

　マッカートニーはこの曲を長期間寝かせた後、一九六九年一月六日にトゥイッケナム・スタジオでバンドに披露した。この日、彼らは〈シー・ケイム・イン・スルー・ザ・バスルーム・ウィンドー〉を七回リハーサルし、レノンとハリスンがマッカートニーの後に付いてエレクトリック・ギターでコード進行を確認した。その後数日間にわたってこの曲をさらに数回リハーサルし、マッカートニーがベースとリード・ヴォーカル、レノンがピアノ、ハリスンがレスリー・スピーカーで増幅しワウワウ・ペダルにつないだフェンダー〝テレキャスター〟、スターがドラムスというアレンジメントにようやく落ち着いた。この時点で、レノンは明るいバッキング・ヴォーカルを考え出しており、リハーサルを重ねるごとにコミカルな雰囲気を盛り立て、大げさなコックニー訛りでリード・ヴォーカルを試みてマッカートニーが合いの手を入れ、〝馬鹿げたスプーン、ロクでもないスプーン、いまいましい銀のスプーン〟と歌ったりした。後半のヴァースで二人は歌詞を限界まで捻じ曲げ、マッカートニーの歌詞に対してレノンがアドリブで茶々を入れた。

マッカートニー：それで私は警察署を辞めたんだ
レノン：　　　　サツの野郎、職に就け！
マッカートニー：そして定収入のある職に就いた
レノン：　　　　俺に言わせりゃ、いつまでグズグズしてやがったんだ！
マッカートニー：そして彼女は懸命に僕を助けようとしてくれたけども
レノン：　　　　そりゃーお前には助けが必要だよな

ビートルズは〈シー・ケイム・イン・スルー・ザ・バスルーム・ウィンドー〉の作業を一月二十一日にアップル・スタジオで再開し、この曲を五回にわたってリハーサルした。楽器担当を少しだけ変え、レノンがフェンダー〝ローズ〟ピアノを弾いたためマッカートニーは大喜びした。ビートルズは一月が終わるまでさらに数回にわたってこの曲のリハーサルを重ね、一月三十日のルーフトップ・コンサートの前日にはこの曲を五回通して演奏した。この曲はこの時点で、不幸な運命をたどる〝ゲット・バック〟LPに収録されるはずだったが、マッカートニーはどうしたわけか棚上げにした。〈シー・ケイム・イン・スルー・ザ・バスルーム・ウィンドー〉は長編メドレーの企画がなかったら陽の目を見ずに終わっていたかもしれない。マッカートニーはレノンの〈ポリシーン・パン〉と同様に、ビートルズの基準からすると独立した曲として扱うには短すぎたこの曲に突然、新しい生命が宿ることに気付いたのだ。

〈ポリシーン・パン〉と〈シー・ケイム・イン・スルー・ザ・バスルーム・ウィンドー〉を実際にレコーディングする際にバンドメンバーはすでに二曲をよく知っていたため、スタジオですぐに適切なノリを生み出し、七月二十五日のマラソン・セッション中にベーシック・トラックを完成させた。レノンは自身のフラマス〝フーテナニー〟十二弦ギターを掻き鳴らしながら、登場人物に北部出身者のがさつな態度を醸し出すためにわざと大げさなリヴァプール訛りで歌った。レノンはしわがれた意地悪そうな声で歌詞を吐き出し、〝まあ、ポリシーン・パンを一目見てみろよ。

5

彼女は恰好いいけど、男みたいに見えるんだぜ〞と歌った。レノンのアコースティック・ギター・パートはザ・フーの〈ピンボールの魔術師（*Pinball Wizard*）〉（一九六九年春の英国チャートで最高四位を獲得）を思わせるもので、〝フーテナニー〞を力いっぱい弾きまくっている。レノンのギターとヴォーカルに加えて、ベーシック・トラックはマッカートニーのベース、ハリスンのリード・ギター、スターのドラムスで仕上げた。ハリスンがギター・ソロでD／A／Eのコード進行をもてあそび、グループはメドレーのおそらく最大の聴き所に突入する。ソロ・セクションの結末で三人のギタリストが〝ウォーク・ダウン〞（下降スケール）でE／D／C♯／BのシークエンスをたどってAに下がり、これが〈シー・ケイム・イン・スルー・ザ・バスルーム・ウィンドー〉のキーとなる。

音楽学者スコット・フレイマンの見解によると、「メドレーのなかで本当に重要な瞬間となっている理由は、〈ユー・ネヴァー・ギヴ・ミー・ユア・マネー〉がAマイナー／Aメジャーで、ビートルズはその後Eのキーで演奏していたからだ。このウォーク・ダウンがあるせいで〈シー・ケイム・イン・スルー・ザ・バスルーム・ウィンドー〉の最初のコードがコード展開の解決音のように感じられる」という。このコード展開に興奮したレノンはマイクから顔をそらしてビートルズのローディー、マル・エヴァンスに向かって何か喋りながらけたたましく笑って「さあ、来るぞっ！」と叫び、この後すぐにマッカートニーが次の曲の最初の行〝彼女はバスルームの窓から入りこんだ／銀のスプーンに守られて〞を歌いだすのだ。〈ポリシーン・パン〉の楽器編成をそのまま引き継ぎ、〈シー・ケイム・イン・スルー・ザ・バスルーム・ウィンドー〉のベーシック・トラックはマッカートニーのベース（とリード・ヴォーカル）、レノンの十二弦アコースティック・ギター、ハリスンのリード・ギター、スターのドラムスをフィーチャーしていた。[20]

長時間のセッションを終える前に、レノンとマッカートニーは新しいリード・ヴォーカルを二曲にオーヴァーダビング——ポストプロダクション段階に入ってから両方ともADTで処理——を施し、マッカートニーとスターはベースとドラムのパートを新たに取り直してロー・エンドを引き締めた。スターは特にドラムを録り直したがっていたが、これはレノンからドラム演奏が「デイヴ・クラークみたいに聞こえた」と中傷を受けていたためだ。スターは〈ポリシーン・パン〉のサンバ・ビートに一日中苦戦を強いられていた。〈ポリシーン・パン〉と〈シー・ケイム・イン・スルー・ザ・バスルーム・ウィンドー〉の録音を終える頃、レノンは狙い通りのビートを摑みきれないスターにとうとうしびれを切らし、「何やってんだ、ともかく一回でいいからちゃんと録ろうぜ」と言った。スターはこのセッションの途中でビートルズがもう一回テイクを試みるよう、「みんなでもう一回バッキング・トラックをレコーディングしてみないか？　今度は君の好みのパートが分かったと思う」とレノンに頼んだ。しかしレノンはまったく聞き入れず、「リング、俺はこれ以上この曲を弾くのはこりごりだ。ドラムスを録り直したいならオーヴァーダビングすりゃいいだろ」と言い放った。ビートルズのドラマーはマッカートニーとエメリックとともに、言われた通りにドラムスを差し替えた。エメリックは後に、「私たちは幸い8トラックで作業していたから、古いものを消さずに新しいドラム・トラックをレコーディングできた。何時間もかかったけれど、リンゴは結局、新しいドラム・パートを始めから終わりまで一度もビートを外さずに叩くことに成功した――これはクリック・トラック〔レコーディングでガイドとなるリズム・マシンの音〕が登場する前の時代だったから、彼が基準にしたのは私たちがヘッドフォンに送ったオリジナルのドラム・トラックだけだった」と回想している。[21]

レノンのスターに対する不満は全体としてみればちょっとした波風にすぎず、この日のビートルズは苛立つ瞬間が何度かあったものの驚異的な音楽制作を成し遂げた。フィル・マクドナルドは後に、「誰かが楽器を乱暴に放り出してスタジオから出ていき、決められた時刻に顔を出さず三時間か四時間もほかのメンバーを待たせ、リハーサルしてこなかったとか自分のパートをきちんと演奏しなかったとかお互いにけなしあっていた」と述べている。しかしマッカートニーが後に指摘したようにビートルズのメンバー間の関係は時折「かなり危なっかしくなって」おり、「心の底に秘めた感情があったにもかかわらず」、彼らの音楽が与える感動はさらに深まっていった。エメリックにとってこの七月二十五日のセッションは特に、ビートルズが本調子を取り戻した輝かしい日だったようだ。エメリックは後に、「実際、ジョンはセッション全体を通じてかなりいいムードだった。私から見ると彼はちょっと余裕が出てきはじめ、怪我から少し回復し、ヨーコの心配がずいぶん収まってきたみたいで、彼女はもうベッドに寝ていなかったが、ベッドは過去数週間にわたって折り合ってきた奇妙な事態を思い起こさせる無言の象徴としてスタジオの隅に相変わらず乱れた状態で置いてあった」と書いている。

この時点で、スタジオによく顔を出すビートルズの妻はオノひとりではなく、リンダ・マッカートニーも何度か加わった。マッカートニーとの初の子供を妊娠して八ヶ月のリンダはEMIスタジオのハロッズのベッドの上で時々オノと一緒になって、何時間も夫たちの姿を眺めていた。レノンの自動車事故に関連する暗雲はまだ完全に過ぎ去っていなかった。ジョンとヨーコには依然として痛みが残っており、二人のヘロイン中毒は本格化していた。オノの友人でアメリカ人俳優のダン・リクターがこの時期にEMIスタジオに入り、レノンたちの次回分の薬を供給した。リクターは後に、「ビートルズがスタジオの向こうで働いている時にベッドに座ってヨーコと話すのは奇妙な感じがした。私がアビイ・ロード・スタジオのど真ん中に置かれたあのベッドに座ってヨーコに小さな袋に入った白い粉を渡している最中に、あいつらはロックンロールの歴史を作っているんだとどうしても意識した」と述べている。[22]

週末を挟んで七月二十八日の月曜日までにレノンのムードはさらに向上したようで、グループは〈ポリシーン・パン〉／〈シー・ケイム・イン・スルー・ザ・バスルーム・ウィンドー〉のオーヴァーダビング作業に取り掛かった。グループはスタジオ3での六時間にわたるセッションで多数のダビングを重ね、レノンとマッカートニーは新たなリード・ヴォーカルを録音し、アコースティック・ギターとエレクトリック・ギターのパートを追加した。ビートルズと制作チームはT

Gコンソールと3Mテープ・マシンの組み合わせによって拡大されたサウンドのパレットを縦横無尽に使い、創造プロセスにつきものの気まぐれなアイディアを実現するために既存の音を簡単に消して新しい楽器編成をレコーディングした。レノンは一時、アコースティック・ピアノとエレクトリック・ピアノのパートを両方の曲に追加したが、月末までに消去している。また多数のパーカッションをオーヴァーダビングし、メンバー全員がマラカス、タンバリン、カウベルなどさまざまな打楽器で参加した。

しかしこのなかで最も飛びぬけてエキサイティングなパーカッションをオーヴァーダビングしたのはスターで、〈シー・ケイム・イン・スルー・ザ・バスルーム・ウィンドー〉のヴァースでリズムを刻むオーケストラ用の鞭（クラッパー）だった。この晩にグループが帰宅した後、マーティンと制作チームはスタジオ2のコントロール・ルームに移動し、リダクション・ミックスを行って将来のオーヴァーダビングのために新しい空きトラックを作った。エメリックはバンドが無秩序状態から生産的なロックンロール・バンドとして立ち直って達成した今月の進捗を見て、喜びのあまり顔を紅潮させていた。エメリックは後に、「余計な騒動はあったものの、これらのトラックを録音するのは楽しかったし、アンサンブルによる演奏は最高だった。私はスタジオ2のコントロール・ルームに座ってジョージ・マーティンに昔ながらのビートルズ、一九六三年頃に四人が揃って演奏しているみたいに聴こえたと感想を伝えた」と振り返っている。マーティンも確かにグループのパフォーマンスが高いクオリティーだと同意したものの、惑わされることはなかった。「君の言う通りだ。四人が実際にはお互いを我慢できないと思ってるなんて想像もできないくらいね」とマーティンは返答した。[23]

翌日七月二十九日火曜日の夜、ビートルズはスタジオ3で次のセッションを開始し、レノンが〈カム・トゥゲザー〉の中心となるクライマックスをギター・パートで盛り上げるかたわら、〈サン・キング〉と〈ミーン・ミスター・マスタード〉にオーヴァーダビングを付け加えた。このダビングではレノンが新しいリード・ヴォーカルとピアノ・パートを〈ミーン・ミスター・マスタード〉に付け加え、マーティンは〈サン・キング〉のローリー・オルガン・パートの完成度を高めた。そしてスターが一日の締めくくりとしてタンバリンをオーヴァーダビングした。七月三十日水曜日に大きな進展が訪れ、ビートルズと制作チームは長編メドレーがスタジオ内でどのように仕上がりつつあるかをついに耳で確かめることになった。この日の終わりまでに組曲のテスト・ヴァージョンを編集し、作業が捗っているかどうかを確かめる予定だった。マーティン、エメリック、マクドナルド、カーランダーはスタジオ2のコントロール・ルームで一日のほとんどを過ごし、メドレーに収録予定となっている全曲の大ざっぱなステレオ・ミックスを編集してクロスフェイドを掛け、未完成段階とはいえ途切れのない全体を作る作業を担当した。クロスフェイドを実現するために、スタジオ内のスタッフは既存のレコーディングを編集してひとつの部分のフェーダーを下げ、いっぽうでほかの部分のフェーダーを上げてスムーズに重ね合わせた。映画編集では同様のテクニックを〝ディゾルブ(溶暗)〟と呼んでいる。[24]

しかしふたを開けてみると、マーティンと制作チームは編集プロセスを依然として開始できなかった。ビートルズにはまだテープに捉えたいクリエイティブなアイディアがたくさんあったのだ。スタジオ3で作業していたレノンとハリスンは、エレクトリック・ギターによる新しいパートを〈カム・トゥゲザー〉に追加した。二人は〈ポリシーン・パン〉／〈シー・ケイム・イン・スルー・ザ・バスルーム・ウィンドー〉にヴォーカルとパーカッションを追加し、さらにギターを録り重ねた。マッカートニーは〈ユー・ネヴァー・ギヴ・ミー・ユア・マネー〉と〈ゴールデン・スランバー〉／〈キャリー・ザット・ウェイト〉に新しいヴォーカルを付け加えた。バンドメンバーはメドレー収録候補の曲に関してこの晩の十時三十分まで七時間近く熱心に作業してから、ようやく制作チームに引き渡す準備ができた。マーティン以下の制作チームがその後四時間にわたって注意深く組曲を形にしていった。候補となった曲を編集しクロスフェーディングすることによって、制作チームはメドレーが実際に完成に近づこうとしているかを確かめるとともに、メドレーの欠点を明らかにしてビートルズがさらにテイクを重ねて改良できるようにと考えていた。

この時点で〈ジ・エンド（*The End*）〉はまだ完成しておらずヴォーカルがまったく録音されていなかったし、〈ユー・ネヴァー・ギヴ・ミー・ユア・マネー〉から〈サン・キング〉への移行部はオルガンの音だけだった。全曲のステレオ版リミックスを作った後にマーティンとチームがメドレーにつなげた曲順は〈ユー・ネヴァー・ギヴ・ミー・ユア・マネー〉、〈サン・キング〉、

〈ミーン・ミスター・マスタード〉、〈ハー・マジェスティ〉、〈ポリシーン・パン〉、〈シー・ケイム・イン・スルー・ザ・バスルーム・ウィンドー〉、〈ゴールデン・スランバー〉、〈キャリー・ザット・ウェイト〉、〈ジ・エンド〉だった。メドレーは全体で十五分三十秒になり、ザ・フーの〈クイック・ワン〉より少し長かったが、フランク・ザッパ&ザ・マザーズ・オブ・インヴェンションとスモール・フェイセスが最近リリースした作品と比べるとこぢんまりした作品となった。

　編集作業が完了すると長編メドレーは文句なしの成功、というか成功に近づいていたといったほうがいいだろうか。まだ初期段階とはいえ、ビートルズと制作チームは結果に感心した。〈ユー・ネヴァー・ギヴ・ミー・ユア・マネー〉はメドレーの見事な幕開けとして豊かな感情の起伏を持ち、〈サン・キング〉は澄み切った優美さに溢れ、〈ミーン・ミスター・マスタード〉は不条理なコメディー、〈ポリシーン・パン〉と〈シー・ケイム・イン・スルー・ザ・バスルーム・ウィンドー〉はこのソング・サイクル（連作歌曲）ならではの生命感と熱狂、〈ゴールデン・スランバー〉と〈キャリー・ザット・ウェイト〉はドラマティックで胸が張り裂けるようなファンファーレになだれこみ、〈ジ・エンド〉のパワフルでポップな魅力で幕を閉じる。

　しかし特にマッカートニーの耳にとって、〈ハー・マジェスティ〉は〈ミーン・ミスター・マスタード〉と〈ポリシーン・パン〉の間に挟まった場違いな曲に聴こえた。ビートルズがこの時までに蓄積してきた音楽的勢いにブレーキをかけるだけでなく、マッカートニーが自身のマーティン〝D-28〟を弾き語るアコースティックなシンプルさは、バンドメンバーが全力で演奏する多くの曲に囲まれると違和感があった。そこで彼はコントロール・ルームに座りながら、この曲は不要で〈ハー・マジェスティ〉をメドレーから外す必要があると実感した。どうにもしっくりこなかったのだ。カーランダーは後に、「私たちはすべてをリミックスしてクロスフェイドし、曲を重ね合わせたが、ポールが〝〈ハー・マジェスティ〉は気に食わない、捨ててくれ〟と言った」と述べている。カーランダーは言われた通りこの曲を切り取り、〈ミーン・ミスター・マスタード〉の最後の音を編集で切り落とすのを忘れたが、どのみちラフ・ミックスにすぎないからと放っておいた[25]。

〈ハー・マジェスティ〉は後に数奇な運命をたどることになる。そのすぐ翌日、マルコム・デイヴィスがアップル・スタジオでメドレーを再生するためのラッカー盤を準備している際に〈ハー・マジェスティ〉は奇妙な復活を遂げ、マル・エヴァンスがラッカー盤を同日中にEMIスタジオに届ける段取りになっていた。カーランダーはマッカートニーの言った通り〈ハー・マジェスティ〉を捨ててしまいたかったが会社の意向も知っており、「何ひとつ捨ててはならないと言われていたので、彼が帰ってから私は床からテープを拾い上げ、テープの頭に二十秒くらいの赤いリーダー・テープを付けて、編集済みテープの最後に貼り付けておいた」という。若いテープ・オペレーターのカーランダーは翌日午後、次のシフト時間にアビイ・ロードに出勤した際に〈ハー・マジェスティ〉が前夜に帰宅した時の順番とはかなり違うもののミックスに再び収録されていたことに驚いた。しかしビートルズはテスト用のラッカー盤を聴き、メドレーの最後に〈ハー・マジェスティ〉が聞こえてくることを明らかに気に入ったのだ。カーランダーによると、「ビートルズはいつでも予想外の出来事をすくい上げるんだ。最後のちょっとした驚きの仕掛けみたいになった」という。しかし〈ハー・マジェスティ〉がメドレーの最後に復活したとはいえ、このソング・サイクル（連作歌曲）はまだすべてが完成したわけではなかった。[26]

七月三十一日のセッション中、マッカートニーは〈ユー・ネヴァー・ギヴ・ミー・ユア・マネー〉がまだ仕上がっておらず、哀調を帯びたスタンザ（連）からテンポが変わって始まる三つ目のヴァース（〝大学は出たけど、金を使い果たし〟）に特に改善の余地があると判断を下した。たしかに、マッカートニーにとっては少なくとも大きな問題がふたつあった。第一に、〈ユー・ネヴァー・ギヴ・ミー・ユア・マネー〉を構成するサブセクションの展開が現状のところ耳障りだった。第二に、〈ユー・ネヴァー・ギヴ・ミー・ユア・マネー〉と〈サン・キング〉をつなぐオルガンの移行部がラフ・ミックス中のほかの移行部と比べて手抜きでつまらなかった。マッカートニーは第二の問題点を解決するために、ビートルズの制作チームが長年愛用してきた〝ぜんまい仕掛けの〟ピアノというテクニックに目を付けた。

〝ぜんまい仕掛けの〟ピアノはマーティンが発明したもので、パーロフォン・レーベルのA&R責任者だった時代にコメディー・レコードのヒット作を連発してレーベルを成功に導いた時代まで遡る。マーティンのお気に入りのコメディアンにはピーター・セラーズや小柄なチャーリー・

ドレイクがいたが、ドレイクはBBCのテレビ番組「*Drake's Progress*」でスターの座に就いた。一九五八年にドレイクが〈ヴォラーレ:*Volare (Nel Blu Dipinto Di Blu)*〉のパロディーをレコーディングする際に、マーティンはヴァリスピード・レコーディング・テクニックを使ってバッキング・ヴォーカルを半分の速度で録音し、後から通常のスピードで再生した。こうするとバッキング・ヴォーカルのハーモニーだけが倍速に聞こえて、ドレイクのノヴェルティ・ソングにぴったりの可笑しい雰囲気になった。

ヴァリスピード――一九五〇年代と一九六〇年代のスタジオ・スタッフ間では〝周波数制御〟と呼ばれることもあった――はもともと、レコーディング芸術のために生み出されたテクニックではなかった。これはEMIスタジオで頻繁に起きていた停電の際にスピードを補正する手段として開発された。このような不都合な事態が起こると、スタジオ・レコーディングが標準と違うテープ・スピードになったり急激に音程が変化したりするため、エンジニアたちはヴァリスピード・テクノロジーで問題を克服したのだ。一九六〇年代以降にレコーディング芸術という概念が発達し、周波数制御はクリエイティブに使われるようになった。パーソンズの説明によると周波数制御が使われたのは「特殊効果を得るために少しピッチ（音程）を変える、曲全体のスピードを遅くしたり早めたりするためだ」という。また、「ADTとコーラス」とともに使われ、この時に「オシレーター（発振器）をわずかに〝揺らす〟」ことによって効果が得られたという。エメリックやパーソンといった草分け的なエンジニアはこうやって業務用のツールを革新的に使いこなしていった。[27]

マーティンがこのような初歩的なスタジオ効果を試してみたのはドレイクの〝ヴォラーレ〟だけではなかった。ちょうど同じ時期、ヴァリスピード・レコーディングはノヴェルティ・ソングのチーム〝チップマンクス〟のクリスマス・ソング〈ザ・チップマンクス・ソング（シマリスの歌）：*The Chipmunk Song (Christmas Don't Be Late)*〉がスマッシュ・ヒットとなってこれまでとは違う意味で大きな脚光を浴びた。チップマンクスの生みの親ロス・バグダサリアン・シニアはヴァリスピードを使って三匹のチップマンクス——アルヴィン、サイモン、セオドアという架空——のキャラクターを生み、トレードマークとなった高いピッチのヴォーカルを作り出した（バグダサリアンはこの功績に対してその後、三つのグラミー賞を獲得）。マーティンがビートルズとの出会いを喜んだ一九六二年六月にはヴァリスピード・レコーディングをすでに完全にマスターしており、数々のコメディー・レコードに利用していた。彼はまもなく、このテクニックをアコースティック楽器、それも特にピアノと組み合わせるとユニークな音質を得られることに気付いた。このようなレコーディングで半分のスピードで録音してヴァリスピードを使って倍速にすると、小さなハンマーがピアノ線を叩く雑音が目立って聞こえることが分かった。マーティンの耳には、これが昔日のぜんまい仕掛けのオルゴールから出てきたサウンドのように聞こえた。

　ビートルズは一九六九年夏まで**長年にわたってぜんまい仕掛けテクニックを愛用**しており、《プリーズ・プリーズ・ミー》の〈ミズリー（*Misery*）〉や《ハード・デイズ・ナイト（*A Hard Day's Night*）》のタイトル曲〈ア・ハード・デイズ・ナイト（*A Hard Day's Night*）〉といったさまざまな曲にヴァリスピードを使っていた。マーティンの手掛けたおそらく最も印象的な使用例は、《ラバー・ソウル》の〈イン・マイ・ライフ（*In My Life*）〉でハモンド・オルガンのソロを消去してヴァリスピードのピアノ・パートに差し替えたトラックだろう。マーティンは後に、「私がこのパートを弾ける唯一の手段として、テープを半分のスピードに遅くしてあったから、自分に演奏可能なペースでゆっくりと丁寧に弾くことができたんだ」と述懐している。マーティンの計算によると、「テープを半分の速度に落とすと物理的に周波数も半分になり、サウンドはきっかり一オクターヴ下がる。私は一オクターヴ下の音符を決められた通りに弾いて半分のスピードでレコーディングし、再生時にテープのスピードを正常に戻した」という。そして結果は、「これだ！　うまくいった！」となった。〈イン・マイ・ライフ〉では、マーティンのシンプルなバッハ風味のピアノにヴァリスピード効果を掛け、バロック期のハープシコードのようなサウンドを作り出した。[28]

当時、マーティンはぜんまい仕掛けピアノがあくまでも表面的なトリックだと考えていた。REDD.51そして後にTGコンソールを操作するようになってから、テープ・デッキのスイッチを30ips（インチ毎秒）から15ipsに切り替えるだけで半分の速度でレコーディング可能になった。〈イン・マイ・ライフ〉の場合にマーティンがヴァリスピードで真似しようとしたのは、「ハープシコードのサウンドで、すべての音のアタック（立ち上がり）を短くしたんだが、とてもじゃないけどそのままのスピードでは弾けないからでもあった。だから私はピアノで通常のスピードのちょうど半分で、一オクターヴ下の音を弾いたんだ。テープを通常のスピードに再び戻すと、ずいぶんと素晴らしい演奏に聞こえる。これは誰かがとても上手に弾けるとみんなをだますための手段だ」と後に説明している。

マーティンはぜんまい仕掛けピアノを戦略的に用いることが多かった。例えばブリティッシュ・インヴェイジョンの時代に、マーティンは得意技のぜんまい仕掛けピアノのテクニックをポップ・シンガー、ビリー・J・クレイマーのヴォーカルに用いて、プロデューサーの彼にとって耳障りだった発声の癖を修正した。マーティンは後に、「クレイマーが扁桃腺を震わせるイヤな音が聞こえたから、このピアノを少し加えてミキシングでちょっと音を大きくしたんだ」と述べている。マット・モンローが歌う007ジェームズ・ボンド映画シリーズのテーマ・ソング〈ロシアより愛をこめて（*From Russia with Love*）〉で、マーティンはモンローのヴォーカルのバックグラウンドにバラライカのようなサウンドを響かせるために、ヴァリスピードのぜんまい仕掛けピアノの効果を使っている。ビートルズと後に働くようになってからこのテクニックはさらに冴えわたり、《サージェント・ペパーズ》の〈ラヴリー・リタ（*Lovely Rita*）〉での初期のジャズのようなバレルハウス・スタイルのピアノ・ソロや、《ホワイト・アルバム》の〈ロッキー・ラックーン（*Rocky Raccoon*）〉のホンキートンク風ピアノなど、曲にふさわしい場面と雰囲気を確立した。[29]

マッカートニーは〈ユー・ネヴァー・ギヴ・ミー・ユア・マネー〉を仕上げるにあたって、こ

5

の〝通作歌曲形式〟〔繰り返しのない作品〕の〝大学は出たけど、金を使い果たし〟セクションに対する解決策を考えついた。スタジオ3での七月三十一日のセッション中に、最初のスタンザ（連）の静けさが続いた後にどうしても必要だったエネルギーを注入するためにブギウギ・ピアノを重ね合わせるアイディアがひらめいたのだ。一九三〇年代から一九四〇年代にかけてアルバート・アモンズによってポピュラーな人気を得たブギウギ・スタイルは、十二小節のブルースのコード進行に基づくジャズ形式が音楽的なルーツとなっている。マーティンが一九六五年十月に〈イン・マイ・ライフ〉で抱えたのと同じジレンマに直面したマッカートニーは、ビートルズのレコードに自身が要求する鮮烈な存在感を持たせつつテンポに合わせて複雑なピアノ・ソロを弾くのは不可能だとじゅうぶん理解していた。ブギウギのサウンドを捉えるために、マーティンとマッカートニーはここでもぜんまい仕掛けピアノのテクニックを使うことに決めた。

マッカートニーは〈ユー・ネヴァー・ギヴ・ミー・ユア・マネー〉のピアノをオーヴァーダビングする楽器としてスタジオ2のスタインウェイの〝バーティグランド〟タック・ピアノ〔弦を叩くハンマーに画鋲を付けるなどして金属音を出すように改造してあるピアノ〕を弾くことにしたが、この楽器は四月に〈オールド・ブラウン・シュー〉で使ったスタジオ3のチャーレン〝ジャングル〟ピアノよりもかなりおとなしいサウンドを持っていた。

スタジオ2のタック・ピアノは〝ミセス・ミルズ〟と呼ばれており、EMIスタジオでの長くバラエティーに富んだ歴史を持っていた。一九六〇年代から一九七〇年代にかけてアビイ・ロードの〝バーティグランド〟を愛用していたミュージックホール・ピアニストのグラディス・ミルズに敬意を表して命名された一九〇五年製のピアノは、ＥＭＩが一九五三年に四十四ポンド〔現在の日本円に換算しておよそ二十五万円〕で購入したものだった。当時、エンジニアのスチュアート・エルサムがスタインウェイの技術者にハンマーにラッカーを塗って固くして〝古めかしい〟サウンドにするよう指示したため、タック・ピアノのような明るい音色が得られたのだ。この効果をさらに高めるために、ＥＭＩ職員はピアノの音程を少し狂わせて昔の酒場に置いてあったピアノのようなサウンドを生み出した。グラディス・ミルズは、ミュージック・ホールのリバイバル全盛期に歌の伴奏用レコードやパーティー用の曲集をヒットさせて有名になった。彼女のキャリアが開花したのは一九六一年で、四十三歳の時のデビュー・シングル〈*Mrs. Mills Medley*〉が英国トップ20に入るヒットとなり一般家庭にも知れわたった。その後長年にわたって彼女のレパートリーには数々のカヴァー・ヴァージョン、例えばキャロル・チャニングの〈ダイヤは女の最良の友（*Diamonds Are a Girl's Best Friend*）〉、ルイ・アームストロングの〈ハロー・ドーリー！（*Hello, Dolly!*）〉〔二曲ともに同名ミュージカルの作品でオリジナル歌手はどちらも二〇一九年に九十七歳で亡くなったキャロル・チャニング〕、そして特に注目に値するレパートリーとしてはビートルズの〈イエロー・サブマリン〉などが加わった。

〝ミセス・ミルズ〟ピアノは一九六九年の夏までに〈シーズ・ア・ウーマン（*She's a Woman*）〉、〈アイ・ウォント・トゥ・テル・ユー（*I Want to Tell You*）〉、〈レディ・マドンナ〉、〈ペニー・レイン（*Penny Lane*）〉、〈ウィズ・ア・リトル・ヘルプ・フロム・マイ・フレンズ〉を含む数えきれないほどのビートルズの曲に登場した。

七月三十一日のセッション中、マッカートニーとマーティンはぜんまい仕掛けピアノ・テクニックを早速〈ユー・ネヴァー・ギヴ・ミー・ユア・マネー〉に適用した。マッカートニーは〝大学は出たけど〟セクションを一オクターヴ下のEマイナーで弾き、踊り出すようなブギウギ・ピアノのパートを〝ミセス・ミルズ〟から引き出した。マーティンはブースから見下ろしながら、テープ・マシンを決めた通り半分の速度で動かした。マーティンと制作チームがヴァリスピード効果を掛けると〝大学は出たけど〟セクションは期待した通り、華やかでジャジーなブギウギ・ピアノを全力で弾きこなしたような効果を挙げた。この晩はその後、マッカートニーとスターがメドレーをさらに改良するためにティンパニーの演奏を試み、〈ゴールデン・スランバー〉／〈キャリー・ザット・ウェイト〉のドラマティックなファンファーレを飾るために必要だったロー・エンドを付け加えた。

しかしマッカートニーは、〈ユー・ネヴァー・ギヴ・ミー・ユア・マネー〉と〈サン・キング〉の移行部の役目を果たすオルガンの音をどうしても本能的に受け入れられなかった。彼の耳には、ロックの巨匠によるメドレーにふさわしいデリカシーと気品に欠けていた。結局のところ彼が何度も言い続けてきたように、「俺たちは大物、ビートルズなんだ」から。[30]

やはり、オルガンの音だけではどうしても物足りなかったのだ。

6 名演奏家たちの匠の技

七月が終わりに近づき、エメリックはマーティンとビートルズとともに仕事をする日常を再び楽しみはじめた。《ホワイト・アルバム》セッションから逃げ出す原因となった口論や確執はおおかた過ぎ去っていた。またエンジニアとして、TGコンソールのトランジスター回路から生み出されるサウンドに価値を認めるようにさえなっていた。エメリックによると、「特にこの新型レコーディング・コンソールで録ったオリジナル・リズム・トラックは、真空管デスクから得られたような前面に出てくるハードで攻撃的なサウンドよりおとなしい独特の質感を持っていた。そしてこのサウンドはアルバムに彼らが持ち寄った楽曲の大半ととても相性が良かった。オリジナル・リズム・トラックは控えめなサウンドだったためオーヴァーダビングを重ねた場合に少しソフトになり、とげとげしさが取れた。すべての要素がミックスのなかでそれほど違和感なくまとまるようになった」という。エメリックの意見によると、よりクリアで暖かみのあるトーンをこのアルバムに作り出せたのはトラジスター機材のおかげで、特にロー・エンドでは旧式のREDDミキシング・コンソールで発生していた歪をTGコンソールが大幅に軽減したという。[1]

TGコンソールの捉えたビートルズ・サウンドの暖かみと美しさは、レノンが八月一日金曜日のスタジオ2での八時間にわたるセッション中にバンドメンバーに披露した〈ビコーズ（*Because*）〉で頂点に達した。レノンは、クラシック演奏家として訓練を受けたオノがベートーヴェンの〈ピアノ・ソナタ第十四番嬰ハ短調（*Sonate für Klavier Nr.14 cis-Moll*）〉（月光）〔嬰ハ短調はC♯マイナー〕の第一楽章を弾くのを聞いて、〈ビコーズ〉を書くインスピレーションを受けた。レノンはこの偶然発見した作品素材を使って彼にとっておそらく最も革新的な転用を達成するために、ベートーヴェンのメロディーを伴奏するアルペジオを逆転させて新曲を完成してこれにぴったり適合する内省的な歌詞を付けたのだ。レノンは後に、「僕は家のソファに寝そべって、ヨーコがベートーヴェンの〈月光ソナタ〉をピアノで弾くのを聞いていた。僕は突然、〝その曲のコードを逆に弾くことはできる？〟と言ったんだ。彼女が逆から弾いて、僕はこれを基に〈ビコーズ〉を書いた。この曲は〈月光ソナタ〉みたいにも聞こえる。歌詞は明確で、無駄な戯言（たわごと）はなく、視覚イメージもなく、分かりづらい言い回しもない」と振り返っている。[2]

〝天才盗作者〟が再び登場し、今度はクラシック音楽芸術の頂点から平気で借用したのだ。スティーヴ・ターナーは、「当時はロックンロールがクラシック音楽と正反対のものであり、両方を純粋に理解することは誰にもできないという意識が一般的だったため、ビートルズの一員がベートーヴェンから借用するという考えには一抹のアイロニーがあった。チャック・ベリーがロックンロールのために道を譲ったらどうだとクラシック作曲家たちに不遜に言い放つ曲、〈ロール・オーヴァー・ベートーベン（*Roll Over Beethoven*）〉をビートルズが過去にレコーディングしていたことも印象を良くはしなかった」と指摘している。しかしレノンにとって、ベートーヴェンからアイディアをくすねるという考えは特別に大きな意味を持っていた。スティーヴ・ターナーによると、レノンはオノの感化を受けて西洋音楽で最も評価の高い作曲家ベートーヴェンの「人間性に親近感を感じて」尊敬を寄せており、「一九六九年頃の彼はもうすでにエルヴィスやローリング・ストーンズではなく、ピカソ、ファン・ゴッホ、ディラン・トマス、ベートーヴェンと芸術的に肩を並べたいと思うようになっていた」という。マッカートニーは後に〈ビコーズ〉について、「僕はこの曲を書く際にヨーコが関与していたことに賭けても構わない。どちらかというと彼女のような言葉のスタイルだ。風、空、大地が繰り返し登場するからね。［オノの本］『グレープフルーツ（*Grapefruit*）』〔上掲書は一九六四年七月東京で五百部限定出版され、一九七〇年再販、日本語訳は『グレープフルーツ・ブック（Grapefruit）』（一九八二年、田川律訳、新書館）、改編版の『グレープフルーツ・ジュース（grapefruit juice）』（一九九三年、南風椎訳、講談社）がある〕そのもので、ジョンはあの頃彼女から大きな影響を受けていたんだ」とコメントしている。[3]

八月一日夜のセッション中、ビートルズは〈ビコーズ〉を23テイク吹きこみ、レノンがガイド・ヴォーカルとエレクトリック・ギターのパート、マッカートニーがベース、マーティンがボールドウィンのエレクトリック・スピネット・ハープシコードを弾いたがこの曲のキーはC#だったため至難の業となり、〈ビコーズ〉はビートルズにとってこの高尚なキーで演奏される唯一の曲となった。エメリックは後に、キーボード・パートのアイディアを出したのはプロデューサーのマーティンだったと回想している。「この曲をギターで書いたジョンは、コード弾きでなく個々の音を丁寧にピッキングしていたが、何かが足りないと感じていた。ジョージ［・マーティン］が〝私が君の音をそのままハープシコードでなぞるっていうのはどうだい？〟と提案し、レノンはすぐに賛成し、〝うんいいね、そうすればもっとクラシックっぽくなるし〟と答えた」という。ベーシックなリズム・トラックをレコーディングする際にスターはハイハットで微かにビートを刻み、ほかのミュージシャンのヘッドフォンからテンポを指示した。マーティンは後に、「私は楽器を弾く時に最も正確なテンポをキープできるプレイヤーとして有名なわけじゃないからだ。リンゴが私たちのドラム・マシンだったんだ」と述べている。[4]

いっぽう、マッカートニーはコントロール・ブースに入り、キーボードを懸命に弾くマーティンに代わって事実上のプロデューサー役を務めた。エメリックの後の回想によるとマッカートニーは、「あの晩彼らをあまりにも酷使して何テイクもやり直しさせた挙句、最高の能力を発揮できなくなるほど演奏させた。疲れ果てた三人がついにコントロール・ルームにやって来て成果を聴く段階になって、すでに一時間前に完璧なテイクを録り終えていたことに気付いた。ジョンは何も言わなかったが、気まずくなったポールを睨んだ。でも彼らが疲れ果てていたおかげで騒ぎにはならなかった」という。マッカートニーもこの瞬間のことをはっきりと憶えており、「僕は《アビイ・ロード》でみんながうんざりするほどプロデューサー気取りが鼻につきはじめていた。ジョージ・マーティンが本当のプロデューサーだったのに、僕は自信過剰になっていた。ジョージ［・ハリスン］とリンゴは振り返って、〝おい、いい加減にしろ！　俺たちは大人でお前がいなくてもちゃんとできるよ〟と言ったんだ。相手がとても威圧的になっても気付かない僕みたいな人間の場合、言葉に出されてはじめてビックリするんだ。だから僕は押し黙って引き下がり、〝分かったよ、言われた通りだ、僕が馬鹿だった〟というわけだ。一日か二日経ってセッションがちょっとたるんできて、リンゴが僕のほうを振り向いてとうとう、〝どうした……プロデュースしたらどうだ！〟と言った。どっちにしても八方塞がりだった。僕がやったことを再開するか、でも正直言って僕はうまくやったほうだと思うけど、それか僕が引き下がって疑心暗鬼に陥るかで、結局はそうなったのさ」と回想している。〈ビコーズ〉のベーシックなリズム・トラックが完成し、バンドはレノンの新曲の録音を着々と進めていた。しかしビートルズと彼らのレコーディングにはよくあることだが、最高の瞬間が訪れるのはこれからだった。[5]

八月四日の月曜、ビートルズは〈ビコーズ〉の作業に戻り、一九六三年の〈ジス・ボーイ（*This Boy*）〉、一九六五年の〈イエス・イット・イズ（*Yes It Is*）〉、《ラバー・ソウル》の〈ひとりぼっちのあいつ（*Nowhere Man*）〉で完璧を極めたような三声ハーモニーのレコーディングに取り掛かった。レノン、マッカートニー、ハリスンは少年時代に自分たちのアイドルだったヴォーカリスト、特にエヴァリー・ブラザーズのような音楽を思い出しながら三声のハーモニーを歌って大いに楽しんだ。マーティンはバンドの主要シンガーがヴォーカルの技を磨く際に手を貸したのはもちろんだが、彼らはプロデューサーと出会う一九六二年の時点ですでに長年の共演経験と生まれながらの才能を備えたシンガーだった。マーティンは後に、「私がハーモニーの歌い方を教えなくても、彼らはすでに上手かった。リヴァプールや事もあろうにハンブルクの荒っぽい過酷な環境で毎晩何時間もぶっ続けで演奏して経験を積み、アメリカのレコードを含めたレパートリーを自力で築き上げていたのだから。彼らはレコードで聴いたハーモニーを自分たちで試すのがとても上手くなっており、いったんその歌をものにしたら自然に三声のハーモニーで歌えるようになっていた」と述べている[6]。

〈ビコーズ〉はバンドメンバーによる最も優美な複数パートのハーモニーといっていいかもしれないが、マーティンとエメリックはTGコンソールの機能をフル活用してヴォーカルを明瞭に分離し、素晴らしい高音質のサウンドに仕上げた。〈ビコーズ〉を飾った三声ハーモニーでレノンは中音域のリード・ヴォーカル・パート、ハリスンは少し低いハーモニー、そしてマッカートニーがファルセット（裏声）で歌って三重唱をまとめた。マーティンはハーモニーにふたつのトラックを割り当てる際に、「ジョンとジョージとポールがハーモニーで歌っている声の一組を録音し、それからその上にあと二組の三重唱を重ねることにした。だから全部で九つの声、九つの音があってうまくいった。とてもシンプルだった」と述懐している。

しかし実のところそんなにシンプルではなかった。この曲がいかにも居心地よい雰囲気とシンプルさを醸し出しているにもかかわらず、繊細なヴォーカルをレコーディングするのは骨の折れる作業となった。マーティンは後にヴォーカルの録音時に彼が、「文字通りどの音を歌うかを彼らに指示」しながらレコーディングを完成させたと認めている。当時、ハリスンは〈ビコーズ〉について、「〈恋をするなら（*If I Needed Someone*）〉とちょっと似ていて、ほら、全曲通してベーシックなリフがだいたい同じだけど、実はかなりシンプルな曲なんだ。三声のハーモニーをジョン、ポール、僕の三人が一緒に歌っている」と説明していた。〈ビコーズ〉がハリスンにとってこのLPで一番好きな曲として際立った存在となった理由については、「すごくシンプルだったからだ。歌詞は単純明快だけど、このハーモニーを歌うのは実際のところかなり難しかった。僕らは真剣に練習しなければならなかったんだけど、ほとんどの人を確実に感動させるタイプの曲なんじゃないかな」と述べている。[7]

この晩の〈ビコーズ〉の作業が終了した後、ハリスンはスタジオ3のコントロール・ルームでマクドナルドとパーソンズと協力して〈サムシング〉と〈ヒア・カムズ・ザ・サン〉のステレオ版ラフ・リミックスを制作した。ハリスンにとって、プレイバックを聴くのは思いがけないほど素晴らしい体験だった。二曲はこの段階でさえ、見事に演奏されレコーディングされていたが、彼の耳にとってはまだ何かが足りなかった。いっぽう、マーティンはハリスンの見事な作品用のオーケストラ伴奏を編曲するために、〈サムシング〉のアセテート盤を受け取った。この時点で、

6

〈ゴールデン・スランバー〉や〈キャリー・ザット・ウェイト〉など長編メドレーの個々の曲を含む新作LPの数曲の録音を完成させるためにマーティンのアレンジャーとしての手腕が切実に必要とされていたことは明らかだった。そこでマーティンはクラシック演奏家によるオーケストラのオーヴァーダビング・セッションをレコーディングするために、広々としたスタジオ1を八月十五日の午後に前もって確保していた。

ビートルズにとって、八月五日の火曜日はニュー・アルバムのレコーディング・セッションのなかでも記念すべき日となった。マッカートニーは午後のセッションで、〈ユー・ネヴァー・ギヴ・ミー・ユア・マネー〉と〈サン・キング〉のこれまで不満だった移行部に対する解決策を実現した。その前の週末、彼はキャヴェンディッシュ・アヴェニューの自宅でテープ・ループによる実験を始めていた。一九六〇年代の半ばから、テープ・ループの録音はマッカートニーのお気に入りの趣味となっていた。彼は後に、「午後に休み時間がある場合が多くて、テープ・ループで実験していたんだ。夜に演奏したりラジオ番組や何かに出演したりで、一人で家にいる時間がかなりあったため色々といじってみる時間があった。日課ってわけじゃなくて……一日中短いテープをあれこれと作っていたんだ」と述べている。マッカートニーはテープを逆回転することに特に興味を持ち、その後はテープを短く切り刻んでからアビイ・ロードで手に入れた接着剤の壜を使ってランダムにつなぎ合わせて意表を衝くようなテープ・ループを作れるようになった。[8]

八月五日のセッションに到着したマッカートニーはビニール袋の中にモノラル・テープを十数

本ほど持ってきていた。スタジオ3のコントロール・ルームでマーティンと制作チームとともに、マッカートニーは最良のものを選んで4トラック・テープにコピーした。そして鐘を撞くような音とコオロギの鳴き声と鳥のさえずりをつなげたサウンドがとても気に入った。大きなエネルギーを持つ〈ユー・ネヴァー・ギヴ・ミー・ユア・マネー〉のエンディングから、ゆったりとした静かな調子の〈サン・キング〉の間にきらめくようなテープ・ループをクロスフェイドしたことによって活き活きとした転換部分が完成した。マッカートニーは〈ヒア・カムズ・ザ・サン〉にもテープ・ループを使うつもりだったが実現しなかった。

この日、ハリスンが自宅からモーグ機材を移動してスタジオ内に設置する作業を監督し、EMIスタジオのスタッフはこのようすを大きな興奮とともに見守った。複雑な楽器をプログラミングするために、マーティンは旧知の仲の同業者でマンフレッド・マンのバンドメンバーだったこともあり、〈愛こそはすべて（*All You Need Is Love*）〉ではスタジオで指揮者を務めたマルチ・インストゥルメンタリストのマイク・ヴィッカーズを雇った。マーティンはこれに先立ってクリス・トーマスの強い要請を受け、モーグ・シンセサイザーをAIRのためにすでに購入していた。この楽器の英国到着時に説明書はなく略図しか付いていなかったため、マーティンの愛弟子のトーマスはハリスンと同じように途方に暮れたが、ヴィッカーズの助けを借りてプログラミングと演奏の方法を習得した。そこでビートルズにモーグの仕組みに慣れてもらうために今回もヴィッカーズに声がかかった。カーランダーは後に、「モーグはルーム43にセッティングされ、サウンドはそこからモノラル・ケーブルで送られ、私たちがその時に使っていたどのコントロール・ルームでも受け取れた。ビートルズのメンバー全員——特にジョージ——が大きな興味を示し、あれこれと試していた」と述べている。スタジオのスタッフは新しい楽器の登場に色めき立っていた。アラン・パーソンズは、「誰もが魅了されてしまった。一目見ようとみんなが集まって人だかりができた」と述懐している。[9]

エメリックはハリスンの功績について、「彼が《リボルバー》の頃にビートルズのレコードにインドの楽器を紹介したのとちょうど同じように」モーグを導入してスタジオに新しいサウンドをもたらしたと述べている。カーランダーやパーソンズと同じくエメリックも面喰ったが後に、「本箱みたいに大きくて威圧的な黒い物体で、ノブとスイッチが何十個も付いておりパッチ・コードだらけだった。マルがウンウン唸って汗だくになりながら部屋に運び入れた巨大な八個の箱の中に収納されていた。モーグ社の人たちがこの数ヶ月前にEMIでデモ演奏をしていたから、初めて見たわけではなかったが、セットアップしてやっとひとつ音を出すまで延々と時間がかかった。ハリスンはこれらのノブをカチカチするのが確かに好きだった。闇雲に触っていただけなのかもしれないが、いじくり回すのを楽しんでいたのは間違いない」と回想している。[10]

八月五日の夜、ヴィッカーズはハリスンが満足するようにモーグを設定することに成功した。〝クワイエット・ビートル〟は間髪入れずに〈ビコーズ〉に意識を再び集中し、マーティンのハープシコード・パートに瞑想的なバッキングをシンセサイザーで付け加えた。ビートルズによる新しい楽器の導入に感心したEMIスタッフのニック・ウェブは後に、「ビートルズはモーグをとても控え目に使用したと思う。ほかのミュージシャンだったら同じ状況で露骨に前面に押し出していただろう。レコードに入ってはいるが目立たない。彼らはおそらく、シンセサイザーがその後あんなにポピュラーになるとは思っていなかったのかもしれない」と述べている。マーティンと制作チームはオーヴァーダビングの際、モーグの信号をルーム43からスタジオ2のコントロール・ルームに送り、ハリスンのキーボード・パートを空きトラックふたつにレコーディングした。〈ビコーズ〉が完成し、ビートルズは〈ジ・エンド〉の作業に戻ったが、この時はまだ仮題で〈*Ending*〉と呼ばれていた。マッカートニーは曲のイントロのリフに合わせて情熱的なヴォーカルをオーヴァーダビングして〝オー、イェー！　オールライト！　君が今夜僕の夢に出てくるかな？〟と歌い、スターの豪快なドラム・ソロの開始を告げた。その後にレノン、マッカートニー、ハリスンがこの曲のヴォーカル・ハーモニー――〝ラヴ・ユー〟と繰り返す中間部――を加え、マッカートニーがこのトラックを実に見事に締めくくる華麗な詩的表現を作り上げた。彼は後に、「シェイクスピアは幕が終わる時に韻を踏んだカプレット（二行連句）を使って観客に終わったことを知らせたから、僕も少し意味深長な終わり方にしたいなと思って、偉大な詩人を見習ってカプレットを書いたんだ」と述べている。マッカートニーは〝そして結局、君が受け取る愛は君が生み育てる愛と同じなんだ〟と歌うことによって、レノンの言葉によると「宇宙的で哲学的な詩句」によってメドレーを完結できたのだ。ビートルズはこれで予定されたオーケストラのオーヴァーダビングを除いて〈ジ・エンド〉を完成させたように思えた。[11]

翌日の八月六日水曜日、ビートルズは再び仕事に取り掛かった。この時点で彼らは構内の別々のスタジオで働くのが常となっていたが、これはずっと続いている敵意のせいではなく、LPが急ピッチでまとまろうとしていたからだ。彼らは再び〝盛りがついた獣のよう〟に仕事に没頭し、創造的エネルギーの奔流に任せて新曲の数々を完成させようとしていた。EMIスタッフのトニー・クラークは八月初めの三週間にビートルズのセッションで働いたが、「彼らはふたつのスタジオで作業を同時進行し、私はスタジオ2か3——普通は3——に座っているよう指示されて、ビートルズの指図を受けたり誰かがオーヴァーダビングをしに入って来たりした時のために待機していた。アルバムのこの段階で、四人が一緒にいるのを見たことはなかったと思う」と後に振り返っている。スタジオ3で作業していたハリスンは〈ヒア・カムズ・ザ・サン〉に数回にわたってエレクトリック・ギターの即興によるフレーズをオーヴァーダビングしたが、このなかにはファイナル・ミックスで削除されたさまざまなソロ演奏が含まれていた。[12]

いっぽう、マッカートニーはルーム43で〈マックスウェルズ・シルヴァー・ハンマー〉のモーグ・パートを作りはじめた。前日の〈ビコーズ〉の作業と同様に楽器の信号をスタジオ2のコントロール・ルームに送り、マーティンと制作チームがオーヴァーダビングを指揮した。この日ルーム43で働いていたパーソンズはマッカートニーが新しい楽器の操作を習得するスピードの速さに目を見張った。パーソンズは後に、「ポールは〈マックスウェルズ・シルヴァー・ハンマー〉のソロでモーグを使ったが、キーボードからの音ではなかった。音の切れ目がないリボン・コントローラーを使って、指をひと続きのリボンの上で上下に動かすだけでソロを弾いたんだ。ヴァイオリンみたいで正確な音を見つけるのがとても難しかったが、ポールはすぐに使いこなした。彼は音楽的なものなら二日もあれば何でも弾きこなせた」と述べている。

コントロール・ルームに座っていたマーティンもマッカートニーがモーグを操る能力に心を奪われたが、人工的なサウンドについては相変わらず懐疑的だった。マーティンは後に、「私たちは依然として本物のサウンドに影響を受けており、合成されたサウンドよりも聞き覚えのある楽器のようなサウンドを手に入れようと努力しているんだと思う。しかしともかく〈マックスウェルズ・シルヴァー・ハンマー〉のサウンドには、ふわふわ浮かぶ神秘的な要素があると思うよ」と説明している。[13]

ビートルズは八月七日木曜日には生産的なパターンに入りこんだように思われた。新作LPの仕事が急速に終わろうとしており、バンドメンバーは別々のスタジオで同時に作業を続けてオーヴァーダビングをこなし、数々の最後の仕上げを施していった。全般的な親善ムードは続いていたが、ちょっとしたことがきっかけでこの状況はすぐに引っくり返った。

この日の午後、ビートルズがスタジオ2のコントロール・ブースにマーティン、エメリック、カーランダーとともに座ってリミックス・セッション中に〈カム・トゥゲザー〉のプレイバックを聴いている時に、他愛もないことから張り詰めた空気が出現した。カーランダーをはじめとする面々がスタジオ内を見下ろすと、オノがベッドからゆっくり起き上がって部屋を忍び足で横切りハリスンのレスリー・スピーカー・キャビネットに向かうのが見えた。彼らが見守るなか、ヨーコはキャビネットの上にギタリストが確保しておいたダイジェスティブ（全粒粉）・ビスケットの箱を手に取ってゆっくりと開けはじめた。ハリスンは、「あのクソ女（ビッチ）！　あいつが僕のビスケットを取りやがった！」と叫んだ。エメリックの記憶によるとそれから、「レノンが彼に叫び返したものの、（見られているのも知らずスタジオ内で美味しそうにビスケットを頬張る）妻を弁護する言葉をあまり考えつかなかったのは彼も食べ物に関して同じ態度を取る性格だったからだ。実際のところ口論の種になったのはビスケットというよりも、誰もが全員心底から腹立たしいと思うようになっていたベッドだった」と回想している。ビートルズの口論と関わり合いにならないよう必死に努力していた普段は落ち着いたマーティンでさえ、スタジオ内に居座り続ける厄介なベッドにイラ立っていた。[14]

しかしこの日に関してカーランダーの記憶に強く残っているのは、大騒動がすぐに過ぎ去ったことだ。このすぐ後、ビートルズはスタジオ2のコントロール・ルームで起こった感情の爆発をすっかり忘れてしまったかのように見えた。スタジオ3で作業していたハリスンとレノンは意見の相違を脇に置いて、メドレーの最後を飾るロックンロール・レビュー用にギター・ソロの応酬を開始した。〈ジ・エンド〉にまだ使われていない小節がいくつか残っていたことにビートルズが気付いた際、**三人のギターによる決闘というアイディア**が生まれた。エメリックが後に回想しているように、この案を声高に主張したのはハリスンだった。

「まあ、ここは当然ギター・ソロだろう」とジョージ・ハリスンが言った。「そうだけど、今回は君じゃなくて僕に弾かせてみるのはどうだ」とレノンが冗談めかして答えた。彼はリード・ギターを弾くのが好きだった――リハーサルではよくリード・パートをもてあそんでいた――がジョージやポールのような技巧を持ち合わせていないことを知っていたので、レコードではほとんどリードを弾かなかった。ジョンも含めてみんなが笑ったが、彼が少なくとも半分本気だったことは誰の目にも明らかだった。彼はこのアイディアを諦めきれず、「分かってるよ！　じゃあ僕たち全員がソロを弾いたらいいじゃないか？　順番に即興でソロを回せばいい」といたずらっぽく述べた。

そしてその通りになった。マッカートニーがフェンダー〝エスクワイア〟、ハリスンが〝ルーシー〟というニックネームを付けた愛用のギブソン〝レス・ポール・スタンダード〟、レノンがエピフォン〝カジノ〟を手に取って歴史に残る二小節のソロを即興で弾くことに成功したのだ。この瞬間を捉えるために、ビートルズのエンジニアは三人のギタリストのために三台のアンプリファイアをスタジオの床に一列に並べるようマル・エヴァンスに指示した。各人のソロのライヴ演奏を単独トラックにレコーディングするので、分離を考慮する必要はなかった。マーティン、エメリック、スターがブースから見守るなか、バンドメンバーはソロをワン・テイクで録音し終えた。エメリックは後に、「ジョン、ポール、ジョージは時間を逆行して子供に戻ったみたいに見え、一緒に演奏するのを純粋に楽しんでいた。ギターをストラップから吊り下げた彼らを見ていると何よりも、相手を出し抜く非情な決意を抱えたガンマンを連想させた。でも敵対意識や緊張感はまったくなく、彼らが単純に楽しんでいることが分かった」と述懐している。テイクを録り終えて、三人のビートルズはスタジオの床に立ち、旧友のように互いを見詰めあい、あらゆる困難にもかかわらずやり遂げた達成感に顔を上気させた。カーランダーとスターは名演奏家による偉業を目にして言葉を失った。スターは、「こうした気の狂うようなゴタゴタを焼き尽くした灰の中から出てきた最後のセクションは、僕らが作り上げた最上の作品といってもいい出来栄えだ」と述べている。[15]

翌日の八月八日、ビートルズはニュー・アルバムのジャケットをどうするかという根深い課題をついに解決するために早めにスタジオに到着した。タイトルをどうするかは初夏以来、グループ内でくすぶり続けており、《*Four in the Bar*》（バーの中の四人〔Barには酒場、音楽の小節のほかに鉄格子の意味もある〕）、《*All Good Children Go to Heaven*》（すべての良き子供たちは天国に行く）、不条理な《*Billy's Left Foot*》（ビリーの左足）など複数のタイトル候補がメンバー間でいい加減に口に上っていた。エメリックの吸っていた煙草の銘柄に敬意を表した《*Everest*（エベレスト）》がアルバムのタイトルとして最有力候補になっていた。マッカートニーは後に、「僕らはアルバムのタイトルが思いつかなくて困っていたんだけど、すべてスタジオ内で僕らだけで作ったこと以外に明確なコンセプトはなかった。ジェフ・エメリックがエベレストの紙巻き煙草のパックをいつも横に置いていたもんだから、僕らは〝これはいいぞ。大きくて雄大だ〟と思ったんだ」とコメントしている。しかしバンドメンバーは最終的に、ジャケット写真撮影のためにチベットまで旅するとてつもない苦労を背負いたくないと気付いてこの案を却下した。それにマッカートニー自身も、「煙草のパックにちなんでアルバムを名付けるなんてありえないよ！」と否定している。突然選択肢を失い、彼らは自分たちを有名にしたスタジオに着目した。「ファック・イット！(もううんざりだ) アビイ・ロードという名前に決めてとっとと外に出ようぜ」とスターが述べたと伝えられている。そして結局その通りになった。

レノン夫妻の友人のデザイナー、ジョン・コッシュとマッカートニーはアルバム・ジャケットの大まかなアイディアを考えた。八月八日の朝、ビートルズはアビイ・ロード3番地の堂々とした門の外に写真撮影のために集合した。ロンドン警視庁が協力して周辺の交通を止め、写真家のイアン・マクミランが脚立の上でカメラを構え、ＥＭＩスタジオの表玄関から数メートルしか離れていない横断歩道をバンドメンバーが一列になって渡る有名なジャケット写真を撮影した。マッカートニーは後に、「八月のとても暑い日で、僕はスーツとサンダルという身なりで現場に到着した。暑くて仕方がなかったのでサンダルを脱ぎ捨て、いくつかのテイクは靴を履かないで道を渡ったところ、採用されたショットで僕はサンディ・ショウみたいに裸足だったんだ。裸足になって写真を撮った人はすでにたくさんいたし、僕としてはたいした意味はないと思ったんだ」

と語っている。レノンの回想によると、「僕らは写真家がともかく急いでくれるよう願っていた。あまりにも多くの人がウロウロしていたからね。〝撮影が台無しになる。すぐにここから出よう。ビートルズ写真のためにポーズを取るんじゃなくて、レコーディングしてなきゃならないんだ〟と僕らは考えていた。それで僕は、〝さあ早く済ませよう、足並みを揃えよう〟って呟いていたんだ」という[16]。

この日のセッションが午後二時半に始まるまでかなり時間を潰す必要があったため、マッカートニーとレノンはキャヴェンディッシュ・アヴェニューのポールの自宅で一緒に過ごすことにした。いっぽう、ハリスンとマル・エヴァンスは近くのリージェンツ・パークにあるロンドン動物園を訪れ、スターは買い物に出かけた。その後、マッカートニーとスターはスタジオ2で作業して〈ジ・エンド〉のベースとドラムのパートをさらに引き締めた。この晩、レノンとスターは〈アイ・ウォント・ユー〉に再び取り組み、スターがスタジオ内でドラム・ワークを完璧に仕上げ、ルーム43のモーグ・シンセサイザーで効果音を作る順番がついにジョンに回ってきた。レノンにとって、このセッションは曲の終盤に大きな盛り上がりを作る結果となり、このためにモーグからホワイト・ノイズ〔放送局の電波が入らない時の雑音のようにすべての周波数成分を一様に含むノイズ〕を発生させた。エメリックはポストプロダクション段階で、モーグの音をどんどん大きくしたいというレノンの要求を満たすためにリミッターを掛けない雑音でほかのサウンドを圧倒した。いっぽう、マッカートニーは八月八日のセッションをスタジオ3で締めくくり、新しいリード・ギター・パートとタンバリンを〈オー!ダーリン〉

にオーヴァーダビングした。

八月十一日月曜日、ビートルズは《アビイ・ロード》の終盤に差し掛かった制作期間内に、さらに最後の仕上げを施す決意を固めていた。マーティンがスタジオ1で金曜日に行われる大規模なオーケストラ・セッションのために無我夢中で編曲作業の完成を急ぐなか、グループは〈ヒア・カムズ・ザ・サン〉と〈オー！ダーリン〉にさらに音を重ね、〈アイ・ウォント・ユー〉にはレノンとマッカートニーとハリスンが〝彼女はとてもヘヴィーだ〟とハーモニーを付け、エメリックが空いているトラック4とトラック7にしっかりと音を捉えた後、原題の〈*I Want You*〉に副題が追加され〈*I Want You (She's So Heavy)*〉となった。そして〈オー！ダーリン〉に一連のヴォーカル・ハーモニーを加えた後、セッションの最後にハリスンが〈ヒア・カムズ・ザ・サン〉にさらにギター・パートをオーヴァーダビングした。その後数日間にわたって、ビートルズと制作チームはスタジオ2のコントロール・ルームで長時間のセッションを行い、〈ビコーズ〉、〈マックスウェルズ・シルヴァー・ハンマー〉、〈ユー・ネヴァー・ギヴ・ミー・ユア・マネー〉を最終調整した。八月十四日木曜日の十二時間にわたるセッションでは、リミックスされたヴァージョンの〈サン・キング〉／〈ミーン・ミスター・マスタード〉と〈ポリシーン・パン〉／〈シー・ケイム・イン・スルー・ザ・バスルーム・ウィンドー〉がハード・エディットによって、つまり〈ミーン・ミスター・マスタード〉と〈ポリシーン・パン〉の曲間をまったく空けずに連結された。〈ユー・ネヴァー・

ギヴ・ミー・ユア・マネー〉と〈サン・キング〉の間にはマッカートニーによる八月五日のテープ・ループをはめこみ、クロスフェイド作業を完璧にするためにかなりの時間が割かれた。八月十四日のセッションには英国のDJケニー・エヴェレットが訪れ、ビートルズの新作LPの進捗についてレノンにインタビューした。会話の最中、レノンはアルバムのタイトルを暴露し、その次のLPが《*Get Back*》というタイトルになるがリリース日は未定だと断言した。レノンはDJに対して、「僕たちはもう飽き飽きしてしまったので、放ったらかしてあるんだ」と認めた。[17]

翌日、マーティンは《アビイ・ロード》にとって記念すべきオーケストラ・セッションを監督したが、これは一九六七年二月にスタジオ1で〈ア・デイ・イン・ザ・ライフ〉を録ったセッションに次ぐ二番目の規模と人数を擁するものだった。八月十五日金曜日に同スタジオに入ったマーティンはセッション・ミュージシャンを指揮し、音楽と映像がスタジオ2のコントロール・ルームに有線テレビで中継され、エメリック、マクドナルド、パーソンズが進行を見守った。スタジオ1にまだ8トラック技術が導入されていなかったため、マーティンの制作チームはスタジオ2のTGコンソールを利用してオーケストラをレコーディングするしか方法がなかった。エンジニアのアラン・ブラウンは後に、「巨大な規模のセッションだった。スタジオ間を接続するコード類がたくさんあり、私たちはお互いに連絡を取るためにトランシーバーを持ちながら構内を歩き回っていた」と回想している。

この日にまず取り掛かったのは〈ゴールデン・スランバー〉／〈キャリー・ザット・ウェイト〉だっ

たが、マーティンはヴァイオリン12、ヴィオラ4、チェロ4、コントラバス1、ホルン4、トランペット3、トロンボーン1、バストロンボーン1という編成にアレンジしてスコアを書いた。この時点で、マーティンはビートルズの楽曲を補うだけでなく、彼らの創造性に生命を吹きこむ手段としてオーケストレーション技術を完璧に使いこなしていた。マーティンは後に次のように述べている。「制作とアレンジメントは関連しているものの、ふたつの別個の仕事だ。しかしスコアが書ければ、オーケストレーションができれば、頭の中にある制作のアイディアを実現する際に大きな助けになることは明らかだ。スタジオ内で適切なサウンドを得るために、何を書いたらいいかが分かるからだ。同様に、制作チームとして何を書く必要があるかを理解していれば、両方の立場を密接に連携させることが可能なんだ。そうすれば、オーケストラをどのようにアレンジするかによって、制作スタイルに相乗作用をもたらすことができる[18]」

〈ゴールデン・スランバー〉／〈キャリー・ザット・ウェイト〉を録り終えたマーティンは〈ジ・エンド〉に取り掛かったが、純粋に一秒あたりのコストを考えるとこの日のレコーディングで最も法外な経費のかかった曲だった。スタジオ1内の同じ編成のミュージシャンを従え、マーティンは〈ジ・エンド〉のパワフルなコーダを指揮した。メドレーが大音響とともに幕を下ろす際、華麗なギター・プレイの数々がマーティンのオーケストレーションと渾然一体となり、ミュージシャンの倍音の暖かさに包まれて結末がしっかりと印象付けられた。〈ア・デイ・イン・ザ・ライフ〉（Eメジャー・コードにつきものの緊張感と不確実性）の暗澹としたクライマックスと対照的に、マーティンによる〈ジ・エンド〉のスコアは比較的静かなCメジャーでゴールに到達した。ブラウンは後に次のように語っている。「〈ジ・エンド〉のオーケストラのオーヴァーダビングは私がそれまで耳にした最も複雑なものだった。三十人編成のオーケストラがほんの短い秒数だけ演奏し――40デシベルより下くらいにおとなしくミックスされた。莫大な金がかかっていた。ミュージシャン全員に給料を払い、食費と飲み物代を出さなければならなかった。私はレコードをかけるたびに毎回、ポンド紙幣を数えながら手を強く握りしめてしまうんだ！」[19]

新しい編成用にミュージシャンを配置して次のスコア譜を用意するために休憩を取った後、マーティンは〈サムシング〉と〈ヒア・カムズ・ザ・サン〉に取り掛かった。ビートルズのプロデューサーはハリスンが《アビイ・ロード》に提供した楽曲にこの上なく見事なオーケストレーションを書き上げていた。〈サムシング〉のマーティンによるアレンジメントの編成はヴァイオリン12、ヴィオラ4、チェロ4、コントラバス1だった。マーティンはこの曲で、ブリッジ(間奏部)のために軽快なピチカート・セクションを作曲し、シンガーの迸(ほとばし)るロマンティシズムを引き立たせるようにヴァイオリニストが弦を指ではじいた。その後、〈ヒア・カムズ・ザ・サン〉でマーティンのスコアの編成はヴィオラ4、チェロ4、コントラバス1、クラリネット2、アルト・フルート2、フルート2、ピッコロ2だった。ここでマーティンの巧みなアレンジメントはハリスンの明るく前向きなリード・ヴォーカルだけでなく、繊細に重なり合うアコースティック・ギターと翌週の火曜日にハリスンがレコーディングするモーグのオーヴァーダビングさえも完璧にサポートした。八月十六日土曜日の未明に《アビイ・ロード》のオーケストラ録音は完了した。
しかしハリスンはまだ完全に満足していなかったようだ。〔八月十六日の〕セッションの早い段階で、ハリスンは〝ルーシー〟を手に取って〈サムシング〉の新しいギター・ソロをレコーディングし、五月五日にオリンピック・サウンド・スタジオで録音した元々のギター・ソロと差し替えた。エメリック、マクドナルド、パーソンズがスタジオ2のコントロール・ブースから見守るなか――スタジオ1のようすは有線テレビでまだ中継されていた――ハリスンはインストゥルメンタルのヴァース（序奏部）のために荘厳なエレクトリック・ギター・ソロを演奏した。レコーディング時に、マーティンのオーケストレーションはトラック3と4に割り当てられ、ギター・ソロはトラック1に編集してまとめられており、すでにハリスンのエレクトリック・ギターによるイントロとエンディングが録音されていた。エメリックは何年も経ってから、ハリスンが「複雑なギター・ソロを楽々と弾きこなした」と嬉々として述べている。[20]
エンジニアのエメリックは、〈サムシング〉におけるハリスンのギター・ソロ演奏の素晴らしさに驚嘆し、〝クワイエット・ビートル〟がインド古典音楽のガマック奏法（声を震わすようなビブラートを楽器にかけるもの）を使って優雅な装飾音を自分のソロに巧みに取り入れたと説明している。ハリスンのソロは、一九七〇年代に彼のトレードマークとなるスライド・ギターのサウンドを先取りしている。エメリックは次のように説明する。「〔この音色は〕《アビイ・ロード》やその後に続く彼のソロ・アルバムの数々でトレードマークともいえるサウンドとなった。ハリスンのミュージシャンとしての進歩はビートルズのほかのメンバーのように急激ではなく緩やかに上昇する変化だったと私は思う。彼はレコーディング・キャリアの出発点では特に優れたプレイヤーといえなかったが、どんどん上達し続け、最後には傑出したギタリストになった。彼がインド音楽に傾倒し、さまざまなポリリズム（に加えて西洋音楽よりも非常に多数の音）に慣れ親しんだのも彼のプレイに役立ったに違いないし、彼の演奏スタイルはもはやヨーロッパやアメリカからの影響を抜け出していた。あらゆる面から考えて彼のギターに対するアプローチは東洋的になったため、ビートルズ後期の多数のレコーディングですぐに彼と分かる特徴的なサウンドが生み出された[21]」

まさにこの日、一九六九年八月十六日にはおよそ五千五百キロ離れたニューヨーク州ベセルのキャッツキル山地にある酪農場で、伝説となるウッドストック・フェスティバルが開催されていた。〝アクエリアン・エクスポジション（水瓶座博覧会）：平和と音楽の三日間〟と銘打たれたこのイベントにはクロスビー、スティルス、ナッシュ&ヤング、ザ・バンド、ザ・フー、ジェファーソン・エアプレイン、ジミ・ヘンドリックスのほかに十数組が出演し、最終的に四十万人以上もの観客動員数に膨れ上がった。当然ながら、フェスティバル主催者はビートルズを招聘しようと熱心に働きかけた。プロモーター（興行主）のマイケル・ラングはアップルの担当者クリス・オデルに連絡していたが彼女は実現に向けて真剣に努力しなかったようだ。このイベントにビートルズが参加するには、一月三十日のルーフトップ・コンサート以外にバンドが三年間ライヴ演奏していなかったことを含めていくつかの障害が確かに存在していた。これに加えてレノンのビザ資格という問題も横たわっていた。一九六九年五月、新たに就任したリチャード・N・ニクソン大統領下の政権が先頃のドラッグ有罪判決を理由に（しかし彼が継続していた反戦活動には触れずに）レノンのビザ申請を却下していたからだ。イベントが進行するなか、ビートルズは八月中《アビイ・ロード》の制作で身動きが取れなかった。

その後、グループが代理としてほかのミュージシャンをウッドストックに送ることを申し出たなど年を追うごとにさまざまな噂話が流れた。そのなかには、ラングからの伝聞としてヨーコとプラスティック・オノ・バンドがビートルズの代わりに演奏することをレノンが提案した話も浮上したが、これは作り話だったようだ。ほかの噂によると、オデルがラングとの交渉中アップルのレコーディング・アーティストだったジェイムス・テイラーを何度か推薦していたが、ビートルズがフェスティバル出演を断ったためにテイラーの招聘はキャンセルされたという。ラングは自伝中で、もしビートルズやローリング・ストーンズのようなビッグ・アクトがこのイベントに出演していたらどうなったかについて、「私は大のストーンズ・ファンだったが、彼らやビートルズが出演するようなことになればフェスティバルを支配してしまい、私たちの伝えたかったメッセージが変質してしまっただろう。ウッドストックは単独にしろ複数にしろ特定のバンドが目的ではなかった。これは人々と、人々の生活に結びついた理想と音楽のためのイベントだった」

と述べている。しかしともかくビートルズはハリスンを介して、フェスティバルに大きな足跡を残した。ウッドストック初日の激しい雨の中に出演したのはハリスンのアイドルでもあるシタールの巨匠ラヴィ・シャンカールであり、シャンカールはビートルズとともにインド音楽を西洋世界の幅広い層に紹介して意識を変える力となった人物だ。ビートルズのウッドストック出演は叶わなかったが、リッチー・ヘヴンス、ジョー・コッカー、クロスビー、スティルス、ナッシュ&ヤングはこぞってレノン=マッカートニー作品を取り上げて会場で演奏している[22]。

八月十八日月曜日には、ビートルズによる《アビイ・ロード》の制作がいよいよ最後の大詰めを迎えていた。メドレーは大部分が完成し、〈ジ・エンド〉のシェイクスピア調カプレット（二行連句）の導入部分となるマッカートニーによる四秒間のピアノ・トラックをオーヴァーダビングする作業を残すのみとなった。この効果を達成するために、マーティンと制作チームは〈ジ・エンド〉のベーシック・トラックと先頃レコーディングしたオーケストラによるフィナーレのキーが食い違っている問題をヴァリスピード・テクニックによって解決することにした。〈ジ・エンド〉のオリジナル・レコーディングは一斉に鳴り響くギター・ソロを含んでいたが、コンサートピッチよりもわずかに低い音程でテープに吹きこまれていた。このピッチの差に合わせてマッカートニーのピアノを少し低い音程に下げるためにヴァリスピード処理した。こうすることによってマーティンと制作チームは、レノンの最後の歪きったギターの熱っぽさをマッカートニーのピアノのタイミングとぴったり合わせることができた。

マーティンにとって、この途轍もないメドレーを作る作業は純粋な喜びにほかならなかった。《アビイ・ロード》のソング・サイクル(連作歌曲)を完成することによって、**〝魔法の工房〟としてのレコーディング・スタジオ**という彼のヴィジョンをついに完全に実現することができたのだ。ビートルズのプロデューサーにとって、レコード制作の芸術は本質的に――奇妙な感じがするかもしれないが――視覚的な行為であり、彼はよくレコード制作を印象派の絵画になぞらえた。マーティンは後にフランス印象派の画家エドガー・ドガの言葉を噛み砕いて、「絵画は自分の目からどう見えるかではなく、他者の目に何を見させるかだ。私たちはある意味、サウンドで同じことをしているんだ。レコーディングは自分の耳にどう聞こえるかではなく、他者の耳に何を聴かせるかなんだ」と説明している。スタジオで長い歳月を経るうちにスタジオの芸術的可能性の中毒になったようすをマーティンは、「私は次第に中毒患者になり、外に出たくなくなった。スタジオのおかげで私は創造的になれた。自分の手でとても楽しいことができるようになった」と説明している。マーティンにとってビートルズとのスタジオでの仕事は四人編成のバンドを2トラックにレコーディングする比較的シンプルな作業からTGコンソールが切り開いた無限に近い可能性に至るまで、段階的な進化の過程だった。オーケストレーションとアレンジメントの教育を受けていたマーティンは、ビートルズと出会ったばかりの頃から彼らの音楽をオーケストラのサウンドで装飾したくて仕方がなかった。一九六五年、彼はようやく〈イエスタデイ〉に弦楽四重奏を重ねるチャンスを獲得し、その後は〈エリナー・リグビー〉に八重奏をオーヴァーダビングし、〈ア・デイ・イン・ザ・ライフ〉では世界の終末のサウンドをハーフオーケストラによって強調した。《アビイ・ロード》ではついに、ポピュラー音楽を新しいレベルに発展させる彼の比類のない能力を思う存分に発揮し、ビートルズの音楽を8トラック技術によって多数の音響スペクトルに幅広く配置することに成功した。この結果、マーティンの見事なアレンジメントは〈ゴールデン・スランバー〉／〈キャリー・ザット・ウェイト〉のドラマティックなオーケストラの高揚感、そして〈ヒア・カムズ・ザ・サン〉と〈サムシング〉の純粋な美しさとして表れた。プロデューサーのマーティンにとって、ビートルズの途轍もないメドレーのプレイバックを聴くことは超越的な体験そのものだった[23]。

しかしいつもの通り、まだビートルズが作業をすべて終えたわけではなかった。それまでに発表してきたアルバムの進化が示すように、彼らは完全主義者だった。既存のレコードに残されたいくつかのミスや出だしの間違いは意図的にそのままにしたもので――創造的な付け足しの場合が多く、ほとんどは歌詞の間違いだった。例えば、《ヘルプ！》に収録された〈悲しみはぶっとばせ（*You've Got to Hide Your Love Away*）〉の〝背が60センチに縮んだ気がする〟〔歌われている歌詞の〝two-foot small〟は正しくは〝two-feet tall〟〕、《サージェント・ペパーズ》に収録された〈ゲッティング・ベター（*Getting Better*）〉の〝君は僕のできる限りベストを尽くしている〟、《ホワイト・アルバム》に収録された〈オブ・ラ・ディ、オブ・ラ・ダ（*Ob-La-Di, Ob-La-Da*）〉の〝デズモンドは家にいて綺麗な顔に化粧する〟、〔《アビイ・ロード》に収録された〕〈マックスウェルズ・シルヴァー・ハンマー〉の〝五十回も書かされる〟と歌うマッカートニーが笑い出してしまう個所は編集で消されずそのまま残っている。レノンはこういった言い間違いや、リスナーの期待を裏切ることが特に大好きだった。彼が〈悲しみはぶっとばせ〉で〝*two-feet tall*〟を間違えて〝*two-foot small*〟と歌った時、「いやちょっと待て、これはそのまま入れておこう。気取り屋たちがほんとに喜ぶから」と言ったと伝えられている。マッカートニーが途轍もないメドレーと〈ハー・マジェスティ〉を一緒に残しておいたのもまったく同じ理由からだった。〈ジ・エンド〉の華麗な結末の後、二十三秒の小曲はフィナーレの荘厳さを打ち砕き、リスナーの期待を打ち破ってから天空にはかなく消えてゆく。マッカートニーは〈ハー・マジェスティ〉がアルバムの最後に、〈ジ・エンド〉終了後十四秒経ってからまるでうっかり消し忘れたように始まることを喜んだ。「いかにも僕たちらしいよね。本当だよ、僕らのキャリア全体がこんな感じだったからこれは適切なエンディングなんだ」と述べている。期待を裏切る意外性がLPの結末の効果を損なうことはなく、より高めると彼は考えていた――例えば、〈ア・デイ・イン・ザ・ライフ〉の強烈な最後のコードが遠くに過ぎ去ったように思わせておいて、〝《サージェント・ペパーズ》のLPレコードの内溝〟のサウンドが突然けたたましく鳴り響くのとよく似ている。レノンとマッカートニーのような芸術家はこの点で、高踏的モダニストだったジェイムズ・ジョイスと酷似しており、ジョイスは迷路のような小説『ユリシーズ』（一九二二年）について、「おびただしい数の不可解な言葉や謎解きを入れてあるため、専門家が何世紀にもわたって私が何を意味しようとしたのか懸命に解明しようとするはずで、これは永遠の生命を確実に手に入れる唯一の方法なんだ」と公言したと伝えられている。ビートルズに話を戻すと、彼らも自分たちの芸術に永遠の生命を求めていたとすると、一九六九年八月の時点で──《リボルバー》、《サージェント・ペパーズ》、《ホワイト・アルバム》をすでに世に送り出した後──彼らの未来の芸術的生命はもう約束されていたといえるだろう。[24]

八月十九日火曜日、彼らはまたスタジオ2に集合し、新しいLPにハリスンが貢献した傑作〈サムシング〉と〈ヒア・カムズ・ザ・サン〉に意識の大部分を集中した。ハリスンは〈ヒア・カムズ・ザ・サン〉のためにモーグ・シンセサイザーの編集作業を完璧に仕上げるために何時間も費やし、オリジナル・レコーディングとマーティンのオーケストラによるアレンジメントを優美に調和させた。作曲者のハリスンはこうすることによって〈ヒア・カムズ・ザ・サン〉を誰も予想しなかった新しいレベルに高めた。マーティンと制作チームはハリスンのモーグ演奏を空いていたトラック4に割り当て、ビートルズのギタリストがキーボード・パートを数回試みた。ハリスンは何年も経ってから、「〈ヒア・カムズ・ザ・サン〉のような曲に使われたサウンドを聞いてみると優れた点もあるが、全体的に幼稚なサウンドみたいに聞こえる」と批評している。彼の批判は一九七〇年代に芸術的頂点を極めたプログレッシブ・ロックのシンセサイザー・サウンドと比べれば妥当かもしれないが、〈ヒア・カムズ・ザ・サン〉におけるハリスンの比較的最小限の演奏は曲自体の複雑さを隠す役割を果たしたともいえるだろう。[25]

〈ヒア・カムズ・ザ・サン〉は最終的にクリアで整然とした印象に仕上がったものの、楽器編成とテンポがめまぐるしく変化する構成だ。音楽学者のアンディー・バビウクは後にハリスンの巧みなモーグ演奏について、「リボンを効果的に使って下降する素晴らしいイントロ部分と、〝サン、サン、サン〟という歌詞に乗せて繰り返す輝かしいシンセ・サウンドの中間部」から構成されていたと述べている。ハリスンの自宅キンフォーンズでのシンセサイザー実験は特に、モーグのリボン・コントローラーを巧みに操る能力として実を結んだが、この機能についてパーソンズは「細長い帯状をしており、触った場所と指の動かし方によってサウンドが変化する」と述べている。〈マックスウェルズ・シルヴァー・ハンマー〉や〈ヒア・カムズ・ザ・サン〉のような曲では、パーソンズによると奏者が「ヴァイオリンのように」リボン・コントローラーを操ったほうが最も効果的な結果が得られたという。〈ヒア・カムズ・ザ・サン〉にオーヴァーダビングする際、ハリスンはモーグを自在に操り、レコーディングの随所に絶妙なタイミングで装飾音をあしらった。八月十九日はその後、マーティンとエメリックが〈ヒア・カムズ・ザ・サン〉のために手際良くステレオ・リミックスを施し、曲の幕開けでハリスンのモーグによるイントロを左右にパンニングし、希望に満ちた歌詞にふさわしい夢見るような感触を作り出した。[26]

八月二十日水曜日、ビートルズのメンバー四人全員が顔を揃え、《アビイ・ロード》におけるバンドの仕事はまさに作業を始めた個所で終わりを告げることになる――レノンの〈アイ・ウォント・ユー〉は二月のトライデント・サウンド・スタジオでグリン・ジョンズとビリー・プレストンがまだいた頃に最初に着手した曲だった。しかしこの押し詰まった段階でも、〈アイ・ウォント・ユー〉にはまだいくつかの問題があった。既存のレコーディングは二月のトライデントでのミックス、レノンとハリスンが四月にEMIスタジオで作り出したギターによるコーダ、そしてトライデントで作られたミックスにレノンとスターが加えたオーヴァーダビングという奇妙な混合体だった。レノンがわずか十二日前に録ったホワイト・ノイズはトライデントでミックスされたテープに重ねられていた。つまり、ビートルズと制作チームはふたつのほとんど同じヴァージョンの〈アイ・ウォント・ユー〉に直面していた。最終版のマスターを作るために、マーティンとエメリックは同曲の両ヴァージョンをリミックスしてから編集してつなぎ、トライデント・テープの最初から四分三十七秒までをクロスフェイドして、EMIヴァージョンの結末三分七秒に収録されたレノンがモーグの裏で操作する場面を補完した。曲の特徴的なエンディングにかけて大音響に盛り上がってゆくが、レノンは音圧を徐々に強めるために注意深く指示を与えた。ミキシング・プロセスの最中にレノンはエメリックに対して、「**もっと音を大きく！ 大きく！** 僕はトラックをどんどん際限なく大きくして、それからホワイト・ノイズで完全に占領して音楽をすべて掻き消したいんだよ」と要求したという。そしてオリジナル・レコーディングの残り時間がわずか二十一秒になってから、ビートルズのエンジニアに対して「テープをここで切れ！」と「突然叫んで命令した」という。[27]

そして〈アイ・ウォント・ユー〉はこれをもって完成し、《アビイ・ロード》のすべてのトラックも完成したように思えた。ビートルズと制作チームに関する限り、あとは曲順を決定して最終マスター・テープを編集してまとめるだけだった。スタジオ2のコントロール・ルームで夕食時から翌朝の午前一時過ぎまで、マーティンとバンドメンバーに加えてエメリック、マクドナルド、パーソンズはアルバムの両面を確定する作業に取り掛かった。五月始めの頃のアイディアと違って、彼らがこのところ意見を交わしていたのはメドレーをA面にするかB面にするかだった。マクドナルドの記憶によると一時は、レノンが自身の曲をA面にまとめ、裏面にマッカートニーの曲を収録する案さえ出していたという。しかしメドレーがアルバムにドラマティックなクライマックスをもたらす可能性が出てきたため、当初の案を覆すのは無意味だった。それに、〈アイ・ウォント・ユー〉の突然の驚くべき結末でA面の幕を閉じ、〈ジ・エンド〉の爆発的なロックンロール・レビューでB面を締めくくってバランスを取れるようになった。唯一残された問題は比較的小さなもので、A面で〈オクトパス・ガーデン〉を〈オー!ダーリン〉の前に持ってくるか後に持ってくるかだった。結局、彼らは〈オー!ダーリン〉を最初に置くことに決定した。各面のオープニングをどの曲にするかについて彼らはマーティンの長年の教えを守り、一番強力な楽曲で始めることにしたが《アビイ・ロード》は力強い楽曲を多数含んでいた。A面は〈カム・トゥゲザー〉と〈サムシング〉――ここぞというワンツー・パンチ――で幕開けし、B面のオープニングはハリスンの〈ヒア・カムズ・ザ・サン〉となった。

しかしまだすべてが完成したわけではなかった。八月二十一日の午後、マッカートニーはスタジオ2のコントロール・ブースに戻り、マーティンと制作チームとともに〈ユー・ネヴァー・ギヴ・ミー・ユア・マネー〉と〈サン・キング〉の間のクロスフェイドに再び挑戦していた。この移行部分の出来栄えにマッカートニーが満足し、《アビイ・ロード》はついに完成に漕ぎつけたように思われたが、よりによって八月二十五日のアルバムの最終ポストプロダクション・セッション中に、マッカートニーは〈マックスウェルズ・シルヴァー・ハンマー〉の弾むようなイントロを編集で切り取るよう要求した。スタジオ2のコントロール・ブースで行われたこの同じセッションで、マッカートニーは〈ジ・エンド〉のギター合戦を三十六秒ほど切り詰める編集作業を監督し、このレコーディングを比較的短めの二分五秒にまとめた。マーティンが見守るなか、エメリックは《アビイ・ロード》のマスター・テープのコピーを作成し、マスターとコピーをサヴィル・ロウにあるアップル・スタジオに運んだ。エメリックはスタジオに着くとテープをアップル・レコードのマスタリング・エンジニアのマルコム・デイヴィスに引き渡した。これで《アビイ・ロード》は、ハリー・モス以外のエンジニアによってカッティングされた最初のビートルズのLPとなった。

何年にもわたってカッティング・エンジニアを務めてきたハリー・モスはEMIの名物男で、マスタリングした多数のレコードの内周に自らの作業を記念してHTMというイニシャルを刻んでいた。しかしビートルズの最新LPを手掛けることになったデイヴィスは高度な技術を備えたエンジニアだった。デイヴィスも元ＥＭＩ職員でカッティング・マシンの正真正銘の名人であり、この巨大レコード会社に十年以上勤務した後にアップルでの現職を手に入れていた。実際、このベテラン・カッティング・エンジニアをアップルに推薦したのはエメリック本人だった。エメリックはロンドンで最高のマスタリング・エンジニアといえば、「マルコム・デイヴィスしかいない」と考えていた。[28]

スタジオでの作業を終えて、ビートルズは印刷媒体とラジオのインタビューに忙しかった。アルバムのリリースを九月に控え、バンドメンバーには自由時間がたっぷりとあった。リスニング・セッションにも多くの時間が割かれた。パーソンズの回想によると、「アルバムの完成時にみんなでプレイバックに耳を傾けていると、ホリーズのトニー・ヒックスが部屋に入ってきてＬＰを最初から最後まで通して聴いた。彼はポールに、〝このアルバムはあらゆる点で《サージェント・ペパーズ》に匹敵するくらい素晴らしい〟と言ったが、ポールは同意しなかった。〝いや、《サージェント・ペパーズ》と同じくらい上出来とは思わないけど、僕はジョージの曲が好きだ。ベストの出来だと思う。〈サムシング〉はジョージがこれまでに書いた最も素晴らしい曲だ〟と述べた」という。レノンもすぐに同意し、アラン・クラインもこれに従い、このアルバムの唯一のシングルとして〈サムシング〉の裏に〈カム・トゥゲザー〉を収録してリリースするよう働きかけた。ハリスンにとって、〈サムシング〉のシングルカットは彼のキャリアにおいて画期的な出来事だった。ハリスンは当時、「彼らは以前、B面に二曲ほど使ってくれたけど、僕がA面になるのは今回が初めて。凄いことなんだ！」と述べている。マーティンは《サージェント・ペパーズ》のほうがもっと革新的な創造力に富んでいたと思っていたが、新作LPのバラエティーの豊かさには感心したと認め、「《アビイ・ロード》の片面はとてもジョンらしい、ちょっとロックしてみようぜ、ぶっちゃけていこう、みたいな感じだ。もう片方の面はポールで、より交響楽的といっても言いすぎではない。曲をつなげてひと続きの音楽を作るアイディアは私のものだ。私たちは可能な限りいつでも、曲をこのアイディアに基づいて設計したんだ」と述べている。[29]

しかし待ち望んでいた世界中のリスナーがすぐに気付いたのは、《アビイ・ロード》が単なる部分の総和にとどまらず、創造時の設計意図や目的を遥かに凌ぐ存在となっていたことだ。このLPは色々な意味で、ビートルズの到達したさらに偉大な音楽性の高みを**TGコンソールの音響的な暖かさと分離性能**によって浮き彫りにしていた。また彼らは〈アイ・ウォント・ユー〉でのレノンの情熱的なヴォーカルや〈ゴールデン・スランバー〉でのマッカートニーの澄み切った美しい歌唱によって歌手としての才能を完全に開花させたことを証明した。〈ビコーズ〉では一九六三年の駆け出し時代の〈ジス・ボーイ〉と比較してもあらゆる点で引けを取らない見事な三声ハーモニーを聴かせた。レノンとハリスンの革新的なギターワーク、マッカートニーのメロディックなベース奏法、彼らによる巧妙なモーグの導入、スターのインスピレーションに溢れたドラミングを含めてメンバーの音楽的才能はこれまでの頂点を極めていた。そして〈ジ・エンド〉はバンドメンバーによる絶妙な表現と芸術的才能の進化を示す完璧な舞台となり、昔風のロックンロール・レビューを盛りこんで音楽的な手腕を見せつけただけでなくメドレーに華麗なフィナーレをもたらした。

ビートルズは《アビイ・ロード》のおかげでポピュラー音楽に君臨する名演奏家としての地位をさらに高めることはなかったかもしれないが、維持することに成功した。アルバムがついに店頭に並ぶ九月二十六日には世界中がこの事実を知ることになる。

7 ジョンとヨーコの豪邸

ビートルズには写真撮影という仕事が残っていた。

八月二十二日金曜日、グループは《アビイ・ロード》をついに完成させてEMIスタジオを出てから三十時間そこそこでバークシャー州のアスコットにほど近い田園地帯サニーデイルにあるレノンとオノが所有するティッテンハースト・パークに再び集まった。スターから借りていたモンタギュー・スクエアのアパートメント――ジミ・ヘンドリックスがこのフラットにすぐ入居することになる――を引き払った夫妻は、十一日前に新居に引っ越したばかりだった。レノンは前妻のシンシア〔・パウエル。ジョン・レノンと一九六二年から六八年まで結婚。一九六三年に息子ジュリアンを出産〕と住んでいたウェーブリッジの邸宅ケンウッドを売却した後、五月に約八万八千坪〔東京ドーム6・2個分〕の地所を購入していた。ケンウッドよりさらに豪壮なティッテンハースト・パークの価格は一四万五千ポンド〔現在の日本円に換算しておよそ四億三千万円〕――当時としては結構な金額――で、二六部屋の母屋、ヴィクトリア朝時代に建てられた集会場、チューダー様式のコテージ、教会、召使小屋、起伏に富み美しく手入れされた芝生に点在する何軒もの離れ、庭園とクリケットのピッチも付いていた。レノンとオノはまもなく彼ら自身の事故で大破したオースチン〝マキシ〟ハッチバックをリビングルームの窓の外に置くことによってティッテンハースト・パークを二人のスタイルで飾り付けた。この乗用車は、二人がスコットランドで危うく命を落としかけた出来事に注意を喚起する彫刻となった。

バンドメンバーとオノに合流したのはアップルの広報担当者デレク・テイラー、どんな時も忠実なマル・エヴァンス、出産間近のリンダ・マッカートニー、ポールの愛犬のシープドッグ〝マーサ〟だった。テイラーはこの時、一月の〝ゲット・バック〟セッション中にビートルズを撮影した二十三歳のアメリカ人写真家イーサン・ラッセルと、「デイリー・メール（*Daily Mail*）」紙の人気スポーツ写真家モンテ・フレスコを招待した。この日はエヴァンスも、プロの写真家だったリンダも写真を撮ったが、リンダの撮影したロック・スターの写真は「タウン・アンド・カントリー（*Town and Country*）」誌（その後は「ローリングストーン」誌に）に掲載されている。

ビートルズにとってティッテンハースト・パークでの出来事は撮影のためにポーズを取る、いつ終わるとも知れない長年の習慣の繰り返しにすぎず、その場所は爆弾でできた穴、公園、海岸、ボート、古い旅行用トランクの前、そして最近では堂々としたアビイ・ロード・スタジオ前の横断歩道を歩いたのと同じようにどこでも構わなかった。スターは後に、「単なる写真撮影だった。僕はその場で、〝よし、これが最後のフォト・セッションだ〟とは考えていなかった」と語った。

7

しかしこの年すでに何時間もバンドを撮影していたラッセルは「雰囲気がおかしい」と気が付いていた。ラッセルはこの日ビートルズが彼のためにポーズを取った際に「みんな不幸に見えた」こと、そして特にハリスンについては「ジョージは撮影中ずっと悲惨な状態だった」と語っている。ラッセルの記憶によると、ビートルズはいつも通り撮影のためにスタイリッシュな恰好をしていたという。ハリスンはつば広のカウボーイ・ハットだったのに対してレノンは上品な黒いフェルト帽を被っていた。スターは現代的なペイズリー柄スカーフをこの日のために纏っており、マッカートニーはシンプルで目立たないダーク・スーツのほうを好み、ハリスンの首に巻かれた赤いスカーフと対照的にノーネクタイだった。この伝説的な状況を考えなかったら、彼らはまるで土産物屋にぶらりと立ち寄ったツーリストが古い西部劇のような着飾った服装で写真に収まろうとしていたように見えた[1]。

フォト・セッションは母屋で開始され、ビートルズがテラスの屋根の下で撮影のためにポーズを取った。この日はラッセルがほとんど主導権を取り、少人数の集団が新しい背景を求めて次々と移動するなかでフレスコは後ろに引き下がっていた。テラスを立ち去ってから、ビートルズは月と狩猟の女神ダイアナの風雪にさらされた彫像のそばで遠くを見詰めるように佇み、このようすをラッセルとフレスコがカメラに収めた。しばらくして、地所に建っている集会場近くのブルー・アトラス・シーダーの枝垂れた大木の下にある家畜小屋のロバ二匹とポーズを取り、周囲には謎めいた石の胸像がいくつかと四軒のテラス付きコテージが母屋まで続いていた。ビートルズは長年忘れ去られて草が高く生い茂り放牧場のようになったクリケットのピッチに立ち止まって写真撮影に応じた。羊毛に覆われたようなマーサが飼い主の足元に蹲り、リンダがポールのカメラで16ミリ・フィルムの映像を撮影した。マッカートニーは何年も経ってから、妻が撮ったビートルズの最後の動く姿を収めたフィルムをしみじみと眺めた。ラッセルとフレスコはこの日の締めくくりとして、ビートルズとヨーコとリンダがバルコニーに並んだ写真を数枚撮った。そしてバンドメンバーは母屋の中に入り、大きな木製のテーブルを囲んでポーズを取った。この日最後にシャッターを切ったのはフレスコで、マッカートニーとスターがこの場面にふさわしく手を振って別れを告げる姿をカメラに収めた。[2]

ラッセルの写真はその後、バンド後期のキャリアのイメージを決定づけるものとなる。一九七〇年二月には早くも、この時に《アビイ・ロード》宣伝用に撮影された写真がキャピトル・レコードのまとめたコンピレーション（編集）盤LP《ヘイ・ジュード（*Hey Jude*）》のジャケットを飾っている。ほかの写真は遅々として進まない〝ゲット・バック〟プロジェクトのためにテイラーが保管し、グリン・ジョンズが新年にリリースをついに勝ち取る希望を抱きながら相変わらず奮闘していた。ジョンズはビートルズが検討するためのLPのミキシング作業をこれまで二回にわたって編集したが、どちらも却下されていた。そしてこの時に三回目の編集作業に取り組んでおり、何とかしてレノンとマッカートニーが許容できるミックスを提出する方法を見つけ出そうとしていた。この時点で、ジョンズが公式にリリースした仕事はチャートのトップを飾ったシングル盤〈ゲット・バック〉（B面は〈ドント・レット・ミー・ダウン〉）だけだった。

ジョンズにとって《*Get Back, Don't Let Me Down, and 12 Other Songs*》は依然として、とても有望な――《アビイ・ロード》に取って代わる可能性をも秘めた作品だった。〈レット・イット・ビー〉や〈ザ・ロング・アンド・ワインディング・ロード（*The Long and Winding Road*）〉といった珠玉の未発表曲を抱えるアルバムが失敗するはずがないと考えていたのだ。十月に入ると、《アビイ・ロード》の作業が完了したため、ビートルズの諸事に本格的に関わりだしたアラン・クラインはウエストエンドで試写を行い、呼び出されたジョンズにとって事態がようやく好転してきたように思われた。映写室にはクラインがおり、マイケル・リンゼイ＝ホッグが一月に撮影した未編集のフィルムを映した。クラインは心を動かされなかった。ジョンズは後に、「クラインはほかの人に関連する映像が多すぎるため、バンドメンバー四人に集中すべきだと結論づけた。そうなるとビートルズが誰とも受け答えをしないことになり、私の意見からすると、より興味深いフィルムを台無しにすると考えたから、そのように意見を述べたんだ。カットされるのは私が出ているシーンばかりだったからね」と振り返っている。しかしひとつだけ確かになった事実は、マッカートニーの頭に元々あった〝ゲット・バック〟ドキュメンタリーの構想は続いており、付随してリリースされるサウンドトラック・アルバムのプロデューサーがジョンズになる可能性が浮上してきたのだ。[3]

いっぽうのビートルズ陣営に話を戻すと、《アビイ・ロード》リリースまでの最後の数週間にかけて事態がますます不確実性を帯びてきた。レノンとオノはヘロイン中毒の岐路に立っているようだった。ティッテンハーストに引っ越す少し前、お抱え運転手はモンタギュー・スクエアのアパートで彼らの悪癖の悲惨な実態を目撃しており、「彼らはヘロインやほかのドラッグ（薬物）を使っており、二人とも夜と昼の区別が付かなかった。床にはゴミが散乱していた」と振り返っている。ティッテンハースト・パークのフォト・セッション終了後、レノンとオノは薬物中毒から完全に足を洗う決心をした。オノは売人のダン・リクターと彼の妻ジルに助けを求め、リクター夫妻が八月二十五日月曜日にティッテンハースト・パークでジョンとヨーコに合流した。オノはこの時のことを、「私たちはある意味とても堅苦しい人間で、誰にも知られたくなかったから病院で薬物中毒の治療を受けなかったんです。私たちは真正面から禁断症状と向き合うことにしました。でも実のところ、私たちは注射器で打つことは決してなかったし、私が思っていたのは何て言うか――まあ私たちが中毒だったといっても、そんなに大した量は使っていませんでした。でもこれは苦しい経験でした。薬物を突然断つのはいつだって苦しいものです」と語っている。[4]

ヘロイン中毒から脱出する体験――レノンは一時、椅子に彼を縛りつけるようオノに命じたという――を作品として世に残すため、レノンは〈コールド・ターキー（冷たい七面鳥）（*Cold Turkey*）〉を作曲したが、この曲はヘロインの禁断症状による耐えきれない苦しみを、〝足がとても重い／頭も重くてたまらない／僕は赤ちゃんに戻ってしまいたい／僕は死んでしまいたい〟と表現している。数日も経たないうちに、彼は〈コールド・ターキー（冷たい七面鳥）〉のデモ・テープをボブ・ディランに聴かせてこの曲でピアノを弾いてみるつもりはあるかと打診した。アメリカ人シンガーソングライターのディランはワイト島フェスティバルに出演した翌日、ハリスンとともにティッテンハースト・パークを訪れていた。レノンは後から、「僕は〈コールド・ターキー（冷たい七面鳥）〉で彼にピアノ演奏に復帰してもらってラフなデモ・テイクを録ろうとしたんだけど、彼の妻が妊娠中だか何だかで二人とも帰ってしまったんだ」と振り返っている。リクター夫妻がティッテンハースト・パークに来てから数日というこの時点で、レノンの禁断治療は行き詰っていたようだ。レノンは何年も経ってから彼とディランが、「どっちも隠遁生活をしておりヘロインに手を出していた。僕らの周りには怪しい奴らがうようよしており、ギンズバーグやその他の有象無象がいた。僕は心配で気が狂いそうだった」と述べている[5]。

数日後、レノンはビートルズの次作シングルとして〈コールド・ターキー（冷たい七面鳥）〉を正式に提案したが当然ながらあっさり却下された。レノンは当時単なるタイミングの問題だと事態を軽く捉え、十月のインタビューで、「僕は〈コールド・ターキー（冷たい七面鳥）〉をビートルズにオファーしたが、彼らはシングルをレコーディングする準備ができていなかった。僕が書いた時、ほかの三人のビートルズに持っていって〝聴いてくれよ、僕は新しいシングル曲を書いたと思うんだけど〟と言ったんだけど、彼らはそろって〝んー……あー……どうしたもんかなあ〟って言うだけなんだ。これは僕のプロジェクトだからってことになって、〝コンチクショー、自分で出してやる〟と思った。だからこれをプラスティック・オノ・バンド名義で世に出したんだ。

リリースできるならどんな形でも構わない」と語っていた。彼は〈コールド・ターキー（冷たい七面鳥）〉——非常に個人的で告白的な内容の作品——を何としてでもレコーディングしたかったため、ほかのバンドメンバーがこの曲をビートルズのグループ・プロジェクトの土台として使うことを一蹴した現状に対してはらわたが煮えくり返っていた。マッカートニーとハリスンはこの曲が——サウンドと意味において——ビートルズのスタイルから外れていると感じていた。しかしレノンは納得しなかった。「《アビイ・ロード》の半分のトラックに僕は参加さえしていないんだぜ。二枚組の半分のトラックに僕はちっとも関わっていない。その当時でさえ一曲にビートルズが二人しか入っていないことがあった。〝ビートルズ〟の名前が付いてりゃ売れるって状況にまでなった。じゃあ〝僕らが売ってるのはいったい何なんだ？〟って話になるだろう。彼らは価値があるから買っているのか、それとも〝ビートルズ〟と書いてあるから買うのか？」とレノンは反論した。[6]

この答えを見つける決意を固めたレノンは九月十一日にEMIスタジオに戻り、《ホワイト・アルバム》セッションからの未発表曲〈ホワッツ・ザ・ニュー・メリー・ジェーン（*What's The New Mary Jane*）〉の作業に再び取り掛かった。マルコム・デイヴィスがスタジオ3のプロデューサー席に座りトニー・クラークとクリス・ブレアがアシスタントを務めるなかでレノンはリミックスを三回作成したが、この一九六八年八月十四日に録音した素っ頓狂で実験的な曲にはレノンのピアノとヴォーカル、ハリスンのアコースティック・ギター、オノのパーカッション、マル・

エヴァンスによるハンドベルその他の効果音がフィーチャーされていた。ほかのビートルズ・メンバーからはつまらないと片づけられたものの、レノンはこの曲を頭の隅から追いやることができなかったのだ。「これは僕とヨーコとジョージがEMIの床に座ってふざけているんだ。かなりいいだろ?」と彼は当時発言している。レノンは突如としてこの曲をプラスティック・オノ・バンドのシングルとしてリリースすることに躍起になり、〈ホワッツ・ザ・ニュー・メリー・ジェーン〉のアセテート盤をアップルに行って作るようデイヴィスに要求し、それから次に何をするか考えることにした[7]〔同曲は《ザ・ビートルズ（ホワイト・アルバム）》デラックス・エディションとスーパー・デラックス・エディション、《ビートルズアンソロジー3》にも収録されているが、シド・バレット名義のブートレグ《Vegetable Man (Demos, Outtakes and Rare Acetates 1967–1971)》（SB 1167）にも〈What a Shame, Mary Jane 4/15/67 (w/Beatles)〉と年代とタイトルがミスクレジットされて収録されている〕。

しかしこの考えを先に進める前に、レノンに予想もしなかったチャンスが訪れた。〈ホワッツ・ザ・ニュー・メリー・ジェーン〉のリミックス・セッションの翌日、まるで天の導きのようにレノンに一本の電話がかかってきたのだ。レノンの後の回想によると、「夜遅く、金曜日の十一時くらいに僕はアップルの自分のオフィスにいて、電話を取ったら男の声で〝トロントに来てください〟って言うんだ。向こうは僕らにコンサートの貴賓席に王と女王みたいに座っていてくれれば良くて、演奏することは求めていなかった。でもそこは聞かなかったことにして、〝オーケイ、分かった。バンドを集める時間を少しくれないか〟と答えた。そこで、〝誰なら僕と一緒にプレイしてくれるかな?〟と思った。だからこんな風に始まったんだ。僕らは翌朝に出発した」という。九月十三日土曜日にカナダのトロント大学内にあるヴァーシティ・スタジアムで開かれる予定のトロント・ロックンロール・リバイバル・フェスティバルにジョンとヨーコを主賓として招待するはずが、プラスティック・オノ・バンド初のライヴ・パフォーマンスにあっという間に変貌を遂げた。このフェスティバルにはチャック・ベリー、ジェリー・リー・ルイス、ジーン・ヴィンセント、リトル・リチャードを含むロックンロールの偉大なアーティストが多数出演し、主役としてドアーズがトリを務める予定だった。エヴァンスはレノンの指示を受けてリード・ギターにエリック・クラプトン、ビートルズの長年の親友でマンフレッド・マンのベーシストでもあるクラウス・フォアマン、ドラマーのアラン・ホワイトを急遽、レノンとオノのバック・バンドとして掻き集めた。レノンはクラプトンに決定する前にハリスンにも打診したが、プラスティック・オノ・バンドのコンセプトは彼の好みからすると「前衛的すぎる」と感じて、この北米への行き当たりばったりの冒険行に参加しなかった[8]。

レノンは再びライヴ出演する機会にスリルを感じたと同時に、二万人の観客の前で演奏することを考えて恐怖に打ちひしがれていた。一行がトロントに到着するまで、急ごしらえのバンドはヴァーシティ・スタジアムのバックステージで演目をやっと一度だけ合わせる時間があっただけだった。レノンにとってさらに悪いことに、ヘロイン中毒症が猛烈な勢いで再発した。彼は後に、「ヘロイン漬けで、出番まで何時間もひたすら吐き続けていた。〈コールド・ターキー（冷たい七面鳥）〉では危うく戻すところだった。曲の最中もほとんど吐きそうになっていた。どれもほとんど歌えなかった。僕は目も当てられない有り様だった」と回想している。しかし、レノンはパフォーマンスによって大いに元気づけられた。当時、「信じられないくらいの興奮と幸福感を味わった。僕の人生であんなに気分が良かったことはこれまでになかった。ともかく僕らの周りの誰もが曲の大部分を知っていたし、指でピース・サインを作って飛び上がって喜んだんだ」と述べている。プラスティック・オノ・バンドのセット・リスト（曲順）には当然ながら、〈ブルー・スウェード・シューズ（*Blue Suede Shoes*）〉、〈マネー（*Money (That's What I Want)*）〉、〈ディジー・ミス・リジー（*Dizzy Miss Lizzy*）〉といった多数のカヴァー・ヴァージョンが含まれていた。〈平和を我等に〉とビートルズの〈ヤー・ブルース（*Yer Blues*）〉に加えて、グループは〈コールド・ターキー（冷たい七面鳥）〉も演奏したが、レノンによると「僕らはこれまで一度も演奏したことがなかったけど、聴衆は熱狂的に受け止めてくれた」という。レノンは〈コールド・ターキー（冷たい七面鳥）〉を作ったばかりだったので、まだ歌詞を憶えきれていなかった。オノは夫が歌詞を大声で歌えるようにとクリップボードを目の前に掲げた。[9]

　クラプトンにとってコンサートはとても楽しかったが、実のところは「大げさに祭り上げられたジャム・セッション」でしかなかったという。この日、大西洋を渡る飛行機の中でレノン、クラプトン、その他のメンバーは調理室（ギャレー）に集まって猛スピードで曲順を決定したが、実のところはどうだったのだろうか。クラプトンは後に、「僕たちはギターでコードを拾ったけど、どこにもプラグインできなかったから何にも聞こえなかったし、当然、アランは飛行機の中にドラムを持ちこんでいなかった」と述べている。レノンとクラプトンは次回分のヘロインが手に入らなかったので二人とも吐き気に襲われていた。フライトの最中、レノンは急造のバンドメンバーたちにビートルズをすぐに脱退するつもりだと打ち明けた。レノンはクラプトンに新しいグループを一緒に結成しないかとまで持ち掛けた。クラプトンとしては友人の打ち明け話と誘いをヘロインと緊張のせいにして受け流した。顧客をサポートするために飛行機でトロント入りしたクラインは、レノンがグループを去る計画を暴露したことに気付いて不機嫌になった。クラインは、EMIの米国子会社キャピトル・レコードとビートルズに関する新しい印税契約を締結する一か八かの交渉の真っ只中におり、ファブ・フォーにとって北米は最大の利益が確実に手に入る市場と目されていた。彼はビートルズの財務状態を向上させ、安定させる戦略にとって、極めて重要となる新しい長期契約をキャピトルと結ぼうとしていた。クラインは予想通り、グループの解散についてーー少なくとも彼がキャピトルとの契約を勝ち取るまではーーこれ以上口にしないようレノンにクギを刺した。[10]

翌週、レノンは自分の感情と折り合いを付けようと苦しんだ。いっぽうで、彼はビートルズの大きな影響下を離れて彼自身とオノによる新しいアイデンティティーを確立したくて、いても立ってもいられなかった。そのまたいっぽうで、グループを解散することによって何を危険にさらすかを知り尽くしていた。ビートルズは世界最大のアーティストであるのはもちろん、彼自身のヴィジョンを実現するための手段でもあった。彼はバンドの設立者であり、成功のために血と汗を流し、皮肉な態度を取りがちだったが心の底ではビートルズの作品を誇りに思っていたのだ。

《アビイ・ロード》がLPとしてどんなレベルの成功を達成したかについて疑問を呈することもあったが、きっかけ次第でこのアルバムの最も熱烈な支持者に変貌した。七月半ば、ヘロインに誘発された昏迷状態から脱したレノンはこのプロジェクトへの熱意に衝き動かされて報道関係者たちに、「言っとくけどビートルズの次のアルバムは本当に大したもんなんだ。だから口先だけの批評家連中に黙って待つように伝えてくれないか。お願いだからつべこべ言わずに聴いてみてくれ！」と言い放った。トロントから帰ってきた翌週、レノンはバンドを脱退する意向をビートルズのほかのメンバーに伝えるかどうか悩んだ。レノンの側近だったアントニー・フォーセットは後に、「これは簡単にできる決断ではなかった。彼が何日も苦悩するのを私は見ていた――イライラし、チェーン・スモーキングし、周りに人を寄せ付けず、ベッドルームに閉じこもり、寝ぼけたり、テレビ漬けになったりした」と述べている。[1]

九月二十日土曜日、レノンはとうとうこれ以上我慢できなくなった。クライン、オノ、マル・エヴァンスが出席するなか、ビートルズ――ハリスンはリヴァプールで癌と闘っていた母を見舞うために不在で、彼以外のメンバー――がキャピトル・レコードとの新しい契約について打ち合わせるためにサヴィル・ロウの本社ビルに集まった。ハリスンは電話をかけてこの会議に遠隔参加し、マッカートニーが何回かの小規模な単発パフォーマンスやテレビのスペシャル番組さえ含めて、グループに訪れる新しいチャンスについてじっくりと検討した。レノンは新しい案が議題に上るたびに「いや、ダメだ、違う」と繰り返してから、「そうだな、僕は君が馬鹿げていると思う」と述べた。それからレノンは突然、「離婚」したいと口にした。びっくりしたマッカートニーは、「どういう意味なんだ?」と質問した。「グループは終わりだ。僕は抜けるよ」とレノンが答えた。マッカートニーの記憶によるとこの時点で、「誰もが青ざめてしまったが、ジョンだけは少し顔を火照らせ、〝何だかちょっとわくわくする。僕がシンシアに離婚したいと告げた時もこんな感じがしたものだ〟と言った」という。クラインはすぐに間に入り、グループの直近の計画に関して絶対に秘密を守るよう再びたしなめ、守れなければキャピトルとの契約を失うことになると警告した。レノンはこの言葉に従ったが後に、「ポールとアランは僕が公表しないことを知って喜んだんだが、まるで僕が大々的に言いふらすみたいに考えたわけだ。〝誰にも言うなよ〟と言ったのがポールだったかは憶えていないが、僕が黙っていることにしたので彼はとってもご機嫌だった。彼は、〝まあいいか、君が何も言わなければ何事も起こらなかったというわけだ〟と言ったんだ」と振り返っている。[12]

レノンは意思を明確に示したが、ほかのメンバー——特にハリスン——はレノンの発言について、これ見よがしの言動に歯止めが利かなくなっただけだと考えた。レノンはこれまで何ヶ月にもわたって何をしでかすか分からない状態だったし、ハリスンによるとどこかの時点でグループを「脱退しようと思ったのは誰もが同じで、特に珍しいことでもない」という。しかしレノンの認識は、「彼らは僕が本気だと知っていた」というものだった。しかしこれにもかかわらずレノンは「メロディ・メイカー」紙の記者リチャード・ウィリアムズによる短いインタビューを受け、ビートルズの将来について明るい見通しを述べている。このなかでレノンは、「僕らは曲の素材をたくさん抱えすぎているんだ。今はジョージもたくさん曲を書いているし、僕らは毎月二枚組を出すこともできるんだけどプロデュースするのがとても難しい。一月に《*Get Back*》をリリースした後、僕らはスタジオに戻って次のレコーディングを開始するだろう。もっとたくさんのアルバムをすぐに出せないのが残念だ」とコメントしている[13]。

ここでレノンはキャピトル・レコードとの契約を危険にさらさないようにウィリアムズの前で芝居を打ち、マッカートニーとクラインのためにビートルズの結束という伝説を維持しようとした可能性が高い。またはヘロイン中毒による気分の浮き沈みで理性的な判断力を失っていたのかもしれない。なにしろ、一九六八年五月のビジネス・ミーティングに到着して——幻覚で意識朦朧としながら——イエス・キリスト本人であると宣言したのがレノンだったのだから。それとも九月二十日のミーティング前と同じくらいに混乱していて、何をしたいのか自分でも分からなくなっていたのだろうか。しかし、マネージャーのブライアン・エプスタインがキャヴァーン・クラブの元バウンサー(用心棒)をローディーとして雇った一九六三年以来、グループと付き合ってきたマル・エヴァンスのほうが事態をよく把握していた。エヴァンスはニール・アスピネルとともにグループを取り巻く中枢メンバーであり、メンバーと間近に接しながら世界中を一緒に旅して回った仲でもある。九月二十日のミーティングはエヴァンスを心底から震え上がらせた。エヴァンスはハリスンと同様、「リンゴから始まって、全員がどこかの時点でグループを離脱していた」と認めている。しかしこの時のことをエヴァンスは、「ジョンがオフィスに入ってきて〝結婚は終わりだ！僕は離婚したい〟と言った……これが最後通告だったんだ。これがポールには本当に堪えたんだよ、だから私はポールを家まで連れて帰ってから、庭にたどり着いて目が真っ赤になるほど大泣きしたんだ」と述べている。[14]

エヴァンスの感じ取った怖れと確信にもかかわらず、ビートルズは緊張緩和ともいえる状態を選び、マッカートニーとクラインが秘密を守るいっぽうでレノンはプラスティック・オノ・バンドの計画を前進させた。〈コールド・ターキー（冷たい七面鳥）〉をシングル盤としてリリースするアイディアに憑りつかれたレノンは九月二十五日、ベーシック・トラックを録るためにEMIスタジオに慌ただしく戻った。しかしトロントでの演奏から十二日しか経っていなかったにもかかわらず、プラスティック・オノ・バンドの顔ぶれはすでに変わっていた。レノンとオノ、クラプトンとフォアマンはまだメンバーだったが、ホワイトはもうこのプロジェクトに関わっていなかった。〈コールド・ターキー（冷たい七面鳥）〉のレコーディングにはレノンにとってもっと身近なドラマー、スターが参加したが、スターは自分の才能をレノンのために喜んで提供した。ビートルズのメンバーのなかで、バンドの低迷について最も率直な態度を取れたのはリンゴだった。ハリスンはこの段階でバンドを抜けたかったかもしれないが、レノンの決意がどれだけ固いかを疑っていた。マッカートニーは、レノンが性急にあんな風に振舞ったことが間違いだったとそのうち気付くだろうとまだ期待していた。しかしスターは肩の荷を下ろしたように心からほっとしていたが、バンドが解散する可能性について最初のうちは〝ショッキング〟だったと述べている。スターは、ビートルズがここしばらく仕事仲間として使い物にならなくなっていることに気付いていた。「信じられないようなことが次々と起こっても、たいていの日はとてもうまく仕事をこなせた。でも毎日というよりは一月に二日みたいなペースだった。僕らはまだとても仲の良い友達だったから楽しい日々もあったけど、またぞろ狂ったような出来事が勃発するんだ」と説明している。九月二十日のミーティングでレノンが爆弾発言を行った後、スターは自宅にふらふらと帰り着き、「庭にぼーっと座って、僕はこれからの人生をいったいどうすればいいのかと考えた」と後から振り返っている[15]。

スターにとって最新編成のプラスティック・オノ・バンドとの演奏は、これからの人生がどうなるかを知るための最適の機会だったのかもしれない。そこで九月二十五日、彼はレノンとそのほかのプラスティック・オノ・バンドのメンバーとスタジオ3で合流した。〈コールド・ターキー（冷たい七面鳥）〉を26テイクにわたってレコーディングし、グループはレノン好みのヴァージョンを録り終えた。しかし彼は数日経たないうちにEMIでのレコーディングの質に疑問を抱きはじめ、九月二十八日にトライデントにメンバーを再び招集して〈コールド・ターキー（冷たい七面鳥）〉を満足する形で演奏することに成功した。翌日、レノンとオノはEMIスタジオに戻ってリリース用のミックスを作成したが、エンジニア席にはエメリックが座っていた。〈コールド・ターキー

〈冷たい七面鳥〉は三分二十五秒から長いフェイド・アウトに入り、レノンがヘロイン禁断症状の恐怖体験を再現して悶え苦しみ叫んだ。

十月後半にリリースされる予定となった〈コールド・ターキー（冷たい七面鳥）〉はレノンにとって、いくつかの意味で出発点となった。同曲はこの時点で——そしておそらく彼の歴史を通じて——最も自伝的な録音といえるが、〝レノン＝マッカートニー〟名義ではない初めての曲だった。〈コールド・ターキー（冷たい七面鳥）〉は作者名がレノン単独表記となっており、ひとつの時代の終わりを告げていた。二人のソングライターが「お互いの目と鼻の先で演奏し」、画期的な曲を「相手の目の中を直に覗きこむようにして」書く習慣は何年も前からほとんどなくなっていたが、ビートルズの革命的なサウンドにこのようにして歌詞を付けることが二人のトレードマークでもあり、彼らの伝説の中心ともなっていた。しかし〈コールド・ターキー（冷たい七面鳥）〉でレノンはこの亡霊を追い払った。歴史を振り返ると、これは類いまれなタイミングで起こった出来事だった。

九月二十五日、レノンがEMIスタジオで〈コールド・ターキー（冷たい七面鳥）〉のレコーディングを開始した当日、ノーザン・ソングスに関する積年の問題がついに決着を迎えた。この日、ATVがノーザン・ソングス株の54パーセントを取得し、レノン＝マッカートニー名義の作品すべてに関する議決権を支配する主要株主となった。ジョンとポールは自分たちの出版権の所有を追い求める一年にわたる争いに敗れた。十月、レノンとマッカートニーは持っていた株券——レノンが六四万四千株、マッカートニーが七五万一千株——を売却することになり、三百五十万ポンド〔現在の日本円にしておよそ百億円〕という巨額の金を手に入れた。これは目を見張るような金額だったが、ポピュラー音楽の歴史上ですでに最も垂涎の的となっていたソングライター・チームによる全作品の価値からするとわずかな金額でしかなかった。[16]

ファブ・フォーとごく一部の関係者がグループの将来についてハラハラしながら見守るなか、バンドの外の広い世界はビートルズによる新作アルバムの登場を今か今かと待ち受けていた。《アビイ・ロード》は九月二十六日に英国でリリースされたが、すでに十九万枚以上の予約注文が入っていた。米国でのリリースは十月一日で、《アビイ・ロード》は店頭で入手可能になる前に五十万枚以上売れたため全米レコード協会（ＲＩＡＡ）からゴールド・ディスク認定を受けた。《アビイ・ロード》はリリースから三週間以内に「ビルボード（*Billboard*）」誌チャートのトップに駆け上り、八週間連続で首位を防衛した後、世界に君臨するハードロック・バンド、レッド・ツェッペリンによる待望の第二作《レッド・ツェッペリンⅡ（*Led Zeppelin II*）》に取って代わられた。しかしビートルズはすぐにレッド・ツェッペリンからトップの座を奪還し、米国チャート一位の座をさらに三週間保持した。二ヶ月以内に、《アビイ・ロード》は四百万枚以上を売り上げた。一九七〇年六月、クラインはこのＬＰがビートルズの歴史で最大の売り上げを記録したアルバムとなり、同月までにさらに百万枚を売り上げたと報告した。

音楽歴史家は後年になってから《アビイ・ロード》の達成した好成績、特に《サージェント・ペパーズ》と《ホワイト・アルバム》というビートルズの超大ヒットアルバムをすぐに追い抜いたことに驚嘆した。報道関係者のなかには――アルバムに使われていたTGコンソール特有の人工的なサウンドを感じ取った――数人の反対論者がいたものの、《アビイ・ロード》は評論家から高い評価を得た。「メロディ・メイカー」紙のクリス・ウェルチはこのLPについて、「生粋の最高の経験そのもので、勿体ぶった深遠で象徴的な意味をまったく含まず、過去の複雑なプロダクションに比べてシンプルだが、それでも極めて洗練されたオリジナリティー溢れる作品だ」と激賞した。「サンデー・タイムズ」紙のデレク・ジュエルは〈マックスウェルズ・シルヴァー・ハンマー〉の「一九二〇年代風のおふざけ」には異論を唱えたものの、《アビイ・ロード》が「爽やかなシンプルさと気取りのなさ」を備えており、《ホワイト・アルバム》さえ超越した高みに到達したと述べた。「ローリングストーン」誌のレヴュー記事でジョン・メンデルスゾーンは《アビイ・ロード》が「息を呑むほど美しくレコーディングされており」、長編メドレーについて「《サージェント・ペパーズ》全体」に匹敵すると力説した。メンデルスゾーンは、「ビートルズが無数にも思える音楽的断片と歌詞のスケッチを統一の取れた素晴らしい組曲にB面でまとめることに成功したのは、彼らがいまだに健在で、まだ新しいことに挑戦している何よりの証拠ではないだろうか。それどころか、彼らはここでビートルズにとってこれまで最もフリーフォームな形式に到達し、多様で刺激的な音楽と歌詞のさまざまなアイディアを融合してこういったアイディアの総和を遥かに凌ぐ作品を作り上げたのだ」と主張している。[17]

一九六九年十月前半にチャート入りした《アビイ・ロード》が上位を守ることができたのは、メンデルスゾーンのようなレヴュー記事がビートルズの目指す方向性を明確に示したおかげといえるだろう。しかしファンがビートルズの新しい音楽に飢えていたのも確かで、一九六八年十一月に《ホワイト・アルバム》がリリースされてから一年以上が経過しており、その間に〈ゲット・バック〉と〈ジョンとヨーコのバラード〉のシングル盤二枚しかリリースされていなかった事情もある。

《アビイ・ロード》に思いがけない大騒動が起きたのは一九六九年十月十二日の日曜日、米ミシガン州デトロイトのラジオ局WKNR－FMのポピュラーなDJ〝アンクル〟・ラス・ギブがポール・マッカートニーが死亡したという匿名の密告電話を受けた時だ。マッカートニーが死んだという噂が流れたのはこれが最初ではなかった。一九六七年の前半は、マッカートニーがロンドンの高速道路で交通事故で死んだという噂で持ち切りだった。もっと時代を下ると、一九六九年九月半ばに米アイオワ州デモインにあるドレイク大学の学生新聞の編集者ティム・ハーパーが〝ビートルズのポール・マッカートニーは本当に死んだのか？〟という見出しの記事を発表した。この記事でハーパーは、最近のビートルズのLPからマッカートニーの死去を思わせるさまざまなヒントを紹介し、このなかには《ホワイト・アルバム》の〈レボリューション9（*Revolution 9*）〉を逆回転させると（〝死んだ男よ、俺を別世界にトリップさせてくれ〟）という隠された秘密のメッセージが聞こえるという文章も含まれていた。何年も経ってから、ハーパーは「ベトナム戦争やいわゆる体制側の策動のせいで、私たちの多くがさまざまな陰謀論をすぐにでも進んで信じこむようになっていた」と弁解している。[18]

十月十日にはアップルの広報担当者デレク・テイラーが噂に対処する声明を発表し、「最近、私たちのところにポールが死亡したという記事に関する問い合わせが洪水のように押し寄せている。私たちが同様の質問をこれまで何年にもわたって受けてきたことは言うまでもないが、ここ数週間は事務所にも自宅にも昼夜問わずに問い合わせが殺到している。米国のディスク・ジョッキーやその他の人々から私に国際電話までかかってくる始末だ」と述べた。この同じ週末に、ラス・ギブの受け取った匿名電話が噂の火に油を注いだ。噂はデトロイトから付近のミシガン大学構内に飛び火し、「ミシガン・デイリー（*Michigan Daily*）」紙〔学生新聞〕が《アビイ・ロード》のジャケット写真から集めた死のヒントの数々をまことしやかに記事にしたが、ここにはビートルズが葬列を作るような服装をしており、白い外套を着た牧師がレノン、黒装束のスターが葬儀屋、デニムを身に着けたハリスンが墓掘り人、スーツを着ておまけに裸足のマッカートニーが死体という説明が含まれていた。一部のファンは見え透いた信憑性のない証拠を重ねるように、ジャケットに写っている白いフォルクスワーゲン〝ビートル〟のナンバープレート〝28IF〟がマッカートニーの年齢を表していると主張した。彼は実際のところ当時二十七歳だったが、雪だるま式に米国内を広がったこの作り話に夢中になったアマチュア探偵たちはそんな事実など意に介さなかった。強迫観念に駆られたファンはビートルズの初期のアルバムをつぶさに研究してこの謎を

7

解明しようと必死になるあまり、ささいな細部を拡大解釈した。一部のファンのなかにはレノンが〈ストロベリー・フィールズ・フォーエバー〉のコーダで、アドリブで歌った〝クランベリー・ソース（*cranberry sauce*）〟という歌詞を〝私はポールを埋葬した（*I buried Paul*）〟と解釈する人や、《マジカル・ミステリー・ツアー（*Magical Mystery Tour*）》に付属されているブックレットの写真でマッカートニーが黒いカーネーションを飾りに付けているのに対してほかのメンバーは赤いカーネーションを付けていると指摘する人もいた[19]。

十月二十一日には業を煮やしたテイラーがこのニセ情報について、「まったくくだらない」と説明し、「ポールはまだピンピンしている」と宣言した。数日後、ＢＢＣがスコットランドの農場でマッカートニーをインタビューしたが、彼はビートルズを取り巻く状況が自身の力では収拾がつかないほどエスカレートするなか、数週間にわたって自分の所有する農場に身をひそめていたという。マッカートニーは、「噂が始まったのは、僕がきっと最近あまり雑誌や新聞の記事に出ていなかったからだと思う。もう一生分の取材は受けたから、最近は何も言いたいことがないんだ。僕は家族と一緒にいるだけで幸せで、仕事を始めればまた働くさ。僕は十年間ずっとスイッチが入りっぱなしで、スイッチを一度も切ったことがなかった。今は、可能な時はいつでもスイッチを切っている。もう少し有名じゃないほうがいいのかなと近頃は思っている」とコメントしている。この時、キャピトル・レコードは十月末にビートルズのレコード売り上げが明らかに上昇したことに気が付いた。十一月のプレス・リリースで、キャピトルの国内販売担当副社長ロッコ・

カテナは、「ビートルズの売り上げに関して今月は歴史上最大の月になるだろう」と予測している。ほどなくして、すでに《アビイ・ロード》が首位を走る「ビルボード」誌チャートに《サージェント・ペパーズ》と《マジカル・ミステリー・ツアー》が再登場した。十一月中はその後〝ポールが死んだ〟ニセ情報が馬鹿げた頂点に到達し、ニューヨーク・シティの放送局WORでは特別番組を放映して弁護士F・リー・ベイリーが——こともあろうにアラン・クラインを含む——証人を尋問し、マッカートニーの死の可能性に最終的な結論を出そうとした。[20]

噂が最高潮に達したため、「ライフ」誌は取材班をスコットランドに派遣してマッカートニーの居場所を突き止めて速報記事を出した。この時点でマッカートニーは怒り狂っていた。記者のジョン・ニアリーとドロシー・ベーコン、写真家のロバート・グラハムが農場でビートルズ・メンバーにやっと近づいた時、マッカートニーは——マーサが後ろで激しく吠えるなか——彼らに怒鳴り散らし、すぐに退去しないと不法侵入で訴えると威嚇した。それから、こんなやり方は間違っていたと気付いたマッカートニーは自身の所有するランドローバーに飛び乗って彼らを追いかけ、わざわざ出向いてきた記者たちにきちんとしたインタビューと写真撮影を約束すると説得して呼び戻した。マッカートニーは後に、「結局、僕は〝まあ、誰もが大げさに言いふらしたくなるものなんだ。これが宣伝ってことなんじゃないかな?〟と言ったんだ」と回想している。そしてマーク・トウェインの言葉を引用し、「僕の死という噂は〝極めて誇張されたものだ〟。僕はこれ以上何もできないよ」とコメントした。この顛末を知ったレノンは当時、「ポール・マッカートニーが死ねば世界中の人々が知ることになる。これと同じで彼が結婚すると世界中の人々が知ることになる。無茶苦茶な話だ——彼が休暇を取ると世界中がこれを知っているんだ。どうにも常軌を逸している——でも、《アビイ・ロード》にとってはまたとない宣伝になる」とすかさず茶々を入れている。いっぽうのマッカートニーはスコットランドで、八月後半に娘のメアリーを出産したばかりの妻リンダとともに写真撮影のためにポーズを取った。[21]

「ライフ」誌の十一月七日号の表紙にはマッカートニーと家族の写真、そして〝ポールは相変わらず元気だ〟と特集記事のタイトルが大書してある。これだけの大騒動があった後では、「ライフ」誌のこの号がニューススタンドで飛ぶように売れることは必至で、ビートルズにとってさらに大規模な宣伝とレコード売り上げをもたらすことになった。しかし取材班がインタビューした際、マッカートニーはいつになく意気消沈していた。この噂からひどい精神的打撃を受けていたのかもしれない。「僕はごく普通の人間で平和に暮らしたいだけなんだってみんなに伝えてくれないか?」とマッカートニーは訪問者たちに頼んだ。そして、「はっきりさせておこう。ポールは死んでなんかいないんだ」と念を押した。しかし彼は——「ライフ」誌取材班がこの発言の重大さを完全に把握するにはあまりにおとなしい表現だったかもしれないが——この後に、**「ビートルズに関するあれやこれやは終わったんだ」**と付け加えた。[22]

8 《レット・イット・ビー》の完成と1970年

「ライフ」誌取材班がスコットランドの農場に足を踏み入れた時、マッカートニーは長期にわたる鬱状態に入っていた。レノンはビートルズの現況について沈黙を保っていたが、アップル本社ではこれまで以上に重苦しいミーティングが開かれていた。この会議が行われた時期は十月半ば、マッカートニー死亡騒動の噂が流れた頃だと思われる。スターは休暇で夫人とロサンゼルスに行っていたため不在で、レノンの側近のアントニー・フォーセットがスターのためにミーティングを録音していた。サヴィル・ロウの事務所に座ったビートルズのメンバー三人とニール・アスピネルは、レノンが離婚要求した後のこの時点で何らかの妥協点を探るために話し合った。会議中、レノンは新しいLPのレコーディングを検討し、主要ソングライター三人に四曲ずつ割り当てるのはどうかと提案した。しかしその前に、具体的には《ホワイト・アルバム》と《アビイ・ロード》のセッションで明らかになったように、マッカートニー自身でさえ精彩がないと感じていた作品に貴重なアルバム時間を割くという彼の問題を何とかしなければならないとレノンは考えていた。「いくら人気があるからって、書いた本人も含めて誰も真剣にいいと思っていない曲を僕らがアルバムに入れるのは狂ってるよ。そんなふうにLPを作らなくたっていいだろう。だって僕らは本心からいいと思ってないんだからさ、君は自分がいいと思った曲をレコーディングして、〈マックスウェルズ〉や〈オブ・ラ・ディ、オブ・ラ・ダ〉みたいな曲をそういう音楽が好きな、ほら、メリー［・ホプキン］とか曲を欲しがってる人にあげてしまえばいいじゃないか。彼らにくれてやったらどうなんだ？　僕らがその程度の質の曲を欲しがる可能性があったとしてもせいぜいシングル用だろう。アルバムには僕らが本当にいいと思った曲だけを入れればいい」とレノンはポールに向かって言った[1]。

ここでマッカートニーは無理もないことだが防御姿勢に入り、レノンが発言を続けた。マッカートニーが〈コールド・ターキー（冷たい七面鳥）〉のレコーディングに興味を持たなかったことに対して、レノンはいまだに立腹していた。要するに、レノンはマッカートニーと同じアルバム収録時間を手に入れたかったのだ。

ビートルズのアルバムを振り返ってみると、いいとか悪いとか感想は色々あるだろうが、ほとんどの場合、誰の時間数が多いかっていうと君なんだ！　ほかに何の理由もなく、君がそうしたからなんだ。今僕らがスタジオに入る時、アルバムで自分の場所を確保するた

めに君と駆け引きするつもりは僕にはないんだよ。僕はあれこれ作戦を練ったり、レベルの違いを比べたりしたくない。僕はA面を取ったり時間数を巡って争ったりするのはもう止めたんだ。僕はただ、「そうか、〈ウォルラス〉［〈アイ・アム・ザ・ウォルラス（*I Am the Walrus*）〉］が［〈ハロー・グッドバイ（*Hello, Goodbye*）〉の］B面になって満足だけど、こっちのほうがもっと素晴らしい曲だと思っていた」……でもさ、僕は強引に売りこむようなエネルギーというか図太い神経は持ち合わせていないもんでね。だから僕はちょっと肩の力を抜いたんだ――だけどほかの誰もがピリピリしていて、こんなんじゃリラックスできるわけがない。それで僕は次第に沈んでいったんだよ。

マッカートニーはレノンの懸念についてすでに知っていた。レノンは《アビイ・ロード》のリリースに先立ってバンドメンバーが音楽メディア関係者向けに行った九月のインタビューで、このことについて特に大っぴらに語っていた。彼のコメントは時々辛辣な口調になり、「ビートルズは《アビイ・ロード》のようなアルバムを作り続ける限り幅広い聴衆を惹きつけることができるだろう。このアルバムには、おばあちゃんたちが喜ぶような〈マックスウェルズ・シルヴァー・ハンマー〉みたいな口あたりの良いフォーク・ソングも入っている」と述べている。レノンはこれと同時に、芸術としてのポピュラー音楽アルバムや高尚なコンセプトに基づくプロダクションという考え方を批判した。「僕にとって一枚のアルバムとは、実際には手に入らないレコードの寄せ集めなんだ。

僕自身はシングル盤が好きだ。ポールはメドレー形式を考え付いたみたいに、アルバムという概念を持っているというか、持とうと努力していると僕は思う。僕はアルバムのコンセプトを作ることには興味がない。僕が興味を持っているのはサウンドだけだ。何事も起こったそのままが好きだ。アルバムをショーみたいに演出することには興味がない。僕だったらとにかく、ロックの曲を十四曲入れるだろう」と述べていた。[2]

十月のサヴィル・ロウでのミーティングでは、マッカートニーの慎重な態度が怒りに変わった。彼は自身を弁護するために、「ジョンの曲のためにわざわざアルバムの場所を空けておいたのに、ジョンは結局何も書いてこなかった」と抗議し、レノンがヘロインのせいで新曲を書けなくなった〝ゲット・バック〟セッションの頃の不満をぶつけた。レノンは、「その時は曲を提出しようにも何にもできなかったんだ。僕は作れなかったんだし、書いて何とかやっつける気力も体力もなかったんだよ」と述べた。そして将来、「僕らがスタジオに入った時、どんなやり方をしても構わないけど、レコードに入れる時間を同じにするために悩むなんてもうごめんだ。何があろうともアルバムに四曲入れる権限を僕が持っていることをはっきりさせておきたい」と付け加えた。[3]

自身の立場を明確にしたレノンは、ハリスンもこの議論に含めようとした。しかし振り返ってみるとこれはミスだったかもしれない。〝クワイエット・ビートル〟はバンド内の下っ端ソングライターとしての立場に根強い不快感を抱いていたのだから。レノンはポールに対して、「僕らはいつだってシングル盤を二人のどっちかに配分した。僕ら二人がシングル盤市場を独占し、「ジョージとリンゴの」取り分はなしだ！　つまりさ、僕らは決してジョージにB面を明け渡さず、彼にもっとたくさんB面をあげることもできたはずなのに、僕ら二人の間で君がA面を取ったから僕がB面を取ってしまったんだ」と述べた。録音された議論はこの時点から奇妙な展開を見せ、三人のビートルズがハリスン作品の質を歯に衣を着せずに評価しはじめた。マッカートニーは、「それは実をいうと今まで、今年に入るまでは僕ら二人の曲がジョージのよりも優れていたからだ。でも今年は、彼の曲は少なくとも僕ら二人が書いたものと同じくらい優れているんだ」と答えた。[4]

しかしこの褒め言葉を受け取る代わりにハリスンはすかさず間に割って入り、「そんなのは作り話だ。今年の曲の大部分は実のところ、僕が去年か一昨年に書いたものだ。今の僕は君たちが気に入るかどうか気にせず、ただ曲を作るようになったんだろうな……。以前は僕に幸運がまわってこなくても、躍起になって働きかけたりしなかった。なかったことにしただけだ。でもともかく、ここ二年くらいは少し積極的に押し出してみたんだ」と言い返した。レノンはとっさに弁護に回り、「彼の言っていることはよく分かる。以前と違って、今の君はめきめきと頭角を現してきたとみんなが言っている」と述べた。そして会議は、バンド内の権力争い――そして経済面――で長年にわたって不利な立場に置かれていたハリスンの不満を鎮める論調に変わった。しかしハリスンは、「僕は別に絶賛を浴びたいわけじゃない。そうじゃないんだ。何にしろ目の前にあるものをきちんと世に出して、何でもいいからほかのものに道をあけたいんだ。分かるだろ、まずは世に出したいんだよ、それからせっかくだから少し金も稼ぎたいんだよ、僕もほかのメンバーと同じように金を使っているけど、ほかのメンバーほど稼いでいないじゃないか！」と抗議した。[5]

ハリスンから見るとビートルズの運命に以前から不平等はつきもので、元をただせば一九六三年にブライアン・エプスタインが音楽出版者のディック・ジェイムズと締結したノーザン・ソングスの契約に端を発していた。しかしハリスンの懸念はそこにとどまらなかった。ハリスンは、「僕の曲の大部分に対して、ビートルズからの応援がなかった」と述べた。この言葉があんまりだと感じたレノンは、「おいジョージ、そんな言い方はないだろう！」と叫んだ。「僕らは君の書いた〈ドント・バザー・ミー（*Don't Bother Me*）〉みたいな曲でさえ、かなりの時間と手間をかけた。僕らはあれこれ長い時間をかけていいノリを作り出した。君が弾いていたリフを憶えているけど、この二年間の君はインド音楽に没頭していて僕らを必要としていなかったじゃないか！」とレノンは続けた。これに対してハリスンはさらに一歩踏みこみ、彼の書いた曲をレノンとマッカートニーが採用したがらなかったことに無関心になっていたと認めた。ハリスンはレノンに対して、「それはあの一曲だけのことだろう。この前のアルバム［《ホワイト・アルバム》］では、僕の曲に君は一度も登場しなかったと思う――僕は気にしないけどね」と言った。これに対してレノンは、「だって、君にはエリック［・クラプトン］とかほかにふさわしい人がいたじゃないか」と切り返すことしかできず、傷ついた気持ちが声に表れていた。[6]

この時点でミーティングに痛々しい沈黙が訪れ、各バンドメンバーは各自の創造的な興味さえ離ればなれになってゆくなか、ともに前進する道をこの先どうやって切り開けばいいかについて考えこんでしまった。マッカートニーがついに沈黙を破り、「僕らがスタジオ入りする時、最悪の日だとしても、僕はやっぱりベースを弾いているし、リンゴはドラムを叩くし、僕らはやっぱりそこにいるんだよ」とほとんど囁くような声で言った。ハリスンの無気力さは丸見えで――マッカートニーはレノンが提案したソングライティングの担当曲数を割り当てておくという考えが不愉快なようだったし――彼らは九月二十日のミーティングで体験したよりもさらに深刻な袋小路に突き当たっていたようだ。マッカートニーがビートルズの仕事上の関係が今まで通り続くことを願っていたのと対照的に、ハリスンはバンド内部の権力闘争から感情的に身を引いたことが明らかになった。アルバムをレコーディングするアイディアをいったん引っこめ、レノンはクリスマス用のシングル盤をプロデュースするのはどうかと提案した。ともかく、毎年恒例のファン・クラブ用レコードの締め切りが近づいていると彼は考えたのだ。しかしこの提案に沈黙と無関心しか返ってこないのを知ったレノンは、「これでビートルズは終わりってことだな」と真顔で結論づけた。[7]

レノン、マッカートニー、ハリスンにとって火を見るよりも明らかだったのは**彼らの行き詰りが完全な断絶にまで悪化し、誰一人として一歩も譲らない膠着状態に陥った**ことだ。これが最後だという気配を感じながら、彼らは別々の方向に向かった。

レノンは意識を〈コールド・ターキー（冷たい七面鳥）〉に戻し、B面に〈ドント・ウォリー・キョーコ（京子ちゃん心配しないで）（*Don't Worry, Kyoko (Mummy's Only Looking for a Hand in the Snow)*）〉を収録してわずか数日後の十月二十四日にリリースした。アップルのシングル盤のレーベル面にはA面の骨まで痺れるようなギター・サウンドにちなんで、いたずらっぽく〝大音量で聴け（*PLAY LOUD*）〟とデカデカと書いてあった。〈コールド・ターキー（冷たい七面鳥）〉は違法行為のことを歌った暗い内容にもかかわらず、十一月十五日に英国のチャートで驚異的な十四位に上昇してしばらくこの順位を守った。このシングル盤は米国ではあまり派手な成功を収めず、三十位が最高位だった。

《アビイ・ロード》の超大ヒットの後というプラスティック・オノ・バンドの幸運なタイミングに夢中になっていたためか、ビートルズの進行中の修羅場に愛想を尽かしたからか、レノンはこのシングル盤の商業的成功を注意深く見守っていた。英国では、ドラッグを表立って扱っているとして〈コールド・ターキー（冷たい七面鳥）〉はBBCですぐに放送禁止となった。この決定に戸惑ったレノンは当時、「これじゃ、ドラッグの禁断症状で苦しむフランク・シナトラが描かれているからといって『黄金の腕（*The Man with the Golden Arm*）』を上映禁止にするようなものだ。レコードを放送禁止にするのも同じこと。現実ありのままを描いて観客に見せるからという理由で映画を上映禁止にするようなものだ」とコメントしている。薬物を断ち切るためにもがきながら、この時点でおおむね失敗していた彼にとって、作品によって現実を描くという側面は特に重要だった。レノンにとって、「〈コールド・ターキー（冷たい七面鳥）〉は読んで字の通り、コールド・ターキー――ヘロインの禁断症状――を体験した結果を表したものだ。強いていえば、ドラッグ反対の歌だ」という。

十一月の末には彼の不満が沸点に達し、十一月二五日に運転手のレス・アンソニーをバッキンガム宮殿に向かわせ、彼のMBE［大英帝国勲章5等勲爵士：*Most Excellent Order of the British Empire*］勲章を女王に返還した。レノンの勲章に付いていたメモには、「私は英国のナイジェリアービアフラ情勢への関与、ベトナム戦争におけるアメリカに対する支援、〈コールド・ターキー（冷たい七面鳥）〉のチャート下降への抗議の印として、ここにMBEを返却します。愛をこめて、バッグ〔･プロダクション（P174の注釈参照）〕のジョン・レノン」と書いてあった。秋が深まるなか、レノンとオノによる世界を舞台にした最新の突飛な行動が定期的にニュースを賑わせていたが、彼は世界を引っくり返すような話題について沈黙を保つことに成功していた。しかしそれもクリスマス休暇直前までで、ジョンとヨーコが滞在していたカナダにジャーナリストのレイ・コノリーが訪問した時のことだ。コノリーの回想によるとレノンは笑いながら、「僕はビートルズを脱退したんだ」と彼に告げ、絶対に口外しないよう誓わせたという。[8]

レノンが抗議行動を執り、友人たちにビートルズの解散を秘密裡に打ち明けるなか、マッカートニーは前述の通り、鬱に沈んでいった。十月のミーティングでは彼らのパートナーシップが終わったように感じられた――しかし九月二十日の気まずい瞬間のように、まだじたばたする余地が少しは残されていた。何も表沙汰になっておらず、クラインがキャピトル・レコードとの契約をビートルズにとって有利な条件で獲得することに成功していたものの、マッカートニーは何日も夢遊病者のように過ごし、ほぼ確実となったビートルズの解散について悲嘆に暮れていた。ポールとリンダがスコットランドの隠れ家への長旅の準備をするなか、クラインはマイケル・リンゼイ＝ホッグによる〝ゲット・バック〟セッションの試写にマッカートニー夫妻、ハリスン夫妻、スター夫妻を招いた。クラインに初めてフィルムを見せてから数ヶ月後、リンゼイ＝ホッグはマネージャーの要求通りにドキュメンタリーを整理し、画面に登場したのはほとんどビートルズのメンバーだけだった。最新版映像の試写を終えるとクラインはすかさず、リンゼイ＝ホッグのドキュメンタリー映画を新年に公開――して付随するサウンドトラック・アルバムをリリース――するアイディアを持ち掛け、彼らがユナイテッド・アーティスツとの間でまだ履行していない契約を果たそうとした。〈ゲット・バック〉のシングル盤はもう過去の話になっているため、クラインは映画の題名をドキュメンタリー作品中のほかの傑出した曲名に変更したらどうかと提案した。〈ザ・ロング・アンド・ワインディング・ロード〉が強力な候補に挙がったが、ビートルズは〈レット・イット・ビー（*Let It Be*）〉に決めた。彼らがその晩帰路に着く前に、クラインは先頃ニューヨークでフィル・スペクターに会ったことを告げ、この有名なアメリカ人プロデューサーがビートルズと仕事をすることに興味を持っていると伝えた。クラインによると、レノンはサウンドトラックLPにスペクターが関わることをすでに承諾したという。マッカートニーはまだこのアイディアを完全に受け入れたようすではなかったが、スペクターと会ってこのプロジェクトについて詳しく話し合うことを快諾した。グループがどっちつかずの状態になったまま、ポールとリンダは十一月初めにロンドンを去ってスコットランドに向かった。マッカートニーはスコットランドで――「ライフ」誌記者の侵入のほかは――誰にも邪魔されず、外界からの干渉を辛うじて食い止めることができた。この状況下で彼は自分がいかに絶望的に追い詰められたかを痛感した。マッカートニーは後に次のように説明している。

僕は困難な時期を経験していた。僕は失業者、余計なお荷物となった人間に特有の古典的な症状を見せていた。まず、ひげなんて剃らず、これはイカシた顎髭をたくわえるためじゃなくて、何をするのも億劫だったからだ。すべてに対する、第一に自分自身に対する、そして第二に世界のあらゆるものに対する怒り、心の奥底からの怒りがこみ上げはじめる。これは当然の反応なんだよ、僕は親友たちから裏切られたんだから。だから僕はかなり長い間ひげを剃らなかった。起き上がりもしなかった。朝は起き上がるための時間じゃなかった。ベッドの上でしばらく身体を起こしてもどこにも行く場所がなくて、ベッドの中に戻るんだ。それから実際に目を覚ますと、酒を飲んだ。そのままベッドの上でね。僕はそれまで決してそんなふうになったことがなかった。もっと最悪の状況をくぐり抜ける羽目になる人も多いけど、僕にとってはこれでも悲惨な状態で、普段だったら気持ちを立て直して「あー、こんな有様じゃダメだ」って思うもんなんだけど、当時は自分にはもうこれっぽっちも取り柄なんてないと感じていたんだ。

マッカートニーはビートルズの一員でなくなることによって彼の創造性のはけ口が奪われたような気がしたのだ。彼は後に、「ビートルズにいた時はうまくいっていて、僕は役に立ったし、彼らの曲のためにベースを弾くことができたし、彼らと僕が歌うための曲を書くこともできたし、こういった曲からレコードを作ることもできた。ところがもうビートルズと一緒じゃなくなったら、こういったことがとても難しくなったんだ」と述べている。[9]

魂の暗い奥底を何日もかかってくぐり抜け、マッカートニーはクリスマス休暇中にキャヴェンディッシュ・アヴェニューの自宅に戻ってきた。彼は鬱から這い出る手段として自分にとって本当に重要な事柄――つまり自分のソロ・アルバムをレコーディングする作業に取り組むことにした。十二月二十六日――テレビ番組「マジカル・ミステリー・ツアー」の大失敗から二周年にあたる――に彼はスチューダーの4トラック・レコーダーを自宅に設置した。わずか数ブロック離れたEMIスタジオでしか使ったことのないミキシング・デスクがなかったのは当然として、VU（ボリューム・ユニット）メーターさえ持っていなかったにもかかわらず、彼はすぐ仕事に取り掛かった。アップル本社とEMIの関係者数人以外は、マッカートニーがたった一人でリンダと一緒に作業していることを知らなかったが、これは彼が——とりあえず当面のところ——秘密にしておきたかったからだ。数ヶ月後の「ローリングストーン」誌上でのインタビューでマッカートニーは、「僕らは二人が何をやっているか誰にも知らせないことに決めたんだ。こうすればスタジオの中に家があるみたいになる。誰にも知られないし、スタジオ内にほかの誰もいないし、訪問してくる人もいない」と説明している。ポールとリンダはサンドイッチとグレープ・ジュースで軽食を済まし、赤ん坊のメアリーは床をハイハイし、ヘザーはおもちゃで遊ぶのに熱中していた。マッカートニーは後に、「とても居心地が良かったし、こんなふうに過ごすうちに、僕は実際にまた何かできることがあるんだと分かった」と振り返っている。[10]

真っ先に取り上げたのは〈ラヴリー・リンダ（*The Lovely Linda*）〉だった。新年に入り、マッカートニーは順調に作品を作り上げていった。リンダがハーモニーを付け、マッカートニーはすべての楽器をオーヴァーダビングした。彼の新しい音楽は多くの点で、自分で楽器のほとんどを手掛けた《ホワイト・アルバム》の多数の曲ととてもよく似た、素朴で有機的な感触を持っていた。〈ラヴリー・リンダ〉を完成させたマッカートニーはスコットランドで作ったもうひとつの曲〈きっと何かが待っている（*That Would Be Something*）〉、アドリブで作ったインストゥルメンタル曲〈バレンタイン・デイ（*Valentine Day*）〉を含む新曲をすぐに次々と作った。〈きっと何かが待っている〉でマッカートニーはヴォーカル、アコースティック・ギター、エレクトリック・ギター、ベース、ドラムスを担当した。

　一九七〇年一月三日土曜日、マッカートニーは数ヶ月ぶりでＥＭＩスタジオに初めて復帰した。クラインが十一月に指摘したように、ビートルズはユナイテッド・アーティスツのドキュメンタリー映画とサウンドトラック・アルバムをともにリリースする契約上の義務があった。この日、マッカートニー、ハリスン、スターは四十四歳の誕生日を迎えるマーティンとともにスタジオ2に集まった。オノと長期休暇を取ってデンマークに行っていたレノンは不在だった。ビートルズとプロデューサーにとって目前の仕事は、ドキュメンタリー映画『ビートルズ　レット・イット・ビー』で大きく取り上げられたハリスン作の〈アイ・ミー・マイン（*I Me Mine*）〉と、タイトル曲として浮上し三月にシングルとしてリリースされることがすでに決定していた〈レット・イット・ビー〉だった。彼らが〈アイ・ミー・マイン〉をレコーディングする準備に取り掛かると、ハリスンは英国のポピュラーなバンド、デイヴ・ディー、ドジー、ビーキー、ミック＆ティッチを引き合いに出して〔このグループは日本で「デイヴ・ディー・グループ」と呼ばれ、〈オーケイ！（Okay!）〉や〈キサナドゥーの伝説（The Legend of Xanadu）〉といった曲をグループ・サウンズがカヴァーした〕、「君たちはもう何かで読んで知ってるよね、デイヴ・ディーは抜けちゃったんだけど、ミッキーとティッチと僕がいつも通りナンバー2できちんと仕事を続けることにしたんだ」とジョークを飛ばした。16テイクでレコーディングしたベーシック・リズム・トラックにはハリスンのアコースティック・ギターとガイド・ヴォーカル、マッカートニーのベース、スターのドラムスがフィーチャーされていた。三人は一時インストゥルメンタルのジャムに突入し、これがバディ・ホリーの〈ペギー・スー・ゴット・マリッド (*Peggy Sue Got Married*)〉に変貌した。〈アイ・ミー・マイン〉のテイク16をベストに選び、グループはエレクトリック・ギター、エレクトリック・ピアノ、リードおよびハーモニーのヴォーカルをオーヴァーダビングし、一分三十四秒という比較的短い作品のレコーディングを完了した。[11]

翌日の一月四日、ビートルズの三人は〈レット・イット・ビー〉の作業を完成させるためにスタジオ2に再び集合した。フィル・マクドナルドとリチャード・ランガムをアシスタントに従えたマーティンは十四時間近いセッションを監督し、ハリスンが新しいリード・ギター・ソロをオーヴァーダビングした。ハリスン、マッカートニー、リンダ・マッカートニーが後に、この曲のビートルズによる一九六九年一月三十一日のパフォーマンスに新しいヴォーカル・ハーモニーを付け加えることになる。〈レット・イット・ビー〉をさらに磨き上げるために、マーティンはトランペット2、トロンボーン2、テナー・サキソフォン1による管楽器パートをオーヴァーダビングした。夜が更けゆくなか、彼はスターとマッカートニーによるパーカッションを追加オーヴァーダビングした後に、さらに白熱したギター・ソロをハリスンが録り重ねた。三人が曲の作業を終えるまで、グリン・ジョンズはこの手に負えないプロジェクトへの最新の追加部分を集めるために待ち構えていた。ジョンズは翌日オリンピック・サウンド・スタジオに戻り、〝ゲット・バック〟セッションに全体的な一貫性を持たせて『ビートルズ　レット・イット・ビー』のサウンドトラック・アルバムをまとめる三回目となる最後のミキシング作業を開始した。

数週間後、マッカートニーが自身のソロ・アルバムに打ちこむなか、レノンとオノが休暇から帰ってきた。デンマークを発つ前、夫妻はマッカートニー夫妻に葉書を（宛先住所にふざけて〝*Grate Briton*〟と書いて〔英国の通称はグレート・ブリテン（Great Britain）だが、Grateは「摩擦、不快感を与える」という意味の形容詞でBritonは「一〇六六年ノルマン征服以前のブリトン人またはローマ占領以前のケルト先住民族」のこと〕）投函した。疎遠になった親友に対してレノンは、「僕らは君を愛してるよ、またすぐに会おう」と親愛の気持ちを走り書きしている。マッカートニーと同様に、レノンも俄然仕事に戻りたくなってしょうがなかった。〝盛りがついた獣のよう〟に仕事に取り掛かったレノンは先頃、ポールと同じようにインドのリシュケシュで行われたマハリシ・マヘーシュ・ヨーギーの講義から学んだ概念に敬意を表した曲〈インスタント・カーマ（*Instant Karma! (We All Shine On)*）〉を完成させていた。マッカートニーの作品〈マックスウェルズ・シルヴァー・ハンマー〉が完成するまで数ヶ月かかり、延べ日数にして数日を要したのと対照的に、レノンは〈インスタント・カーマ〉を純粋に自然なままでレコーディングする意気込みだった。彼はその後何年にもわたって、「朝食時に書き上げ、昼食時にレコーディングし、夕食時には世に出した」とよく言っていた。この発言は大げさだがそれほど的外れでもなく、〈インスタント・カーマ〉はアイディアの誕生から完成まで十日間という超スピードだった。

一月二十七日にEMIスタジオでレコーディングされた〈インスタント・カーマ〉を監督したのは、この日に制作チームに参加したスペクターだった。レノンは〈インスタント・カーマ〉でギターを弾くようハリスンを招いたところ、ちょうど〝クワイエット・ビートル〟がハリスンの新しいソロ・プロジェクトについて、スペクターとロンドンで打ち合わせていたことに気付いた。そこでレノンはすかさず彼らをEMIに招いて合流するよう誘い、スタジオにはベースにクラウス・フォアマン、オルガンにビリー・プレストン、ドラムスにアラン・ホワイトを呼び集めていた。レノンは〈インスタント・カーマ〉でリード・ヴォーカルとエレクトリック・ギターとピアノを受け持ってセッションをまとめ、オノがバッキング・ヴォーカル、マル・エヴァンスが手拍子とチャイムを担当した。プロデューサーのスペクターはわずか10テイクでレコーディングされた〈インスタント・カーマ〉（副題として〝*We All Shine On*〟が追加された）にトレードマークの〝ウォール・オブ・サウンド〟処理を施すため、スタジオのエコー・チェンバーに信号を送った。スペクターはホワイトのドラムにさらに極端なエコーを掛け、ユニークなピシャッと打つようなサウンドと質感をレノンの曲に付け加えた。〈インスタント・カーマ〉は二月二日にリリースされ、英国チャートのトップ五位内に急上昇した。[12]

わずか数ブロック先のキャヴェンディッシュ・アヴェニューではマッカートニーが秘密プロジェクトの作業を続けていた。二月初めにはインストゥルメンタルの〈ママ・ミス・アメリカ（*Momma Miss America*）〉とハードエッジなギターによるロック・ナンバー〈ウー・ユー（*Oo You*）〉を含むさらに数曲を完成させていた。数週間後、マッカートニーはスチューダーで録ったレコーディングを持ってセントジョンズウッド地区から初めて外出し、ロンドン郊外のウィルズデンにあるモーガン・スタジオに思い切って持ちこんだ。自宅の4トラック・レコーダーの能力を使い切ってしまい、オーヴァーダビングできる余地を作るために8トラック・テープに移し替える必要があったからだ。秘密を保つため、彼はモーガン・スタジオのセッションを〝ビリー・マーティン〟名義で予約した。この訪問中、これもインストゥルメンタルの〈燃ゆる太陽の如く（*Hot as Sun*）〉とドラムスが大活躍する力作〈クリーン・アクロア（*Kreen-Akrore*）〉を吹き込んだ。二月はゆっくりと過ぎ、彼はキャヴェンディッシュ・アヴェニューで一時はビートルズの曲だった〈ジャンク（*Junk*）〉と〈テディ・ボーイ（*Teddy Boy*）〉を含む数曲をさらにレコーディングした。その後すぐに〈ジャンク（*Junk*）〉と対となるインストゥルメンタル・ナンバー〈シンガロング・ジャンク（*Singalong Junk*）〉を録音している。二月二十一日、マッカートニーは制作環境をＥＭＩスタジオの使い慣れた閉鎖空間に移して〈エヴリナイト（*Every Night*）〉をレコーディングしたが、これも〝ゲット・バック〟セッションの頃にビートルズが一時取り上げていた作品だった。次に取り掛かったのは、最近出来上がったばかりの〈メイビー・アイム・アメイズド（*Maybe I'm Amazed*）〉だった〔この曲の発表時の邦題は〈恋することのもどかしさ〉だったが、ポール・マッカートニー&ウイングスの《Wings over America（ウイングス・オーヴァー・アメリカ）》から一九七六年にライヴ・ヴァージョンがシングルカットされた時の邦題は〈ハートのささやき〉だった〕。ここしばらく数ヶ月にわたる困難な時期をしっかりと支えてくれたリンダに対する感謝を情熱的に歌い上げた〈メイビー・アイム・アメイズド〉はマッカートニーにとって傑出した作品で、〈イエスタデイ〉やもっと時代を下ると〈ザ・ロング・アンド・ワインディング・ロード〉や〈レット・イット・ビー〉のように即座に古典的な名曲だと分かる特別な曲だった。二月二十二日、依然として〝ビリー・マーティン〟名義で作業を続けていたマッカートニーは切々としたピアノ・バラードをスタジオ2でレコーディングした。マッカートニーにとって、〈メイビー・アイム・アメイズド〉は驚異的な可能性を持つ作品だった。EMIでTGコンソールが使えるというのに、このように際立ったソングライティングの才能をキャヴェンディッシュ・アヴェニューのスチューダーでわざわざ台無しにしてしまう必要はないだろうと彼は考えた。マッカートニーは〈メイビー・アイム・アメイズド〉をミキシング・デスクの8トラックという見晴らしの良い風景に慎重に配列し、ピアノとオルガンを含むキーボードと、自身のベースとドラム・パートによるロー・エンドを鮮明に分離することに成功した。きらびやかなリード・ヴォーカルに加えて、マッカートニーのリード・ギター・ソロは音像から飛び出てくるようで——作曲者自身による力強いワンマン・アンサンブルに溶け込んでいるとはいえ、目立った存在感を放っていた。そして数日の間に、彼がタイトルをすでに《ポール・マッカートニー（*Paul McCartney*）》にすると決めていた初のソロLPのためにレコーディングした最後の曲〈男はとっても寂しいもの（*Man We Was Lonely*）〉を完成させた。唯一残された仕事は、アップルの人たちと四月のリリース日を確定する作業だけだと思われた。レノンが〈インスタント・カーマ〉でそうだったように、マッカートニーも自分の最新の音楽をできるだけ早く世界に問いたくて仕方がなかった。

この時、ビートルズの険悪な人間関係が猛烈な勢いで再び襲い掛かってきた。マッカートニーが自作アルバムのリリース日について問い合わせたところ、ほかのバンドメンバーとクラインから次々と横槍が入った。クラインはその頃すでにアップルの実権を握って多勢の従業員と取り巻き連中を追い出していた。マッカートニーにとって残念だったのは、アップルからリリース予定となっている何枚ものLPが順番待ちとなっており、自身の名前を冠したソロ・アルバムが相談もなく延期されたことだ。最初のリリース予定はスターのアルバム《センチメンタル・ジャーニー(*Sentimental Journey*)》で四月にリリースされる予定だったが、マッカートニーも同月に自身のソロ・デビューとなるLPを発売する計画だった。

スターは《センメンタル・ジャーニー》のプロデュースをマーティンに依頼していたが、古い名曲やノスタルジックに時代を懐古するたくさんの曲をレコーディングするつもりだった。マーティンの回想によると、「リンゴは古い曲を歌ったアルバムを作ることに決めて、私にプロデュースを依頼した。彼が実の父のように思っている義父ハリーは古い歌が好きだったので、リンゴは感傷的な理由からハリーを喜ばせるアルバムを作りたくなったんだ」という。しかしスターは後に実はこのアルバムにもっと重要な意味があったと認め、「僕はしばらくの間自分を見失ってしまったんだ。八年間本当に打ちこんできた仕事が突然終わってしまったんだから」と述べている。このプロジェクトをうまく成し遂げるため、スターはリヴァプールに住む彼の母エルシーとアルバム収録曲を決定した。スターによるスタンダード曲集のアルバムに関して、マーティンは曲ごとに違うアレンジャーを立ててジョージ・マーティン・オーケストラが伴奏する計画だった。[13]

一九七〇年三月、マーティンが自身のオーケストラを従えて指揮棒を振り、スターがナイトクラブ〝トーク・オブ・ザ・タウン〟でニュー・アルバム用のプロモーション・フィルムを撮影している最中に、ビートルズの元プロデューサーはカンカンに怒ったマッカートニーから緊急電話を受けた。マーティンの回想によると、「ある日ポールから電話がかかってきて、〝何が起こったか知ってるかい？　ジョンがテープを全部持ち去ってしまったんだ〟と言った」という。マッカートニーはマーティンに、ジョンが〝ゲット・バック〟関連のテープをスペクターに渡してしまったと伝えたが、ビートルズと仕事をすることについてスペクターとマッカートニーは一度も会って話をしたことがなかったのだ。さらに悪いことに、数週間足らずでサウンドトラック・アルバムの《レット・イット・ビー（*Let It Be*）》が出るというのにビートルズのソロ・アルバムを二枚出して市場に過剰供給するのを防ぐために、ソロLP《ポール・マッカートニー》のリリース日が延期されたと彼はマーティンに不満を吐露した。しかしマッカートニーは、この時点でサウンドトラック・アルバムの制作がすでにジャケットのデザインに至るまでかなり進んでいたことにすぐ気付いた。この同じ三月中、《レット・イット・ビー》の試作品ジャケットを飾っていたアンガス・マクビーンが一九六九年五月にEMIハウスでバンドを撮影した写真は、イーサン・ラッセルが一九六九年一月に撮影したグループのライヴ・パフォーマンス中の写真と差し替えられた[14]。

事態を丸く収めるために、レノンとハリスンはスターをセントジョンズウッドに向かわせ、マッカートニーの説得を試みる。しかしこれが却って(かえ)マッカートニーを逆上させる結果となり、彼はビートルズのドラマーを脅迫した。「お前ら全員を葬ってやる。この恨みは返すからな」とマッカートニーは怒鳴った。解決策を探す土壇場の努力として、スターはマッカートニーにソロLPのリリース延期を考えるよう頼んだが、マッカートニーはスターをキャヴェンディッシュ・アヴェニューに放り出した。残る手段はこれしかないだろうと考えたスターは、レノンとハリスン——そして最終的にクライン——を説得し、《センチメンタル・ジャーニー》を三月後半に出してから、マッカートニーのアルバムをポールが当初計画していた通り四月二十日にリリースし、最後に《レット・イット・ビー》を五月にリリースするのが最も安全な方法だと主張した。スターは後に、「彼は僕らの友達だし、日程が彼にとってそんなに物凄く重要なら、彼の好きなようにさせてやったほうがいいと僕は思ったんだ」と振り返っている[15]。

マッカートニーの電話を受けるまで、マーティンもスペクターがビートルズのために業務として関わっていたことを幸か不幸か知らされていなかった。マッカートニーとマーティンはすぐにこの大掛かりな策略の全貌を知ることになる。スペクターは三月のうちにEMIスタジオで〝ゲット・バック〟のテープを入手し、たいていはルーム4に引きこもり、サウンドトラック盤《レット・イット・ビー》収録曲のリミックス作業に取り組んだ。マーティンは、グループの現在の無秩序状態にもかかわらず、スペクターがビートルズと仕事をする機会に飛びついた動機について理解できた。「スペクターは長年にわたってスランプに陥っていた人物だ。何年も前に特徴的なサウンドでプロデューサーとして途轍もない名声を手に入れた。何ていうか、彼はそのサウンドの元祖というか、壮大で空間的な広がりを持った作品、ご存じのようにキッチンの流し台以外は何でも放りこんだような巨大な響きを作り出し、恐ろしいほどの成功を収めたんだ」とマーティンは述べている。成功を収めたのは、ロネッツやライチャス・ブラザースといったヒットメーカーたちと組んでいた頃の話だ。スペクターの《レット・イット・ビー》でのポストプロダクション作業が頂点に達したのは、四月一日にスタジオ1で行われたリチャード・ヒューソンがオーケストレーションを担当した〈ザ・ロング・アンド・ワインディング・ロード〉と〈アクロス・ザ・ユニバース(*Across the Universe*)〉の大規模なオーヴァーダビング・セッションだった。セッション中、スペクターは彼のトレードマークとして有名なエコーを多用した〝ウォール・オブ・サウンド〟テクニックを適用した。〈ザ・ロング・アンド・ワインディング・ロード〉の場合、スペクターは33ピースのオーケストラ、十四人編成の合唱隊、二名のスタジオ・ミュージシャンによるギター、そしてドラマー一名としてスターがオーヴァーダビングに参加したが、バンドに一番あとに参加したスターはビートルズのセッションで最後に演奏したバンドメンバーとなった。スターはこのセッションで、スペクターの悪名高い癇癪(かんしゃく)を鎮めるためにドラム・キットを一時離れなければならなかった。[16]

そしてこの時に事態がさらに悪化した。サウンドトラックの制作がもう秘密ではなくなり、マッカートニーとマーティンはアップルのマルコム・デイヴィスから評価用のアセテート盤を受け取った。マッカートニーは、〈ザ・ロング・アンド・ワインディング・ロード〉にスペクターがポストプロダクションで何をしたかを知って開いた口が塞がらなかった。「ロンドン・イブニング・スタンダード（*London Evening Standard*）」紙のインタビューでマッカートニーはレイ・コノリーに対して、「信じられなかった」と述べた。彼が特に腹を立てたのは、彼の音楽を改竄（かいざん）するためにスペクターがオーヴァーダビングした「ハープ、管楽器、オーケストラ、女声合唱団」だった。その後マッカートニーは一時、アルバムのリリースを阻止しようと試みたが失敗に終わっている。怒髪天を突いたマッカートニーはビートルズのマネージャーに辛辣な内容の手紙を書き、文頭にわざわざ〝親愛なるファック・クライン（クソッタレ）〟と記した。マーティンは特にレノンに対して激怒したが、これは〝ゲット・バック〟を意図的に粗削りな〝欠点も何もありのままで〟制作してリリースするという考えを長期間にわたって主張してきた張本人がレノンだったからだ。スペクターの介入の結果に憤慨したマーティンは後に、「アラン・クラインを通じてフィル・スペクターを引きこんだジョンは、彼が私にするなと命令したことをすべてやらせたんだ。スペクターは声をオーヴァーダビングし、合唱隊とオーケストラを加えた。私だったらその仕事を簡単にできたはずだが、ジョンがこんなやり方を選んだからとても気分を害した」と述べている。マーティンは、グリン・ジョンズが特に理不尽な扱いを受けたと感じていた。わずか六回のセッションで、スペクターはサウンドトラックLPを完成させた。これはジョンズがマーティンの制作手腕の助けを度々借りながら何ヶ月にもわたって延々と格闘してきたアルバムだったのだ。ジョンズは後に、「グループが解散してから、ジョンはテープをフィル・スペクターにくれてやり、スペクターはすべてをゲロまみれにし、私がこれまでの人生で耳にした最も甘ったるくて嘘っぱちだらけのアルバムに作り変えた」と述懐している。[17]

レノンはサウンドトラック・アルバム《レット・イット・ビー》のためにスペクターが施したポストプロダクション作業について信頼を寄せており、この年に「ローリングストーン」誌のヤン・ウェナーと行ったインタビューでは分裂解体するバンドのためにスペクターが払った努力を躍起になって擁護している。レノンはこの時、スペクターが「豚のように汗まみれになって仕事をした。彼はビートルズと仕事をしたいと常日頃から思っていたのに、お粗末にレコーディングされたゴミみたいな代物を山のように手渡されたんだ――おまけに険悪な雰囲気もね……でも彼はこれだけのものを作り上げることができたんだ」と述べている。マーティンとジョンズにとってサウンドトラック・アルバムのライナー・ノートは特に感情を逆撫でするもので、《レット・イット・ビー》を「映画『ビートルズ　レット・イット・ビー』の鑑賞には欠くことのできない、ビートルズの新しい局面を見せるアルバムだ。本編中では彼らが多くの曲でライヴ演奏しており、フィル・スペクターの手によってライヴ・パフォーマンスの暖かみと鮮烈さがディスク上に再現されている」と解説していた。嫌悪感を覚えたマーティンは後に、「アルバムのクレジットには〝プロデュース（制作）:フィル・スペクター〟と書いてあるが、私はこれを〝プロデュース（制作）:ジョージ・マーティン。オーヴァープロデュース（過剰なプロデュース）:フィル・スペクター〟と変えてもらいたくなった」と発言している。常日頃から歯に衣を着せないスペクターは当時、「俺がわざわざジョージ・マーティンのやりかけの仕事を引き取ってやったっていうのに彼らは恩義を感じる必要はないと思っているようだね、だって俺と彼とは立場も違えば格も違うんだ。比べようがない。まったく眼中にない。彼は単なるアレンジャーにすぎない。《レット・イット・ビー》に関する限り、彼が嘆かわしい状態に放置しておいたんだし、誰一人として満足しておらず、彼らはそのままで世に出したくなかったんだ」とコメントしている。[18]

戦線が明確に引かれ、誰がどちらの陣営の味方かがさらけ出された状況下で、ビートルズ関連のLPが次々と世界中のレコード店に到着した。まず登場したのはスターの《センチメンタル・ジャーニー》で三月二十七日にリリースされ、スターの少年時代の家があるアドミラル・グローブからわずか数ブロック離れたリヴァプールの〝エンプレス〟パブのジャケット写真がノスタルジックな雰囲気を醸し出していた。このアルバムは懐古趣味的な内容にもかかわらず好調なセールスを記録し、英国のトップ・テン内に入り、「ビルボード」誌のアルバム・チャートで二十二位を獲得した。しかし批評家からは情け容赦ない攻撃を受け、「ヴィレッジ・ヴォイス」紙のロバート・クリストゴウは「五十代以上のリスナーとリンゴマニアのため」のアルバムと表現した。ハリスンは《センチメンタル・ジャーニー》が「素晴らしいアルバム」で「とても良くできている」と寛大な態度を見せたが、レノンは黙っていられなかった。一九七〇年十二月の「ローリングストーン」誌上でレノンはスターの感傷的な作品について、「聴いてるこっちのほうが恥ずかしくなっちまったぜ」と罵った。[19]

マッカートニーのソロ・デビューが計画通り四月二十日に続いた。マッカートニーの憤りは三月のスターとの衝突以来さらに激しくなっていた。スペクターに関連する出来事に加えて、〈ザ・ロング・アンド・ワインディング・ロード〉のお粗末な処理が明らかにバンドメンバーの同意を得て行われたことに対して無性に腹が立った。四月九日、彼はこの事態に自分で対処しようと決心した。「ライフ」誌の何百万人もの読者はマッカートニーによる十一月の「ビートルズに関するあれやこれやは終わったんだ」という一見さり気ないコメントを見落としたかもしれないが、彼のソロLPの見本盤のジャケットに添えられた報道関係者用の書面によるコメントには疑問の余地がなかった。マッカートニーは後に、「僕はアルバムの宣伝をどうするかについて、アップルのピーター・ブラウンと話してみた。〝実を言うと、僕はほんとに何もする気がしないんだ〟と言ったんだけど、会社としては何かしら宣伝のための文章を出さなきゃならないと言う。〝僕がいくつか質問を書くから、回答を書いてくれればいい。それをプレス・リリース(報道資料)として出すから〟と彼は言った。まあもちろん、出来上がった結果はまるで僕があれこれいじくったみたいに見えたんだけどね」と振り返っている。マッカートニーは一問一答形式のアンケート結果を改変しなかったかもしれないが、自身のプレス・リリース内の〝特ダネ〟という結末に喜んだのは間違いなく、この報道は四月十日に世界中を駆け巡ることになった。

質問　このニュー・アルバムの制作、製造、配給、宣伝にアラン・クラインとABKCO［クラインの会社］がいっさい関わっておらず、これからも関わらないというのは本当ですか？

回答　僕の関知する限りない。

質問　ビートルズのほかのメンバーとジョージ・マーティンがいなくて寂しいと思いましたか？　あなたが「ここのブレイクにはリンゴがいてくれればいいのに」と思ったことはありますか？

回答　ない……。

質問　ビートルズとの新しいアルバムかシングルの計画はありますか？

回答　ない……。

質問　あなたのビートルズからの脱退は一時的なものですか、それとも永続的なものですか、個人的な不和ですか、それとも音楽的な不一致でしょうか？

回答　個人的な不和、ビジネス面の争い、音楽面の不一致だが、何よりも僕が家族と一緒にいるほうが楽しいからだ。一時的か永続的かって？　僕にはまったく分からない。

質問　〝レノン＝マッカートニー〟によるソングライティングのパートナーシップが将来活動を再開することはあると思いますか？

回答　ない。

マッカートニーによるアンケート形式のプレス・リリースがメディアの大騒動をすぐに引き起こしたのは無理もない。一九六三年十月に〝ビートルマニア!〟の誕生を華々しく伝えた英国の新聞「デイリー・ミラー」紙は四月十日のマッカートニーのスクープ記事に、〝ポールがビートルズを脱退〟と衝撃的な見出しを付けた。マッカートニーは誰も想像しなかった行動に出た。レノンが七ヶ月近くもおとなしく秘密を守って宣言しなかったというのに、彼の元ソングライティング・パートナーは世界に向かって公表してしまったのだ。[20]

これで終わりだった。

9 ビートルズ帝国の崩壊

今度はレノンが激怒する番だった。マッカートニーの驚くべき告白の後、レノンはティッテンハースト・パークでレイ・コノリーに激昂(げっこう)した。「クリスマスにカナダで僕が言った時に何で君は記事にしなかったんだ?」とレノンは叫んだが、記者のコノリーは黙っているよう誓わせたのはレノンのほうだと念を押した。「コノリー、君はジャーナリストなんだよ、僕じゃない」とレノンは軽蔑の眼差しを向けた。数日後、レノンはマッカートニーの発表について「ローリングストーン」誌のインタビューで、「僕らみんなが傷ついたのは彼が何をするのか僕らに何も言わなかったからだ」と振り返り、自身のスペクターとの策略についてしらを切った。レノンが本当に頭に来ていたのはマッカートニーの広報活動の見事な腕前だった。「ジーザス・クライスト(チクショー何てこった)! 彼が手柄を全部独り占めするんだ! ポールのしたようにレコードを売るために利用しなかった僕が馬鹿だった」と述べている。しかしレノンはそれでもマッカートニーに敬意を表さざるをえず、「彼は優れた広報担当者で、そりゃもう世界一といっても大げさじゃないだろう。彼の仕事は本当に見上げたものだ」と後からコメントしている。レノンによると、ニュースがすでに素早く広まった後の四月十日にマッカートニーから電話があったという。マッカートニーは、「僕は君とヨーコがしていたのと同じことをしているんだ」と言った。レノンは、「じゃあ君と僕は同類ってわけだな」と答えた[1]。

ビートルズとアップルについては、バンドの未来についてデレク・テイラーが最後のプレス・リリースを発表し、「春が到来し、リーズとチェルシーの対戦は明日で〔どちらもサッカーチームのこと〕、リンゴとジョンとジョージとポールはちゃんと生きており希望に満ちている。世界はまだ回っているように私たちもあなたたちもみんな回っている。この回転が止まる時は心配すべき時だ。しかし止まる前に心配しなくてもいい。その時までビートルズは元気に生き続けるしビートは鳴り止まない、ビートは響き止まない」と述べた。

マッカートニーのソロ・デビュー作はすぐに英国のレコード・チャートの二位、米国では「ビルボード」誌チャートのトップに駆け上り、最終的にダブル・プラチナ・アルバム〔二百万枚〕となった。LPのレヴューは賛否両論だったが、ビートルズの解散と背中合わせというリリース時期について多数の評論家が異議を唱えた。「ローリングストーン」誌上のレヴューでラングドン・ウィナーはこのアルバムをファブ・フォーでのマッカートニーの仕事と比較して、「疑いようもなく二流」だと評した。ウィナーは、「このアルバムをありのままに受け入れれば、《ポール・マッカートニー》は非常に良い出来だが、驚異的な作品とはいえない」と述べ、「私は《ポール・マッカートニー》がとても好きだ。しかしトロイの市民も木馬を気に入り、車輪を転がして城門をくぐった後に中ががらんどうで敵意に満ちた兵士たちでぎっしりだったと気付いたことを忘れてはならない」と結論づけている。[2]

「メロディ・メイカー」紙のリチャード・ウィリアムズは《ポール・マッカートニー》の急所を突き、「このレコードでは、彼がジョージ・マーティンにどれだけ感謝すべきかが次第に明らかになってくる」と書き、アルバムの内容は「陳腐そのもの」だが、例外としてファンと評論家の間で傑作だとすでに意見が一致していた〈メイビー・アイム・アメイズド〉を挙げた。「ガーディアン」紙のジェフリー・キャノンも似たような論調で、このLPの「内容が実質的に」乏しく、「ポールはここで自分自身と自分が置かれている境遇のことだけで頭がいっぱいの男という正体を表している。音楽は自慢げで屈託がない……。まるで彼の頭の中に浮かぶあらゆるものに価値があると思いこんでいるようだ。そしてこの考えは間違っている」と主張している。これとは対照的に「NME」紙のアラン・スミスは、「[《ポール・マッカートニー》を]聴いていると、音楽の響きとして表現された一人の男の個人的な満ち足りた気持ちが耳に入ってくる。大部分のサウンド、効果音、アイディアは華麗にきらめいている。全体を漂う雰囲気は暑い夏の夜の静かな歌のようだ。そしてほとんどすべての収録曲に円熟味がある。このアルバムにふさわしい言葉は〝高揚感〟ではなく、〝ぬくもり〟と〝幸せ〟だ」とコメントしている。[3]

しかしスターの《センチメンタル・ジャーニー》と同様に、マッカートニーのソロLPも三週間後の五月八日にリリースされた《レット・イット・ビー》の単なる前菜にすぎなかった。このLPは当然ながら世界的なベストセラーとなり、英米のチャートであっさりとトップの座を勝ち取った。アラン・スミスは「NME」紙上で、「ビートルズによる新しいサウンドトラックがもし最後の作品になるとしたら、過去のポピュラー音楽を帳消しにして新しい絵を描きあげた音楽融合体にとって、しみったれた墓碑銘、ボール紙でできた墓石、悲しく安っぽい結末となるだろう」と主張している。スミスはこのアルバムが「今日のレコード購入者の知性に対する侮蔑」を明るみに出したと結論づけ、「彼らがこれまで寄って立つ基盤としていたすべての原則を売り渡してしまった」とバンドメンバーを非難した。「ローリングストーン」誌のジョン・メンデルスゾーンも同様に手厳しく、「君たちは音楽的にはオーディションを通過した。しかし演出過剰を回避する判断力を持たず、君らの口から出た原点に返るという主張を反故にし、どこもかしこも演出過剰にしてしまう最も悪名高いプロデューサーに委ねてしまったから、君たちは不合格だ」とこき下ろしている。「サンデー・タイムズ」紙のデレク・ジュエルは《レット・イット・ビー》について批判の嵐のなかで少数意見を述べ、「黒っぽい葬式のようなアルバム・ジャケットから音楽そのものまで遺言状のようで、ビートルズがこれまでどんな芸術家だったかをかなり的確に要約している――最高の時は文句なしの素晴らしさを発揮し、最低の時には無神経でやりたい放題だった」と評価している。「ニューヨーク・タイムズ」紙上でクレイグ・マグレガーはこのLPについて歯に衣を着せず、「ビートルズは解散したわけだ。彼らの最新アルバム《レット・イット・ビー》から判断すると、ここらへんが潮時だった。彼らの功績全体に文句をつけるわけではない。ビートルズがあらゆるロック・グループのなかで最も想像力豊かで最も影響力を持っていたことは自明の理だ。しかしどんな芸術家集団――劇団、映画の共同製作組合、ロックバンドであっても――が発展する段階にも創造的に行き詰る時期がやって来るもので、集団の意義を問い直して新しい方向性を見つけ出すか、解散するかを決定しなければならないようだ」と述べている。[4]

《レット・イット・ビー》サウンドトラックは少なくとも複数の評論家が指摘したように、さんざんな酷評を受けたリンゼイ＝ホッグによるドキュメンタリー映画を質的に上回る出来だった。英国の「サンデー・テレグラフ（*Sunday Telegraph*）」紙のレヴューは未来を見事に言い当てており、「メンバーの本当の人格がはからずも垣間見えてしまい、彼らを現在結束させている力は音楽のみであり、ポール・マッカートニーが絶え間なくお喋りを続けるなか、ほかの誰一人として耳を貸す気配がないことが分かる」と述べている。米国では「ニューヨーク・タイムズ・マガジン（*New York Times magazine*）」誌が『ビートルズ　レット・イット・ビー』について極めて素っ気なく、「少しだけ楽しめるニュース映画ドキュメンタリー」と描写した。それまでビートルズ映画の初公開時にはファブ・フォーが報道関係者の前に勢ぞろいするのが恒例だったが、五月二十日のロンドン・パヴィリオン劇場に主要人物は登場せず、監督マイケル・リンゼイ＝ホッグの姿しかなかった。さんざんな悪評にもかかわらず、『ビートルズ　レット・イット・ビー』

が映画賞シーズンになると懐かしく思い出されるのはサウンドトラック盤がアカデミー賞の〝最優秀作曲賞〟を獲得し、欠席したメンバーの代わりにクインシー・ジョーンズがオスカー像を受け取ったからだ。しかし《レット・イット・ビー》がグラミー賞の〝作曲賞〟を獲得した時にはマッカートニーが授賞式に出席していた[5]。

映画とサウンドトラック盤の人気を支えたのはラジオからのほとんど絶え間ないエアプレイで、特に米国ではビートルズのシングル盤があと二枚、チャートのトップを飾った。三月六日にリリースされたシングル盤〈レット・イット・ビー〉のB面は三十四週間前に誕生した〈ユー・ノウ・マイ・ネーム〉で、ビートルズの英国での最終シングルに待望久しいコメディー要素を加えた。「NME」紙上でデレク・ジョンソンは、「ビートルズはいつものように、ギョッとさせて人の耳を惹きつけるようなレコードを出した」と述べた。米国ではこのシングル盤が「ビルボード」誌のトップをすんなりと勝ち取った。しかし悲しいかな英国ではそう簡単にいかなかった。ビートルズの二十二枚目となる最後のシングルは母国で最高位二位にとどまった。二ヶ月後、ビートルズの米国での最終シングル〈ザ・ロング・アンド・ワインディング・ロード〉(B面はハリスンの作品〈フォー・ユー・ブルー〉(*For You Blue*))がリリースされナンバー・ワンに駆け上った。スペクターが過剰に演出したヴァージョンの〈ザ・ロング・アンド・ワインディング・ロード〉によって、ビートルズは米国でナンバー・ワン・ヒット二十曲という記録を樹立した。イアン・マクドナルド〔英国の音楽評論家〕はこの曲に対するスペクターの仕事について、幻想と郷愁の本質を分か

9

りやすく表現したものだと賞賛し、後年になってから「〈ザ・ロング・アンド・ワインディング・ロード〉は避けられない宿命に対する後悔を描き出す感動的な作品で、どんなにセンスのない服を着ていても失敗しようがなかったビートルズのキャリアを締めくくる悲観的なフィナーレとして本当に完璧だった」と述べている[6]。

『ビートルズ　レット・イット・ビー』を巡るさまざまな物語を無傷でくぐり抜けたのはクラインで、これは不愛想なアメリカ人ビジネスマンの彼にしては珍しいことだった。一九六九年一月の〝ゲット・バック〟セッションはビートルズの人間関係に大きな打撃を与え――ポストプロダクション段階で彼らに破滅をもたらし――たが、クラインはこの陰気なプロジェクトによって、大きな商業的成功を収めた。〈ゲット・バック〉、〈レット・イット・ビー〉、〈ザ・ロング・アンド・ワインディング・ロード〉という三枚のナンバー・ワン・シングルはもちろん、ベストセラーとなったアルバムを生み出したのだ。一九七〇年の五月だけでも、クラインはアップルに六百万ドル〔現在の日本円に換算しておよそ七十億円〕の利益を計上した。彼がキャピトル・レコードならびにユナイテッド・アーティスツと結んだ契約は、アップルと所有者に長期にわたる金銭的利益をさらにもたらした。それにもかかわらず、マッカートニーはクラインのマネージメント契約書に依然としてサインせず、将来もサインすることはなかった。

《レット・イット・ビー》がバンドにさらに大きな芸術的業績をもたらす可能性があったかどうかを考えて見ると、このサウンドトラック盤は前作が達成した歴史に残る価値とは比べ物にならなかった。クラインの伝記作者フレッド・グッドマンは、「《アビイ・ロード》がもたらした奇跡的なエンディングの後に登場したアルバムと映画はこの時代の最も輝かしいキャリアの最後に、単調でがっかりするほど詰まらないコーダを付け加えることとなった。《レット・イット・ビー》は生気を失ったビートルズのテープの寄せ集めで、それ以上でも以下でもない」と鋭く指摘している。[7]

その後の数ヶ月でレノンとマッカートニーは各自のコーナーに引っこみ、ハリスンとスターは――多くの場合二人一緒に――世界に飛び出していった。一年以上経った一九七一年四月、スターはハリスンがプロデュースした〈明日への願い (*It Don't Come Easy*)〉〔シングル盤〕をリリースし、米国でも英国でもスマッシュ・ヒットとなった。「NME」紙のアラン・スミスはこの曲を絶賛し、「スターがこれまで作ったなかで、この上なく最高に素晴らしい曲なのは間違いない」と述べた。しかし、このシングル盤の本当の隠された宝物はB面の〈1970年代ビートルズ物語 (*Early 1970*)〉で、スターはこの曲でビートルズ後の人生がどんなものかについて考察している。ハリスンのエレクトリック・ギターとフォアマンのベースを含むバック・バンドを従えたスターの〈1970年代ビートルズ物語〉はカントリー風味を湛え、ニコラス・シャフナー〔『ザ・ビートルズ フォーエヴァー〈VOL 1・2〉』（安田由紀子訳、角川書店、一九八七年）の著者〕の言葉によると、ほかの元ビートルズ・メンバーの「怒りを鎮めるようなオープン・レター（公開書簡）」だという。一九七〇年二月の「ルック (*Look*)」誌のインタビューでスターは《センチメンタル・ジャーニー》をマーティンと仕上げている最中に、失った親友のことばかり頭に浮かんで戸惑ってしまったと認めている。「僕は周りを何度も見渡して、彼らはどこにいるんだろうと考えてしまった。彼らは何をしているんだろう？　彼らはいつ僕の前に再び現れて話しかけてくれるんだろう？」とスターは述べた。この曲のなかで、彼が特にマッカートニーとの間の距離について嘆く以下の一節は実感がこもっている。

牧場に住んでて、魅力がいっぱい、ビー・ビー
牛はいないけど羊はわんさか
ぴっかぴかの奥さんと家族と一緒
彼が街に来た時は、僕と一緒にプレイしてくれるだろうか[8]

ハリスンにとって、ビートルズの解散は待ち望んでいた救いだった。一九七〇年五月には、彼の次のLP制作が大幅に進展していた。スペクターをプロデューサー席に迎えたハリスンはそれまで溜めこんでいた膨大な数の作品を引っ張り出したが、曲の大半は一九六〇年代後半にビートルズから没にされたか単純に無視されたものだった。このような曲のひとつ〈オール・シングス・マスト・パス〉はすでにアルバムのタイトル曲候補になっていた。彼はこの曲を〝ゲット・バック〟セッション中にほかのビートルズ・メンバーとリハーサルしたことがあった。この曲では作者が

〈ヒア・カムズ・ザ・サン〉と同じように、はかない生命に暗闇と希望をもたらす力として自然を位置づけている。ザ・バンドが一九六八年にリリースしたフォーク・ロックの古典的名曲〈ザ・ウェイト（*The Weight*）〉を主な下敷きにした〈オール・シングス・マスト・パス〉は、〝日の出は朝じゅう続くわけではない／土砂降りの雨は一日中続くわけではない〟と語り掛け、自然の中では結局、〝すべてのものが去りゆかなければならない〟と結んでいる。アンドリュー・グラント・ジャクソン〔『リンゴをさがせ』（二〇一五年、夏目大訳、ネコ・パブリッシング）などの著者でビートルズ研究家〕は、「ハリスンがこの曲を作った時にビートルズの消滅をすでに渇望していたかどうかは不透明だ。それでもなお、この曲が解散の直後という完璧なタイミングに巡り合わせたことにハリスンは戸惑いを隠せなかったに違いない」と推測している。しかしハリスンにとって、ビートルズの解散だけが人生の通過儀礼ではなかった。その後の《オール・シングス・マスト・パス（*All Things Must Pass*）》をアルバムとしてまとめる作業中に、彼の母ルイーズが癌のため五十九歳で死去したのだ。[9]

　ビートルズの解散について最も深く考えたのは案の定、ハリスンだった。その後の年月で、ハリスンがグループ内での彼の立場の狭苦しさについて説明する際によく引き合いに出したのはビートルズの《アビイ・ロード》時代だった。ハリスンは、「子供時代にとても怖い感覚を味わった。僕は瞑想をしている時に同じ経験をしたのに気付いたんだけど、それはいつでも決まって自分がとっても小さく感じることと関連しているんだ……。僕らが《アビイ・ロード》を作っている時にこれを何度も経験していた。僕があの大きな空っぽのスタジオに行って防音室に入ってから中で瞑想してみると、同じ意識がまた立ち上がってくる気配を感じたんだけど、それは僕の子供時代から知っていた感覚だったんだ」と述べている。一九七〇年五月、ハリスンはWABC-FMのハワード・スミスのインタビューを受けることを承諾した。この会話の最中でハリスンはとうとう問題の核心にたどりついた。「僕はビートルズにいることにうんざりしたんだ。音楽的には同じ袋の中に閉じこめられているようなもので、彼らは僕を袋から出したがらなくて、当時はポールが主にそうだった」という。あえて言う必要がないほど途轍もない才能に恵まれた――働き者で自分でも認めるほど度をすぎた支配欲を持つ――マッカートニーはハリスンがビートルズのなかで一番長く知っている人物で、実際のところ二人がリヴァプールのスクール・バスの中で初めて出会った時にポールは十二歳でジョージは十一歳だった。[10]

ハリスンはマッカートニーとの年来の人間関係が、ビートルズ時代を通じて彼らのプロフェッショナルな人間関係に成功と失敗をもたらした鍵だったと考えた。ハリスンによると、「これはちょうど何て言うか、長年にわたってこういったすべての曲を書いたのは彼だったし、ポールと僕は一緒に学校に通った仲なんだ。僕が感じたのはまあ、誰でも変わってゆくものだし、時には誰かがほかの人に対して変わって欲しくないと思ったりもする。それか自分が変わったのにそれを認めようとしない場合もある。そして周囲の人たちは君に抱いているイメージのほうにずっとしがみついていたりするんだよ。ガンディーは、〝自分の好きなイメージを作り出して保っておきなさい〟と言った。だからこんなふうにさまざまな人たちが彼らの友達や会った人たちに対していろんなイメージを抱いているんだ」という。

ジェフ・エメリックもビートルズの解散について質問を受けた時に、人は変わるという点を強調し、彼らが三十代に近づきバンドメンバーたちが離れればなれになったという単純な事実が原因だと結論づけている。「悲しいことだがこれは避けようがなく、もう共通の基盤は失われ、共有していたのは歴史だけになったのだ」という。[11]

ビートルズのごく内輪で、解散によって大きな解放感を味わったのはハリスンだけではなかった。マッカートニーのアンケート形式のプレス・リリースを読んで心が痛んだとしても、マーティンは決して外に表さず、ビートルズの終焉をもっと哲学的な面から理解するほうを好んだ。マーティンは間髪入れずに「ビートルズがいなかったら今の私はなかったのはその通りだ」と認めたが、マッカートニーの一九七〇年四月の発表後に一時は悲しくなったという。彼は後に、「私は少し虚しくなったが、いっぽうでは自由を手に入れたから解放されたような気持ちにもなった。私は人生の八年を彼らに捧げた。私の手帳で彼らはいつだってナンバー・ワンの重要度で、私のほかのアーティストは全員がビートルズの次の優先度になることを知っている必要があった。ブライアン［・エプスタイン］が死んでから、私は彼らのキャリアについてもいくらか責任を感じるようになった。彼らに失敗して欲しくなかった。いつでも成功して欲しかった。突然、この責任が取り払われた」と語っている。

一九七〇年の暮れ、マーティンは利益の上がる最先端のレコーディング・スタジオを保有するAIRの持ち株を増やすために忙しく働いていた。この同じ時期に――《アビイ・ロード》が英米ともに大きな売り上げを獲得したため――EMIはマーティンに対して、以前の職に復帰するオファーを持ち掛けた。マーティンとしては自身の独立性を手放し、消滅から救い出して黒字にするために彼が奴隷のように働いた子会社パーロフォンに戻る可能性はまったく考えられなかった。一時は〝三流レーベル〟と蔑まれた同社が世界最大級の成功を収めたブランドになった主な理由はマーティンとビートルズによる空前の成功のおかげで、彼はこれを誇りに思っていた。EMI代表取締役のレン・ウッドからこのオファーが届いた際にジョージは給料の額を一目見て功績が認められたのかとほくそ笑んだが、提示された二万五千ポンド〔一九七〇年当時の二千百六十万円で、現在の日本円に換算しておよそ七千万円〕はマーティンが一九六五年に拒否してAIRを設立する原因となった額面の二倍だった。六〇年代中期に彼が望んでいたのはただひとつ、自分が果たした世界クラスの努力の代償として、この巨大なレコード複合企業から微々たる余剰金をもぎ取ることだったのだ。一九六五年だったら、彼は二万五千ポンド〔一九六五年当時の二千五百二十万円で、現在の日本円に換算しておよそ一億円〕のオファーがあればEMIに残っていただろう。しかし数年後の今となっては、彼に迷いはなかった。ハリスンと同様、ビートルズのプロデューサーは独立の気分を初めて味わって喜んでおり後戻りなど考えられなかった。[12]

レノンにとって、どこに行ってもついて回るビートルズの巨大な影から逃れるのは簡単なことではなかった。一九七〇年十二月十一日、彼は《ジョンの魂（*John Lennon / Plastic Ono Band*）》をリリースしたが、多数の評論家がこのLPを彼のビートルズ以外の作品で最も重要な音楽的声明だとみなした。アーサー・ヤノフが提唱したプライマル・スクリーム療法（原初の叫び）をこの年にオノとともに耐え忍んだレノンは、彼の悪魔を――ヘロインも含めて――金輪際追い払ってしまうつもりだった。〈マザー（母）（*Mother*）〉では、一九五八年七月に早すぎる死を遂げた彼の母ジュリアに対する喪失感と折り合いをつけた。しかし〈ゴッド（神）（*God*）〉ではさらに大きな相手に立ち向かい、彼の世界観のなかで神々と同様に位置づけられるビートルズの圧倒的な存在に戦いを挑んだ。この曲の感情に訴えるクライマックスでレノンは〝僕はビートルズなんて信じない！〟と叫んだ後、ほとんど囁くように〝僕はただ自分を信じるだけだ〟と歌っている。一九七〇年の暮れ、レノンは彼のビートルズ体験と折り合いをつけること、そして彼の親友を捨て去り歴史に委ねることがいかに難しいかを思い知った。

レノンはすでに前年の春にこのことを実体験によって痛感していたが、この時に彼とオノは「ローリングストーン」誌の編集者ヤン・ウェナーと妻のジェーンをサンフランシスコに訪ねていた。夫妻はふと思いついてレノンとオノをドキュメンタリー映画『ビートルズ　レット・イット・ビー』の午後の上映に連れていった。彼らには何も告げずに暗くなった映画館に一緒に座ってマイケル・リンゼイ＝ホッグの映画を鑑賞し、最後にルーフトップ・コンサート中に〈ゲット・バック〉を歌う髭もじゃのマッカートニーが大写しになった。ウェナーは、「空っぽの映画館には私たち四人だけが身を寄せ合うようにしており、ジョンの目からは涙が止まらなかった」と振り返った。

明らかにさまざまな感情が入り混じっていた。「ローリングストーン」誌一九七〇年十二月号のインタビューでレノンはウェナーに対してすべてをさらけ出し、ビートルズに在籍していた体験について「悲惨で、ものすごく屈辱的だった。ビートルズという存在でいるためには完全に自尊心を投げ捨てなければならず、それが僕は気に食わなかったんだ」と述べている。レノンはさらに語気を強くし、ほかのバンドメンバーを「地球上で最も自惚(うぬぼ)れた堅苦しい人たちだ」と表現した。ウェナーとのインタビューの終わりに、レノンは自らの発言の辛辣さを振り返り、「どえらいことになるぞ。どうなったって構うもんか、これでお終いだ」と言い捨てた。このインタビューはその後まもなくニューススタンドに並べられた。一九七一年、ウェナーはこのインタビューを単行本にまとめ『レノン・リメンバーズ（*Lennon Remembers*）』（二〇〇一年、片岡義男訳、草思社）〔改訂翻訳版。邦題の変遷は『ビートルズ革命』（一九七二年、片岡義男訳、草思社）、『回想するジョン・レノン―ジョン・レノンの告白（新装版）』（一九七四年、片岡義男訳、草思社）となっている〕として出版したが、この本について元ビートルズ・メンバーは彼の悪口雑言に対して心から自責の念に駆られ、この本を「レノン・リグレッツ(後悔する)」と呼んだ。しかしその時にはすべてが手遅れだった。「ローリングストーン」誌面でインタビューを読んだマッカートニーの心にレノンの言葉が突き刺さった。一九七〇年十二月の最終週、マッカートニーはビートルズのパートナーシップ関係を終了する訴訟を高等法院に提出した。[13]

しかしその時点でマッカートニーの訴訟は、報道やロックの歴史本でうんざりするほど繰り返される雑音のひとつにすぎなかった。レノンが最終的にグループのパートナーシップを終了する同意書に署名するのはその後四年経ってからだ。レノンが署名する場所に選んだのはこともあろうに、〔米フロリダ州の〕ウォルト・ディズニー・ワールドのホテルの一室だった。レノンが〈ゴッド（神）〉で歌っていたように、〝夢は終わった〟のだ。彼らが一九六九年八月にティッテンハースト・パークでの最後の写真撮影から立ち去る時点で、〔一九四八年に〕ヴォーカル・グループのジ・インク・スポッツが歌ったように〈*It's All Over But The Crying*（すべてが終わってあとは泣くだけ）〉だったのだ。もちろん、その後の年月で個々のビートルズ・メンバーは永久に解散したのかどうかについて何度も口を濁すことになり、世界中のファンが再結成を強く求めたが、これも一九八〇年十二月にニューヨーク・シティでレノンが暗殺者の凶弾に倒れたため途絶えた。彼らが再び一緒に演奏することはなかった。しかしレノンがしたり顔で述べていたように、ビートルズの伝説はいつだって彼らの業績に比べれば二の次にすぎない。結局、本当に重要だったのは音楽なのだ。「単なる自然な成り行きで大惨事なんかじゃない。これが地球の終わりみたいな言い方をする人が今でもいる。ロック・グループが解散しただけのことで、これっぽっちも重要なことじゃない。ほら、思い出に浸りたかったら古いレコードがいっぱい残されているじゃないか」とレノンは述べた。[14]

もしレノンが生きているうちに――ビートルズの音楽がアナログ・レコード盤、8トラック・

テープ、カセット・テープ、コンパクト・ディスク、MP3、ストリーミング・テクノロジーといった次々と現れる新しい形式に移行する――デジタル革命を体験していたら、グループのスタジオで成し遂げた創造的な業績が多様な方法によってひとつの世代から次世代へと花開き、いつまでも新鮮な感動を与え続けるようすを目にして喜んだかもしれない。ビートルズのアルバムとシングルが形式の変化にもかかわらず共感を呼ぶのは、バンドメンバーの最高の音楽的才能を生かして精巧に作り上げられた不朽の名曲、革新的な制作チーム、スタジオ技術の進化によってもたらされた彼らの音楽が本当に偉大だからだ。

ビートルズはアルバム《アビイ・ロード》によって、長く歴史に残るようなユニークな方法で彼らの成し遂げた業績をパワフルに結びつけることに成功した。彼らは〈カム・トゥゲザー〉、〈サムシング〉、〈アイ・ウォント・ユー〉、〈ヒア・カムズ・ザ・サン〉、長編メドレーのような楽曲で名演奏家としての腕前を披露し、〈ラヴ・ミー・ドゥ〉〔デビュー・シングル〕と一九六三年のアルバム《プリーズ・プリーズ・ミー》での比較的荒削りなパフォーマンスからミュージシャンとして並外れた進化を遂げたことを見せつけたのだ。ウォルター・エヴェレット〔音楽理論家〕はこの驚異的な成長を、〝トーナリティ（調性感覚）の進歩〟の一種だと説明しており、ビートルズはアルバムを追うごとに音の響きと音楽に関する全般的な能力を拡大していったのだ。最初期のレコーディングと対照的に、《アビイ・ロード》ではバンドメンバーが――ソングライターとしてもパフォーマーとしても――さまざまな拍子とキー（調号）を何度も切り替えている。〈ビコーズ〉での〝絶妙な〟三声ハーモニーや〈ジ・エンド〉でいとも簡単に演奏しているように聞こえる各自のソロからもわかるように、彼らの音楽的才能が完全に開花し、バンドメンバーは歌と楽器演奏を淀みなく華麗にこなしている。アルバムの制作時期もちょうど絶妙のタイミングだった。リチャード・バスキン〔ビートルズの伝記作者〕は、「ビートルズが彼らのかつていた場所に戻ることに失敗した後、レノンは〝ズボンを下した……クソみたいなヴァージョン〟をリリースすることによって〝伝説を破壊〟する誘惑に駆られた。しかし彼らはその代わりに最後にもう一度だけゲームに挑戦するためにズボンを穿いて再び集まった。そしてありがたいことにロックの神が微笑み、結果として《プリーズ・プリーズ・ミー》以来六年以上の間に彼らがスタジオ内でどれほど進化したか、そしてレノンとマッカートニーの音楽的方向性がますます分裂して遠ざかってゆき、ハリスンがその中間で独自の境地を切り拓いたかを見事に証明する《アビイ・ロード》が生み出された」と述べている。[15]

またビートルズのアルバム《アビイ・ロード》は、バンドの活動期間中に制作チームが特にTGコンソールの導入によってテクノロジーの頂点に到達したことから恩恵を受けた。《ホワイト・アルバム》と〝ゲット・バック〟セッション中にグループ内の不和を経験していたマーティンは、《リボルバー》と《サージェント・ペパーズ》に収録された傑作を作り上げた最先端のプロダクションに立ち返りたくて仕方がなかった。エメリックをエンジニアに迎えることによって、マーティンはビートルズのスタジオ時代を特徴づける芸術的な相乗効果を再び手に入れることに成功したのだ。マーティンとエメリックはTGコンソールが提供するサウンドのパレットとミキシング能力の拡大を活用して、ビートルズのサウンドに音質と鮮明度の向上をもたらした。

またソリッドステート技術によるレコーディングは彼らの音楽により明るい音色と深く豊かなロー・エンドを与えたため、《アビイ・ロード》をほかのアルバムとはっきり区別する特徴となり、リスナーにとってビートルズの最後のLPは際立って違うという印象を決定づけた。その後、ビートルズは音響的可能性に関して新たな高次のレベルに到達して彼らのキャリアを終えたという評価が登場した。マーティンとエメリックはビートルズのソングライターとしてのヴィジョンを捉えようと果敢に努力を重ねてきたが、これまで再三にわたって見過ごされてきた。しかしビートルズの制作チームはクリス・トーマスやジョン・カーランダーといった才能ある新人も含めて、《アビイ・ロード》で登り詰めた驚異的な高みにバンドを押し上げるために不可欠だったのだ。

マーティンとエメリックは、二十世紀ポピュラー音楽の神殿の頂点にビートルズを位置づける最も時代を超越したLPを創造するチームとして立ち合い、**彼らの一世一代の名演を引き出したのだ**。ビートルズは《アビイ・ロード》によって見事な大団円を迎えた。メンバーの人間関係の苦痛は辛いものだったかもしれないが、結果として何年にもわたって残るレコーディングを完成させた。《アビイ・ロード》ジャケット写真のパワフルなイメージは、バンドメンバーが彼らの芸術を作ったスタジオから歩き去り、歴史的存在へと変わる姿を捉えている。

イアン・マクミランが撮影した鮮烈な写真はその後何年にもわたって何度もパロディーされることになる——ブッカー・T&ザ・MG'sの《マクレモア・アヴェニュー（*McLemore Avenue*）》

（一九七〇年）、レッド・ホット・チリ・ペッパーズがシングル〈アビイ・ロード E.P.（*The Abbey Road E.P.*）〉で同じ横断歩道を全裸で渡る写真（一九八八年）、マッカートニーによる《ポール・イズ・ライヴ～ニュー・ワールド・ツアー・ライヴ!!（*Paul Is Live*）》（一九九三年）、カニエ・ウェストによる《レイト・オーケストレーション～アビィ・ロード・セッションズ（*Late Orchestration*）》（二〇〇六年）ほか枚挙にいとまがない。一九六九年九月にアルバムがリリースされた直後から、世界中のファンがセントジョンズウッド地区に大挙して押しかけ、ファブ・フォーの有名な足取りを真似た完璧な写真を撮ろうとして交通渋滞を引き起こすのが習わしになってしまった。マーク・ルイソン〔『ザ・ビートルズ史 上・下（The Beatles – All These Years: Volume One: Tune In）』（二〇一六年、山川真理、吉野由樹、松田ようこ訳、河出書房新社）の著者でビートルズ研究家〕は、「《アビイ・ロード》はロック史上すべてのジャケットのなかで最も真似された有名なものだ。今日に至るまで、そしてこれから長きにわたって、旅行者は横断歩道でポーズを取り、一九六九年八月八日の晴れた暑い夏の日にポール・マッカートニーがしたように靴と靴下を脱いで自分のカメラに収まる多くの人の姿が一日たりとも途切れることはないだろう」と述べている[16]。

二〇一一年にはＥａｒｔｈＣａｍが二十四時間休まずにデジタル中継するウェブカメラを有名な横断歩道に設置し、伝説的な横断歩道を歩いて渡る訪問者を捉えるようになった。二〇一〇年にはこの横断歩道自体が、英国政府によって〝文化および歴史的重要性〟を認められてイングリッシュ・ヘリテッジの２級に指定された。スタジオそのもの――不動産開発業者によって二〇〇九年に売りに出されていた――と横断歩道は現在、歴史的な重要性を損なうような大掛かりな増改築や変更から法律的に保護されている。観光遺産大臣のジョン・ペンローズは指定時の式典で、「このロンドンの横断歩道は城でも大聖堂でもありませんが、ビートルズと一九六九年八月の朝に行われた十分間の写真撮影のおかげで我々の遺産のどれにも決してひけをとらない立派な資格を獲得したのです」と述べている。ファンの多くは横断歩道に加えて、スタジオにも足を運んで建物の駐車場の前にある壁に自分の名前や気に入ったビートルズの歌詞を落書きする。スタジオの管理者は長年にわたってこのようなファンによる落書きを、バンドメンバーの人生と音楽をカラフルで情熱的に表現した一種の公共芸術作品として奨励している。この壁には毎月白いペンキが塗り重ねられ、新しい訪問者が痕跡を残せるようになっている。[17]

スタジオ自体にとってビートルズの《アビイ・ロード》アルバムは、セントジョンズウッド地区アビイ・ロード3番地の建物とほとんど同じ意味を持つ存在になった。一九七四年にスタジオの事業責任者に昇進したケン・タウンゼントは、EMIスタジオをアビイ・ロード・スタジオに改称する手続きを開始した。一九七六年に公式名称がアビイ・ロード・スタジオとなってからは、この巧みなマーケティング手法が功を奏し、念願久しかった世界的名声を確立した。タウンゼントにとって改称はビジネスの観点から完璧な作戦で、EMIがビートルズの名声から恩恵を受けることになった。また名称を変えることによって、このスタジオはレコーディング業界のEMI以外のアーティストにとってより具体的な到達目標にもなった。ブライアン・サウソール〔ブライアン・

サウソール、ピーター・ヴィンス、アラン・ラウズ『アビイ・ロードの伝説（Abbey Road: The Story of the World's Most Famous Recording Studios)』（一九九八年、内田久美子訳、シンコーミュージック・エンタテイメント）、ブライアン・サウソール、ルパート・ペリー『ノーザン・ソングス―誰がビートルズの林檎をかじったのか（Northern Songs: The True Story of the Beatles' Song Publishing Empire)』（二〇一〇年、上西園誠訳、シンコーミュージック・エンタテイメント）の共著者〕は、「EMIに所属するすべての英国を拠点としたアーティストは六〇年代から七〇年代にかけてアビイ・ロードを使用するよう奨励されたのに、ほかのレーベルと契約していたアーティストは誰一人としてそこでレコーディングすることを許されなかった」と指摘している。タウンゼントにとって、アビイ・ロード・スタジオの長期的な経営状態を良好に保つためには構内のレコーディング空間をすき間なく予約済み状態にして稼働できるようにしておく必要があった。レコーディング・スタジオはアーティストとスタッフがアイディアを――お互いどうしだけではなく広くレコーディング業界と――共有するための平等な関係を築く場所であるべきだとタウンゼントは考えていたのだ。この考え方は、長年にわたるスタジオ業務の慣例に反するものだ。ハワード・マッセイは、〔ジェフ・エメリック、ハワード・マッセイ『ザ・ビートルズ・サウンド　最後の真実（Here, There and Everywhere: My Life Recording the Music of the Beatles)』（二〇〇九年、奥田祐士訳、白夜書房）（二〇一六年新装版、奥田祐士訳、河出書房新社）の共著者〕「デッカとEMIのスタジオ支配人の間に一時期、スタッフに相手側のスタジオでの仕事を与えてはならないという協定があったようだ」と述べている。タウンゼントの回想によるとEMIとデッカのスタッフは以前、お互いに口を利くことさえ禁じられていたが、これは「どちらも独自のレコーディング・テクニックを持っており、これは絶対に口外してはならない企業秘密だったから」だという。[18]

タウンゼントにとって、EMIスタジオのアビイ・ロード・スタジオへの改称には、このような旧態依然とした壁を打ち破って**レコーディング業界を開放的にする狙い**もあったという。改称を宣伝するために、タウンゼントはアーティストのアラン・ブラウンに依頼してアビイ・ロード・スタジオのロゴ・マークを作成した。タウンゼントの戦略はあらゆる面で成功を収めた。現在、アビイ・ロード・スタジオは世界中からさまざまなレコーディング・アーティストを惹きつけている――レーベルも多種多様だ。タウンゼントの指揮の下、スタジオは映画プロジェクトを呼びこむ戦略的な努力を開始した。タウンゼントがアンヴィル・ポストプロダクションとの提携契約を締結した一九八〇年以来、アビイ・ロード・スタジオには映画音楽とサウンドトラック制作のブッキングが殺到している。長年にわたって、スタジオ1は『インディ・ジョーンズ　レイダース　失われたアーク《聖櫃》（*Raiders of the Lost Ark*）』（一九八一年）、『スター・ウォーズ　ジェダイの帰還（エピソードⅥ）（*Return of the Jedi*）』（一九八三年）、『ロード・オブ・ザ・リング（*The Lord of the Rings*）』三部作（二〇〇一～二〇〇三年）といった大ヒット作をはじめとする数々の映画のレコーディング場所となっている〔近年では『エヴァンゲリヲン新劇場版』などもレコーディングされた〕。

タウンゼントは多くの面で、スタジオの炎をともし続ける番人となっている。ＥＭＩのヘイズ工場で四年間の見習い期間を経てから一九五四年にＥＭＩスタジオでレコーディング・エンジニアとして働き出して以来、ビートルズがＥＭＩで過ごした年月をすべてにわたって間近に目撃した。ビートルズのレコーディング初日――一九六二年六月六日――にツアーで酷使されたマッカートニーのベース・アンプがスタジオの床の上で「巨大なおならのような音」をたてて爆発し故障した時も現場で働いていた。EMIスタジオの規則に従って白衣を着ていた彼は爆発音の出所がスタジオ2だと突き止め、地下室のエコー・チェンバーから「恐ろしく大型でひどく重たい」タンノイ製スピーカーを引きずり出して交換し、この問題を解決した。これでマッカートニーはセッションで演奏できるようになり、ビートルズはその後マーティンの指導を受けて空前絶後の音楽的キャリアに乗り出したのだ。[19]

タウンゼントは、レコーディングの伝統的な慣例とポピュラー音楽の概念を文字通り根底から覆した後、一九六九年八月にビートルズがアビイ・ロード・スタジオを去った最後の瞬間にも立ち会っていた。彼はアビイ・ロードで働き、業界の巨人たちと同じ足跡をたどったことを名誉に思っている。ほかの人たちも同じように感じている。アラン・パーソンズにとって、ビートルズと仕事することは素晴らしい栄誉だった。「史上で一、二を争う偉大なバンドと一緒の部屋で働くのは最高のスリルだった」と述べたパーソンズは当時を振り返って、「途轍もない体験だった」と簡潔に総括している。その後アラン・パーソンズ・プロジェクトによって世界的名声を得たパーソンズにとって、《アビイ・ロード》はTGコンソールを操作する初めての経験にすぎなかった。一九七三年、彼はピンク・フロイドの画期的なアルバム《狂気（*The Dark Side of the Moon*）》におけるエンジニアとしての功績を認められてグラミー賞候補に選出された。事実、パーソンズは《狂気》において、スタンリー・キューブリックやマーティン・スコセッシが単なる映画の技術者ではなく自らのヴィジョンに基づいてプロダクション（制作作業）の規模を壮大なスケールに拡大した映画監督の伝統と同じように、**レコード・プロデューサーの役割を一種のレコーディング監督として捉え直すようになった。**[20]

ビートルズという先駆者がいなかったら、ピンク・フロイドのようなアーティストが創造的な頂点に登り詰めることは困難だっただろう。ビートルズ自身と、振り返ってみれば何世代ものファンと評論家にとって、《アビイ・ロード》は並外れたキャリアに幕を下ろす手段となり、ビートルズが誕生に一役買ったポップ・カルチャー時代にコーダを付け加えたのだ。マーティンとエメリックが導入したソリッドステート技術とグループの卓越した音楽的才能は《アビイ・ロード》に相乗効果をもたらし、ビートルズはキャリアの最後をメンバー自身にとっても、膨大な数のリスナーにとっても見事に締めくくることに成功した。最後に本書の題名についてだが、〝ソリッドステート（*Solid State*）〟〔原題〕はこのアルバムを可能にしたテクノロジー、そしてこのアルバムに表現された何かが完了したという感覚、そしてこれが最後だという感覚の象徴でもある。リリースから何十年も経過した時点でもなお、《アビイ・ロード》はポピュラー文化全体に響きわたっており、ロックの歴史で不動の地位を手に入れている。このアルバムは多くの点で、ビートルズの時代を超えた複数世代にまたがる人気の原因となったユニークな音楽の融合体を作り出し、グループのキャリアの軌跡を鮮やかに刻みつける作品となった。ビートルズにとって、《アビイ・ロード》はソリッドステートの土台となったのだ。

謝　辞

これほど規模の大きなプロジェクトは数多くの友人と同業者の協力がなかったら完成に至らなかっただろう。ビートルズの人生と時代について思い出を語ってくれたリジー・ブラヴォー、レイ・コノリー、デヴィッド・クロスビー、ジェフ・エメリック、ジョン・カーランダー、リチャード・ランガム、アラン・パーソンズ、ケン・スコット、ブライアン・サウソール、クリス・トーマス、ケン・タウンゼントに特に感謝したい。また、キース・アインズワース、ゲイリー・アストリッジ、マータ・バッレア＝マーリス、ヘレン・ボウデン、リチャード・バスキン、アル・カッタビアーニ、ケン・ダショウ、ホーウィー・エデルソン、トム・フランジョーネ、スコット・フレイマン、ジェリー・ハマック、ジュード・サザーランド・ケスラー、ジェイソン・クルッパ、マーク・ラピドス、ジム・ルブラン、スペンサー・リー、マーク・ルイソン、ジャイルズ・マーティン、ジェイコブ・マイケル、キット・オトゥール、アラン・ペル、ジョー・ラポラ、ジャック・ライリー、ティム・ライリー、ロバート・ロドリゲス、ボブ・サンテッリ、セーラ・シュミット、ブルース・スピッツァー、デヴィッド・スターク、アル・サスマン、スティーヴ・ターナーからの励ましと協力にも感謝する。

忍耐強く尽きることない善意を持って働いてくれたコーネル大学出版局のマヒンダー・キングラとディーン・スミスをはじめとする方々にもお世話になった。

私の疲れを知らない広報担当者ニコル・マイケル、そして私の家族――特にすべてを可能にしてくれた妻のジニーンに特別な感謝を送りたい。

本書をジェフ・エメリック（一九四五－二〇一八）に捧げる。彼のエンジニアとしての革新的なスタジオ・テクニックは、何世代にもわたるレコーディング・アーティストのサウンドを特徴づけた。彼の確かな技術的手腕に支えられた何物をも恐れないアプローチは、《リボルバー》（一九六六年）、《サージェント・ペパーズ・ロンリー・ハーツ・クラブ・バンド》（一九六七年）、《アビイ・ロード》（一九六九年）といったアルバムでビートルズを次々と前人未到の芸術的高みへと押し上げた。そしてその後四回にわたってグラミー賞に輝き、ポール・マッカートニー&ウイングスの《バンド・オン・ザ・ラン（*Band on the Run*）》（一九七三年）やエルヴィス・コステロ&ジ・アトラクションズの《インペリアル・ベッドルーム（*Imperial Bedroom*）》（一九八二年）をはじめとする歴史的なＬＰに先駆者として足跡を残したのだ。

Neary, John. "The Magical McCartney Mystery." *Life*, November 7, 1969, 103–6.

Norman, Philip. *John Lennon: The Life*. New York: HarperCollins, 2008.

"100 Greatest Beatles Songs." *Rolling Stone*, September 29, 2011, www.rollingstone.com/music/lists/100-greatest-beatles-songs-20110919.

Patterson, R. Gary. *The Walrus Was Paul: The Great Beatle Death Clues*. New York: Fireside, 1998.

ビリー・プレストン (Preston, Billy)《神の掟 (*That's the Way God Planned It*)》(ＬＰ) 1969年、アップル・レコード

"Remembering the Forgotten Beatle." *Rolling Stone*, December 5, 2001.

キース・リチャーズ (Richards, Keith)、ジェームズ・フォックス (Fox, James)『ライフ　キース・リチャーズ自伝 (*Life*)』2011年、棚橋志行訳、楓書店：サンクチュアリ・パブリッシング

Riley, Tim. *Lennon: The Man, the Myth, the Music*. New York: Hyperion, 2011.

ティム・ライリー (Riley, Tim)『ビートルズ全曲解説 (*Tell Me Why: A Beatles Commentary*)』1990年、岡山徹訳、東京書籍

Rolling Stone. *Harrison*. New York: Simon and Schuster, 2002.

Runtagh, Jordan. "The Beatles' Revelatory *White Album* Demos: A Complete Guide." *Rolling Stone*, May 29, 2018, www.rollingstone.com/music/music-lists/the-beatles-revelatory-white-album-demos-a-complete-guide-629178.

Russell, Ethan. Interview with Jack Riley. WPRK-FM, Winter Park, Florida, June 3, 2017.

Ryan, Kevin, and Brian Kehew. *Recording the Beatles: The Studio Equipment and Techniques Used to Create Their Classic Albums*. Houston: Curvebender, 2006.

ニコラス・シャフナー (Schaffner, Nicholas)『ザ・ビートルズ　フォーエヴァーＶＯＬ　１･２》(*The Beatles Forever*)』1987年、安田由紀子訳、角川書店

Sfirse, Anthony. "Engineering the Sound: The Beatles' *Abbey Road*." *Enmore Audio*, May 28, 2018, http://enmoreaudio.com/engineering-the-sound-the-beatles-abbey-road.

Smith, Alan. "Paul McCartney: McCartney (Apple)." *NME*, April 18, 1970.

——. "Singles Reviews." *NME*, April 24, 1971.

Sounes, Howard. *Fab: An Intimate Life of Paul McCartney*. Cambridge, MA: Da Capo, 2010.

ブライアン・サウソール (Southall, Brian)、ピーター・ヴィンス (Vince, Peter)、アラン・ラウズ (Rouse, Allan)『アビイ・ロードの伝説 (*Abbey Road: The Story of the World's Most Famous Recording Studios*)』1998年、内田久美子訳、シンコーミュージック・エンタテイメント

ブライアン・サウソール (Southall, Brian)、ルパート・ペリー (Perry, Rupert)『ノーザン・ソングス―誰がビートルズの林檎をかじったのか (*Northern Songs: The True Story of the Beatles' Song Publishing Empire*)』2010年、上西園誠訳、シンコーミュージック・エンタテイメント

Southam, B. C., ed. *The Critical Heritage*. London: Routledge, 1970.

Spitz, Bob. *The Beatles: The Biography*. Boston: Little, Brown, 2005.

Spizer, Bruce. *The Beatles Solo on Apple Records*. New Orleans: 498 Productions, 2005.

"Stairwell to Pop History Heaven." *Independent*, August 13, 1995, www.independent.co.uk/news/uk/home-news/stairwell-to-pop-history-heaven-1596031.html.

Starr, Michael Seth. *Ringo: With a Little Help*. Milwaukee: Hal Leonard, 2015.

"Stereo Rattles Stations; Mfrs. Strangle Monaural." *Billboard*, January 6, 1968, 1.

Sulpy, Doug, and Ray Schweighardt. *Get Back: The Unauthorized Chronicle of the Beatles' "Let It Be" Disaster*. New York: Griffin, 1997.

"Summer and Fall 1967—Love and Death in G Major." *Fabcast*, no. 5 (June 23, 2016). Podcast with Howie Edelson, Stephen Bard, and Dave Morrell.

"Take a Ride through the Beatles' Magical Mystery Tour." WCBS-FM, New York City, 2011.

Thompson, Dave. *Hearts of Darkness: James Taylor, Jackson Browne, Cat Stevens, and the Unlikely Rise of the Singer-Songwriter*. Milwaukee: Backbeat, 2012.

Thompson, Gordon. *Please Please Me: Sixties Pop, Inside Out*. Oxford, UK: Oxford University Press, 2008.

Trynka, Paul. "Where Magic Was Made." *Guardian*, March 11, 2005, www.theguardian.com/film/2005/mar/11/abbeyroadfilmfestival.festivals4.

Turner, Steve. *Beatles '66: The Revolutionary Year*. New York: HarperCollins, 2016.

スティーヴ・ターナー (Turner, Steve)『A HARD DAY'S WRITE　ビートルズ大画報 (*A Hard Day's Write: The Stories behind Every Beatles Song*)』1995年、奥田祐士訳、ソニー・マガジンズ

Unterberger, Richie. *The Unreleased Beatles*. San Francisco: Backbeat, 2006.

Williams, Richard. Phil Spector: Out of His Head. London: Omnibus, 2009.

Winn, John C. *That Magic Feeling: The Beatles' Recorded Legacy, vol. 2, 1966–1970*. Sharon, VT: Multiplus, 2003.

Winner, Langdon. "McCartney." *Rolling Stone*, May 14, 1970.

Womack, Kenneth. *The Beatles Encyclopedia: Everything Fab Four*. 2 vols. Santa Barbara, CA: Greenwood Press, 2014.

ワードレコーズ
Harris, John. "*Let It Be: Can You Dig It?*" *Mojo*, 2003 special edition ("1,000 Days of Revolution").
ジョージ・ハリスン（Harrison, George）『ジョージ・ハリスン自伝―I・ME・MINE（*I Me Mine*）』2002年、山川真理訳、河出書房新社
"Jackie Lomax." *Telegraph* September 17, 2013, www.telegraph.co.uk/news/obituaries/culture-obituaries/music-obituaries/10316228/Jackie-Lomax.html.
Jackson, Andrew Grant. *Still the Greatest: The Essential Songs of the Beatles' Solo Careers*. Lanham, MD: Scarecrow, 2012.
Jagger, Mick. "Mick Jagger Remembers." Interview by Jann Wenner. *Rolling Stone*, December 14, 1995, www.rollingstone.com/music/music-news/mick-jagger-remembers-92946.
グリン・ジョンズ（Johns, Glyn）『サウンド・マン　大物プロデューサーが明かしたロック名盤の誕生秘話（*Sound Man: A Life Recording Hits with the Rolling Stones, the Who, Led Zeppelin, the Eagles, Eric Clapton, the Faces*）』2016年、新井崇嗣訳、シンコーミュージック
Johnson, Derek. "Next Beatle Album in Depth: NMExclusive." *NME*, November 1, 1969.
マイケル・ラング（Lang, Michael）『ウッドストックへの道―40年の時空を超えて主宰者が明かしたリアル・ストーリー（*The Road to Woodstock: From the Man behind the Legendary Festival*）』2012年、室矢憲治訳、小学館
アリステア・ローレンス（Lawrence, Alistair）『アビイ・ロード・スタジオ　世界一のスタジオ、音楽革命の聖地（*Abbey Road: The Best Studio in the* World）』2013年、川原伸司、山田ノブマサ、広田寛治監修、山川真理、吉野由樹、松田ようこ訳、河出書房新社
Leigh, Spencer. *Love Me Do to Love Me Don't: The Beatles on Record*. Sleaford, UK: McNidder and Grace, 2016.
Lennon, John. "Beatles Music Straightforward on Next Album." Interview by Alan Smith. *Hit Parader*, December 1969, www.beatlesinterviews.org/db1969.0503.beatles.html.
ジョン・レノン（Lennon, John）『ビートルズ革命（*Lennon Remembers*）』1972年、片岡義男訳、草思社、（『回想するジョン・レノン―ジョン・レノンの告白（新装版）』1974年、片岡義男訳、草思社）（『レノン・リメンバーズ』2001年、片岡義男訳、草思社）
Levy, David Benjamin. *Beethoven: The Ninth Symphony*. New Haven, CT: Yale University Press, 1995.
マーク・ルーイスン（Lewisohn, Mark）『ザ・ビートルズ レコーディング・セッションズ完全版（*The Complete Beatles Recording Sessions: The Official Abbey Road Studio Session Notes, 1962–1970*）』2009年、内田久美子訳、シンコーミュージック
マーク・ルイソン（Lewisohn, Mark）『ザ・ビートルズ史　上・下（*The Beatles - All These Years: Volume One: Tune In*）』2016年、山川真理、吉野由樹、松田ようこ訳、河出書房新社
イアン・マクドナルド（MacDonald, Ian）『ビートルズと60年代（*Revolution in the Head: The Beatles' Records and the Sixties*）』1996年、奥田祐士訳、キネマ旬報社
Mann, William. "Those Inventive Beatles." In *The Beatles: Paperback Writer—40 Years of Classic Writing*, edited by Mike Evans, 241–42. London: Plexus, 2012.
Martin, George. "Listen to My Story: George Martin Interview with *Melody Maker*." Interview by Richard Williams. *Melody Maker*, August 21, 1971, n. p.
——. *Playback: An Illustrated Memoir*. Guildford, UK: Genesis Publications, 2002.
——. "The Producer Series, Part 1." Interview by Ralph Denver. *Studio Sound*, January 1985, 56–64.
——. "The Producer Series, Part 2." Interview by Ralph Denver. *Studio Sound*, February 1985, 52–58.
ジョージ・マーティン（Martin, George）、ジェレミー・ホーンズビー（Hornsby, Jeremy）『耳こそはすべて ビートルズサウンドの秘密と音楽プロデューサーへの道（*All You Need Is Ears*）』1980年、吉成伸幸、一色真由美訳、河出書房新社、（『ザ・ビートルズ・サウンドを創った男：耳こそはすべて（河出文庫）』1992年、『ザ・ビートルズ・サウンドを創った男：耳こそはすべて（新装版）』2002年、2016年）
ジョージ・マーティン（Martin, George）、ウィリアム・ピアソン（Pearson, William）『メイキング・オブ・サージェント・ペパー（*With a Little Help from My Friends: The Making of "Sgt. Pepper"*）』1996年、水木まり訳、キネマ旬報社
ハワード・マッセイ（Massey, Howard）『英国レコーディング・スタジオのすべて　黄金期ブリティッシュ・ロックサウンド創造の現場（*The Great British Recording Studios*）』2017年、井上剛、Kenji Nakai監修、新井崇嗣訳、DU BOOKS
Mastropolo, Frank. "How John Lennon and Yoko Ono's Montreal Bed-In Led to 'Give Peace a Chance.'" *Ultimate Classic Rock*, May 26, 2014, http://ultimateclassicrock.com/john-lennon-give-peace-a-chance-bed-in.
McGregor, Craig. "So in the End, the Beatles Have Proved False Prophets." *New York Times*, June 14, 1970.
Mendelsohn, John. "Records." *Rolling Stone*, May 17, 1969.
Miles, Barry. *The Beatles Diary*, vol. 1, The Beatles Years. London: Omnibus, 2007.
バリー・マイルズ（Miles, Barry）『ポール・マッカートニー―メニー・イヤーズ・フロム・ナウ（*Paul McCartney: Many Years from Now*）』1998年、松村雄策監修、竹林正子訳、ロッキングオン
Miller, Chuck. "Wendy Carlos: In the Moog." *Goldmine*, January 23, 2004, 47–48.

Bibliography 参考文献

アンディ・バビアック (Babiuk, Andy)『Beatles gear (*Beatles Gear: All the Fab Four's Instruments, from Stage to Studio*)』2002年、坂本信訳、リットーミュージック、『Beatles gear / ビートルズ・ギア 写真でたどるビートルズと楽器・機材の物語 1956~1970 [新装・改訂版] (*Beatles Gear: All the Fab Four's Instruments, from Stage to Studio*)』2014年、ザ・ビートルズ・クラブ監修翻訳、DU BOOKS

キース・バッドマン (Badman, Keith)『ザ・ビートルズ 非公式の真実　失われたインタビュー集 (*The Beatles off the Record: Outrageous Opinions and Unrehearsed Interviews*)』2009年、浜野智、鈴木かおり訳、小学館

トニー・バレル (Barrell, Tony)『ルーフトップ・コンサートのビートルズ (*The Beatles on the Roof*)』2019年、葛葉哲哉訳、DU BOOKS

"Beatle Paul McCartney Is Really Alive." *Lodi (CA) News-Sentinel*, October 11, 1969.

Beatles. *The Beatles Anthology*. Music documentary. Produced by Neil Aspinall. Broadcast on ABC in 1995.

ビートルズ (Beatles)『ビートルズアンソロジー(*The Beatles Anthology*)』2000年、ザ・ビートルズ・クラブ監修翻訳、斎藤早苗監修、リットーミュージック

ビートルズ (Beatles)『ザ・ビートルズ・アンソロジー　ＤＶＤ　ＢＯＸ (*The Beatles Anthology*)』2003年、EMIミュージック・ジャパン

"Beatles' Abbey Road Zebra Crossing Given Listed Status." *BBC News*, December 22, 2010, www.bbc.com/news/uk-england-london-12059385.

The Beatles Interview Database. www.beatlesinterviews.org.

Burks, John. "A Pile of Money on Paul's 'Death.'" *Rolling Stone*, November 29, 1969.

Cannon, Geoffrey. "The Beatles' Solo Albums Reviewed." *Guardian*, December 19, 1970, www.theguardian.com/music/2016/dec/19/beatles-solo-albums-reviewed-1970.

Chakerian, Peter. "Legendary Engineer-Producer and Musician Alan Parsons Talks Beatles, Floyd, Upcoming Cleveland 'Greatest Hits' Concert." *Plain Dealer* (Cleveland), May 7, 2014, www.cleveland.com/music/index.ssf/2014/05/legendary_engineer-producer_al.html.

Christgau, Robert. "Secular Music." *Esquire*, December 1967, 283–86. "Cinema: McCartney and Others." *Time*, June 8, 1970.

エリック・クラプトン (Clapton, Eric)『エリック・クラプトン自伝 (*Clapton: The Autobiography*)』2008年、中江昌彦訳、イースト・プレス、エリック・クラプトン『エリック・クラプトン自叙伝』2018年、中江昌彦訳、シンコーミュージック

Claridge, Henry, ed. *F. Scott Fitzgerald: Critical Assessments*, vol. 1. London: Routledge, 1992.

Clayson, Alan. "Off the Wall." *Mojo*, 2003 special edition ("1,000 Days of Revolution"), 50.

Cohn, Nik. "The Beatles: For 15 Minutes, Tremendous." *New York Times*, October 5, 1969.

Connolly, Ray. *John Lennon: A Restless Life*. London: Weidenfeld and Nicolson, 2018.

Courrier, Kevin. *Artificial Paradise: The Dark Side of the Beatles' Utopian Dream*. Westport, CT: Praeger, 2008.

Cross, Craig. *The Beatles: Day-by-Day, Song-by-Song, Record-by-Record*. New York: iUniverse, 2005.

Doggett, Peter. *Abbey Road/Let It Be: The Beatles*. New York: Schirmer, 1998.

ウィリアム・J・ダウルディング (Dowlding, William J.)『ビートルソングス (*Beatlesongs*)』1992年、奥田祐士訳、ソニー・マガジンズ、『ビートルソングス (新装版) (*Beatlesongs*)』2009年、奥田祐士訳、ソニー・マガジンズ

Du Noyer, Paul. *John Lennon: The Stories behind Every Song, 1970–1980*. London: Carlton, 2010.

リチャード・エルマン (Ellmann, Richard)『ジェイムズ・ジョイス伝〈1〉／〈2〉(*James Joyce*)』1996年、宮田恭子訳、みすず書房

ジェフ・エメリック、ハワード・マッセイ (Emerick, Geoff, and Howard Massey)『ザ・ビートルズ・サウンド　最後の真実 (*Here, There and Everywhere: My Life Recording the Music of the Beatles*)』2009年、奥田祐士訳、白夜書房 (2016年新装版、奥田祐士訳、河出書房新社)

Everett, Walter. *The Beatles as Musicians: Revolver through the Anthology*. Oxford, UK: Oxford University Press, 1999.

アントニー・フォーセット (Fawcett, Anthony)『ジョン・レノン—愛と芸術 (*John Lennon: One Day at a Time—A Personal Biography of the Seventies*)』1977年、江口大行、ジョイ・ハリソン、沢一訳、シンコーミュージック・エンタテイメント (文庫版『愛と芸術　革命家ジョン・レノン』1998年、江口大行訳、シンコーミュージック)

"Four Cats on a London Roof." *TV Guid*, April 25–29, 1969, 14–15.

"Get Back to the Staircase," *Genealogy of Style*, December 8, 2014, http://thegenealogyofstyle.wordpress.com/2014/12/08/get-back-to-the-staircase.

Goldstein, Richard. "We Still Need the Beatles, but . . ." *New York Times*, June 18, 1967.

Goodden, Joe. *Riding So High: The Beatles and Drugs*. London: Pepper and Pearl, 2017.

Goodman, Fred. *Allen Klein: The Man Who Bailed Out the Beatles, Made the Stones, and Transformed Rock 'n' Roll*. New York: Houghton Mifflin Harcourt, 2016.

Hagan, Joe. *Sticky Fingers: The Life and Times of Jann Wenner and Rolling Stone Magazine*. New York: Vintage, 2017.

フランシス・ハンリー (Hanly, Francis) 監督『プロデューサー ジョージ・マーティン～ビートルズを完成させた男 (*Produced by George Martin*)』(ＤＶＤ) 2013年、

beatlesinterviews.org; Spitz, *Beatles*, 849.

9

1. Ray Connolly, *John Lennon: A Restless Life* (London: Weidenfeld and Nicolson, 2018), xii; Tim Riley, *Lennon: The Man, the Myth, the Music* (New York: Hyperion, 2011), 489.
2. バリー・マイルズ (Miles, Barry)、ポール・マッカートニー(McCartney, Paul)『ポール・マッカートニー――メニー・イヤーズ・フロム・ナウ (*Paul McCartney: Many Years from Now*)』1998年、松村雄策監修、竹林正子訳、ロッキングオン；Langdon Winner, "McCartney," *Rolling Stone*, May 14, 1970.
3. Howard Sounes, *Fab: An Intimate Life of Paul McCartney* (Cambridge, MA: Da Capo, 2010), 271; Geoffrey Cannon, "The Beatles' Solo Albums Reviewed," *Guardian*, December 19, 1970, www.theguardian.com/music/2016/dec/19/beatles-solo-albums-reviewed-1970; Alan Smith, "Paul McCartney: *McCartney* (Apple)," *NME*, April 18, 1970.
4. John Harris, "*Let It Be*: Can You Dig It?" *Mojo*, 2003 special edition ("1,000 Days of Revolution"), 132; Craig McGregor, "So in the End, the Beatles Have Proved False Prophets," *New York Times*, June 14, 1970.
5. Craig Cross, *The Beatles: Day-by-Day, Song-by-Song, Record-by-Record* (New York: iUniverse, 2005), 306; "Cinema: McCartney and Others," Time, June 8, 1970.
6. Derek Johnson, "Next Beatle Album in Depth: NMExclusive," *NME*, November 1, 1969; イアン・マクドナルド (MacDonald, Ian)『ビートルズと60年代 (*Revolution in the Head: The Beatles' Records and the Sixties*)』1996年、奥田祐士訳、キネマ旬報社
7. Fred Goodman, *Allen Klein: The Man Who Bailed out the Beatles, Made the Stones, and Transformed Rock 'n' Roll* (New York: Houghton Mifflin Harcourt, 2016), 192.
8. ニコラス・シャフナー(Schaffner, Nicholas)『ザ・ビートルズ　フォーエヴァーVOL　1・2》(The Beatles Forever)』1987年、安田由紀子訳、角川書店；Alan Smith, "Singles Reviews," *NME*, April 24, 1971; Bruce Spizer, *The Beatles Solo on Apple Records* (New Orleans: 498 Productions, 2005), 294.
9. Andrew Grant Jackson, *Still the Greatest: The Essential Songs of the Beatles' Solo Careers* (Lanham, MD: Scarecrow, 2012), 19.
10. ウィリアム・J・ダウルディング (Dowlding, William J.)『ビートルソングス (*Beatlesongs*)』1992年、奥田祐士訳、ソニー・マガジンズ、『ビートルソングス (新装版) (*Beatlesongs*)』2009年、奥田祐士訳、ソニー・マガジンズ
11. George Harrison, radio interview, New York, May 1, 1970, www.beatlesinterviews.org; ジェフ・エメリック、ハワード・マッセイ (Emerick, Geoff, and Howard Massey)『ザ・ビートルズ・サウンド　最後の真実 (*Here, There and Everywhere: My Life Recording the Music of the Beatles*)』2009年、奥田祐士訳、白夜書房 (2016年新装版、奥田祐士訳、河出書房新社)
12. George Martin, *Playback: An Illustrated Memoir* (Guildford, UK: Genesis Publications, 2002), 189.
13. Joe Hagan, *Sticky Fingers: The Life and Times of Jann Wenner and Rolling Stone Magazine* (New York: Vintage, 2017), 3, 174; ジョン・レノン (Lennon, John)、(インタビュアー：ヤン・ウェナー)、『レノン・リメンバーズ』2001年、片岡義男訳、草思社
14. Beatles, *The Beatles Anthology*, ABC television series, 1995.
15. リチャード・バスキン、2018年12月31日の著者とのインタビュー
16. マーク・ルーイスン (Lewisohn, Mark)『ザ・ビートルズ レコーディング・セッションズ完全版 (*The Complete Beatles Recording Sessions: The Official Abbey Road Studio Session Notes, 1962–1970*)』2009年、内田久美子訳、シンコーミュージック
17. "Beatles' Abbey Road Zebra Crossing Given Listed Status," *BBC News*, December 22, 2010, www.bbc.com/news/uk-england-london-12059385.
18. ブライアン・サウソール (Southall, Brian)、ルパート・ペリー(Perry, Rupert)『ノーザン・ソングス―誰がビートルズの林檎をかじったのか (*Northern Songs: The True Story of the Beatles' Song Publishing Empire*)』の第1章、2010年、上西園誠訳、シンコーミュージック・エンタテイメント；ハワード・マッセイ (Massey, Howard)『英国レコーディング・スタジオのすべて　黄金期ブリティッシュ・ロックサウンド創造の現場 (*The Great British Recording Studios*)』の第2章、2017年、井上剛、Kenji Nakai監修、新井崇嗣訳、DU BOOKS；ケン・タウンゼント、2019年1月8日の著者とのインタビュー
19. ケン・タウンゼント、2018年8月21日の著者とのインタビュー；マーク・ルーイスン (Lewisohn, Mark)『ザ・ビートルズ レコーディング・セッションズ完全版 (*The Complete Beatles Recording Sessions: The Official Abbey Road Studio Session Notes, 1962–1970*)』2009年、内田久美子訳、シンコーミュージック
20. ケン・タウンゼント、2018年8月21日の著者とのインタビュー；Peter Chakerian, "Legendary Engineer-Producer and Musician Alan Parsons Talks Beatles, Floyd, Upcoming Cleveland 'Greatest Hits' Concert," *Plain Dealer* (Cleveland), May 7, 2014, www.cleveland.com/music/index.ssf/2014/05/legendary_engineer-producer_al.html.

Pop, Inside Out (Oxford, UK: Oxford University Press, 2008), 200.
17. Kenneth Womack, *The Beatles Encyclopedia: Everything Fab Four*, vol. 1 (Santa Barbara, CA: Greenwood Press, 2014), 4–5.
18. Kevin Courrier, *Artificial Paradise: The Dark Side of the Beatles' Utopian Dream* (Westport, CT: Praeger, 2008), 254.
19. R. Gary Patterson, "I Buried Paul: The Search for Conspiracy," chap. 2 in *The Walrus Was Paul: The Great Beatle Death Clues* (New York: Fireside, 1998) ; "Beatle Paul McCartney Is Really Alive," *Lodi (CA) News-Sentinel*, October 11, 1969, 5.
20. ビートルズ (Beatles)『ビートルズアンソロジー(*The Beatles Anthology*)』2000年、ザ・ビートルズ・クラブ監修翻訳、斎藤早苗監修、リットーミュージック; John Burks, "A Pile of Money on Paul's 'Death,'" *Rolling Stone*, November 29, 1969.
21. ビートルズ (Beatles)『ビートルズアンソロジー(*The Beatles Anthology*)』2000年、ザ・ビートルズ・クラブ監修翻訳、斎藤早苗監修、リットーミュージック
22. John Neary, "The Magical McCartney Mystery," *Life*, November 7, 1969, 103–6.

8

1. アントニー・フォーセット (Fawcett, Anthony)『ジョン・レノン―愛と芸術 (*John Lennon: One Day at a Time—A Personal Biography of the Seventies*)』1977年、江口大行、ジョイ・ハリソン、沢一訳、シンコーミュージック・エンタテイメント (文庫版『愛と芸術　革命家ジョン・レノン』1998年、江口大行訳、シンコーミュージック)
2. ウィリアム・J・ダウルディング (Dowlding, William J.)『ビートルソングス (*Beatlesongs*)』1992年、奥田祐士訳、ソニー・マガジンズ、『ビートルソングス (新装版) (*Beatlesongs*)』2009年、奥田祐士訳、ソニー・マガジンズ; ビートルズ (Beatles)『ビートルズアンソロジー(*The Beatles Anthology*)』2000年、ザ・ビートルズ・クラブ監修翻訳、斎藤早苗監修、リットーミュージック
3. バリー・マイルズ (Miles, Barry)、ポール・マッカートニー(McCartney, Paul)『ポール・マッカートニー―メニー・イヤーズ・フロム・ナウ (*Paul McCartney: Many Years from Now*)』1998年、松村雄策監修、竹林正子訳、ロッキングオン
4. アントニー・フォーセット (Fawcett, Anthony)『ジョン・レノン―愛と芸術 (*John Lennon: One Day at a Time—A Personal Biography of the Seventies*)』1977年、江口大行、ジョイ・ハリソン、沢一訳、シンコーミュージック・エンタテイメント (文庫版『愛と芸術　革命家ジョン・レノン』1998年、江口大行訳、シンコーミュージック)
5. 同書
6. 同書
7. 同書; 'Summer and Fall 1967—Love and Death in G Major," *Fabcast*, no. 5 (June 23, 2016), podcast with Howie Edelson, Stephen Bard, and Dave Morrell.
8. ビートルズ (Beatles)『ビートルズアンソロジー(*The Beatles Anthology*)』2000年、ザ・ビートルズ・クラブ監修翻訳、斎藤早苗監修、リットーミュージック; Joe Goodden, *Riding So High: The Beatles and Drugs* (London: Pepper and Pearl, 2017), 229; Ray Connolly, *John Lennon: A Restless Life* (London: Weidenfeld and Nicolson, 2018), xi.
9. バリー・マイルズ (Miles, Barry)、ポール・マッカートニー(McCartney, Paul)『ポール・マッカートニー―メニー・イヤーズ・フロム・ナウ (*Paul McCartney: Many Years from Now*)』1998年、松村雄策監修、竹林正子訳、ロッキングオン
10. 同書
11. マーク・ルーイスン (Lewisohn, Mark)『ザ・ビートルズ レコーディング・セッションズ完全版 (*The Complete Beatles Recording Sessions: The Official Abbey Road Studio Session Notes, 1962–1970*)』2009年、内田久美子訳、シンコーミュージック
12. Tim Riley, *Tell Me Why: A Beatles Commentary* (New York: Knopf, 1988), 371.
13. George Martin, *Playback: An Illustrated Memoir* (Guildford, UK: Genesis Publications, 2002), 190; Michael Seth Starr, "It Don't Come Easy," chap. 12 in *Ringo: With a Little Help* (Milwaukee: Hal Leonard, 2015) .
14. Martin, *Playback*, 189.
15. Fred Goodman, *Allen Klein: The Man Who Bailed out the Beatles, Made the Stones, and Transformed Rock 'n' Roll* (New York: Houghton Mifflin Harcourt, 2016), 193.
16. Spencer Leigh, "You Know How Hard It Can Be," chap. 10 in *Love Me Do to Love Me Don't: The Beatles on Record* (Sleaford, UK: McNidder and Grace, 2016) .
17 Goodman, *Allen Klein*, 194; Martin, *Playback*, 189; Bob Spitz, *The Beatles: The Biography* (Boston: Little, Brown, 2005), 849; グリン・ジョンズ (Johns, Glyn)『サウンド・マン　大物プロデューサーが明かしたロック名盤の誕生秘話 (*Sound Man: A Life Recording Hits with the Rolling Stones, the Who, Led Zeppelin, the Eagles, Eric Clapton, the Faces*)』2016年、新井崇嗣訳、シンコーミュージック
18. ジョン・レノン (Lennon, John)、(インタビュアー：ヤン・ウェナー)、『レノン・リメンバーズ』2001年、片岡義男訳、草思社; Leigh, "You Know How Hard It Can Be"; Richard Williams, *Phil Spector: Out of His Head* (London: Omnibus, 2009), 148.
19. リンゴ・スター(Starr, Ringo)、〔シングル盤〕〈明日への願い (It Don't Come Easy)〉
20. 《ポール・マッカートニー(Paul McCartney)》のプレスリリース、ロンドン、1970年4月9日、www.

装版）(*Beatlesongs*)』2009年、奥田祐士訳、ソニー・マガジンズ；バリー・マイルズ（Miles, Barry）、ポール・マッカートニー(McCartney, Paul)『ポール・マッカートニー──メニー・イヤーズ・フロム・ナウ (*Paul McCartney: Many Years from Now*)』1998年、松村雄策監修、竹林正子訳、ロッキングオン；リチャード・エルマン（Ellmann, Richard）『ジェイムズ・ジョイス伝〈1〉／〈2〉(*James Joyce*)』1996年、宮田恭子訳、みすず書房

25. ビートルズ（Beatles）『ビートルズアンソロジー(*The Beatles Anthology*)』2000年、ザ・ビートルズ・クラブ監修翻訳、斎藤早苗監修、リットーミュージック
26. アンディ・バビアック（Babiuk, Andy）『Beatles gear (*Beatles Gear: All the Fab Four's Instruments, from Stage to Studio*)』2002年、坂本信訳、リットーミュージック、『Beatles gear / ビートルズ・ギア 写真でたどるビートルズと楽器・機材の物語 1956~1970［新装・改訂版］(*Beatles Gear: All the Fab Four's Instruments, from Stage to Studio*)』2014年、ザ・ビートルズ・クラブ監修翻訳、DU BOOKS
27. ウィリアム・J・ダウルディング（Dowlding, William J.）『ビートルソングス (*Beatlesongs*)』1992年、奥田祐士訳、ソニー・マガジンズ、『ビートルソングス（新装版）(*Beatlesongs*)』2009年、奥田祐士訳、ソニー・マガジンズ；ジェフ・エメリック、ハワード・マッセイ（Emerick, Geoff, and Howard Massey）『ザ・ビートルズ・サウンド　最後の真実 (*Here, There and Everywhere: My Life Recording the Music of the Beatles*)』2009年、奥田祐士訳、白夜書房（2016年新装版、奥田祐士訳、河出書房新社）
28. ジェフ・エメリック、ハワード・マッセイ（Emerick, Geoff, and Howard Massey）『ザ・ビートルズ・サウンド　最後の真実 (*Here, There and Everywhere: My Life Recording the Music of the Beatles*)』2009年、奥田祐士訳、白夜書房（2016年新装版、奥田祐士訳、河出書房新社）
29. マーク・ルーイスン（Lewisohn, Mark）『ザ・ビートルズ レコーディング・セッションズ完全版 (*The Complete Beatles Recording Sessions: The Official Abbey Road Studio Session Notes, 1962–1970*)』2009年、内田久美子訳、シンコーミュージック；ウィリアム・J・ダウルディング（Dowlding, William J.）『ビートルソングス (*Beatlesongs*)』1992年、奥田祐士訳、ソニー・マガジンズ、『ビートルソングス（新装版）(*Beatlesongs*)』2009年、奥田祐士訳、ソニー・マガジンズ

7

1. ビートルズ（Beatles）『ビートルズアンソロジー(*The Beatles Anthology*)』2000年、ザ・ビートルズ・クラブ監修翻訳、斎藤早苗監修、リットーミュージック；Ethan Russell, interview with Jack Riley, WPRK-FM, Winter Park, Florida, June 3, 2017.
2. 同上イーサン・ラッセル、インタビュー
3. グリン・ジョンズ（Johns, Glyn）『サウンド・マン　大物プロデューサーが明かしたロック名盤の誕生秘話 (*Sound Man: A Life Recording Hits with the Rolling Stones, the Who, Led Zeppelin, the Eagles, Eric Clapton, the Faces*)』2016年、新井崇嗣訳、シンコーミュージック
4. Joe Goodden, *Riding So High: The Beatles and Drugs* (London: Pepper and Pearl, 2017), 218, 227.
5. 同書（227‐228ページ）
6. キース・バッドマン（Badman, Keith）『ザ・ビートルズ非公式の真実　失われたインタビュー集 (*The Beatles off the Record: Outrageous Opinions and Unrehearsed Interviews*)』2009年、浜野智、鈴木かおり訳、小学館
7. Jordan Runtagh, "The Beatles' Revelatory *White Album*Demos: A Complete Guide," *Rolling Stone*, May 29, 2018, www.rollingstone.com/music/music-lists/the-beatles-revelatory-white-album-demos-a-complete-guide-629178.
8. キース・バッドマン（Badman, Keith）『ザ・ビートルズ非公式の真実　失われたインタビュー集 (*The Beatles off the Record: Outrageous Opinions and Unrehearsed Interviews*)』2009年、浜野智、鈴木かおり訳、小学館；ビートルズ（Beatles）『ビートルズアンソロジー(*The Beatles Anthology*)』2000年、ザ・ビートルズ・クラブ監修翻訳、斎藤早苗監修、リットーミュージック
9. キース・バッドマン（Badman, Keith）『ザ・ビートルズ非公式の真実　失われたインタビュー集 (*The Beatles off the Record: Outrageous Opinions and Unrehearsed Interviews*)』2009年、浜野智、鈴木かおり訳、小学館
10. 同書；John C. Winn, *That Magic Feeling: The Beatles' Recorded Legacy, vol. 2, 1966–1970* (Sharon, VT: Multiplus, 2003), 267.
11. キース・バッドマン（Badman, Keith）『ザ・ビートルズ非公式の真実　失われたインタビュー集 (*The Beatles off the Record: Outrageous Opinions and Unrehearsed Interviews*)』2009年、浜野智、鈴木かおり訳、小学館；Bob Spitz, *The Beatles: The Biography* (Boston: Little, Brown, 2005), 846.
12. キース・バッドマン（Badman, Keith）『ザ・ビートルズ非公式の真実　失われたインタビュー集 (*The Beatles off the Record: Outrageous Opinions and Unrehearsed Interviews*)』2009年、浜野智、鈴木かおり訳、小学館
13. 同書；Spitz, *Beatles*, 846.
14. キース・バッドマン（Badman, Keith）『ザ・ビートルズ非公式の真実　失われたインタビュー集 (*The Beatles off the Record: Outrageous Opinions and Unrehearsed Interviews*)』2009年、浜野智、鈴木かおり訳、小学館
15. ビートルズ（Beatles）『ビートルズアンソロジー(*The Beatles Anthology*)』2000年、ザ・ビートルズ・クラブ監修翻訳、斎藤早苗監修、リットーミュージック
16. Gordon Thompson, *Please Please Me: Sixties*

ンド　最後の真実（*Here, There and Everywhere: My Life Recording the Music of the Beatles*）』2009年、奥田祐士訳、白夜書房（2016年新装版、奥田祐士訳、河出書房新社）；ウィリアム・J・ダウルディング（Dowlding, William J.）『ビートルソングス（*Beatlesongs*）』1992年、奥田祐士訳、ソニー・マガジンズ、『ビートルソングス（新装版）（*Beatlesongs*）』2009年、奥田祐士訳、ソニー・マガジンズ

6. George Martin, *Playback: An Illustrated Memoir* (Guildford, UK: Genesis Publications, 2002), 90.
7. Martin, "Producer Series, Part 1," 59; マーク・ルーイスン（Lewisohn, Mark）『ザ・ビートルズ レコーディング・セッションズ完全版（*The Complete Beatles Recording Sessions: The Official Abbey Road Studio Session Notes, 1962–1970*）』2009年、内田久美子訳、シンコーミュージック；ウィリアム・J・ダウルディング（Dowlding, William J.）『ビートルソングス（*Beatlesongs*）』1992年、奥田祐士訳、ソニー・マガジンズ、『ビートルソングス（新装版）（*Beatlesongs*）』2009年、奥田祐士訳、ソニー・マガジンズ
8. バリー・マイルズ（Miles, Barry）、ポール・マッカートニー（McCartney, Paul）『ポール・マッカートニー——メニー・イヤーズ・フロム・ナウ（*Paul McCartney: Many Years from Now*）』1998年、松村雄策監修、竹林正子訳、ロッキングオン
9. クリス・トーマス、2018年11月11日の著者とのインタビュー; マーク・ルーイスン（Lewisohn, Mark）『ザ・ビートルズ レコーディング・セッションズ完全版（*The Complete Beatles Recording Sessions: The Official Abbey Road Studio Session Notes, 1962–1970*）』2009年、内田久美子訳、シンコーミュージック
10. ジェフ・エメリック、ハワード・マッセイ（Emerick, Geoff, and Howard Massey）『ザ・ビートルズ・サウンド　最後の真実（*Here, There and Everywhere: My Life Recording the Music of the Beatles*）』2009年、奥田祐士訳、白夜書房（2016年新装版、奥田祐士訳、河出書房新社）
11. マーク・ルーイスン（Lewisohn, Mark）『ザ・ビートルズ レコーディング・セッションズ完全版（*The Complete Beatles Recording Sessions: The Official Abbey Road Studio Session Notes, 1962–1970*）』2009年、内田久美子訳、シンコーミュージック；Miles, *Paul McCartney*, 55.
12. マーク・ルーイスン（Lewisohn, Mark）『ザ・ビートルズ レコーディング・セッションズ完全版（*The Complete Beatles Recording Sessions: The Official Abbey Road Studio Session Notes, 1962–1970*）』2009年、内田久美子訳、シンコーミュージック
13. 同書; Martin, "The Producer Series, Part 2," interview by Ralph Denver, *Studio Sound*, February 1985, 54.
14. ジョン・カーランダー、2017年11月8日の著者とのインタビュー; ジェフ・エメリック、ハワード・マッセイ（Emerick, Geoff, and Howard Massey）『ザ・ビートルズ・サウンド　最後の真実（*Here, There and Everywhere: My Life Recording the Music of the Beatles*）』2009年、奥田祐士訳、白夜書房（2016年新装版、奥田祐士訳、河出書房新社）
15. カーランダーとのインタビュー; ジェフ・エメリック、ハワード・マッセイ（Emerick, Geoff, and Howard Massey）『ザ・ビートルズ・サウンド　最後の真実（*Here, There and Everywhere: My Life Recording the Music of the Beatles*）』2009年、奥田祐士訳、白夜書房（2016年新装版、奥田祐士訳、河出書房新社）；"100 Greatest Beatles Songs," *Rolling Stone*, September 29, 2011, www.rollingstone.com/music/lists/100-greatest-beatles-songs-20110919.
16. マーク・ルーイスン（Lewisohn, Mark）『ザ・ビートルズ レコーディング・セッションズ完全版（The Complete Beatles Recording Sessions: *The Official Abbey Road Studio Session Notes, 1962–1970*）』2009年、内田久美子訳、シンコーミュージック；ジェフ・エメリック、ハワード・マッセイ（Emerick, Geoff, and Howard Massey）『ザ・ビートルズ・サウンド　最後の真実（*Here, There and Everywhere: My Life Recording the Music of the Beatles*）』2009年、奥田祐士訳、白夜書房（2016年新装版、奥田祐士訳、河出書房新社）；ビートルズ（Beatles）『ビートルズアンソロジー（*The Beatles Anthology*）』2000年、ザ・ビートルズ・クラブ監修翻訳、斎藤早苗監修、リットーミュージック
17. John C. Winn, *That Magic Feeling: The Beatles' Recorded Legacy, vol. 2, 1966–1970* (Sharon, VT: Multiplus, 2003), 314.
18. Martin, "Producer Series, Part 1," 62.
19. マーク・ルーイスン（Lewisohn, Mark）『ザ・ビートルズ レコーディング・セッションズ完全版（*The Complete Beatles Recording Sessions: The Official Abbey Road Studio Session Notes, 1962–1970*）』2009年、内田久美子訳、シンコーミュージック
20. ジェフ・エメリック、ハワード・マッセイ（Emerick, Geoff, and Howard Massey）『ザ・ビートルズ・サウンド　最後の真実（*Here, There and Everywhere: My Life Recording the Music of the Beatles*）』2009年、奥田祐士訳、白夜書房（2016年新装版、奥田祐士訳、河出書房新社）
21. 同書
22. マイケル・ラング（Lang, Michael）『ウッドストックへの道—40年の時空を超えて主宰者が明かしたリアル・ストーリー（*The Road to Woodstock: From the Man behind the Legendary Festival*）』2012年、室矢憲治訳、小学館
23. フランシス・ハンリー（Hanly, Francis）監督『プロデューサー ジョージ・マーティン～ビートルズを完成させた男（*Produced by George Martin*）』（DVD）2013年、ワードレコーズ
24. ウィリアム・J・ダウルディング（Dowlding, William J.）『ビートルソングス（*Beatlesongs*）』1992年、奥田祐士訳、ソニー・マガジンズ、『ビートルソングス（新

16. セーラ・シュミット、2018年12月26日の著者とのインタビュー
17. Howard Sounes, *Fab: An Intimate Life of Paul McCartney* (Cambridge, MA: Da Capo, 2010), 259; スティーヴ・ターナー(Turner, Steve)『A HARD DAY'S WRITE　ビートルズ大画報 (*A Hard Day's Write: The Stories behind Every Beatles Song*)』1995年、奥田祐士訳、ソニー・マガジンズ
18. スティーヴ・ターナー(Turner, Steve)『A HARD DAY'S WRITE　ビートルズ大画報 (*A Hard Day's Write: The Stories behind Every Beatles Song*)』1995年、奥田祐士訳、ソニー・マガジンズ
19. 同書; ウィリアム・J・ダウルディング (Dowlding, William J.)『ビートルソングス (*Beatlesongs*)』1992年、奥田祐士訳、ソニー・マガジンズ、『ビートルソングス (新装版) (*Beatlesongs*)』2009年、奥田祐士訳、ソニー・マガジンズ
20. スコット・フレイマン、2019年1月12日の著者とのインタビュー
21. ジェフ・エメリック、ハワード・マッセイ (Emerick, Geoff, and Howard Massey)『ザ・ビートルズ・サウンド　最後の真実 (*Here, There and Everywhere: My Life Recording the Music of the Beatles*)』2009年、奥田祐士訳、白夜書房 (2016年新装版、奥田祐士訳、河出書房新社)
22. Bob Spitz, *The Beatles: The Biography* (Boston: Little, Brown, 2005), 840; ジェフ・エメリック、ハワード・マッセイ (Emerick, Geoff, and Howard Massey)『ザ・ビートルズ・サウンド　最後の真実 (*Here, There and Everywhere: My Life Recording the Music of the Beatles*)』2009年、奥田祐士訳、白夜書房 (2016年新装版、奥田祐士訳、河出書房新社) ; Joe Goodden, *Riding So High: The Beatles and Drugs* (London: Pepper and Pearl, 2017), 221.
23. ジェフ・エメリック、ハワード・マッセイ (Emerick, Geoff, and Howard Massey)『ザ・ビートルズ・サウンド　最後の真実 (*Here, There and Everywhere: My Life Recording the Music of the Beatles*)』2009年、奥田祐士訳、白夜書房 (2016年新装版、奥田祐士訳、河出書房新社)
24. ジェイソン・クルッパ、2018年12月30日の著者とのインタビュー
25. マーク・ルーイスン (Lewisohn, Mark)『ザ・ビートルズ レコーディング・セッションズ完全版 (*The Complete Beatles Recording Sessions: The Official Abbey Road Studio Session Notes, 1962–1970*)』2009年、内田久美子訳、シンコーミュージック
26. ジョン・カーランダー、2017年11月8日の著者とのインタビュー; マーク・ルーイスン (Lewisohn, Mark)『ザ・ビートルズ レコーディング・セッションズ完全版 (*The Complete Beatles Recording Sessions: The Official Abbey Road Studio Session Notes, 1962–1970*)』2009年、内田久美子訳、シンコーミュージック
27. アラン・パーソンズ、2019年1月29日の著者とのインタビュー
28. ジョージ・マーティン (Martin, George)、ウィリアム・ピアソン (Pearson, William)『メイキング・オブ・サージェント・ペパー(*With a Little Help from My Friends: The Making of "Sgt. Pepper"*)』1996年、水木まり訳、キネマ旬報社
29. アンディ・バビアック (Babiuk, Andy)『Beatles gear (*Beatles Gear: All the Fab Four's Instruments, from Stage to Studio*)』2002年、坂本信訳、リットーミュージック、『Beatles gear / ビートルズ・ギア 写真でたどるビートルズと楽器・機材の物語 1956~1970 [新装・改訂版] (*Beatles Gear: All the Fab Four's Instruments, from Stage to Studio*)』2014年、ザ・ビートルズ・クラブ監修翻訳、DU BOOKS; ジョージ・マーティン (Martin, George)、ジェレミー・ホーンズビー(Hornsby, Jeremy)『耳こそはすべて　ビートルズサウンドの秘密と音楽プロデューサーへの道 (*All You Need Is Ears*)』1980年、吉成伸幸、一色真由美訳、河出書房新社、(『ザ・ビートルズ・サウンドを創った男：耳こそはすべて (河出文庫)』1992年、『ザ・ビートルズ・サウンドを創った男：耳こそはすべて (新装版)』2002年、2016年)
30. ビートルズ (Beatles)『ビートルズアンソロジー(*The Beatles Anthology*)』2000年、ザ・ビートルズ・クラブ監修翻訳、斎藤早苗監修、リットーミュージック

6

1. Anthony Sfirse, "Engineering the Sound: The Beatles' *Abbey Road*," *Enmore Audio*, May 28, 2018, http://enmoreaudio.com/engineering-the-sound-thebeatles-abbey-road.
2. ウィリアム・J・ダウルディング (Dowlding, William J.)『ビートルソングス (*Beatlesongs*)』1992年、奥田祐士訳、ソニー・マガジンズ、『ビートルソングス (新装版) (*Beatlesongs*)』2009年、奥田祐士訳、ソニー・マガジンズ
3. スティーヴ・ターナー(Turner, Steve)『A HARD DAY'S WRITE　ビートルズ大画報 (*A Hard Day's Write: The Stories behind Every Beatles Song*)』1995年、奥田祐士訳、ソニー・マガジンズ; バリー・マイルズ (Miles, Barry)、ポール・マッカートニー (McCartney, Paul)『ポール・マッカートニー―メニー・イヤーズ・フロム・ナウ (*Paul McCartney: Many Years from Now*)』1998年、松村雄策監修、竹林正子訳、ロッキングオン
4. ジェフ・エメリック、ハワード・マッセイ (Emerick, Geoff, and Howard Massey)『ザ・ビートルズ・サウンド　最後の真実 (*Here, There and Everywhere: My Life Recording the Music of the Beatles*)』2009年、奥田祐士訳、白夜書房 (2016年新装版、奥田祐士訳、河出書房新社) ; George Martin, "The Producer Series, Part 1," interview by Ralph Denver, *Studio Sound*, January 1985, 59.
5. ジェフ・エメリック、ハワード・マッセイ (Emerick, Geoff, and Howard Massey)『ザ・ビートルズ・サウ

1995年、奥田祐士訳、ソニー・マガジンズ
29. ビートルズ (Beatles)『ビートルズアンソロジー(*The Beatles Anthology*)』2000年、ザ・ビートルズ・クラブ監修翻訳、斎藤早苗監修、リットーミュージック
30. スティーヴ・ターナー(Turner, Steve)『A HARD DAY'S WRITE ビートルズ大画報 (*A Hard Day's Write: The Stories behind Every Beatles Song*)』1995年、奥田祐士訳、ソニー・マガジンズ
31. Walter Everett, *The Beatles as Musicians: Revolver through the Anthology* (Oxford, UK: Oxford University Press, 1999), 246.
32. John C. Winn, *That Magic Feeling: The Beatles' Recorded Legacy, vol. 2, 1966–1970* (Sharon, VT: Multiplus, 2003), 332.
33. ジェフ・エメリック、ハワード・マッセイ (Emerick, Geoff, and Howard Massey)『ザ・ビートルズ・サウンド 最後の真実 (*Here, There and Everywhere: My Life Recording the Music of the Beatles*)』2009年、奥田祐士訳、白夜書房 (2016年新装版、奥田祐士訳、河出書房新社); ハワード・マッセイ (Massey, Howard)『英国レコーディング・スタジオのすべて 黄金期ブリティッシュ・ロックサウンド創造の現場 (*The Great British Recording Studios*)』の第1章、2017年、井上剛、Kenji Nakai監修、新井崇嗣訳、DU BOOKS; ウィリアム・J・ダウルディング (Dowlding, William J.)『ビートルソングス (*Beatlesongs*)』1992年、奥田祐士訳、ソニー・マガジンズ、『ビートルソングス (新装版) (*Beatlesongs*)』2009年、奥田祐士訳、ソニー・マガジンズ
34. ビートルズ (Beatles)『ビートルズアンソロジー(*The Beatles Anthology*)』2000年、ザ・ビートルズ・クラブ監修翻訳、斎藤早苗監修、リットーミュージック

5

1. ビートルズ (Beatles)『ビートルズアンソロジー(*The Beatles Anthology*)』2000年、ザ・ビートルズ・クラブ監修翻訳、斎藤早苗監修、リットーミュージック
2. 同書
3. ウィリアム・J・ダウルディング (Dowlding, William J.)『ビートルソングス (*Beatlesongs*)』1992年、奥田祐士訳、ソニー・マガジンズ、『ビートルソングス (新装版) (*Beatlesongs*)』2009年、奥田祐士訳、ソニー・マガジンズ; ビートルズ (Beatles)『ビートルズアンソロジー(*The Beatles Anthology*)』2000年、ザ・ビートルズ・クラブ監修翻訳、斎藤早苗監修、リットーミュージック
4. 同書
5. ビートルズ (Beatles)『ビートルズアンソロジー(*The Beatles Anthology*)』2000年、ザ・ビートルズ・クラブ監修翻訳、斎藤早苗監修、リットーミュージック
6. ジェフ・エメリック、ハワード・マッセイ (Emerick, Geoff, and Howard Massey)『ザ・ビートルズ・サウンド 最後の真実 (*Here, There and Everywhere: My Life Recording the Music of the Beatles*)』2009年、奥田祐士訳、白夜書房 (2016年新装版、奥田祐士訳、河出書房新社)
7. John C. Winn, *That Magic Feeling: The Beatles' Recorded Legacy, vol. 2, 1966–1970* (Sharon, VT: Multiplus, 2003), 309.
8. ジェフ・エメリック、ハワード・マッセイ (Emerick, Geoff, and Howard Massey)『ザ・ビートルズ・サウンド 最後の真実 (*Here, There and Everywhere: My Life Recording the Music of the Beatles*)』2009年、奥田祐士訳、白夜書房 (2016年新装版、奥田祐士訳、河出書房新社)
9. キース・バッドマン (Badman, Keith)『ザ・ビートルズ非公式の真実 失われたインタビュー集 (*The Beatles off the Record: Outrageous Opinions and Unrehearsed Interviews*)』2009年、浜野智、鈴木かおり訳、小学館; ジェフ・エメリック、ハワード・マッセイ (Emerick, Geoff, and Howard Massey)『ザ・ビートルズ・サウンド 最後の真実 (*Here, There and Everywhere: My Life Recording the Music of the Beatles*)』2009年、奥田祐士訳、白夜書房 (2016年新装版、奥田祐士訳、河出書房新社)
10. マーク・ルイソン (Lewisohn, Mark)『ザ・ビートルズ史 上・下 (*The Beatles – All These Years: Volume One: Tune In*)』2016年、山川真理、吉野由樹、松田ようこ訳、河出書房新社
11. スティーヴ・ターナー(Turner, Steve)『A HARD DAY'S WRITE ビートルズ大画報 (*A Hard Day's Write: The Stories behind Every Beatles Song*)』1995年、奥田祐士訳、ソニー・マガジンズ
12. ビートルズ (Beatles)『ビートルズアンソロジー(*The Beatles Anthology*)』2000年、ザ・ビートルズ・クラブ監修翻訳、斎藤早苗監修、リットーミュージック
13. マーク・ルイソン (Lewisohn, Mark)『ザ・ビートルズ史 上・下 (*The Beatles – All These Years: Volume One: Tune In*)』2016年、山川真理、吉野由樹、松田ようこ訳、河出書房新社
14. スティーヴ・ターナー(Turner, Steve)『A HARD DAY'S WRITE ビートルズ大画報 (*A Hard Day's Write: The Stories behind Every Beatles Song*)』1995年、奥田祐士訳、ソニー・マガジンズ; マーク・ルイソン (Lewisohn, Mark)『ザ・ビートルズ史 上・下 (*The Beatles – All These Years: Volume One: Tune In*)』2016年、山川真理、吉野由樹、松田ようこ訳、河出書房新社
15. バリー・マイルズ (Miles, Barry)、ポール・マッカートニー(McCartney, Paul)『ポール・マッカートニー――メニー・イヤーズ・フロム・ナウ (*Paul McCartney: Many Years from Now*)』1998年、松村雄策監修、竹林正子訳、ロッキングオン; スティーヴ・ターナー(Turner, Steve)『A HARD DAY'S WRITE ビートルズ大画報 (*A Hard Day's Write: The Stories behind Every Beatles Song*)』1995年、奥田祐士訳、ソニー・マガジンズ; Badman, Beatles off the Record, 472. キース・バッドマン (Badman, Keith)『ザ・ビートルズ非公式の真実 失われたインタビュー集 (*The Beatles off the Record: Outrageous Opinions and Unrehearsed Interview*)』2009年、浜野智、鈴木かおり訳、小学館

ンド　最後の真実（*Here, There and Everywhere: My Life Recording the Music of the Beatles*）』2009年、奥田祐士訳、白夜書房（2016年新装版、奥田祐士訳、河出書房新社）
7. バリー・マイルズ（Miles, Barry）、ポール・マッカートニー（McCartney, Paul）『ポール・マッカートニー――メニー・イヤーズ・フロム・ナウ（*Paul McCartney: Many Years from Now*）』1998年、松村雄策監修、竹林正子訳、ロッキングオン；スティーヴ・ターナー（Turner, Steve）『A HARD DAY'S WRITE　ビートルズ大画報（*A Hard Day's Write: The Stories behind Every Beatles Song*）』1995年、奥田祐士訳、ソニー・マガジンズ
8. Joe Goodden, *Riding So High: The Beatles and Drugs* (London: Pepper and Pearl, 2017), 223; マーク・ルーイスン（Lewisohn, Mark）『ザ・ビートルズ レコーディング・セッションズ完全版（*The Complete Beatles Recording Sessions: The Official Abbey Road Studio Session Notes, 1962–1970*）』2009年、内田久美子訳、シンコーミュージック
9. ウィリアム・J・ダウルディング（Dowlding, William J.）『ビートルソングス（*Beatlesongs*）』1992年、奥田祐士訳、ソニー・マガジンズ、『ビートルソングス（新装版）（*Beatlesongs*）』2009年、奥田祐士訳、ソニー・マガジンズ
10. 同書
11. バリー・マイルズ（Miles, Barry）、ポール・マッカートニー（McCartney, Paul）『ポール・マッカートニー――メニー・イヤーズ・フロム・ナウ（*Paul McCartney: Many Years from Now*）』1998年、松村雄策監修、竹林正子訳、ロッキングオン
12. キース・バッドマン（Badman, Keith）『ザ・ビートルズ非公式の真実　失われたインタビュー集（*The Beatles off the Record: Outrageous Opinions and Unrehearsed Interviews*）』2009年、浜野智、鈴木かおり訳、小学館
13. バリー・マイルズ（Miles, Barry）、ポール・マッカートニー（McCartney, Paul）『ポール・マッカートニー――メニー・イヤーズ・フロム・ナウ（*Paul McCartney: Many Years from Now*）』1998年、松村雄策監修、竹林正子訳、ロッキングオン
14. Mick Jagger, "Mick Jagger Remembers," interview by Jann Wenner, *Rolling Stone*, December 14, 1995, www.rollingstone.com/music/music-news/mick-jagger-remembers-92946.
15. マーク・ルーイスン（Lewisohn, Mark）『ザ・ビートルズ レコーディング・セッションズ完全版（*The Complete Beatles Recording Sessions: The Official Abbey Road Studio Session Notes, 1962–1970*）』2009年、内田久美子訳、シンコーミュージック；キース・リチャーズ（Richards, Keith）、ジェームズ・フォックス（Fox, James）『ライフ　キース・リチャーズ自伝（*Life*）』2011年、棚橋志行訳、楓書店：サンクチュアリ・パブリッシング
16. ビートルズ（Beatles）『ビートルズアンソロジー（*The Beatles Anthology*）』2000年、ザ・ビートルズ・クラブ監修翻訳、斎藤早苗監修、リットーミュージック
17. 同書；エリック・クラプトン（Clapton, Eric）『エリック・クラプトン自伝（*Clapton: The Autobiography*）』2008年、中江昌彦訳、イースト・プレス、エリック・クラプトン『エリック・クラプトン自叙伝』2018年、中江昌彦訳、シンコーミュージック
18. ビートルズ（Beatles）『ビートルズアンソロジー（*The Beatles Anthology*）』2000年、ザ・ビートルズ・クラブ監修翻訳、斎藤早苗監修、リットーミュージック
19. マーク・ルーイスン（Lewisohn, Mark）『ザ・ビートルズ レコーディング・セッションズ完全版（*The Complete Beatles Recording Sessions: The Official Abbey Road Studio Session Notes, 1962–1970*）』2009年、内田久美子訳、シンコーミュージック
20. Martin, "Producer Series, Part 1," 58–59.
21. Peter Doggett, *Abbey Road/Let It Be: The Beatles* (New York: Schirmer, 1998), 59–60; Martin, "Producer Series, Part 1," 58–59.
22. スティーヴ・ターナー（Turner, Steve）『A HARD DAY'S WRITE　ビートルズ大画報（*A Hard Day's Write: The Stories behind Every Beatles Song*）』1995年、奥田祐士訳、ソニー・マガジンズ；バリー・マイルズ（Miles, Barry）、ポール・マッカートニー（McCartney, Paul）『ポール・マッカートニー――メニー・イヤーズ・フロム・ナウ（*Paul McCartney: Many Years from Now*）』1998年、松村雄策監修、竹林正子訳、ロッキングオン；Doggett, *Abbey Road/Let It Be*, 102.
23. マーク・ルーイスン（Lewisohn, Mark）『ザ・ビートルズ レコーディング・セッションズ完全版（*The Complete Beatles Recording Sessions: The Official Abbey Road Studio Session Notes, 1962–1970*）』2009年、内田久美子訳、シンコーミュージック
24. キース・バッドマン（Badman, Keith）『ザ・ビートルズ非公式の真実　失われたインタビュー集（*The Beatles off the Record: Outrageous Opinions and Unrehearsed Interviews*）』2009年、浜野智、鈴木かおり訳、小学館；Doggett, *Abbey Road/Let It Be*, 2.
25. Goodden, *Riding So High*, 217.
26 マーク・ルーイスン（Lewisohn, Mark）『ザ・ビートルズ レコーディング・セッションズ完全版（*The Complete Beatles Recording Sessions: The Official Abbey Road Studio Session Notes, 1962–1970*）』2009年、内田久美子訳、シンコーミュージック
27. ジェフ・エメリック、ハワード・マッセイ（Emerick, Geoff, and Howard Massey）『ザ・ビートルズ・サウンド　最後の真実（*Here, There and Everywhere: My Life Recording the Music of the Beatles*）』2009年、奥田祐士訳、白夜書房（2016年新装版、奥田祐士訳、河出書房新社）
28. スティーヴ・ターナー（Turner, Steve）『A HARD DAY'S WRITE　ビートルズ大画報（*A Hard Day's Write: The Stories behind Every Beatles Song*）』

一訳、シンコーミュージック・エンタテイメント（文庫版『愛と芸術　革命家ジョン・レノン』1998年、江口大行訳、シンコーミュージック）
5. Paul Du Noyer, *John Lennon: The Stories behind Every Song, 1970–1980* (London: Carlton, 2010), 21.
6. Frank Mastropolo, "How John Lennon and Yoko Ono's Montreal Bed-In Led to 'Give Peace a Chance,'" *Ultimate Classic Rock*, May 26, 2014, http://ultimateclassicrock.com/john-lennon-give-peace-a-chance-bed-in.
7. 同記事
8. 同記事
9. Philip Norman, *John Lennon: The Life* (New York: HarperCollins, 2008), 608.
10. ジョン・レノン (Lennon, John)、(インタビュアー：ヤン・ウェナー)、『レノン・リメンバーズ』2001年、片岡義男訳、草思社
11. Alan Clayson, "Off the Wall," *Mojo*, 2003 special edition ("1,000 Days of Revolution"), 50.
12. ビリー・プレストン (Preston, Billy)《神の掟 (*That's the Way God Planned It*)》(LP) のライナーノート、1969年、アップル・レコード
13. Chuck Miller, "Wendy Carlos: In the Moog," *Goldmine*, January 23, 2004, 47–48.
14. ビートルズ (Beatles)『ビートルズアンソロジー(*The Beatles Anthology*)』2000年、ザ・ビートルズ・クラブ監修翻訳、斎藤早苗監修、リットーミュージック
15. John C. Winn, *That Magic Feeling: The Beatles' Recorded Legacy, vol. 2, 1966–1970* (Sharon, VT: Multiplus, 2003), 265.
16. "Jackie Lomax," obituary, *Telegraph*, September 17, 2013, www.telegraph.co.uk/news/obituaries/culture-obituaries/music-obituaries/10316228/Jackie-Lomax.html; Winn, *That Magic Feeling*, 321.
17. ジョージ・マーティン (Martin, George)、ウィリアム・ピアソン (Pearson, William)『メイキング・オブ・サージェント・ペパー(*With a Little Help from My Friends: The Making of "Sgt. Pepper"*)』1996年、水木まり訳、キネマ旬報社; "Get Back to the Staircase," *Genealogy of Style*, December 8, 2014, http://thegenealogyofstyle.wordpress.com/2014/12/08/get-back-to-the-staircase.
18. "Stairwell to Pop History Heaven," *Independent*, August 13, 1995. www.independent.co.uk/news/uk/home-news/stairwell-to-pop-history-heaven-1596031.html.
19. ブライアン・サウソール (Southall, Brian)、ルパート・ペリー(Perry, Rupert)『ノーザン・ソングス―誰がビートルズの林檎をかじったのか (*Northern Songs: The True Story of the Beatles' Song Publishing Empire*)』の第3章、2010年、上西園誠訳、シンコーミュージック・エンタテイメント; Bob Spitz, *The Beatles: The Biography* (Boston: Little, Brown, 2005), 845.
20. バリー・マイルズ (Miles, Barry)、ポール・マッカートニー(McCartney, Paul)『ポール・マッカートニー―メニー・イヤーズ・フロム・ナウ (*Paul McCartney: Many Years from Now*)』1998年、松村雄策監修、竹林正子訳、ロッキングオン; ビートルズ (Beatles)『ビートルズアンソロジー(*The Beatles Anthology*)』2000年、ザ・ビートルズ・クラブ監修翻訳、斎藤早苗監修、リットーミュージック
21. Peter Doggett, *Abbey Road/Let It Be: The Beatles* (New York: Schirmer, 1998), 49; ウィリアム・J・ダウルディング (Dowlding, William J.)『ビートルソングス (*Beatlesongs*)』1992年、奥田祐士訳、ソニー・マガジンズ、『ビートルソングス (新装版) (*Beatlesongs*)』2009年、奥田祐士訳、ソニー・マガジンズ
22. George Martin, "The Producer Series, Part 1," interview by Ralph Denver, *Studio Sound*, January 1985, 58.
23. キース・バッドマン (Badman, Keith)『ザ・ビートルズ非公式の真実　失われたインタビュー集 (*The Beatles off the Record: Outrageous Opinions and Unrehearsed Interviews*)』2009年、浜野智、鈴木かおり訳、小学館
24. Doggett, *Abbey Road/Let It Be*, 49.

4

1. George Martin, "The Producer Series, Part 1," interview by Ralph Denver, *Studio Sound*, January 1985, 58; ジョージ・マーティン (Martin, George)、ウィリアム・ピアソン (Pearson, William)『メイキング・オブ・サージェント・ペパー(*With a Little Help from My Friends: The Making of "Sgt. Pepper"*)』1996年、水木まり訳、キネマ旬報社
2. ジョージ・マーティン (Martin, George)、ウィリアム・ピアソン (Pearson, William)『メイキング・オブ・サージェント・ペパー(*With a Little Help from My Friends: The Making of "Sgt. Pepper"*)』1996年、水木まり訳、キネマ旬報社
3. 同書; ジョージ・マーティン (Martin, George)、ジェレミー・ホーンズビー(Hornsby, Jeremy)『耳こそはすべて　ビートルズサウンドの秘密と音楽プロデューサーへの道 (*All You Need Is Ears*)』1980年、吉成伸幸、一色真由美訳、河出書房新社、(『ザ・ビートルズ・サウンドを創った男：耳こそはすべて (河出文庫)』1992年、『ザ・ビートルズ・サウンドを創った男：耳こそはすべて (新装版)』2002年、2016年)
4. マーク・ルーイスン (Lewisohn, Mark)『ザ・ビートルズ レコーディング・セッションズ完全版 (*The Complete Beatles Recording Sessions: The Official Abbey Road Studio Session Notes, 1962–1970*)』2009年、内田久美子訳、シンコーミュージック; リチャード・ランガム、2014年2月8日の著者とのインタビュー
5. Bob Spitz, *The Beatles: The Biography* (Boston: Little, Brown, 2005), 838.
6. ジェフ・エメリック、ハワード・マッセイ (Emerick, Geoff, and Howard Massey)『ザ・ビートルズ・サウ

18. John C. Winn, *That Magic Feeling: The Beatles' Recorded Legacy, vol. 2, 1966–1970* (Sharon, VT: Multiplus, 2003), 280.
19. アンディ・バビアック (Babiuk, Andy)『Beatles gear (*Beatles Gear: All the Fab Four's Instruments, from Stage to Studio*)』2002年、坂本信訳、リットーミュージック、『Beatles gear / ビートルズ・ギア 写真でたどるビートルズと楽器・機材の物語 1956~1970 [新装・改訂版] (*Beatles Gear: All the Fab Four' s Instruments, from Stage to Studio*)』2014年、ザ・ビートルズ・クラブ監修翻訳、DU BOOKS
20. 同書
21. 同書
22. Walter Everett, *The Beatles as Musicians: Revolver through the Anthology* (Oxford: Oxford University Press, 1999), 245; ビートルズ (Beatles)『ビートルズアンソロジー(*The Beatles Anthology*)』2000年、ザ・ビートルズ・クラブ監修翻訳、斎藤早苗監修、リットーミュージック
23. マーク・ルーイスン (Lewisohn, Mark)『ザ・ビートルズ レコーディング・セッションズ完全版 (*The Complete Beatles Recording Sessions: The Official Abbey Road Studio Session Notes, 1962–1970*)』2009年、内田久美子訳、シンコーミュージック
24. ビートルズ (Beatles)『ビートルズアンソロジー(*The Beatles Anthology*)』2000年、ザ・ビートルズ・クラブ監修翻訳、斎藤早苗監修、リットーミュージック
25. マーク・ルーイスン (Lewisohn, Mark)『ザ・ビートルズ レコーディング・セッションズ完全版 (*The Complete Beatles Recording Sessions: The Official Abbey Road Studio Session Notes, 1962–1970*)』2009年、内田久美子訳、シンコーミュージック
26. 同書
27. "Four Cats on a London Roof," *TV Guide*, April 25–29, 1969, 14; Lewisohn, "Double Lives: Between *The Beatles*' Grooves," lecture, Monmouth University, November 10, 2018.
28. グリン・ジョンズ (Johns, Glyn)『サウンド・マン　大物プロデューサーが明かしたロック名盤の誕生秘話 (*Sound Man: A Life Recording Hits with the Rolling Stones, the Who, Led Zeppelin, the Eagles, Eric Clapton, the Faces*)』2016年、新井崇嗣訳、シンコーミュージック
29. Winn, *That Magic Feeling*, 282; マーク・ルーイスン (Lewisohn, Mark)『ザ・ビートルズ レコーディング・セッションズ完全版 (*The Complete Beatles Recording Sessions: The Official Abbey Road Studio Session Notes, 1962–1970*)』2009年、内田久美子訳、シンコーミュージック
30. クリス・トーマス、2018年11月11日の著者とのインタビュー; ビートルズ (Beatles)『ビートルズアンソロジー (*The Beatles Anthology*)』2000年、ザ・ビートルズ・クラブ監修翻訳、斎藤早苗監修、リットーミュージック
31. ジェフ・エメリック、ハワード・マッセイ (Emerick, Geoff, and Howard Massey)『ザ・ビートルズ・サウンド　最後の真実 (*Here, There and Everywhere: My Life Recording the Music of the Beatles*)』2009年、奥田祐士訳、白夜書房 (2016年新装版、奥田祐士訳、河出書房新社)
32. George Martin, *Playback: An Illustrated Memoir* (Guildford, UK: Genesis Publications, 2002), 188.
33. ジョン・レノン (Lennon, John)、(インタビュアー：ヤン・ウェナー)、『レノン・リメンバーズ』2001年、片岡義男訳、草思社; Spitz, Beatles, 667.
34. ジョージ・マーティン (Martin, George)、ジェレミー・ホーンズビー(Hornsby, Jeremy)『耳こそはすべて　ビートルズサウンドの秘密と音楽プロデューサーへの道 (*All You Need Is Ears*)』1980年、吉成伸幸、一色真由美訳、河出書房新社、(『ザ・ビートルズ・サウンドを創った男：耳こそはすべて (河出文庫)』1992年、『ザ・ビートルズ・サウンドを創った男：耳こそはすべて (新装版)』2002年、2016年); Doug Sulpy and Ray Schweighardt, *Get Back: The Unauthorized Chronicle of the Beatles' "Let It Be" Disaster* (New York: Griffin, 1997), 169.
35. ビートルズ (Beatles)『ビートルズアンソロジー(*The Beatles Anthology*)』2000年、ザ・ビートルズ・クラブ監修翻訳、斎藤早苗監修、リットーミュージック; Spitz, Beatles, 832.
36. ブライアン・サウソール (Southall, Brian)、ルパート・ペリー(Perry, Rupert)『ノーザン・ソングス―誰がビートルズの林檎をかじったのか (*Northern Songs: The True Story of the Beatles' Song Publishing Empire*)』の第1章、2010年、上西園誠訳、シンコーミュージック・エンタテイメント
37. Spencer Leigh, "And in the End (1969)," chap. 9 in Love Me Do to Love Me Don't: The Beatles on Record (Sleaford, UK: McNidder and Grace, 2016) .
38. 同書
39. バリー・マイルズ (Miles, Barry)、ポール・マッカートニー(McCartney, Paul)『ポール・マッカートニー―メニー・イヤーズ・フロム・ナウ (*Paul McCartney: Many Years from Now*)』1998年、松村雄策監修、竹林正子訳、ロッキングオン
40. ビートルズ (Beatles)『ビートルズアンソロジー(*The Beatles Anthology*)』2000年、ザ・ビートルズ・クラブ監修翻訳、斎藤早苗監修、リットーミュージック

3

1. ビートルズ (Beatles)『ビートルズアンソロジー(*The Beatles Anthology*)』2000年、ザ・ビートルズ・クラブ監修翻訳、斎藤早苗監修、リットーミュージック
2. John Mendelsohn, "Records," *Rolling Stone*, May 17, 1969.
3. Turner, *Beatles*, 361.
4. アントニー・フォーセット (Fawcett, Anthony)『ジョン・レノン―愛と芸術 (*John Lennon: One Day at a Time—A Personal Biography of the Seventies*)』1977年、江口大行、ジョイ・ハリソン、沢

Beatles Anthology)』2000年、ザ・ビートルズ・クラブ監修翻訳、斎藤早苗監修、リットーミュージック；ジョン・レノン (Lennon, John)、『レノン・リメンバーズ』2001年、片岡義男訳、草思社
22. Barry Miles, "1969," chap. 11 in *The Beatles Diary*, vol. 1, *The Beatles Years* (London: Omnibus, 2007) ; Richie Unterberger, *The Unreleased Beatles* (San Francisco: Backbeat, 2006), 265.
23. ジョージ・ハリスン (Harrison, George)『ジョージ・ハリスン自伝—I・ME・MINE (*I Me Mine*)』2002年、山川真理訳、河出書房新社；マーク・ルーイスン (Lewisohn, Mark)『ザ・ビートルズ レコーディング・セッションズ完全版 (*The Complete Beatles Recording Sessions: The Official Abbey Road Studio Session Notes, 1962–1970*)』2009年、内田久美子訳、シンコーミュージック
24. Rolling Stone, *Harrison* (New York: Simon and Schuster, 2002), 38; Dave Thompson, "Fire and Rain," chap. 4 in *Hearts of Darkness: James Taylor, Jackson Browne, Cat Stevens, and the Unlikely Rise of the Singer-Songwriter* (Milwaukee: Backbeat, 2012) .
25. Miles, "1969."
26. Spencer Leigh, "And in the End (1969)," chap. 9 in *Love Me Do to Love Me Don't: The Beatles on Record* (Sleaford, UK: McNidder and Grace, 2016) .

2

1. ビートルズ (Beatles)『ビートルズアンソロジー(*The Beatles Anthology*)』2000年、ザ・ビートルズ・クラブ監修翻訳、斎藤早苗監修、リットーミュージック
2. ジェフ・エメリック、ハワード・マッセイ (Emerick, Geoff, and Howard Massey)『ザ・ビートルズ・サウンド 最後の真実 (*Here, There and Everywhere: My Life Recording the Music of the Beatles*)』2009年、奥田祐士訳、白夜書房 (2016年新装版、奥田祐士訳、河出書房新社)
3. ビートルズ (Beatles)『ビートルズアンソロジー(*The Beatles Anthology*)』2000年、ザ・ビートルズ・クラブ監修翻訳、斎藤早苗監修、リットーミュージック
4. Kenneth Womack, *The Beatles Encyclopedia: Everything Fab Four*, vol. 1 (Santa Barbara, CA: Greenwood Press, 2014), 72.
5. 同書
6. ビートルズ (Beatles)『ビートルズアンソロジー(*The Beatles Anthology*)』2000年、ザ・ビートルズ・クラブ監修翻訳、斎藤早苗監修、リットーミュージック
7. ジェフ・エメリック、ハワード・マッセイ (Emerick, Geoff, and Howard Massey)『ザ・ビートルズ・サウンド 最後の真実 (*Here, There and Everywhere: My Life Recording the Music of the Beatles*)』2009年、奥田祐士訳、白夜書房 (2016年新装版、奥田祐士訳、河出書房新社)
8. 同書；ビートルズ (Beatles)『ザ・ビートルズ・アンソロジー DVD BOX (*The Beatles Anthology*)』2003年、EMIミュージック・ジャパン
9. "Stereo Rattles Stations; Mfrs. Strangle Monaural," *Billboard*, January 6, 1968, 1; George Martin, "The Producer Series, Part 1," interview by Ralph Denver, *Studio Sound*, January 1985, 58.
10. ビートルズ (Beatles)『ビートルズアンソロジー(*The Beatles Anthology*)』2000年、ザ・ビートルズ・クラブ監修翻訳、斎藤早苗監修、リットーミュージック；ジョン・カーランダー、2017年11月8日の著者とのインタビュー
11. Bob Spitz, *The Beatles: The Biography* (Boston: Little, Brown, 2005), 297; ブライアン・サウソール (Southall, Brian)、ピーター・ヴィンス (Vince, Peter)、アラン・ラウズ (Rouse, Allan)『アビイ・ロードの伝説 (*Abbey Road: The Story of the World's Most Famous Recording Studios*)』1998年、内田久美子訳、シンコーミュージック・エンタテイメント
12. ジェフ・エメリック、ハワード・マッセイ (Emerick, Geoff, and Howard Massey)『ザ・ビートルズ・サウンド 最後の真実 (*Here, There and Everywhere: My Life Recording the Music of the Beatles*)』2009年、奥田祐士訳、白夜書房 (2016年新装版、奥田祐士訳、河出書房新社) ; Kevin Ryan and Brian Kehew, *Recording the Beatles: The Studio Equipment and Techniques Used to Create Their Classic Albums* (Houston: Curvebender, 2006), 113.
13. ジョージ・ハリスン (Harrison, George)『ジョージ・ハリスン自伝—I・ME・MINE (*I Me Mine*)』2002年、山川真理訳、河出書房新社；スティーヴ・ターナー (Turner, Steve)『A HARD DAY'S WRITE ビートルズ大画報 (*A Hard Day's Write: The Stories behind Every Beatles Song*)』1995年、奥田祐士訳、ソニー・マガジンズ
14. J. Kordosh, "The George Harrison Interview," *Creem*, December 1987 and January 1988, http://beatlesnumber9.com/creem.html; "Remembering the Forgotten Beatle," *Rolling Stone*, December 5, 2001; George Martin, "Listen to My Story: George Martin Interview with *Melody Maker*," interview by Richard Williams, *Melody Maker*, August 21, 1971, n. p.
15. カーランダーとのインタビュー
16. マーク・ルーイスン (Lewisohn, Mark)『ザ・ビートルズ レコーディング・セッションズ完全版 (*The Complete Beatles Recording Sessions: The Official Abbey Road Studio Session Notes, 1962–1970*)』2009年、内田久美子訳、シンコーミュージック
17. ジェフ・エメリック、ハワード・マッセイ (Emerick, Geoff, and Howard Massey)『ザ・ビートルズ・サウンド 最後の真実 (*Here, There and Everywhere: My Life Recording the Music of the Beatles*)』2009年、奥田祐士訳、白夜書房 (2016年新装版、奥田祐士訳、河出書房新社)

Notes 注釈

イントロダクション

1. Nik Cohn, "The Beatles: For 15 Minutes, Tremendous," *New York Times*, October 5, 1969.
2. Robert Christgau, "Secular Music," *Esquire*, December 1967, 283; Richard Goldstein, "We Still Need the Beatles, but . . . ," *New York Times*, June 18, 1967.
3. キース・バッドマン (Badman, Keith)『ザ・ビートルズ非公式の真実　失われたインタビュー集 (The Beatles off the Record: Outrageous Opinions and Unrehearsed Interviews)』2009年、浜野智、鈴木かおり訳、小学館
4. "Take a Ride through the Beatles' Magical Mystery Tour," WCBS-FM, New York City, 2011.
5. Kenneth Womack, *The Beatles Encyclopedia: Everything Fab Four*, vol. 1 (Santa Barbara, CA: Greenwood, 2014), 4–5.
6. Christgau, "Secular Music" ; David Benjamin Levy, *Beethoven: The Ninth Symphony* (New Haven: Yale University Press, 1995), 155.
7. B. C. Southam, ed., *The Critical Heritage* (London: Routledge, 1970), 192–93; Henry Claridge, ed., *F. Scott Fitzgerald: Critical Assessments*, vol. 1 (London: Rout ledge, 1992), 178.
8. William Mann, "Those Inventive Beatles," in *The Beatles: Paperback Writer—40 Years of Classic Writing*, ed. Mike Evans (London: Plexus, 2012), 241.
9. ジョージ・マーティン (Martin, George)、ウィリアム・ピアソン (Pearson, William)『メイキング・オブ・サージェント・ペパー(*With a Little Help from My Friends: The Making of "Sgt. Pepper"*)』1996年、水木まり訳、キネマ旬報社

1

1. Ray Connolly, *John Lennon: A Restless Life* (London: Weidenfeld and Nicolson, 2018), 285–86; Peter Doggett, *Abbey Road/Let It Be: The Beatles* (New York: Schirmer, 1998), 34; バリー・マイルズ (Miles, Barry)、ポール・マッカートニー(McCartney, Paul)『ポール・マッカートニー—メニー・イヤーズ・フロム・ナウ (*Paul McCartney: Many Years from Now*)』1998年、松村雄策監修、竹林正子訳、ロッキングオン
2. Paul Trynka, "Where Magic Was Made," *Guardian*, March 11, 2005, www.theguardian.com/film/2005/mar/11/abbeyroadfilmfestival.festivals4.
3. Kevin Ryan and Brian Kehew, *Recording the Beatles: The Studio Equipment and Techniques Used to Create Their Classic Albums* (Houston: Curvebender, 2006), 112–13; Alan Parsons, interview with author, January 29, 2019.
4. Ryan and Kehew, *Recording the Beatles*, 112–15.
5. ケン・タウンゼント、2018年8月21日、29日の著者とのインタビュー; パーソンズとのインタビュー
6. Ryan and Kehew, *Recording the Beatles*, 113.
7. George Martin, *Playback: An Illustrated Memoir* (Guildford, UK: Genesis Publications, 2002), 60–61.
8. Steve Turner, *Beatles '66: The Revolutionary Year* (New York: HarperCollins, 2016), 126–27.
9. デヴィッド・クロスビー、2018年6月7日の著者とのインタビュー
10. マーク・ルーイスン (Lewisohn, Mark)『ザ・ビートルズ レコーディング・セッションズ完全版 (*The Complete Beatles Recording Sessions: The Official Abbey Road Studio Session Notes, 1962–1970*)』2009年、内田久美子訳、シンコーミュージック
11. 同書
12. 同書
13. トニー・バレル (Barrell, Tony)『ルーフトップ・コンサートのビートルズ (*The Beatles on the Roof*)』の第3章、2019年、葛葉哲哉訳、DU BOOKS; Doggett, *Abbey Road/Let It Be*, 36.
14. ジョン・レノン (Lennon, John)、(インタビュアー：ヤン・ウェナー)、『レノン・リメンバーズ』2001年、片岡義男訳、草思社
15. Ryan and Kehew, *Recording the Beatles, 506; Beatles, The Beatles Anthology*, ABC television series, 1995.
16. Doug Sulpy and Ray Schweighardt, *Get Back: The Unauthorized Chronicle of the Beatles' "Let It Be" Disaster* (New York: Griffin, 1997), 232.
17. スティーヴ・ターナー(Turner, Steve)『A HARD DAY'S WRITE　ビートルズ大画報 (*A Hard Day's Write: The Stories behind Every Beatles Song*)』1995年、奥田祐士訳、ソニー・マガジンズ
18. ウィリアム・J・ダウルディング (Dowlding, William J.)『ビートルソングス (Beatlesongs)』1992年、奥田祐士訳、ソニー・マガジンズ、『ビートルソングス (新装版) (*Beatlesongs*)』2009年、奥田祐士訳、ソニー・マガジンズ; トニー・バレル (Barrell, Tony)『ルーフトップ・コンサートのビートルズ (The Beatles on the Roof)』の第3章、2019年、葛葉哲哉訳、DU BOOKS
19. Lewisohn, *Complete Beatles Recording Sessions*, 170. マーク・ルーイスン (Lewisohn, Mark)『ザ・ビートルズ レコーディング・セッションズ完全版 (The Complete Beatles Recording Sessions: The Official Abbey Road Studio Session Notes, 1962–1970)』2009年、内田久美子訳、シンコーミュージック
20. ジェフ・エメリック、ハワード・マッセイ (Emerick, Geoff, and Howard Massey)『ザ・ビートルズ・サウンド　最後の真実 (*Here, There and Everywhere: My Life Recording the Music of the Beatles*)』2009年、奥田祐士訳、白夜書房 (2016年新装版、奥田祐士訳、河出書房新社)
21. ビートルズ (Beatles)『ビートルズアンソロジー(*The*

〈ラヴリー・リタ (Lovely Rita)〉 *214*
〈ラヴリー・リンダ (The Lovely Linda)〉 *292*
『楽園のこちら側 (This Side of Paradise)』 *8*
ラス・ギブ *275〜276*
ラドウィグ *72*
"スーパー・クラシック"キット *72*
"ハリウッド"ドラム・キット
33, 53, 73, 78, 85, 104, 130, 148, 152
《ラバー・ソウル (Rubber Soul)》 *1*
リー・イーストマン *16, 91*
リシュケシュ *162, 190, 295*
リダクション・ミックス *205*
リチャード・N・ニクソン大統領 *110, 242*
リチャード・ウィリアムズ *268〜269, 311*
リチャード・ゴールドスタイン *2〜3*
リチャード・ハリス *87*
リチャード・ヒューソン *101, 302*
リチャード・ランガム *141, 294*
リチャード・レスター監督 *15*
リッケンバッカー"4001S"ベース *37, 53, 72, 174*
リッチー・スターキー *179*
リッチー・ヘヴンス *243*
〈リトル・イエロー・ピルズ (Little Yellow Pills)〉 *119*
〈リトル・ダーリン (Little Darlin')〉 *158*
リトル・リチャード *35, 70, 264*
《リボルバー(Revolver)》 *5*
リボン・コントローラー *230, 248*
〈リメンバー・ラヴ (ヨーコの心) :
(Remember Love)〉 *107*
リンダ・マッカートニー(イーストマン)
42, 127〜128, 198, 204, 256, 258, 279, 289〜291, 294
ルイ・アームストロング *216*
ルイーズ・ハリスン *318*
ルー・グレード卿 *95,126*
"ルーシー" *232, 240*
ルース *145*
ルーフトップ・コンサート *11, 15, 36, 73, 78, 200, 242, 322*
レイ・コノリー *14, 288, 303, 309*
レイ・チャールズ *35*
レイチェル・エルカインド *117*
《レイト・オーケストレーション〜
アビィ・ロード・セッションズ
(Late Orchestration)》 *328*
レス・アンソニー *288*
レス・ポール *49*
レスリー・スピーカー
67〜68, 70, 78, 82, 85, 87, 130, 154, 165, 199, 231
レッキング・クルー *115*
《レット・イット・ビー(Let It Be)》 *300*
〈レット・イット・ビー(Let It Be)〉 *15, 82*
レッド・ツェッペリン 193,273
《レッド・ツェッペリンⅡ (Led Zeppelin II)》 *273*
レッド・ホット・チリ・ペッパーズ *328*
〈レディ・マドンナ (Lady Madonna)〉 *112*
レノン＝マッカートニー *100, 102, 110, 243, 272, 307*
『レノン・リメンバーズ (Lennon Remembers)』 *323*
〈レボリューション (Revolution)〉 *13*
〈レボリューション1 (Revolution 1)〉 *33*
〈レボリューション9 (Revolution 9)〉 *105*
レン・ウッド *321*
ロイ・ボールティング *102*
ロイストン・エリス *192〜193, 194*
『ロード・オブ・ザ・リング (The Lord of the Rings)』 *331*
ローリー・オルガン *187, 206*
ローリング・ストーンズ
25, 83, 90, 114, 116, 153, 155, 220, 242
「ザ・ローリング・ストーンズ　ロックン・ロール・サーカス
(The Rolling Stones Rock and Roll Circus)」 *105*
〈ロール・オーヴァー・ベートーベン
(Roll Over Beethoven)〉 *220*
〈ロシアより愛をこめて
(From Russia with Love)〉 *214*
ロジャー・ムーア *87*
ロジャース&ハマースタイン *100*
ロス・バグダサリアン・シニア *212*
ロス・パラノイアス *189*
〈ロス・パラノイアス (Los Paranoias)〉 *182*
〈ロッキー・ラックーン (Rocky Raccoon)〉 *214*
〈ロック・オブ・オール・エイジス
(Rock of All Ages)〉 *104*
ロッコ・カテナ *277〜278*
ロネッツ *302*
ロバート・クリストゴウ *3, 305*
ロバート・モーグ *116, 117, 118, 120*
ロバートソン・グラント 80
ロリー・ストーム&ザ・ハリケーンズ *179*
ロン・ブッシー *181*
ロン・リチャーズ *40, 75, 161*
〈ザ・ロング・アンド・ワインディング・ロード
(The Long and Winding Road)〉 *15, 259*
"ロング・ジョン" *98*
〈ロング・トール・サリー(Long Tall Sally)〉 *168*
〈ロンサム・ティアーズ・イン・マイ・アイズ
(Lonesome Tears in My Eyes)〉 *54*

ワ

ワイト島フェスティバル *261*
ワウワウ・ペダル *199*
『若い芸術家の肖像
(A Portrait of the Artist as a Young Man)』 *8*
《笑う騎士 (Laughing Cavalier)》 *175*
『ワンダーウォール (Wonderwall)』 *111*

ボンゾ・ドッグ・ドゥーダー・バンド 83

マ

マーク・トウェイン 278
マーク・ルイソン 328
マーク・ワーツ 131
マーゴ・バード 197
〈マージー壁の下で (Under the Mersey Wall)〉 121
マーティン"D-28"アコースティック・ギター
143〜144, 208
マーティン・スコセッシ 332
〈マイ・バック・ペイジズ (My Back Pages)〉 41
マイク・ヴィッカーズ 226
マイケル・ラング 241
マイケル・リンゼイ＝ホッグ 78〜79, 259, 289, 313, 322
《マクレモア・アヴェニュー
(McLemore Avenue)》 327
〈マザー(母) (Mother)〉 322
《マジカル・ミステリー・ツアー
(Magical Mystery Tour)》 277
「マジカル・ミステリー・ツアー
(Magical Mystery Tour)」 3
『マジック・クリスチャン (The Magic Christian)
35, 47, 50, 87, 103, 127
〈マジック・クリスチャンのテーマ
(Come and Get It)〉 103
《マジック・クリスチャン・ミュージック
(Magic Christian Music)》 103
〈マックスウェルズ・シルヴァー・ハンマー
(Maxwell's Silver Hammer)〉 161
マット・モンロー 214
マディ・ウォーターズ 174
〈マネー(Money (That's What I Want))〉 265
マハトマ・ガンディー 319
マハプルシュ・ミシュラ 112
マハリシ・マヘーシュ・ヨーギー 4, 162, 190, 295
《まぼろしの世界 (Strange Days)》 117
〈ママ・ミス・アメリカ (Momma Miss America)〉 296
マル・エヴァンス
71, 74, 83,104, 163〜164, 201, 209, 232, 235, 256,
262〜264, 267, 269, 296
マルコム・デイヴィス 209, 251, 262, 302
マレイ・ザ・K 108
マンフレッド・マン 226, 264
〈ミーン・ミスター・マスタード
(Mean Mr. Mustard)〉 183
《「未完成」作品第1番　トゥー・ヴァージンズ
(Unfinished Music No. 1: Two Virgins)》 105
《「未完成」第2番　ライフ・ウィズ・ザ・ライオンズ
(Unfinished Music No. 2: Life with the Lions)》
105
〈ミズリー(Misery)〉 212
ミック・ジャガー 153
ミック・テイラー 155
ミッチ・ミッチェル 105
〈ムーヴ・イット (Move It)〉 22
〈無情の世界
(You Can't Always Get What You Want)〉 114
メアリー・マッカートニー 145, 279
〈メイビー・アイム・アメイズド
(Maybe I'm Amazed)〉 297
〈メイルマン・ブリング・ミー・ノー・モア・ブルース
(Mailman, Bring Me No More Blues)〉 34
メリー・フォード 49
メリー・ホプキン 42, 101, 102, 140, 281
《メロー・イエロー(Mellow Yellow)》 100
〈メロー・イエロー(Mellow Yellow)〉 71, 100
モーガン・スタジオ 101, 297
モーグ・シンセサイザー
116〜118, 122, 226〜227, 235, 239, 247〜248
モーグⅢ 119〜121
モーリーン 127
モーンディー・グレゴリー 17
〈燃ゆる太陽の如く (Hot as Sun)〉 297
モンキーズ 117
モンタレー・インターナショナル・ポップ・
フェスティバル 116
モンテ・フレスコ 256〜257

〈ヤー・ブルース (Yer Blues)〉 265
ヤン・ウェナー 33〜34, 304, 322〜323
〈ユー・アー・マイ・サンシャイン
(You Are My Sunshine)〉 35
〈ユー・キャント・キャッチ・ミー
(You Can't Catch Me)〉 171
〈ユー・ネヴァー・ギヴ・ミー・ユア・マネー
(You Never Give Me Your Money)〉 128
〈ユー・ノウ・マイ・ネーム：
You Know My Name (Look Up the Number)〉 82
ユーディ・メニューイン 17
ユナイテッド・アーティスツ 289, 293, 315
『ユリシーズ (Ulysses)』 7, 246
《夜明けの口笛吹き
(The Piper at the Gates of Dawn)》 41
ヨハン・セバスティアン・バッハ 117

ラ

ラーナー&ロウ 100
ライチャス・ブラザース 302
〈ラヴ・ミー・ドゥ(Love Me Do)〉 34
ラヴィ・シャンカール 243

ピーター・アッシャー 104
ピーター・グリーン 183
ピーター・セラーズ 35, 47, 75, 87, 127, 210
ピーター・ブラウン 43, 50, 94, 126, 306
ピーター・フランプトン 114
ビーチ・ボーイズ 100
ピート・シーガー 110
ピート・タウンゼント 2, 131
"ザ・ビート・ブラザーズ" 186
ピート・ベスト 186
《ザ・ビートルズ (The Beatles)》 5
『ビートルズ レット・イット・ビー(Let It Be)』 76
ピカソ 220
〈ビコーズ (Because)〉 219
〈ひとりぼっちのあいつ (Nowhere Man)〉 222
ビリー・J・クレイマー 214
ビリー・ジーン・キング 154
ビリー・プレストン
33, 35〜36, 38, 85, 112〜114, 248〜249, 296
ビリー・マーティン 297〜298
ピンク・フロイド 41, 332〜333
〈ピンボールの魔術師 (Pinball Wizard)〉 201
ファッツ・ドミノ 69
ファン・ゴッホ 220
フィル・スペクター 289〜290, 295〜296, 300〜305, 317
フィル・マクドナルド 1
04, 140〜141, 145, 151, 158, 160, 169, 175, 185,
203, 206, 237, 250, 294
ザ・フー 116, 130〜131, 201, 208, 241
〈フー・スラップド・ジョン?
(Who Slapped John?)〉 186
フェンダー
"エスクワイア" 232
"ストラト" 78, 130
"テレキャスター" 33, 199
"ベースVI" 148
"ローズ"エレクトリック・ピアノ 176, 200
〈フォー・ユー・ブルー(For You Blue)〉 314
〈フォール・インサイド・ユア・アイズ
(I Fall Inside Your Eyes)〉 119
《不思議の壁 (Wonderwall Music)》 111
〈ふたりだけの窓 (Love in the Open Air)〉 102
『ふたりだけの窓 (The Family Way)』 102
ブッカー・T&ザ・MG's 24, 327
《ブックエンド (Bookends)》 117
ブライアン・ウィルソン 100
ブライアン・エプスタイン
13, 24, 72, 89, 93〜95, 115, 123〜124, 269, 285, 320
ブライアン・サウソール 95, 329
ブライアン・ジョーンズ 83〜84, 153
プラスティック・オノ・バンド
105, 109, 264〜265, 270〜271, 287
プラターズ 69
フラマス"フーテナニー"十二弦ギター 200
フランク・ザッパ&ザ・マザーズ・オブ・
インヴェンション 130, 208
フランク・シナトラ 24, 148, 287
フランシス・トンプソン 29〜30
《プリーズ・プリーズ・ミー(Please Please Me)》 123
〈プリーズ・プリーズ・ミー
(Please Please Me)〉 18〜19
フリートウッド・マック 182〜183
〈ブルー・スウェード・シューズ
(Blue Suede Shoes)〉 265
〈ブルーベリー・ヒル (Blueberry Hill)〉 69
〈ヘイ・ジュード (Hey Jude)〉 13
〈ペイパーバック・ライター
(Paperback Writer)〉 61, 193
〈ベイビー・アイ・ドント・ケア
((You're So Square) Baby, I Don't Care)〉 186
〈ベイビー・ユーアー・ア・ラバー
(Baby You're a Lover)〉 119
〈平和を我等に (Give Peace a Chance)〉 107
ベートーヴェン 6, 219〜220
〈ペギー・スー・ゴット・マリッド
(Peggy Sue Got Married)〉 294
ヘザー・マッカートニー 127, 198
〈ベサメ・ムーチョ (Bésame Mucho)〉 34
"ベッドイン"イベント 43, 170
〈ベッドイン・フォー・ピース
(Bed-Ins for Peace)〉 105, 107, 127
ペトゥラ・クラーク 108
〈ペニー・レイン (Penny Lane)〉 216
ヘフナーのホロウ・ボディのベース 33
〈ヘルター・スケルター(Helter Skelter)〉 97
ベルト・ケンプフェルト 186
《ヘルプ! (Help!)》 62
《ポール・イズ・ライヴ〜ニュー・ワールド・ツアー・
ライヴ!! (Paul Is Live)》 328
ポール・ビーヴァー 116, 121
《ポール・マッカートニー(Paul McCartney)》 298
"ポール・ラモーン" 97
ボールドウィンのエレクトリック・スピネット・
ハープシコード 220
ボズ・スキャッグス 96
《ポスト・カード (Postcard)》 102
ボビー・ダーリン 89
ボビー・パーカー 147
ボブ・ディラン 6, 261
ホリーズ 31, 40, 252
《ホリーズ・シング・ディラン (Hollies Sing Dylan)》 31
〈ポリシーン・パン (Polythene Pam)〉 185
《ホワイト・アルバム (White Album)》 5
ホワイト・ノイズ 235, 249
〈ホワイル・マイ・ギター・ジェントリー・ウィープス
(While My Guitar Gently Weeps)〉 30
〈ホワッツ・ザ・ニュー・メリー・ジェーン
(What's The New Mary Jane)〉 262

デッカ・レコーズ 90
〈テディ・ボーイ (Teddy Boy)〉 297
デニス・オデル 84, 127
デラニー&ボニー&フレンズ 114
テリー・サザーン 35
デレク・テイラー 122, 127, 143, 166, 256, 276〜277, 310
《電子音楽の世界 (Electronic Sound)》 121
ドアーズ 116〜117, 264
トゥイッケナム・スタジオ 35, 38, 78〜79, 149, 163, 198〜199
〈トゥモロー・ネバー・ノウズ
(Tomorrow Never Knows)〉 25
トーマス・デッカー 145〜146
ドナルド・J・レスリー 67
ドナルド・バーセルミ 6
トニ・モリスン 6
トニー・ヴィスコンティ 104
トニー・キング 162
トニー・クラーク 229, 262
トニー・"ザ・ティーチャー"・シェリダン 186
トニー・スマザーズ 108
トニー・ヒックス 252
トニー・ブラムウェル 101, 195
ドノヴァン・リーチ 71, 89〜90, 100
《トミー(Tommy)》 2, 131
トミー・ムーア 193
トライデント・サウンド・スタジオ
28, 31, 33〜34, 37, 39〜40, 42, 248
ドリス・トロイ 112, 114
トレモロ・エフェクト 187
トロント・ロックンロール・リバイバル・
フェスティバル 264
〈ドント・ウォリー・キョーコ (京子ちゃん心配しないで)
(Don't Worry, Kyoko (Mummy's Only Looking
for a Hand in the Snow))〉 287
〈ドント・バザー・ミー(Don't Bother Me)〉 285
〈ドント・パス・ミー・バイ (Don't Pass Me By)〉 68
〈ドント・レット・ミー・ダウン
(Don't Let Me Down)〉 36, 182

ナ

ナーク・トゥインズ 49
《名うてのバード兄弟
(Notorious Byrd Brothers)》 117
〈涙の乗車券 (ティケット・トゥ・ライド):
Ticket to Ride〉 62
〈ナロウ・ウェイ 三部作 (The Narrow Way)〉 41
ナンシー・ミットフォード 182
ニール・アスピネル 269, 280
ニコラス・シャフナー 316
ニッキー・ホプキンス 115
ニック・ウェブ 83, 228
ニック・コーン 1, 2
ノーザン・ソングス 94〜95, 126, 272, 285
ノーマン・シェフィールド 28
ノーマン・チャップマン 193
ノーマン・ピルチャー巡査部長 14, 46, 127
〈ノット・フェイド・アウェイ (Not Fade Away)〉 34
ノリー・パラマー 22, 31

ハ

〈ハー・マジェスティ (Her Majesty)〉 143
バーズ 26, 116〜117
〈ハーディー・ガーディーマン
(Hurdy Gurdy Man)〉 71
ハード・エディット 236
《ハード・デイズ・ナイト (A Hard Day's Night)》 212
バーニー・クラウス 116, 120, 122
ハーマンズ・ハーミッツ 90
パーロフォン・レーベル 26, 135, 210
〈ハウ・ハイ・ザ・ムーン (How High the Moon)〉 49
〈バック・イン・ザ・U.S.S.R.
(Back in the USSR)〉 75
バック・オーウェンズ 149
バック・ロジャース 32
〈バッジ (Badge)〉 69, 154, 158
パット・ドーソン 191
バッドフィンガー 101, 103
バディ・ガイ 68
パティ・ハリスン 86, 127, 158
パティ・ボイド 46
バディ・ホリー 34, 293
〈ハバ・ナギラ (Hava Nagila)〉 44
〈ハピネス・イズ・ウォーム・ガン
(Happiness Is a Warm Gun)〉 129
〈ハピネス・スタン (Happiness Stan)〉 130
パブロ・カザルス 17
バリー・シェフィールド 28, 39
バリー・マイルズ 167
ハリー・モス 251
ハレ・クリシュナ教団 107
〈バレンタイン・デイ (Valentine Day)〉 292
〈ハロー・グッドバイ (Hello, Goodbye)〉 282
〈ハロー・ドーリー! (Hello, Dolly!)〉 216
ハロルド・ピンター 6
ハワード・マッセイ 330
ハンター・デイヴィス 4
ザ・バンド 241, 318
ハンフリー・リトルトン 147
〈ヒア・カムズ・ザ・サン (Here Comes the Sun)〉 155
〈ピアノ・ソナタ第十四番嬰ハ短調
(Sonate für Klavier Nr.14 cis-Moll)〉(月光) 219
ピー・ウィー・クレイトン 147
〈ビー・バップ・ア・ルーラ (Be-Bop-a-Lula)〉 49, 186
ビーヴァーとクラウス 117〜118

〈ジャスト・ワン・ルック (Just One Look)〉 114
ジャッキー・ロマックス
45, 112, 114〜115, 118〜119, 122, 140
ジャック・マッゴーラン 111
シャンカール・ゴーシュ 112
〈ジャンク (Junk)〉 297
ジュニア・ウェルズ・シカゴ・ブルース・バンド 68
ジュリア 322
ジュリアン・レノン 142
〈勝利を我等に (We Shall Overcome)〉 110
ジョー・コッカー 61, 243
ジョー・サウス 70
ショーン・コネリー 87
ジョセフ・マクグラス監督 35, 127
ジョニー・バーネット・アンド・ロックン・ロール・トリオ 54
ジョン・イーストマン 16, 91
ジョン・カーランダー
65, 70, 158, 175, 185, 206, 209〜210, 230, 233, 327
ジョン・コッシュ 234
ジョン・ペンローズ 329
ジョン・ボールティング 102
ジョン・メンデルスゾーン 5, 102, 274, 312
〈ジョンとヨーコのバラード (The Ballad of John and Yoko)〉 50
《ジョンの魂 (John Lennon / Plastic Ono Band)》 322
シラ・ブラック 52, 77, 189
《シラ・ブラックの世界 (Surround Yourself with Cilla)》 77
シルヴァー・ビートルズ 97
〈シンガロング・ジャンク (Singalong Junk)〉 297
シンシア・パウエル 255
ジンジャー・ベイカー 113
《スイッチト・オン・バッハ (Switched-On Bach)》 117
〈スウィート・リトル・シックスティーン 〈(Sweet Little Sixteen)〉 147
『スター・ウォーズ ジェダイの帰還 (エピソードVI) (Return of the Jedi)』 331
《スター・コレクター (Pisces, Aquarius, Capricorn, and Jones Ltd.)》 117
スタックス・スタジオ 24〜25
スタンリー・キューブリック 332
スタンリー・パークス 142
スチュ・サトクリフ 189
スチュアート・エルサム 216
スチューダー 29, 291, 296, 298
スティーヴ・スティルス 114
スティーヴ・ターナー 37, 62, 220
スティーヴ・ミラー 96, 99
スティーヴ・ミラー・バンド 34, 80
ステュ・ブラック 68
〈ストロベリー・フィールズ・フォーエヴァー (Strawberry Fields Forever)〉 39
《すばらしき新世界 (Brave New World)》 34〜35
スピロ・アグニュー副大統領 110
《スマイリー・スマイル (Smiley Smile)》 100
スモール・フェイセス 130, 208
スライド・ギター 240
征服王ウィリアム 144
〈世界は日の出を待っている (The World Is Waiting for the Sunrise)〉 49
《センチメンタル・ジャーニー (Sentimental Journey)》 299
《ソングス・フォー・スウィンギン・ラヴァーズ (Songs for Swingin' Lovers)》 148

タ

ザ・ダーティ・マック 105
ダイアン・アシュリー 196
〈ダイヤは女の最良の友 (Diamonds Are a Girl's Best Friend)〉 216
ザ・ダイヤモンズ 158
〈抱きしめたい (I Want to Hold Your Hand)〉 19
"タック・ピアノ" 63, 215
『ダブリン市民 (Dubliners)』 8
ダライ・ラマ 67
ダン・リクター 204, 260, 261
チェス・スタジオ 25
チップマンクス 212
〈ザ・チップマンクス・ソング (シマリスの歌): The Chipmunk Song (Christmas Don't Be Late)〉 212
チャーリー・チャップリン 6
チャーリー・ドレイク 210〜211
チャーレン"ジャングル"ピアノ 63, 215
チャック・ベリー 147, 171, 220, 264
〈超時間、超空間 (No Time or Space)〉 121
〈ツイスト・アンド・シャウト (Twist and Shout)〉 19
〈デイ・トリッパー(Day Tripper)〉 147
デイヴ・クラーク 202
デイヴ・クラーク・ファイヴ 90
デイヴ・ディー、ドジー、ビーキー、ミック&ティッチ (デイヴ・ディー・グループ) 293
デイヴ・ハリーズ 30, 65, 154
〈ディジー・ミス・リジー(Dizzy Miss Lizzy)〉 265
ディストーション・ペダル 187
ディック・グレゴリー 108
ディック・ジェイムズ 94, 126, 285
〈デイドリーム (Daydream)〉 175
ティム・ハーパー 275
ティモシー・リアリー 107〜108, 170〜172
ディラン・トマス 220
デヴィッド・ギルモア 41
デヴィッド・クロスビー 26, 38
デービッド・フロスト 79
テープ・リダクション 66, 160, 166

キャピトル・レコード 55, 266, 269, 289, 315
〈キャリー・ザット・ウェイト (Carry That Weight)〉 145
キャロル・チャニング 216
キャロル・ベッドフォード 197
キャンドルスティック・パーク 79
ギャンビア・テラス 189, 193
《狂気 (The Dark Side of the Moon)》 332
〈クイック・ワン
(A Quick One, While He's Away)〉 130, 208
クインシー・ジョーンズ 314
クーバス 175
《クーバス (Koobas)》 175
「ザ・グーン・ショー (The Goon Show)」 83
〈グッド・ナイト (Good Night)〉 77
〈グッドバイ (Goodbye)〉 42,101
クラウス・フォアマン 114, 264, 270, 296, 316
グラディス・ミルズ 216
グラハム・ナッシュ 40
〈グランチェスターの牧場 (Grantchester Meadows) 41
クリーム 69
〈クリーン・アクロア (Kreen-Akrore)〉 297
クリス・ウェルチ 274
クリス・オデル 241
クリス・トーマス 45, 65, 70, 76, 81, 83, 85, 129, 226, 327
クリス・ブレア 140〜141,145,151,262
クリストファー・リー 87
クリフ・リチャード 31
クリフ・リチャード&ザ・シャドウズ 22,123,193
グリン・ジョンズ
32, 38〜39, 47, 80, 87, 126〜128, 130, 133, 163, 248, 258〜259, 294, 303〜304
〈ザ・グレート・プリテンダー
(The Great Pretender)〉 69
『グレープフルーツ (Grapefruit)』 220
クロスビー、スティルス、ナッシュ&ヤング 241, 243
〈ゲッティング・ベター (Getting Better)〉 245
〈ゲット・バック (Get Back)〉 36
"ゲット・バック (Get Back)" セッション 11
ケニー・エヴェレット 237
ケン・スコット 15, 30, 44
ケン・ソーン 103
ケン・タウンゼント 23, 27〜29, 68, 329〜332
〈恋のマジック・アイ (I Can See for Miles)〉 131
〈恋をするなら (If I Needed Someone)〉 224
交響曲第九番ニ短調 6
〈ゴールデン・スランバー (Golden Slumbers)〉 145
〈コールド・ターキー (冷たい七面鳥) (Cold Turkey) 260
〈ゴッド (神) (God)〉 322
〈孤独の影 (Games People Play)〉 70
コンスエロ・ベラスケス 34

サ

《サージェント・ペパーズ・ロンリー・ハーツ・クラブ・バンド
(Sgt. Pepper's Lonely Hearts Club Band)》 2
サイモン&ガーファンクル 117
サウンド・レコーダーズ・スタジオ 119
ザップル 122
〈サティスファクション：
(I Can't Get No) Satisfaction〉 25
サトクリフ 193
サム・クック 91
〈サムシング (Something)〉 44〜46
〈さよならなんて (How Can You Say Goodbye)〉 119
〈サワー・ミルク・シー (Sour Milk Sea)〉 115
〈サン・キング (Sun King)〉 157, 182
〈サンシャイン・スーパーマン
(Sunshine Superman)〉 71
サンディ・ショウ 234
《しあわせの朝 (Sincerely)》 31
〈シー・ケイム・イン・スルー・ザ・バスルーム・ウィンドー
(She Came in Through the Bathroom Window)〉 187
〈シー・セッド・シー・セッド (She Said She Said)〉 75
〈シー・ラヴズ・ユー (She Loves You)〉 19
〈シーズ・ア・ウーマン (She's a Woman)〉 216
〈シーズ・リーヴィング・ホーム
(She's Leaving Home〉 52
ジーン・ヴィンセント 49, 186, 264
シヴ・クマール・シャルマ 112
シェイクスピア 228, 243
ジェイムズ・ジョイス 6〜7, 246
ジェイムス・テイラー 46, 100, 242
《ジェイムス・テイラー (James Taylor)》 100
ジェーン・バーキン 111
ジェフ・エメリック
25, 41〜42, 48, 50, 53〜60, 64, 68, 74, 86, 131, 133〜134, 140, 143, 169, 175, 180, 185, 189, 202〜203, 205〜206, 211, 218, 230, 232〜234, 237, 240, 248〜252, 271, 320, 326〜327, 333
ジェフ・ジャレット 65, 70
ジェフ・ベック 71
ジェファーソン・エアプレイン 241
ジェリー・エヴァンス 73
ジェリー・リー・ルイス 264
〈ジス・ボーイ (This Boy)〉 222
シド・バレット 264
ジミ・ヘンドリックス 241, 255
ジミ・ヘンドリックス・エクスペリエンス 116
ジミー・ペイジ 193
ジム・ピーターマン 96
ジム・マック 145,196
ジム・モリソン 122
ジャカランダ・クラブ 193

イーディス・シットウェル 6
イヴォール・アービター 72
イヴリー・ギトリス 105
〈イエス・イット・イズ (Yes It Is)〉 222
〈イエスタデイ (Yesterday)〉 52
〈イエロー・サブマリン (Yellow Submarine)〉 169
《イズ・ディス・ホワット・ユー・ウォント？
(Is This What You Want?)》 115
〈イズ・ディス・ホワット・ユー・ウォント？
(何が望み？)：Is This What You Want?〉 119
〈威風堂々(Pomp and Circumstance)〉 17
〈イン・マイ・ライフ (In My Life) 213
ジ・インク・スポッツ 324
〈インスタント・カーマ
(Instant Karma! (We All Shine On))〉 295
『インディ・ジョーンズ レイダース 失われた
アーク《聖櫃》(Raiders of the Lost Ark)』 331
〈ジ・インナー・ライト (The Inner Light)〉 112
ヴァリスピード 211～214, 217, 243
ヴァン・ダイク・パークス 100
〈ウィズ・ア・リトル・ヘルプ・フロム・マイ・フレンズ
(With a Little Help from My Friends)〉 61
〈ウィズイン・ユー・ウィズアウト・ユー
(Within You, Without You)〉 157
ウィルソン・ピケット 24
ウィンストン・チャーチル 18
〈ウー！マイ・ソウル (Ooh! My Soul)〉 70
〈ウー・ユー(Oo You)〉 296
〈ザ・ウェイト (The Weight)〉 318
〈ヴェジタブル (Vegetables)〉 100
《ウェディング・アルバム (Wedding Album)》 105
ウォール・オブ・サウンド 296, 302
ウォーレス・コレクション 175
〈ウォッチ・ユア・ステップ (Watch Your Step)〉 147
〈ヴォラーレ：Volare (Nel Blu Dipinto Di Blu)〉 211
ウォルター(後のウェンディ)・カーロス 117
『美しく呪われた人たち
(The Beautiful and Damned)』 8～9
ウッドストック・フェスティバル 241～243
《ウマグマ (Ummagumma) 41
〈浮気娘 (Run for Your Life)〉 33
〈エイント・シー・スウィート (Ain't She Sweet)〉 186
エヴァリー・ブラザーズ 223
〈エヴリナイト (Every Night)〉 127, 297
エディー・ストークス 73
エディス・ロス 17
エドガー・ドガ 244
エドワード・エルガー 17
エピフォン"カジノ"エレクトリック・ギター
33, 72, 85, 130, 232
エリザベス二世 144, 288
エリック・クラプトン
35, 69, 71, 105, 113～115, 154, 157～158,
183, 264～265, 270, 285
〈エリナー・リグビー(Eleanor Rigby)〉 156
エルヴィス・プレスリー 6, 186, 220
〈ジ・エンド (The End)〉 207
『黄金の腕 (The Man with the Golden Arm)』 287
〈オー！ダーリン (Oh! Darling)〉 69
オーティス・レディング 24
《オール・シングス・マスト・パス
(All Things Must Pass)》 318
〈オール・シングス・マスト・パス
(All Things Must Pass)〉 44
〈オールド・ブラウン・シュー(Old Brown Shoe)〉 44
〈オクトパス・ガーデン (Octopus's Garden)〉 75
〈男はとっても寂しいもの
(Man We Was Lonely)〉 298
小野京子 142
叔母のジン 150
〈オブ・ラ・ディ、オブ・ラ・ダ
(Ob-La-Di, Ob-La-Da)〉 245
〈思い出のキャロライナ (Carolina in My Mind)〉 100
オリンピック・サウンド・スタジオ
47, 80, 87～88, 93, 96, 105, 123～124, 128～130, 133, 294
〈オンリー・ア・ノーザン・ソング
(Only a Northern Song)〉 156

カ

"カール・ハリスン" 98
〈ガダ・ダ・ヴィダ (In-a-Gadda-Da-Vida)〉 181
〈悲しき天使 (Those Were the Days)〉 42, 101
〈悲しみはぶっとばせ
(You've Got to Hide Your Love Away)〉 245
カニエ・ウェスト 328
〈彼女の言葉の優しい響き
(Something in the Way She Moves)〉 46
ガマック奏法 240
《神の掟 (That's the Way God Planned It)》 113
〈カム・トゥゲザー(Come Together)〉 170
《カム・フライ・ウィズ・ミー(Come Fly with Me)》 24
『華麗なるギャツビー(The Great Gatsby)』 8
〈カンサス・シティ(Kansas City)〉 168
キース・ウエスト 131
キース・グラント 80
キース・リチャーズ 105, 113, 155
〈きっと何かが待っている
(That Would Be Something)〉 292
ギブソン
"J-200"アコースティック・ギター 159
"ジャンボ"(J-160E) 53～54, 108
"レス・ポール" 37, 174, 232
〈希望と栄光の国 (The Land of Hope and Glory)〉 17
〈キャッチ・ミー・プリーズ
(Don't Forget to Catch Me)〉 22
キャピトル・スタジオ 24

Index 索引

0-9、A-Z

3M 21〜22, 29〜30, 160, 176, 205
〈1970年代ビートルズ物語 (Early 1970)〉 316
『2001年宇宙の旅 (2001: A Space Odyssey)』 123
ABKCO 92,307
ADT (Artificial Double-Tracking) 27, 190, 202, 211
AIR (Associated Independent Recordings)
65, 75, 77, 135〜137, 139〜140, 161, 226, 321
AIRオックスフォード・ストリート 140
《All Good Children Go to Heaven》 233
〈Bad Finger Boogie〉 103
〈Bad Penny Blues〉 147
〈Bathroom Window〉 196
《Billy's Left Foot》 233
〈Do Unto Others〉 147
EMI TG12345 Mk1 18
〈Ending〉 228
《Everest (エベレスト)》 233
〈Excerpt from a Teenage Opera〉 131
F・スコット・フィッツジェラルド 8
《Four in the Bar》 234
《Get Back, Don't Let Me Down, and 12 Other Songs》 47
〈Here Comes the Sun King〉 182, 188
《Hier Ist Cliff》 22
〈I Want You (She's So Heavy)〉 236
〈I'll Never Do You No Harm〉 69
L・G・ウッド 136
"Los Paranoias" 188, 189
Mark I 20, 67
MBE勲章 144, 288
〈Mrs. Mills Medley〉 216
RCAスタジオ 25
RCAレコード 91
REDD.37 18
REDD.51 18〜20, 22〜23, 213
TGコンソール
21〜23, 40〜41, 48, 53, 57〜60, 81, 104, 151, 189,
204〜205, 218〜219, 223, 237, 244, 253, 274, 298, 326, 332
〈They're Gonna Crucify Me〉 44, 50
T・S・エリオット 6
〈The Void〉 25

ア

〈ア・デイ・イン・ザ・ライフ (A Day in the Life)〉 26
〈ア・ハード・デイズ・ナイト
(A Hard Day's Night)〉 15, 212
アーサ・キット 175
アーサー・ヤノフ 322
アーシシュ・カーン 112
〈アイ・アム・ザ・ウォルラス (I Am the Walrus)〉 282
〈アイ・ウォント・トゥ・テル・ユー
(I Want to Tell You)〉 216
〈アイ・ウォント・ユー (I Want You)〉 33
〈アイ・ソー・ハー・スタンディング・ゼア
(I Saw Her Standing There)〉 147
〈アイ・フィール・ファイン (I Feel Fine)〉 147
〈アイ・ミー・マイン (I Me Mine)〉 293
アイアン・バタフライ 181
アイヴァー・ノヴェロ賞 103
アイヴィーズ 103
〈愛こそはすべて (All You Need Is Love)〉 226
〈アイム・ダウン (I'm Down)〉 85
アキバ・ノフ 44
〈アクト・ナチュラリー (Act Naturally)〉 149
〈アクロス・ザ・ユニバース
(Across the Universe)〉 68, 302
〈明日の風 (Carry on Till Tomorrow)〉 104
〈明日への願い (It Don't Come Easy)〉 316
アップル 242, 315
アップル・コア 14, 16, 90, 101, 196
アップル・スクラッフス,196
アップル・スタジオ 31〜34, 38, 45, 139, 175, 251
アップル・レーベル 102, 113
アップル・レコード 251
《アビイ・ロード (Abbey Road)》 1
〈アビイ・ロード E.P. (The Abbey Road E.P.)〉 328
《アブソリュートリー・フリー (Absolutely Free)》 130
アラン・クライン
16, 89, 91, 95, 123, 128, 252, 259, 266〜268,
278, 289, 293, 299, 303, 307, 315〜316
アラン・パーソンズ
20, 32, 168, 211, 227, 229, 237, 250, 252, 332
アラン・パーソンズ・プロジェクト 332
アラン・ブラウン 169, 237, 239
アラン・ホワイト 264, 270, 296
アルバート・アモンズ 215
〈アルバトロス (あほうどり) (Albatross)〉 182
アルフレッド・ジャリ 161
アルフレッド・ロード・テニスン 6
アレクシス・"マジック・アレックス"・マーダス
31〜32, 139, 175
アレン・ギンズバーグ 108, 192, 261
アレン・スタッグ 141
アン・ジョーンズ 154
アンガス・マクビーン 123〜125, 300
〈暗黒の時間 (My Dark Hour)〉 96
アンジェラ 145
アンダーテイカーズ 115
アンディー・バビウク 248
アントニー・フォーセット 267, 280
アンドレ・ペリー 107〜108
アンペックス 28, 31
イアン・マクドナルド 314
イアン・マクミラン 234, 327
イーサン・ラッセル 256〜257, 300

解説　ビートルズのスタジオの音

過去にも数多くのビートルズ関係の書籍を著してきたケネス・ウォマックが、本書ではアルバム《アビイ・ロード》に焦点を当てて、それを生み出したビートルズの四人とその関係者達のストーリーを丁寧に拾い集めている。アルバムの背景には、解散の危機に瀕していたバンドをめぐる数多くの軋轢（コンフリクト）があり、レコーディングの環境変化やレーベルの経済状況などもその制作過程に影を落とした。だが、それらすべてが結果的には美しいタペストリーを織りなして、《アビイ・ロード》という奇跡的な録音作品をこの世に残すことになる。ウォマックの筆致は淡々としているが、読み進むにつれて、バンドの魔法、音楽の不思議を思わずにいられなくなるのが本書だ。

原題は『Solid State: The Story of Abbey Road and the End of the Beatles』であり、ウォマックは《アビイ・ロード》でビートルズが初めて使ったＥＭＩのソリッドステート・コンソール、TG12345を物語の象徴的なアイコンに据えている。ただし、伝記作家であるウォマックによるTG12345についての記述は限定的なものだ。そこで、ソリッドステート・コンソールの技術開発や当時のイギリスのスタジオ状況について、僕の知る限りのことを少し補っておこう。

ソリッドステートというのはトランジスター回路の別称で、この言葉がポピュラーになったのは一九六〇年代の始めだった。その頃からオーディオの世界でも真空管回路がトランジスター回路に置き換えられていった。イギリスでは一九六三年にＬＥＡＫ社のSTEREO 30というトランジスター回路のプリメイン・アンプが登場している。イギリスで最初のコンシューマー用ソリッドステート・アンプとされる同機を僕は二〇年くらい前に購入し、内部をレストアして、現在も使っているが、半世紀近く前の製品にもかかわらず、そのサウンドは十分に魅力的だ。二〇二〇年には復活したＬＥＡＫ社から、同機のリイシュー版ともいえるSTEREO 130というモデルも発売されている。

レコーディング・スタジオでソリッドステート化が始まるのは、コンシューマー・オーディオの世界よりも少し遅れた六〇年代半ばからだった。イギリスのスタジオで先駆的だったのは、ＢＢＣから独立した二人のエンジニア、ジェフ・フロストとジョン・ウッドが一九六四年にロンドンのチェルシーに建設した**サウンド・テクニクス・スタジオ**だ。一九六五年に彼らはＡレンジ・コンソールというソリッドステート・コンソールを開発する。サウンド・テクニクスは一九六六年からプロデューサーのジョー・ボイドが拠点とし、インクレディブル・ストリング・バンド、フェアポート・コンベンション、ニック・ドレイクといったブリティッシュ・フォークのアーティストの名盤を数多く世に送り出すが、それらはAレンジ・コンソールで制作されたものだった。
そして、このサウンド・テクニクスのAレンジ・コンソールを購入したのが、ビートルズが〈ヘイ・ジュード〉などのレコーディングで使用したソーホーの**トライデント・スタジオ**だ。アップルのメリー・ホプキンやバッドフィンガー、ジェイムス・テイラーなどのレコーディングもトライデントで行われた。本書ではポール・マッカートニーやほかのビートルズのメンバーがトライデントを好んだのは、アンペックスの8トラック・レコーダーがあったからだとされているが、そこにはAレンジ・コンソールもあり、彼らはそのソリッドステート・サウンドにも触れていたのだった。

サウンド・テクニクスやトライデントのようなインディペンデントのスタジオに比べると、**EMIスタジオ**は保守的で、トランジスター技術への対応も遅かった。当時のEMIスタジオの保守性は、そこを支配していた厳格なルールからも窺い知れる。ジェフ・エメリックが書いた『ザ・ビートルズ・サウンド最後の真実』を読むと、ビートルズが録音を始めた頃には、EMIのエンジニア達が滑稽とも思われるようなルールに縛られていたのが分かる。同社のエンジニアは服装で仕事を判別できた。白衣を着ているのはテクニカル・エンジニア。

機材は彼らの管理下にあり、マイクを立てたりするのも、彼らだけに許された仕事だった。コントロール・ルームにいるバランス・エンジニアはネクタイをしている。コンソールのつまみを操作していいのはバランス・エンジニアだけだ。バランス・エンジニアは自分達の方が地位が高いと思っていたが、テクニカル・エンジニアは彼らの知識や技術の乏しさを内心、馬鹿にしていたという。

ＴＧコンソールを開発したのは、マイク・バチェラーを中心とするＥＭＩのテクニカル・エンジニア達だった。ＴＧコンソール以前のＲＥＤＤコンソールを開発したのも彼らで、ＲＥＤＤというのはその開発部門、Record Engineering Development Department の略称だ。彼らは一九六六年にはRS147というソリッドステートのライン・ミキサーを開発していた。しかし、8トラック・レコーダーに対応するメイン・コンソールの開発には時間がかかった。最初に組み上げられたＴＧコンソールの試作機、Mark Ⅰは、レコーディングの現場には持ち込まれなかった。《ホワイト・アルバム》のレコーディングの頃には、ＥＭＩスタジオは３Ｍの8トラック・レコーダーを購入していたのだが、それに対応するコンソールが完成しないため、使えない状態が続いた。ビートルズはそこに不満を抱き、トライデント・スタジオやオリンピック・スタジオでのレコーディングを行っていたのだ。

バーンズにあった**オリンピック・スタジオ**はエンジニアのグリン・ジョンズが拠点とし、ローリング・ストーンズやレッド・ツェッペリンのアルバムを生み出していた。そのオリンピック・スタジオのテクニカル・エンジニアだったのが天才、ディック・スウェットナム。ルパート・ニーヴと並ぶ、イギリスの伝説的なコンソール設計者だ。オリンピック・スタジオは一九六六年にスウェットナムが設計したソリッドステート・コンソールを導入する。エンジニアを取り囲むコックピットのような未来的デザインのコンソールの噂はロンドン中を駆け巡った。同スタジオは夜にはロック・ミュージシャンの溜まり場になり、その前にはしばしば偵察に訪れたジョン・レノンのロールスロイスが停まっていたという。

ディック・スウェットナムは一九六九年にオリンピック・スタジオから独立し、ヘリオス・エレクトロニクスを設立する。同社が製作したコンソールは**アイランド・スタジオ**や**アップル・スタジオ**、エリック・クラプトン、ピート・タウンゼント、ロニー・レイン、スティーヴィー・ウィンウッドといったロック・ミュージシャンのプライヴェート・スタジオにも運び込まれた。イギリスのレコーディング・コンソールというと、今日ではニーヴの名前が巨大だが、六〇年代の終わりにロック・シーンを席巻したのは、ヘリオスのサウンドだった。

　ディック・スウェットナムはそのキャリアをBBCでスタートさせ、一九五一年から一九五六年にかけてはアビイ・ロードのEMIスタジオでテクニカル・エンジニアを務めていた。マイク・バチェラーはその頃にEMIスタジオに参加した後輩だったと思われる。当然ながら、バチェラーもヘリオスやサウンド・テクニクスのソリッドステート・コンソールの情報は得ていたはずだ。だが、EMIはトランスなどの内部パーツも自社開発することにこだわった。それゆえ、TGコンソールの完成には時間がかかり、《ホワイト・アルバム》のレコーディングが終わった一九六八年十一月にようやくスタジオに運び込まれた。


　そういう意味で、EMIはレコーディング・スタジオのソリッドステート化の流れに、かなりの遅れを取っていた。ビートルズは誰よりも贅沢なスタジオ環境で、最先端の機材を使ってレコーディングしていたように思われがちだが、そうではなかったのだ。

　EMIの機材は自社スタジオで使われるだけで門外不出だった。マイク・バチェラーは独立して、市販の機材を手掛けることもなかったから、彼の名を知る人は数少ない。だが、二十一世紀になると、英チャンドラー社がEMIと技術提携し、復刻版の機材を製作・販売するようになった。さらにはアビイ・ロードにあった伝説的機材をシミュレートしたDAW用のプラグイン・ソフトウェアも発売されるようになった。TG12345もREDD.51もプラグインになっている。マイク・バチェラーの名は知らずとも、彼の設計した機材のサウンドを使っている現代のミュージシャンは数多いのだ。

バチェラーがルパート・ニーヴやディック・スウェットナムと肩を並べる機材設計者だったのは、彼が生み出した傑作のひとつ、RS124コンプレッサーに触れてみると分かる。これは**モータウン・スタジオ**が使用したことで有名な米アルテック社の真空管コンプレッサー、ALTEC 436をモディファイしたもので、ビートルズ・サウンドの決め手ともなった機材だ。ポール・マッカートニーのベース・サウンドには欠かせなかったとされる。僕もチャンドラー社の復刻版のRS124を愛用しているが、独特のクリーミーなサウンドはほかの機材では得られない。本書ではTG12345の導入当初、ジェフ・エメリックがREDD.51に比べて、音が大人しいことに不満を覚えたと語られているが、それを補うためにRS124のような真空管機材も《アビイ・ロード》では活躍したはずだ。《アビイ・ロード》はビートルズにとって、初めてソリッドステートのTGコンソールとともに作り上げたアルバムだった。しかし、ここまで述べてきたように、レコーディング・テクノロジーの世界では、それは先駆的な出来事ではなかった。ビートルズは《アビイ・ロード》でようやく、ライバル達に追いついたのだ。

『Solid State: The Story of Abbey Road and the End of the Beatles』という原題の〝Solid State〟という言葉は、たぶん、単なる技術用語として、そこに置かれたのではないだろう。「ソリッド」は「強固」、「ステート」は「国」と読んでみると、その裏側の意味が取れるのではないだろうか。「強固な国」の崩壊の記録。ソリッドステート・コンソールで作られた《アビイ・ロード》というアルバムは、その最後の輝きだった。そういう物語だと考えると、ウォマックがTG12345にこだわりながら、本書を構成した理由が見えてくるように思われる。

高橋健太郎（音楽評論家）

ケネス・ウォマック (Kenneth Womack)
1966年、テキサス生まれの作家、文芸評論家。モンマス大学教授。ビートルズ歴史家として知られ、ジョージ・マーティンの伝記などを執筆。主な著作に『Long and Winding Roads: The Evolving Artistry of the Beatles』『The Cambridge Companion to the Beatles』(インデペンデント紙「2009年ベスト音楽本」選出)『Sound Pictures』『Maximum Volume』など。また、米ABCやNBCなどの番組でコメンテーターも務める。

湯田賢司 (ゆだ・けんじ)
1965年東京に生まれ仙台に育つ。筑波大学で外国人のための日本語教育と言語学(音声学)を学んだ後、詩人アレン・ギンズバーグが共同設立したコロラド州ボウルダー市のナローパ・インスティテュート(現ナローパ・ユニバーシティ)の文芸創作・文学学科を卒業。主な訳書に『ボブ・ディラン インタビュー大全』(DU BOOKS)『ハリー・スミスは語る　音楽/映画/人類学/魔術』(カンパニー社)など。

Photo Credits
Figure 1: courtesy of Ronald Kunze
Figure 2: ©Everett Collection/amanaimages
Figure 3: ©TopFoto/amanaimages
Figure 4: ©Mirrorpix/Getty Images
Figure 5: courtesy of Jasper Dent
Figure 6: courtesy of Keith Ainsworth
Figure 7: courtesy of Keith Ainsworth
Figure 10: courtesy of Abbey Road Studios
Figure 11: courtesy of Kenneth Womack

ザ・ビートルズ 最後(さいご)のレコーディング
ソリッドステート(トランジスター)革命(かくめい)とアビイ・ロード

初版発行 2021年 6月18日

著者 ケネス・ウォマック
訳者 湯田賢司(ゆだけんじ)
デザイン 相馬章宏(コンコルド)
日本版制作 稲葉将樹+飯島弘規(DU BOOKS)
発行者 広畑雅彦
発行元 DU BOOKS
発売元 株式会社ディスクユニオン
東京都千代田区九段南3-9-14
[編集] TEL.03.3511.9970 FAX.03.3511.9938
[営業] TEL.03.3511.2722 FAX.03.3511.9941
http://diskunion.net/dubooks/
印刷・製本 大日本印刷

ISBN978-4-86647-149-5
Printed in Japan

本書の感想をメールにてお聞かせください。
dubooks@diskunion.co.jp

録音芸術のリズム&グルーヴ

名盤に刻まれた珠玉のドラム・サウンドは如何にして生み出されたか

藤掛正隆 著

名盤・名曲の肝は、ドラム・サウンドだった!! ルディ・ヴァン・ゲルダー・スタジオ、アビイ・ロード・スタジオなど、50～80年代初期にかけて、名盤を手掛けたレコーディング・スタジオやエンジニアを紹介し、ドラムがどう録音されているのか、そのサウンドの謎を解き明かす。各章ごとにディスクガイド付き。雑誌『リズム＆ドラム・マガジン』の人気連載を元に待望の書籍化！

本体2200円＋税　A5　272ページ

プリンス録音術

エンジニア、バンド・メンバーが語るレコーディング・スタジオのプリンス

ジェイク・ブラウン 著　押野素子 訳

プリンスのレコーディングに的を絞った唯一の本。
自身については何も語らないプリンスが、どんな機材で、どんなレコーディングをしたかを、エンジニアなど関係者の発言を中心にまとめた1冊。
「頭の中で常に鳴っている音楽をレコーディングし、形にしていくこと」がプリンスの人生のすべてだった。

本体2500円＋税　A5　368ページ＋カラー口絵8ページ　好評3刷！

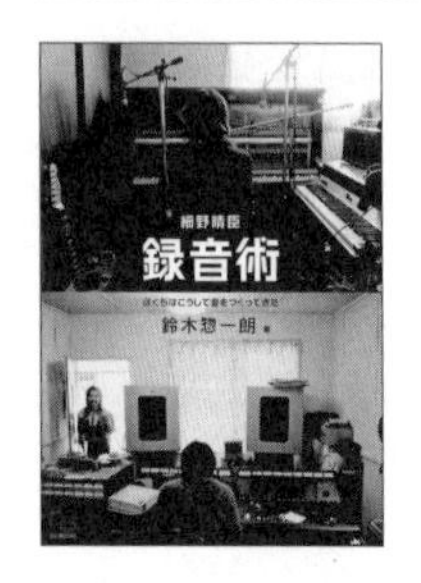

細野晴臣 録音術

ぼくらはこうして音をつくってきた

鈴木惣一朗 著

これがポップス録音史だ。70年代のソロデビューから最新作まで。40年におよぶ細野晴臣の全キャリアを、その音楽活動を長きにわたり見つめてきた鈴木惣一朗が歴代のエンジニアと細野晴臣本人とともに辿る。現存する『はらいそ』『フィルハーモニー』『S・F・X』『オムニ・サイト・シーイング』『メディスン・コンピレーション』のトラックシートも収録！　登場するエンジニアは吉野金次、田中信一、吉沢典夫、寺田康彦、飯尾芳史、原口宏、原真人。

本体2500円＋税　A5　296ページ　好評6刷！

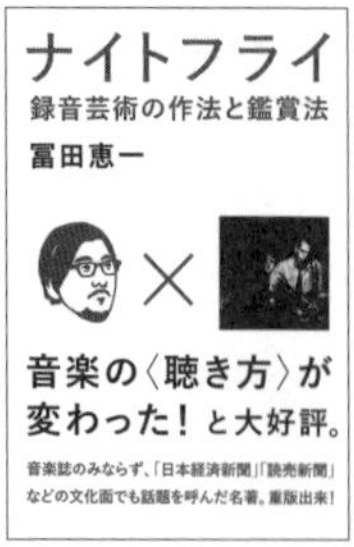

ナイトフライ
録音芸術の作法と鑑賞法
冨田恵一

音楽の〈聴き方〉が変わった！と大好評。
音楽誌のみならず、「日本経済新聞」「読売新聞」などの文化面でも話題を呼んだ名著。重版出来！

ナイトフライ 録音芸術の作法と鑑賞法

冨田恵一 著

音楽誌のみならず、「日本経済新聞」「読売新聞」などの文化面でも話題を呼んだ名著。「音楽」の聴き方が変わった！と大反響。
音楽プロデューサー・冨田恵一（冨田ラボ）による初の音楽書。
ポップ・マエストロが名盤を味わいつくす！

本体2000円＋税　四六　296ページ　好評5刷！

ザ・ローリング・ストーンズ楽器大名鑑

Rolling Stones Gear

アンディ・バビアック+グレッグ・プレヴォスト 著　川村まゆみ 訳

史上初！　ローリング・ストーンズの楽器・機材のすべてをまとめた大著！
ライヴ写真の他、スタジオでの写真やオフショット、当時のカタログやポスターなど、図版・写真を計1,000点以上収録。関係者の証言をもとに、レコーディングされた全曲・全ツアーの使用楽器・機材を検証。
限定生産4,000部。

本体7500円+税　A4変型　672ページ（オールカラー）

レッド・スペシャル・メカニズム

クイーンと世界をロックさせた手作りギターの物語

ブライアン・メイ+サイモン・ブラッドリー 著　坂本信 訳

世界一有名なハンドメイド・ギターの深部に迫る！
ブライアン自身から語られる本器誕生秘話とその記録。使用された自作の工具はもちろん、ピックアップの変遷や、エリザベスII世の在位50周年式典として行われたバッキンガム宮殿屋上でのパフォーマンスについての詳細な記述も必読。クイーンの華麗なアレンジを彩ったギターのすべてがこの一冊に！

本体3600円+税　A4変型　144ページ（オールカラー）　好評3刷！

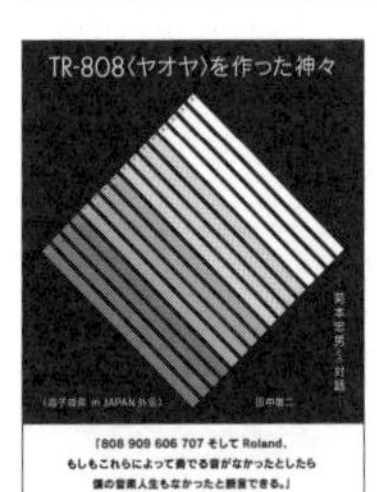

TR-808〈ヤオヤ〉を作った神々

――菊本忠男との対話――電子音楽 in JAPAN外伝

田中雄二 著

808 909 606 707 そして Roland、もしもこれらによって奏でる音がなかったとしたら、僕の音楽人生もなかったと断言できる――石野卓球（電気グルーヴ）
世界の電子音楽シーンを日本の研究所がリードしていた時代。「TR-808」「TB-303」「TR-909」そして、「MIDI」、これらの開発に携わったプロジェクトリーダーが、初めて語るローランドおよび日本の電子音楽史。

本体2500円+税　A5　376ページ

配信映えするマスタリング入門

YouTube、Spotify、Apple Musicにアップする前に知ってほしいテクニック

チェスター・ビーティー 著

従来の音圧本や、マスタリング本とは違い、CDのフォーマットではなく、ストリーミング、サブスクリプションなど「配信」だけにテーマを絞ることで、最短の手順で実践できる、効率的&効果的な方法だけを紹介。
せっかくつくった楽曲がネットで聴くとしょぼい…ポイントは3つだけ！　右も左もわからない初心者でも、これだけ読めばDAWで確実にかっこいい音になります。

本体1500円+税　四六　176ページ

スタジオの音が聴こえる

名盤を生んだスタジオ、コンソール&エンジニア

高橋健太郎 著

サウンド・プロダクションの重要性が増した現在でも、DAW上で参照されているのは、60～70年代の機材を使ったテクニックであることが多い。本書に取り上げたインディペンデント・スタジオで起った出来事がいまだ影響を与えているのだ。音楽ジャンルさえ生んでしまった、スタジオの機材、エンジニアなどに注目し、「あのサウンド」の生まれた背景、手法に迫る。

本体2000円+税　四六　240ページ　好評2刷!

英国レコーディング・スタジオのすべて

黄金期ブリティッシュ・ロックサウンド創造の現場

ハワード・マッセイ 著　新井崇嗣 訳　ジョージ・マーティン 序文

1960～70年代にブリティッシュ・ロック名盤を生み出した、46のスタジオとモービル・スタジオを徹底研究!　各スタジオの施設、機材、在籍スタッフをたどりながら、「英国の音」の核心に迫る。
エンジニアとっておきの裏話が読めるコラムも充実。名著『ザ・ビートルズ・サウンド 最後の真実』の著者が5年がかりで書き上げた唯一無二の大著。

本体4000円+税　A4変型　368ページ(カラー88ページ)

内沼映二が語るレコーディング・エンジニア史

スタジオと録音技術の進化50年史

内沼映二 著

日本が世界に誇るレジェンド現役エンジニア、内沼映二が50年のキャリアとともに、仕事の変遷と歴史を総括。モノラル録音時代から、歌謡曲～ニューミュージック、J-POPと、めまぐるしい環境に適応した録音学とその人生。
スペシャル対談:石川さゆり、角松敏生。コメント:林哲司(作曲家)、船山基紀(編曲家)、三浦瑞生(ミキサーズラボ代表取締役社長)

本体2500円+税　A5　264ページ

音職人・行方洋一の仕事

伝説のエンジニアが語る日本ポップス録音史

行方洋一 著

川口真、筒美京平、横内章次ら名う手の作編曲家たちが絶大な信頼を寄せ、日本のポップス～歌謡曲を語る際に欠かせないノウハウの数々を生み出した伝説のレコーディング・エンジニアによる著作。坂本九、ドリフターズ、太田裕美、蒸気機関車フィールド録音盤、深町純ダイレクトカッティング盤、プロユースシリーズなど、モノラル録音時代からの日本の録音史がここに!

本体2200円+税　四六　248ページ